U0895073

本书是国家社科基金“东南亚三国（印度尼西亚、菲律宾、泰国）华人文化重构研究”（14BSS014）课题的阶段性成果

鼓楼史学丛书·华侨华人研究系列 

菲律宾华人文化重构研究

姜兴山　著

On the Cultural Reconstruction
of the Chinese Community in the Philippines

中国社会科学出版社

图书在版编目（CIP）数据

菲律宾华人文化重构研究／姜兴山著．—北京：中国社会科学出版社，2017.12
ISBN 978－7－5203－1009－3

Ⅰ.①菲…　Ⅱ.①姜…　Ⅲ.①华人—文化研究—菲律宾　Ⅳ.①D634.334.1

中国版本图书馆 CIP 数据核字(2017)第 223033 号

出 版 人　赵剑英
责任编辑　安　芳
责任校对　张爱华
责任印制　李寡寡

出　　版　中国社会科学出版社
社　　址　北京鼓楼西大街甲 158 号
邮　　编　100720
网　　址　http://www.csspw.cn
发 行 部　010－84083685
门 市 部　010－84029450
经　　销　新华书店及其他书店

印　　刷　北京明恒达印务有限公司
装　　订　廊坊市广阳区广增装订厂
版　　次　2017 年 12 月第 1 版
印　　次　2017 年 12 月第 1 次印刷

开　　本　710×1000　1/16
印　　张　27.25
插　　页　2
字　　数　448 千字
定　　价　99.00 元

自　　序

本书是国家社科基金“东南亚三国（印度尼西亚、菲律宾、泰国）华人文化重构研究”（14BSS014）课题的阶段性成果之一。由于某种工作的机缘，我开始接触菲律宾华人社会，并多次前往菲律宾考察调研。当听到华人经常对华文教育日渐式微发出慨叹时，便对这个问题产生了许多疑惑。但没有想到的是，我的学术研究竟由此而改变。2008 年，我考入南开大学攻读世界史专业的博士学位，在选择论文方向时，师兄弟大多谈论的是“高大上”的题目，而我最后还是确定在菲律宾华文教育上。当然，这个“不起眼”的题目也引起他们的“好奇”，因为世界史专业博士研究生，一向钟情于发达国家的有关问题，而对“类似”的问题却少有人问津。经过三年的努力，我较为顺利地如期毕业，学位论文也得到研究华人问题学者的肯定。随后，我的博士论文被暨南大学《世界华侨华人研究文库》收录出版，也为我继续从事相关问题的研究增添了信心。

中国人移居菲律宾有悠久的历史。应该说，菲律宾华人在当地是很有影响的族群，华人数量虽然只占当地人口的 1.5% 左右，但他们在经济领域却稳执牛耳，还产生了奥斯敏纳、马科斯、科拉松·阿基诺、阿基诺三世和杜特尔特等有华人血统的总统及许多政府要员。华人族群发生深刻变化是在菲律宾独立后，政府“掀起”夺取外侨经济的“菲化运动”，试图以此来提高本国人的经济地位，实现由菲律宾人掌控国家经济命脉的目的。为此，“菲化案”层出不穷，广大华侨诚惶诚恐、如履薄冰。中国与菲律宾建交前夕，菲政府放宽入籍条件，大批华侨加入菲国籍成为当地华人，并逐渐走向了同化之路。但是由于政治和文化生态环境的改变，华人的文化认同步入“十字路口”。华人社会经历动荡、磨合与适应后，必然产生华人文化的重构问题，这也是一个极其复杂的“华人问题”。随着中菲两国在政治、文化、经贸和教育等领域的合作越来越密切，许多华人成为促进中菲友好的使者，菲华社会也迎来前所未有的美好时期。自2001年阿罗约就任菲律宾总统以来，中菲高层领导人互访频繁，双方本着搁置争议、面向未来、互利合作和共谋发展的愿望，开启了两国友好关系史的新时代。2005年双方共同确立了战略合作伙伴关系，中菲两国关系进入黄金时期。然而，2010年阿基诺三世就任总统后，由于黄岩岛等南海岛礁主权归属，以及海域划界问题而引发的争端，使两国关系陷入低谷。2016年杜特尔特竞选成功成为新一任菲律宾总统，两国关系逐渐回到正常的轨道。菲律宾是与我国隔海相望的近邻，和则两相其利，分则同受其害。许多菲律宾华人作为中菲友好的桥梁和纽带，为增进两国的交流、理解与合作，做出了突出的贡献。

长久以来，一些华人文化问题一直萦绕在我的脑海中，如：华人文化是如何传承和淡化的？为何有些菲律宾华人还保留着原有的文化传统？为何有些在菲律宾功成名就的华人，却是反华的“精英”？华人的文化内涵中到底有多少中华文化成分？华人内心深处对祖籍国及故乡是何态度等？幸运的是，我带着这些问题申请到了此方面研究的国家社科基金课题。但片刻的欢喜随之而来的是惆怅，华人文化包罗万象十分复杂，涉及认同、信仰、价值观等精神层面，要深入挖掘谈何容易。为此，我再次研读有关华侨华人研究的论著，尤其是周南京、黄滋生、庄国土、曹云华、魏安国和施振民等学者的代表性论著。同时，前往菲律宾收集资料和田野调查，得到了菲律宾学者和同行的帮助。需要指出的是，我的博士论文《战后菲律宾华文教育研究（1945—1976）》相关内容，以及此前在《世界历史》《世界民族》《南洋问题研究》《东南亚研究》《历史教学》和《台湾研究集刊》等期刊发表的文章，给予本书较好的支撑。这项研究，也为我正在探索“一带一路”的华人问题奠定了基础。

本书主要从菲律宾华侨社会的演化、华文教育的嬗变、华人社团的本地化、华人参政意识的改变、华文报纸的流变和华人文化的调和等角度入手，从多重维度对华人文化进行阐述和分析。并从中国政府的角度出发，就如何支持海外华文教育和文化传承，提出了意见和想法。同时，希望能为研究“一带一路”沿线国家华人文化问题提供参考。本书为力求涵盖全面，阐述具体，使得有的地方可能会显得冗繁、不够精练；有的地方又显得单薄、不够深入。总的来说，由于时间仓促和能力有限，本书还存在许多缺点和不足，恳请各位同行批评指正。

姜兴山

2017 年 7 月 20 日

目　　录

绪　论

一　选题的目的

中国是世界文明古国之一，曾经创造了许多辉煌灿烂的成就，为人类社会的进步做出了不可磨灭的贡献。其独特的语言、文化和艺术，充满神秘智慧的军事理论，深邃的儒家思想和伦理道德，足以让中华民族引以为荣，也影响着毗邻的东南亚国家。“昔者有道守四夷，舟车所至及蛮貊”，东南亚自古就与我国有着密切的联系，尤其是在政治、经济和文化领域的交流频繁。东南亚地处东西方文化交汇的“十字路口”，深受中、印两大文明古国的双重文化浸润。地理大发现之后，西方列强在东南亚竞相开拓殖民地。因此，世界上各种主要宗教和文化都在此播撒和流传，当地语言也杂糅了殖民宗主国的成分，促进了东南亚本土文化与东西方文明的融合，形成了绚丽多彩的多元海洋性文化。东南亚资源丰富，民族众多，海陆交错，马六甲海峡是东亚通往欧洲、非洲最便捷的海上航道。如今，由于东南亚地区的敏感和重要性，也成为美国、日本、俄罗斯、印度和欧洲大国博弈的前沿“阵地”，而这里又是中国推进区域合作最密集的地区。可见，中国优先发展和处理同东南亚外交关系十分必要。①

作为东盟发起国之一的菲律宾，在东南亚国家中有着举足轻重的地位。它是太平洋和印度洋的支点，扼亚洲、澳洲大陆及东亚、南亚国家之间的交通之要冲，具有十分重要的战略意义。菲律宾经历了西

---

① 王毅：《中国坚持将发展同东盟友好合作作为周边外交的优先方向》，载《新华网》2013年7月1日。

班牙和美国3个多世纪的殖民统治，由此形成了以英语为官方语言的天主教国家。所以，菲律宾文化又被称作东西方文化的并蒂莲花。而随着美国“亚洲再平衡”战略的实施，美国与菲律宾这对昔日西太平洋盟友，虽经分分合合的错综复杂关系，再次成为世界瞩目的焦点。然而，中国与菲律宾的南海岛屿纷争，也一度阻碍了两国的正常友好和贸易往来。习近平主席会见菲律宾杜特尔特总统时所言：“中菲是隔海相望的近邻，两国人民是血缘相亲的兄弟。中菲同为发展中国家，团结、互助、合作、发展是我们的共同目标。虽然我们之间经历风雨，但睦邻友好的情感基础和合作意愿没有变。中方高度重视中菲关系，愿同菲方一道努力，不断增进政治互信、深化互利合作、妥善处理分歧，做感情上相近相通、合作中互帮互助、发展中携手前行的睦邻友好伙伴。”①

菲律宾是中国永远搬不走的邻居，并且在国际事务中扮演重要的角色。为此，在我国“以邻为伴，与邻为善”的睦邻和平外交中，菲律宾是可以作为调和的“力量”。海外华人是中华民族伟大复兴的宝贵资源，菲律宾华人作为民间“大使”，在促进和加强两国友好关系中，发挥了桥梁和纽带的作用。文化是一个民族的重要特质和标识，但在漫长的历史进程中，海外华人文化已不是“传统意义”上民族文化的延续。命运多舛的华人社会已经演变成为一个异质群体。华人文化与中国文化之间关系的性质，由原先的主干与分支，演变为同根盘结而又在不同环境下发展的情形。因此，本书选定菲律宾国家作为研究对象，把菲律宾华人社会作为背景，以华人族群的变迁为切入点，探析菲律宾华人文化的演化历程。

明代中叶，作为伊比利亚半岛两个崛起的国家，葡萄牙用武力占领了马六甲进行殖民活动，而西班牙紧随其后侵入菲律宾群岛。与此同时，中国东南沿海地区远离政权中心，贫瘠的土地难撑水旱天灾和兵燹人祸，迫使大量居民漂洋过海涌向南洋谋生。在殖民者看来，中国人是他们开展商业贸易，弥补劳力不可缺少的元素。虽然清代顺治到康熙年间实行海禁，但此项政策并未严格执行，没有减弱中国人下南洋的浪

① 人民网—人民日报，北京2016年10月20日电。

潮。由此，中国与东南亚之间呈现出数百年连绵不断的移民与商贸互动往来的盛况。广大华人秉承勤俭、仁义和善贾的天性，筚路蓝缕、胼手胝足，成为当地经济和社会发展中重要的族群。毫不夸张地说，没有华人付出的血汗，东南亚诸国就不会有今天的进步，离开对当地华人的认识，就不能确切和完整地了解东南亚的历史。正如英国著名历史学家米尔斯（Lennox A. Mills）所评价的那样："东南亚的繁荣离不开华人的勤勉和进取"①。

纵观菲律宾华人移民历程，应该说是一种不自觉的民间行为，而不是有组织和政治目的的活动。华人主要怀揣发财致富的梦想，努力寻求与当地人和平共处。然而，由于菲律宾长期遭受殖民统治，深刻的历史、政治、经济和文化原因，以及"非我族类，其心必异"种族主义意识，华人在当地遭受了许多歧视、排斥和限制，甚至时常被推上转嫁危机的"风口浪尖"，成为无辜的受害者。而中国封建王朝亦视海外华人为"背弃祖宗庐墓、数典忘祖"的莠民，而未采取有力的保护措施，使其沦为任人宰割的"羔羊"。幸运的是，劫后余生的广大华人仍表现出极其旺盛的生命力和顽强的精神，他们披荆斩棘，凭借勤劳和智慧做出了斐然的成就。华侨创造的业绩，是在长达几百年中，在屡次遭受殖民者惨绝人寰的屠杀、驱逐和歧视的情况下取得的，因此他们的贡献更显得十分可贵。如今，海外华人作为一支重要的少数族裔，活跃在经济和社会舞台上，并已成为当地社会发展不可或缺的力量。在此背景下，深入分析海外华人生存和发展态势，成为一个极为重要并且常做常新的课题。

早期移居菲律宾群岛谋生的华人与家乡有"斩不断"的宗亲关系，他们饱含浓浓的乡愁。尽管身处异邦处境艰难，但基于浓郁的家国情怀，他们对中华文化仍有深深的依恋。广大华人怀着对祖籍国文化和传统道德的感召，百折不挠地捍卫本民族文化。同时，深刻感受到作为中国人的自豪，而且希望子女保持中华文化的特性。直到第二次世界大战以前，菲律宾华人的中华民族主义意识占主流，华社依然呈现中华文化氛围，华人文化还属于中国传统文化的海外延伸。应该说，华人文化的传承与

① Lennox A. Mills, *Southeast Asia*, Minneapolis: University of Minnesota Press, 1964, p. 110.

变迁是华人族群发展的重要内容，它涉及政治、民族和社会等诸多因素。当然，一个不可否认的事实是，华人文化属性始终在潜移默化地改变着。正如著名人类学家陈志明所强调，华人族群研究展示的是一系列概念和实践体系，内如迁徙、寓居、认同、归属、适应、涵化、整合、地方化；外为民族国家、民族主义、族群互动、政治、经济、权力、意识形态、性别、阶层、宗教、全球化、跨国网络等。而各地华人祖源中国，对中华文明具有相近的认知与想象，但各地华人又因迁移历史、人文地理、政治生态、经济格局及生活经历的不同，而产生多样的地方性华人文化，由此促使我们进一步思考华人文化的同一性和多样性。①

第二次世界大战后，随着美国殖民统治的终结，菲律宾终于获得了国家独立。但由于长期遭受殖民枷锁的束缚，原住民对发展经济缺乏信心，遂对外侨在商业上取得的优势如鲠在喉，部分民族主义者更是开始大肆渲染"海登神话"②，试图抹杀华侨对当地经济文化建设和社会进步所做出的贡献。他们呼吁执政者清除"殖民经济的残余"，保护原住民建立"自己的"商业体系。此后，菲律宾的民族主义运动风起云涌，广大华侨被推至社会的边缘，成为多余危险的"他族"群体。广大华侨诚惶诚恐，如履薄冰。极端民族主义者则无视华侨在反殖斗争和国家建设中的贡献，大力推行当地人优先的民族压迫政策，各类"菲化"法案层出不穷、愈演愈烈，有人甚至把华侨视为中国在海外扩张的载体，鼓吹"中国威胁论"和"特洛伊木马"的神话。③ 受到极端民族主义的影响，菲律宾当地的主体民族以国家机器为后盾，不仅迫使入籍后的华人在政

① 陈志明：《迁徙、家乡与认同——文化比较视野下的海外华人研究》，商务印书馆 2012 年版，译序第 3 页。

② 美国殖民政府副总督（1933—1935）约瑟夫·R. 海登教授曾以权威者的姿态断言：1932 年以前，华侨经营菲律宾零售业的 70%—80%，其他商业、金融信贷业也占同样的比例。载约瑟夫·R. 海登：《菲律宾：关于国家发展的研究》，纽约麦克米兰公司，1955 年，第 297—298 页。海登在提出这一论断时，没有提供任何数据佐证，殖民政府也未提出过能证明此说的统计数据，但这一神话被对华侨偏见的菲律宾人广泛接受，俨然成为事实。

③ 古希腊人攻打特洛伊城，久攻不下。一个名叫奥德赛的人想出一个办法，制造一匹巨大木马，马腹内藏着一些勇士。随后，他们装作撤退的样子，在附近海湾藏了起来。特洛伊人以为希腊人厌战，追出城外，他们发现了木马，并作为战利品拉进城内。深夜，隐藏在木马内的勇士出来打开城门，海湾的希腊军队在城中同伴的配合下，里应外合，迅速夺取特洛伊城。极端民族主义者这种不恰当地渲染和鼓吹这两个"神话"来排斥华侨的险恶用心可见一斑。

治、经济上融合于当地社会，更企图消灭华人的民族意识和文化传统。面对如此遭遇，华侨社会仍奋力“呼喊”、抗争，顽强地守护着民族文化的特性。1975年中国与菲律宾建交，为了解决当地华侨的身份问题，菲律宾政府放宽了入籍条件。但是，他们在给予华人公民身份的同时，却阻挠华人文化进入“家门”，并且极力抑制华文教育的发展。生存永远是第一位的，华侨社会只好接受前者，而无奈地在教育问题上做出了让步。最终华侨社会发生了深刻的变化，其中最重要的标志就是大批华侨加入菲律宾的国籍，开始由华侨社会向华人社会转变，华人文化的嬗变在所难免。

必须强调指出的是，中国改革开放后与东南亚的国际合作，很大程度上得益于当地华人的推动，尤其是菲律宾的闽南籍华人，他们是到中国投资的第一批外商。在中国和菲律宾国际关系正常化进程中，牵线搭桥也多半是当地华人。而中国与东南亚合作交流中，当地华人同样发挥了重要的作用。海外华人是中华民族的一个支脉，他们身居海外，情系桑梓，在历史上他们对中国建设起到了特殊的作用。显然，菲律宾华人是中国的重要资源，也是中华民族复兴的主动力之一。同时华人为当地反殖、反帝斗争做出了巨大贡献，也在经济发展中做出了不可磨灭的贡献。可以说，菲律宾华人的作用和力量，对于中菲两国都是一个永远绕不开的话题。

为适应居住国生活的客观需要，东南亚华人社会在走向融合的过程中，对华人文化进行了磨合与自我更新，导致文化的变异与重构。所谓文化重构亦即文化合成，是华人在移居地逐渐形成的、既异于主流文化亦异于弱势文化的地方性文化，并保持地方文化体自主性的一种文化创新过程，也是一种地方文化创新与繁衍的过程，是地方文化为了文化传承并维护创新文化的生产与再生产的过程。因此，我们无法将这种变异的文化体归入主流文化或者弱势文化，事实上那已是一种新的合成文化。① 由于文化生态环境的改变，当地华人的传统文化日渐衰弱，中华意

① 潘英海：《文化合成与合成文化——头礼村太祖年度祭仪的文化意涵》，载庄英章、潘英海《台湾与福建社会文化研究论文集》，台北：“中央研究院”民族学研究所，1994年，第254页。

识淡漠已是不争的事实。有些华人由落叶归根转为入乡随俗，他乡与故乡的观念逐渐错位，文化特质方面也表现出多元性。这也一直成为许多学者长期以来关注的问题。然而中国移民在不同的历史时期，有着不同的含义，如果我们对其历史的复杂性不能切实掌握，那么对其在当今时期的表现就很难确切的评价。

值得注意的是，至20世纪末，东南亚华人族群在工商业、房地产和金融业等领域取得显赫的成就，政治影响力稳步提升，而华人传统文化特质仍然一度淡化。让我们更加遗憾的是，有些华人甚至选择了完全“当地化”的道路，由于缺乏中国文化的熏陶，与“故土”关系渐行渐远，逐步融入主流社会之中。他们的后裔更是对祖籍国淡漠，除了拥有几分华人的血脉之外，并无其他华人族群的特性，当然也就与中国缺乏亲近感，甚至有些还成为反华的“先锋”。祖籍国和海外华人社会的有识之士对此深感忧虑，担心华人固有文化传统若持续不断丧失，其对本族群所产生的危机将是极其严重的。因此，本书置于菲律宾华人社会的背景下，力图通过当地的历史、社会、政治、民族与文化等多棱镜，折射华人社会的文化特性，并了解华人文化的发展脉络，以便透视多元文化架构下的华人文化现状及未来走向。

本书尽管试图勾画整个东南亚地区历史中的律动，但不同民族和不同地方所受的影响不尽一致。为此笔者以菲律宾作为研究对象，深入探讨华人族群的文化特质，以此管窥华人社会的发展和变迁。选取菲律宾还基于以下几方面考虑：

第一，从地缘政治来看，菲律宾处在马来群岛，又称南洋群岛，是古代海上丝绸之路的重要驿站，当地华侨华人众多，他们熟悉当地社会的经济和文化，也较为了解中国国情，在中国和东盟各国共建“一带一路”过程中，可以发挥独特的作用。因此，此项研究对中国政府实施“一带一路”战略具有参考价值。

第二，从融合程度来看，菲律宾是华人中度融合的国家，华人受到主流社会的认可和接纳，华人也将成为社会发展的主力军。华人移民大多数已成为当地公民，华人的社会地位已经无异于当地原住民，菲华民族之间关系十分和谐融洽。

第三，从文化上来看，菲律宾是天主教国家，使用他加禄（马来

—波利尼西亚语系）和英语，较早接受西方文化和制度理念。当地以本土文化为主，一定程度与外来文化交融。第四，从被殖民统治角度来看，菲律宾遭受西班牙和美国的殖民统治，是东南亚被殖民统治最长的国家，经过菲律宾民众长期抗争和谈判而获得独立。因此，当地文化彰显出多元的殖民文化色彩，这对当地华人文化也是影响至深的。

由此可见，菲律宾是东南亚最有影响并极具特色的代表，本书旨在将各国华人文化的共性和特殊性结合，深入了解战后东南亚各国华人社会发生变化的背景、重要意义及社会影响。虽然研究的核心是菲律宾国家，但在具体点研究过程中，也会涉及印度尼西亚、泰国等其他东南亚国家的华人文化，与之进行比较和探析。

21 世纪是经济全球化和经济区域化浪潮方兴未艾的时代，随着中国综合国力的不断提升，中国与世界的关系在发生深刻变化，同国际社会的互联互动也已变得空前紧密，彼此的相互依靠、相互影响不断加深。东南亚国家建立了不同类型的政权，并糅合了近代西方政治体制，既具有传统性，又带有某些现代性因素。[①] 同样，东南亚国家文明既吸纳了世界先进文明的精华，又保持着自己的文化风格，形成了有本地色彩的价值观念，并选择适应本地实际的发展道路。与此同时，中国与东南亚的合作也不断深化，“共同发展、共同繁荣”以及亲诚惠容的周边外交方针，加快实现了双方的合作与共赢。中国与东南亚共同的命运、区域资源配置以及相近的价值观，使两者的密切合作已是水到渠成，这也是中国和平崛起需要的周边环境。东南亚国家在国家关系中都十分重视与中国的友好，实行更具包容性、开放性的多元化政策，更加尊重和信任当地华人传统文化。

我们欣喜地看到，汉语已成为东南亚国家主要外语教育语种之一，被赋予了与其他语种教学平等的地位。许多东南亚华人在敏感地注意到华文教育的实用价值之时，重燃薪传民族文化的热情。他们重新发现自身的华人属性，显现出了双重或多重认同。正如王赓武教授所言：“现代

① 梁志明、李谋、吴杰伟：《多元交汇共生——东南亚文明之路》，人民出版社 2011 年版，第 12 页。

的东南亚华人与当今大多数人民一样，并不仅有单一的认同，而是倾向于接受多重认同，而我们如果想要了解他们，就必须将他们所选定的各种认同全部考虑进去。”① 与此同时，当地人也出现了解中华文化的热潮，华人族群和当地民族越来越融洽，有些行业的华人翘楚还成为友好使者，积极推进中国与所在国的关系。而教育、文化作为交流的重要内容，彰显出不可替代的“功能”。

诚然，中国与东南亚部分国家关系中，还存在一些矛盾和问题，尤其是阿基诺三世执政以来，政府关于南海诸岛的权益争端。中国政府主张与相关南海主权声索国以和平协商的方式解决争端，本着“搁置争议、共同开发”的原则，不必急于一时解决。如今，杜特尔特总统采取积极合作的态度，中菲两国逐步恢复正常的外交轨道，这种“冰释前嫌”对双边发展具有重要意义。但是，长期以来，美国觊觎这片海域蕴藏的利益，试图带领其势力集团重返亚太，使第二次世界大战后最敏感、最具战略地位的区域，再度充满复杂性和不确定性。② 由于东南亚国家普遍具有遭受西方列强殖民的历史，对于西方强国介入当地有较复杂的心理，何去何从，也是摆在这些国家面前严峻的现实问题。当然，许多国家还是奉行“回归亚洲”的外交政策，特别是与中国保持友好关系，不断与中国发展政治和经济往来，尤其是文化互动交流引领作用的意义更加重要。

当今世界在全球化浪潮的推动下，不同文化、不同宗教、不同民族背景的人，“超越国境”进行着大规模的地域迁移，促使异文化互动迅速频繁。③ 这一过程中，移民的文化也自然经历了新的碰撞、调适、认同和融合，面临着许多挑战和新问题。而促进各族人民平等相处、实现

---

① ［新加坡］王赓武：《华人与中国》，上海人民出版社2013年版，第295页。

② 第一，美国通过重返亚洲，达到与中国的战略再平衡，依靠亚洲的盟友对中国的崛起予以牵制，并部署军事力量应对中国在海洋天空的活动。第二，通过制造周边国家与中国的紧张关系，迫使东盟“10+3”，亚洲自贸区等合作谈判中断，这样美元在亚洲依然是结算货币，凸显美元的重要性，并通过美元贬值，将经济危机转嫁给有关国家。第三，通过制造紧张局势，来贩卖军火，为美国最强大的军事工业找到合理合法的销路。

③ 根据IOM（国际移民组织）预测，到2050年，世界范围内的国际移民总数将达到4.05亿。参见王辉耀、刘国福《中国国际移民报告2012 No.1》，社会科学文献出版社2012年版。

多元文化并存，已经成为各国家的民族和文化战略。华人是国际关系中良好的“润滑剂”和“催化剂”，处理好与海外华人社会的关系，恰当定位海外华人的地位和作用，并从世界文化交流的视角来审视华人文化，具有重要的学术价值和现实意义。在此背景下，我们应该支持海外华人文化的传承，注意研究华人文化的变迁，同时重视海外华人的发展。华人在各个历史时期，有不同的表现和作用。为此，本书以菲律宾华人文化为切入点，通过研究菲律宾华人新型文化“包裹”的内涵，从多重视角深入研究华人文化重构问题，寻找华人文化变迁的轨迹，并以此作为窗口窥探东南亚华人文化的发展趋势，全方位了解东南亚华人的特征与状况，进而为比较不同区域海外华人文化研究提供一些启示。

二　国内外学者研究现状

迄今为止，专门研究菲律宾华人文化内涵的成果还是寥寥无几，从菲律宾华侨华人社会演化、结合华人文化重塑的成果也不多见。尽管如此，前辈学者在研究东南亚华侨史、民族融合、政治认同、华侨社会变迁等内容时，已经不同程度地涉及华侨华人文化问题，对本研究有一定的参考价值。总的来说，以上研究虽然为华人文化领域的研究奠定了基础，但仍无法全景展现当今海外华人的文化现状，具体总结以下几方面：

（一）国内学者的相关研究

20 世纪 80 年代以来，随着中国与周边国家的交往日趋密切，历史上被中国人称为“南洋”的东南亚越来越多地进入了研究者的视野。这个由多个民族、多样宗教和多种语言共存的文化版图，不仅在古代孕育了精彩纷呈的文明，即使在今天，因其充满活力的区域经济和重要的战略地位，仍备受全球的瞩目。目前，中国东南亚研究主要有两大体系：一是高等院校研究院，如北京大学、中山大学、厦门大学、暨南大学、郑州大学等高校均设有东南亚（或南洋）研究院（所）；二是社会科学院研究所，如中国社会科学院、云南和广西也设立专门的东南亚研究机构。虽然受到传统资料的束缚和限制，但由于学者在研究中国与东南亚古代交往的历史、华侨华人历史时用力甚勤，而且在挖掘古代史籍论证相关问题，取得了许多开创性成果。专著主要有：温广益的《印度尼西亚华侨史》[①]、黄昆章的《印尼华侨史》[②]、黄滋生和何思兵著的《菲律宾华侨史》[③]、陈碧笙的《南洋华侨史》[④]、朱杰勤的《东南亚华侨史》[⑤]。还有一些东南亚国别史，如金应熙主编的《菲律宾史》[⑥] 等。可以看到，这时期中国大陆东南亚研究主要集中在史学方面，相比而言，几乎没有出版过关于东南亚经济、政治、外交、文化、宗教和社会等方面的学术专著。为数不多的论文陆续发表在各类刊物上，内容也多以东南亚史和华侨华人史为主，而且宏观介绍的论文居多，缺乏具体实证辨析的研究成果。

20 世纪 90 年代后，中国大陆的学术界逐渐步入正轨，视野更加广泛，这也导致东南亚研究发生了巨大的转变，其中华人问题成为学者研究的热门课题之一，甚至被称作"显学"。此项研究主要体现在选题方面，更多地由历史转向现实、由政治转向经济、由内政转向外交，其热点紧跟时代步伐。在研究方法上，由历史学一元化向民族学、教育学、政治学和国际关系学等多元化路径转向。研究的范围也扩大至华侨华人政策、融合与同化问题、华文教育、华人参政问题、华人族群与本地民族的关系和华侨华人对当地经济的贡献等领域，出现了"万类霜天竞自由"的活跃局面，研究成果也是卷帙浩繁。涌现出许多著名的学者，他们普遍接受过高等教育，有深厚的专业基础，甚至很多是从国外归来，有一定的东南亚生活经历，深谙当地的语言和文化。因此，在他们的努力下，这一时期的东南亚研究成绩斐然。卓有建树的学者代表有周南京、梁英明、梁志明、庄国土、高伟浓、曹云华、沈红芳等教授，他们的成果奠定了东南亚华人研究的坚实基础，研究领域主要有以下几方面：

一是华侨华人史方面的研究，主要著作有庄国土、陈华岳的《菲律

---

① 温广益：《印度尼西亚华侨史》，海洋出版社 1985 年版。

② 黄昆章：《印尼华侨史》，广东高等教育出版社 1987 年版。

③ 黄滋生、何思兵：《菲律宾华侨史》，广东高等教育出版社 1987 年版。

④ 陈碧笙：《南洋华侨史》，江西人民出版社 1989 年版。

⑤ 朱杰勤：《东南亚华侨史》，高等教育出版社 1990 年版。

⑥ 金应熙：《菲律宾史》，河南大学出版社 1990 年版。此外，还有刘迪辉的《东南亚简史》，广西人民出版社 1989 年版；戴维·K. 怀亚特：《泰国史》，郭继光译，东方出版中心 2009 年版；梁英明：《东南亚史》，人民出版社 2010 年版；中山大学东南亚史所编的《泰国史》，广东人民出版社 1987 年版等，恕不一一列举。

宾华人通史》[1]，本书从中菲关系史、西班牙和美国统治时期的菲华社会、菲华文教与政治参与、菲律宾独立后的华社变迁等多方面，对菲律宾华人族群进行深入挖掘，是菲律宾华人研究的最新成果。范如松主编的《东南亚华侨华人》[2] 按国别介绍了东南亚各国华人的经济、社团和文化教育情况，并收编了东南亚国家的投资政策和法规。高伟浓的《下南洋——东南亚丛林里的淘金史》[3] 以文学的笔调，描述了华人到东南亚披荆斩棘的历程，书中许多个案研究具有很高的史料价值。

二是有关战后华人问题的研究，廖小健的《战后各国华侨华人政策》[4] 一书较为客观、全面地阐述了由 1945—1995 年 50 年间世界各国政府华人华侨政策的变迁。该书按华人华侨数量由多到少，分洲分国介绍战后的华人华侨政策，主要涉及战后的移民入境、国籍归化、经济、华文教育和文化社会等内容。其中，该著作系统分析了印尼、泰国、马来西亚、菲律宾等东南亚国家的华侨华人政策，是一部了解东南亚华人社会发展、构成和变迁的重要佳作。梁英明的《战后东南亚华人社会变化研究》[5] 将东南亚华人社会作为一个整体，进行综合的考察和研究，指出东南亚地区华人社会的形成和发展的历史具有基本的共同点，同时又有各自的特殊情况。本书还包含东南亚华文教育的兴衰、华人文化认同的变化、华人社团的发展与演变等内容，对本书具有重要的借鉴意义。庄国土的《二战以后东南亚华族社会的变化》[6] 系统地探讨了东南亚各国华族社会的形成、华人社会地位的变化及第二次世界大战后华人经济地位的变化，研讨了东南亚华人与祖籍地、与当地土著族的关系和前景，是目前第一部以华族社会地位为研究对象的专著。

三是在华人文化研究方面，杨保筠的《中国文化在东南亚》[7] 主要讨论中国历史上与东南亚的交往，中国的政治制度、生产工艺、科学技术、

---

① 庄国土、陈华岳：《菲律宾华人通史》，厦门大学出版社 2012 年版。
② 范如松：《东南亚华侨华人》，世界知识出版社 1999 年版。
③ 高伟浓：《下南洋——东南亚丛林里的淘金史》，南方日报出版社 2000 年版。
④ 廖小健：《战后各国华侨华人政策》，暨南大学出版社 1995 年版。
⑤ 梁英明：《战后东南亚华人社会变化研究》，昆仑出版社 2001 年版。
⑥ 庄国土：《二战以后东南亚华族社会的变化》，厦门大学出版社 2003 年版。
⑦ 杨保筠：《中国文化在东南亚》，大象出版社 1997 年版。

语言和音乐戏剧对东南亚的影响，并阐述了中国文化也在一定程度上吸收了东南亚文化的因素。特别指出的是，曹云华的《变异与保持——东南亚华人的文化适应》① 以冷战后华人与东南亚当地民族关系为主要考察对象，研究华人群体对所在国的文化适应情况，作者认为“在东南亚，华人文化与当地民族文化之间的差异，不是造成民族关系紧张甚至发生冲突的必然因素”。在新的环境中，华人不仅仅保持了中国人的种族特性，也做出了“新的文化结合与妥协”。另外，该书从东南亚各国的民族主义产生，以及华人政策等层面分析东南亚华人文化的持续，并从生活方式、语言、宗教信仰、通婚等方面探讨华人与当地土著民族的接触和融合，进而揭示华人政治认同的转变，可谓论述精辟，独树一帜，是至今研究东南亚华人文化最有学术价值的力作，对本书具有极高的参考价值。李明欢的《跨国化视角：华人移民如何实现梦想》②（*Seeing Transnationally*：*How Chinese Migrants Make Their Dreams Come True*）是对战后海外华人多样化走向的研究，包括对移民动机、对家乡的忠诚以及对华裔儿童当地化的探索等，真实反映了华人从多方位加强和当地社会融合，同时出现某些跨越国界联系趋势的现状。另一部著作《东南亚华人研究——新世纪新视野》③ 是一部论文集，其中有关文化共存与民族融合—印度尼西亚华人同化问题的历史分析、全球化背景下的东南亚华商文化、从东南亚华人看文化交流与融合等文章，强调承认和保护文化多样性也是实现民族和谐和文化繁荣的必由之路。

四是华文教育研究方面，周聿娥的《东南亚华文教育》④ 较完整地对马来西亚、菲律宾、印度尼西亚、泰国、新加坡等国的华文教育发展历史展开了论述，并提出海外华文教育必须重新定位的观点，为东南亚华文教育的研究奠定了扎实的基础。黄昆章的《印度尼西亚华文教育发展史》从印尼华侨华人历史、近代新式华侨教育的诞生与发展、印尼华裔

---

① 曹云华：《变异与保持——东南亚华人的文化适应》，中国华侨出版社 2001 年版。

② liminghuan，*Seeing Transnationally*：*How Chinese Migrants Make Their Dreams Come True*，Zhejiang University Press，2013.

③ 梁英明：《东南亚华人研究——新世纪新视野》，香港社会科学出版社有限公司，2008 年。

④ 周聿娥：《东南亚华文教育》，暨南大学出版社 1995 年版。

兴办华文教育情况等几方面进行阐述，最后对印尼华文教育发展中存在的问题，提出了诸多有益的参考意见，是目前透视印尼华文教育难得的成果。[①] 郑良树的《马来西亚华文教育发展简史》一书，把马来西亚华文教育分为开辟时代、巩固时代、攻坚时代、发展时代等四部分，着重对每个阶段的华文教育的特点进行论述，为研究马来西亚华文教育提供了极有价值的参考。[②] 姜兴山的《战后菲律宾华文教育研究（1945—1976）》[③] 以第二次世界大战后菲律宾华文教育作研究对象，并将其置身于世界政治、中菲关系、菲华融合的大环境下，选取菲律宾华文教育最有特点的第二次世界大战后至中菲建交华文教育的发展与变迁为研究时段，透视菲律宾政府的华侨政策演变以及华侨华人社会自身的文化认同趋向的变迁，探讨华文教育在激发华侨华人的民族意识与爱乡情怀、提高广大华侨的素质和谋生能力、保存中华文化特质、促进与菲律宾人民的文化交流等方面所发挥的作用。李如龙的《东南亚华人语言研究》[④] 通过对东南亚华人语言的研究指出，东南亚华人能够顽强地保存自己母语，就其表层原因来说，华人在移居地的社会生活，包括血缘、地缘、业缘的各种联系，民间信仰和习俗的传承，则是保存母语方言的直接土壤；就深层的原因看，是华夏文化的传统精神及其派生的地域文化所蕴藏的生命力提供了坚实的根基。

另外，还有关于华人问题的其他研究成果，如方金英的《东南亚“华人问题”的形成与发展》[⑤] 以菲律宾、泰国、马来西亚和印度尼西亚为中心，对“华人问题”的形成和发展、中国政府对华侨华人政策的演变、殖民政权及独立后的东南亚国家政府对华侨华人政策演变史，以及国际形势的变化等内容进行了论述。曾少聪的《漂泊与根植——当代东南亚华人族群关系研究》[⑥] 从族群关系着手，深入研究了海外华侨华人社

---

① 黄昆章：《印度尼西亚华文教育发展史》，外语教学与研究出版社 2007 年版。

② 郑良树：《马来西亚华文教育发展简史》，外语教学与研究出版社 2007 年版。

③ 姜兴山：《战后菲律宾华文教育研究（1945—1976）》，暨南大学出版社 2013 年版。

④ 李如龙：《东南亚华人语言研究》，北京语言文化大学出版社 1999 年版。

⑤ 方金英：《东南亚“华人问题”的形成与发展》，时事出版社 2001 年版。

⑥ 曾少聪：《漂泊与根植——当代东南亚华人族群关系研究》，中国社会科学出版社 2004 年版。

会的变迁、族群内部的整体性与差异性、与当地其他民族的关系、华人族群认同及其转变，探讨了东南亚族群在全球化背景下的发展及与中国的关系。该研究对华人族群的定义不仅有血统意义，还包含文化意义，不仅包括汉族还包括了其他民族，认为，东南亚华人是不同民族接触的典范，强调了华人文化与当地土著文化的互动与影响。曹云华等著的《东南亚华人的政治参与》① 一书对东南亚华人的政治参与进行了全面的历史总结。该书分为上下两篇，上篇从政治学的角度透视东南亚华人，研究华人参与政治的历史、现状与前景，探索影响东南亚华人参政的各种因素。下篇分别探讨了马来西亚、泰国、菲律宾和印度尼西亚四国华人政治参与的经验与教训，从中总结东南亚华人政治参与的发展规律。吴前进的《国家关系中的华侨华人和华族》② 以民族、种族关系为切入点，从国家利益维护、民族关系发展的视角出发，探讨华侨华人和华族问题在国家关系中的演化。任贵祥、赵红英的《华侨华人与国共关系》③ 从各个时期、各个领域、不同侧面研究了“两个关系”问题，揭示了海外华侨华人对祖（籍）国的关注和贡献。陈永胜的《华侨华人与中国现代化简论》④ 重点分析了改革开放以来海外华侨华人在筹措建设资金、促进区域经济发展、推动中外经济合作与交流等方面发挥的作用。以上这些成果涉及的相关内容，都对本书的研究有诸多裨益。

（二）国外相关研究

新中国成立后，以美国为首的西方国家及“盟友”全方位遏制其进步和发展，教育文化往来也基本中断。受此影响，中国对东南亚国家的学术研究也寥寥无几。由于国内学者与外界交流较少，尤其是缺少资料和信息，因而华侨华人研究成果匮乏。改革开放后，中外教育文化交流日益频繁，有关东南亚的相关研究蓬勃发展起来，许多学者积极投身此领域从事这项研究。由于起步较晚，成果虽不尽如人意，但阶段性成果愈加丰富。相比之下，在国外许多学者开展了华人问题研究经过长期的

---

① 曹云华、许梅、邓仕超：《东南亚华人的政治参与》，中国华侨出版社 2004 年版。

② 吴前进：《国家关系中的华侨华人和华族》，新华出版社 2003 年版。

③ 任贵祥、赵红英：《华侨华人与国共关系》，武汉出版社 1999 年版。

④ 陈永胜：《华侨华人与中国现代化简论》，光明日报出版社 2012 年版。

积累，已经取得了显著的成就。其中最有代表性和影响力成果，当属由新西兰史学家尼古拉斯·塔林主编的《剑桥东南亚史》[①]，该书由来自多国的12位著名东南亚学者合著完成。这部长达150万字的巨著不同于以往以国别为纲各自撰写的模式，而是将东南亚作为一个整体，按历史分期、以专题论述的方式，从社会、经济、政治、宗教等方面全景式地展现了东南亚的历史。该书吸收并采用了多种学科的理论与研究方法，具有相当高的学术价值。

此外，有些学者本身就在东南亚工作生活，有较好的条件开展研究。主要论著有菲律宾学者陈烈甫的《菲律宾的民族文化与华侨同化问题》[②]《东南亚洲的华侨华人与华裔》[③]，新加坡学者王赓武的《中国与海外华人》[④]。其中，涉及华人文化的成果有《中国与海外华人》和英文著作 *The Study of Chinese Identities in Southeast Asia*[⑤]，陈守国先生的《1898—1935年的菲律宾华人：关于他们民族觉醒的研究》（*The Chinese in the Philippines, 1898 - 1935: A Study of Their National Awakening*）、《华菲混血儿与菲律宾民族的形成》（*The Chinese Mestizos and the Formation of the Filipino Nationality*）、《五百年的反华偏见》（*Five Hundred Years of Anti—Chinese Prejudices*）。[⑥] 上述著作的部分章节涉及华商文化和“外华”教育问题。澳大利亚学者颜清湟的《东南亚华人之研究》中收集的论文《东南亚华族文化：延续与变化》涉及东南亚华族文化发展的四个不同阶段，作者指出：适应、调整和外来刺激的力量，推动了华族文化走向变革之途。在中国的政治和文化影响下，东南亚华族文化变得现代化，充满生

---

① ［新西兰］尼古拉斯·塔林主编：《剑桥东南亚史》，贺圣达等译，云南人民出版社2003年版。

② ［菲］陈烈甫：《菲律宾的民族文化与华侨同化问题》，台北：正中书局1986年版。

③ ［菲］陈烈甫：《东南亚洲的华侨华人与华裔》，台北：正中书局1983年版。

④ ［新加坡］王赓武：《中国与海外华人》，香港：商务印书馆1994年版。

⑤ Wang, Gungwu, "The Study of Chinese Identities in Southeast Asia", in J. Cushman & Wang Gungwu", *Changing Identitis of the Southeast Asian Chinese Since World War Two*, Hong Kong: Hong Kong University Press, 1988.

⑥ ［菲］陈守国：《华人混血儿与菲律宾民族的形成》，吴文焕译，马尼拉：菲律宾华裔青年联合会，1989年；［菲］陈守国：《菲律宾五百年的反华歧视》，施华谨译，马尼拉：菲律宾华裔青年联合会，1989年。

机和活力。[①] 此外，还有新加坡学者王赓武的《东南亚华人认同问题的研究》[②] 一文探讨了东南亚华人认同问题的复杂性，他认为华人具有多重认同，即“人种认同、民族认同、文化认同和阶级认同并存”，而东南亚各国华人的认同路线则是各不相同的。

以上是对东南亚华人研究主要和整体的回顾，而相关菲律宾国家具体的华人文化研究成果也十分丰硕，其中最具代表性的当属陈烈甫教授。陈烈甫不仅是资深的华文教育著名学者，也是研究菲律宾成果最多的专家，其著作主要有《菲律宾华侨教育》《菲律宾的民族文化与华侨同化问题》《菲律宾的历史与中菲关系的过去与现在》《东南亚洲的华侨华人与华裔》《华侨学与华人学总论》《菲律宾与中菲关系》《菲律宾对外关系》《菲律宾的资源经济与菲化政策》和《马可仕治下的菲律宾》等，这些著作对本书研究都有极高的参考价值。[③] 其中，陈烈甫先生的《菲律宾华侨教育》对菲律宾华侨教育的目的、华侨教育的发展以及侨校的分布、经费与设备、课程及其问题、师资、青年家庭教育和社会教育等方面都进行了详尽的论述（截至 1958 年）。施振民的《菲律宾华人文化的持续——宗亲与同乡组织在海外的演变》和《菲律宾的华人社团与种族认同》等文章从华人社团来阐明华人文化，涉及的相关内容主要是从文化方面论述海外华人的演变现象。施振民是菲华融合的倡导者之一，他的文章主要观点就是华人尽快融入当地社会，将菲律宾视为他们落地生根的家园。吴文焕的《菲律宾华人问题文集》[④] 收录的一些文章，都是华人生存和发展面临的现实问题，并提倡华人与本地民族一道为菲律宾建设

---

① ［澳］颜清湟：《东南亚之研究》，香港社会科学出版社 2008 年版。

② ［新加坡］王赓武、林金枝：《东南亚华人认同问题的研究》，《南洋资料译丛》1986 年第 4 期。

③ 陈烈甫的主要著作：《菲律宾华侨教育》，台北：海外出版社 1958 年版；《菲律宾的民族文化与华侨同化问题》，台北：正中书局 1986 年版；《菲律宾的历史与中菲关系的过去与现在》，台北：正中书局 1968 年版；《东南亚洲的华侨华人与华裔》，台北：正中书局 1983 年版；《华侨学与华人学总论》，台湾商务印书馆 1987 年版；《菲律宾与中菲关系》，香港：南洋研究出版社 1955 年版；《菲律宾对外关系》，台北：正中书局 1974 年版；《菲律宾的资源经济与菲化政策》，台北：正中书局 1969 年版；《马可仕治下的菲律宾》，台湾商务印书馆 1983 年版。

④ ［菲］吴文焕：《菲律宾华人问题文集》，马尼拉：《世界日报》“华人天地”编辑部，1985 年。

贡献力量。他的另一部论文集《华人的文化适应和文化改造》[①]，其中《文化融合是历史的选择》《东南亚华商企业与儒家文化》《从东南亚三宝庙的实地考察看华人的文化适应》《关于华人文化的内涵及与族群认同的关系》《华人文化的二重性和发展》等文章都有极高的价值，为华人文化研究提供极佳的思路和视角。洪玉华女士是菲律宾华人社会活动家、华人问题专家，为菲华融合做出突出贡献。她的著作有《十字街头：菲华社会文集》《作为菲律宾的华人》[②]《融合：菲律宾华人》[③] 等。值得说明的是，洪玉华和吴文焕等人还创建了“菲律宾华裔青年联合会”（Kaisa Paka Sakaunlaran，Inc.）。其宗旨是促进菲律宾华人融入主流社会之中，一改海外华人只重视经商的传统，提倡华人积极参政，以主人翁的姿态在政治和思想意识等层面认同于菲律宾国家，其论著具有明显的政治倾向。

其他国家学者的专著有：加拿大历史学家魏安国的《菲律宾生活中的华人（1850—1898）》[④]。本书采用第一手资料，对西班牙统治后期，菲律宾华侨社会及华侨经济的发展做了深刻精辟的分析，尤其通过史料进行了社会学的研究，客观地描述了该时期菲律宾华人社会演变的情景，是全面反映菲华社会实况的经典之作。此外还有美国亚裔历史学者詹森（Khin Khin Myint Jensen）博士的《美统时期的菲律宾华人：1898—1946》[⑤]。本书采用了大量美国历史档案和文献，对美国殖民统治时期的菲律宾华侨社会发展状况进行深入研究。书中对美国占领菲律宾初期华人问题的初步处理、菲律宾委员会结束时的华人移民问题、华人在菲律宾经济中的地位以及各种影响华人社会的文化因素等，都进行了翔实的

---

① ［菲］吴文焕：《华人的文化适应和文化改造》，马尼拉：菲律宾华裔青年联合会，2000年。

② ［菲］洪玉华、蔡丽丽：《十字街头：菲华社会文集》，马尼拉：菲律宾华裔青年联合会，1988 年。

③ ［菲］洪玉华：《融合：菲律宾华人》（第一集），马尼拉：菲律宾华裔青年联合会，1990 年；洪玉华：《融合：菲律宾华人》（第二集），马尼拉：菲律宾华裔青年联合会，1997 年。

④ Edgar Wickberg，*The Chinese in Philippine Life*，*1850 - 1898*，New Haven & London：Yale Vuiversity Press，1965.

⑤ ［美］詹森：《美统时期的菲律宾华人：1898—1946》，［菲］吴文焕译，马尼拉：菲律宾华裔青年联合会、世界日报社 1991 年版。

论述，是极为难得的参考资料。新加坡华人问题华裔学者张素玉女士的《华人在菲律宾》《菲律宾华人中间的政治领导：菲律宾华商联合总会(1954—1994)》《菲律宾华人大企业：政治领导与变化》等都有这方面的相关论述。对本书的研究起到了重要的启发，也为揭示海外华人文化传承与变迁的历史根源、实质及发展方向提供参考。

（三）在相关学者发表的论文方面

根据对1979—2017年中国学术期刊全文数据库查询统计，与东南亚华人文化有关的论文有近40篇，特别指出的是，2000年以后涉及东南亚华人文化的文章只有10余篇而已，如陈衍德的《论当代东南亚华人文化与当地主流文化的双向互动》、韩震的《全球化时代的华侨华人文化认同问题研究》等。[①] 有关东南亚华人文化的研究成果，远低于华人历史、经济、政治、民族和宗教领域，甚至出现断线的危机。

由此可见，学者关于东南亚华人文化研究十分薄弱，有关研究的著作和文章还是相当有限的，并没有客观、动态地反映东南亚华人文化的发展变化，可以说此项研究没有“与时俱进”。当然不能排除其他一些学者在研究相关问题时对“华人文化”有所涉猎，但总体来看，近年来国内外学术界对这一问题缺乏系统研究，更不用说从历史学、教育学、民族学、政治学、文化传播学和国际政治关系学等多重视角揭示东南亚华人文化的发展与变化，尤其是当今菲律宾华人的文化特性的演化、对中国传统文化的认同程度、对中国社会的心态和情感、与中国的互动交流及未来发展等方面的研究更需深入了解，本书旨在对这方面的研究有所裨益。

三 本书研究的意义

菲律宾是中国的友好邻邦，中菲关系是当代最敏感的问题之一。随着美国势力的介入，亚太地区局势逐渐升温，研究相关问题具有重大的

---

① 有关“华人文化”的文章还有骆莉的《马来西亚多元文化社会中的华人文化》；熊越的《战后东南亚华文教育的衰落和华人文化的变迁》；刘小新的《从华文文学批判到华人文化诗学》；谭天星的《战后东南亚华人文化的保持与族群关系的演进》；曹云华的《试论东南亚华人的文化适应》；陈丙先的《20世纪以来菲律宾华人文化认同的嬗变——以菲律宾华文文学为视角》；陈衍德的《变迁中的文化：现代中的传统——从个人、家庭、家族刊菲律宾华人》等。

现实意义。同时，发展与“一带一路”沿线东南亚国家的关系，也是推进这项战略的关键所在。在这样的背景下，通过以华人融合进程中文化变迁为切入点，透视华人在国家关系中的地位和作用显得极为重要。华人文化的重构不是孤立的问题，受多重因素的影响，从中可以折射出变化内在的深层次原因。

由于地缘的因素，东南亚是中国人移民的核心区。早期移居东南亚的华人主要以经商为主，为居住国的经济发展做出了巨大贡献，华人经济也在东南亚国家经济中占有举足轻重的地位。东南亚华人经济发展为什么较易成功，是当地环境造就，还是华人文化传统使然？东南亚各国为什么一度抑制、限制或取缔华校的华文教育？东南亚华人坚韧不拔传承中华文化，丰富东南亚各国文化的同时，又怎样重塑文化内涵？国内外学者存在许多争论，观点也莫衷一是。但有一种看法是一致的，那就是华文教育保持了民族特质，华文教育的发展是衡量中国与所在国关系的重要因素，华人所在的国家同样指责华文教育是华人难以同化的根源所在。如何解决好这些问题，是值得我们深入探讨和研究的课题。

此外，海外华人是中华民族的宝贵资源，是承载和传播中华文化的重要载体，也是中外文化交流的重要桥梁。同时，海外华人历来反对国家分裂，是反“独”促“统”的一支重要力量，深入研究和发展海外华人文化十分必要。文化是一个民族最重要的标识，而海外华人文化是中华文化融入世界多元文化的“试金石”，通过剖析华人文化的变迁，来研究其所在国与中国的关系。同时，华人文化的发展，也积极促进了中国与世界各民族之间的相互了解，文化作为“软实力”的作用日益突显。在世界多元文化绚丽多姿的时代，华人移居海外产生文化融合是一种扬弃过程，但并不意味着割断本民族文化历史，更不能迷失自己的文化特性和归属。华人文化应植根于当地社会，继承中华文化衣钵的同时，积极与本土文化融合，形成以传统文化为基础元素，浸润当地文明、现代文明的新型文化，并使当地文化更加丰富多彩。

研究华人文化也可以从中了解所在国文化的历史和现状，我们也必须着重进行不同路径之生态差异的比较。华人文化的出路是开拓进取，不断综合中西文化之长以创造新文化。随着中国综合国力日益增强，对地区和国际事务的影响也在不断扩大，中国政府应大力弘扬中华文化精髓，加快提升其国际感染力，“春风化雨、润物无声”地合理支持海外华文教育，但要减少政治渲染和大轰大嗡，避免造成中国搞文化扩张的疑虑。① 全面推动新时期华文教育转型升级，使华文教育为弘扬中华文化、讲好中国故事、传播好中国声音、促进中外友好发挥更大的积极作用。②

我们的机遇就是自身不断发展壮大的同时，把与东南亚发展中国家联系起来，实现合作、互利、共赢的新局面。海外华人族群在政治上是当地人，在文化上应是当地华人，成为所在国“友华”的推动力。东南亚华人与中国的关系赋予了他们特殊性，华人虽处于少数民族的地位，但总体上人数众多，其祖籍国也是一个泱泱大国，华人的作用蕴含无限的空间。当然，华人应主动融入当地主流社会，做财富创造者和当地民众的造福者。华人还要做住在国与中国交流合作的友好使者，为实现中华民族伟大复兴的中国梦，以及所在国人民的幸福梦做出更大贡献。推动和解决好以上这些问题，无疑都具有十分重要的意义。然而，直到现在还有相当一部分人，对华人文化的变化程度认识不足，还有人认为已入籍的华人仍然“身在曹营心在汉”，甚至有人认为随着中国的不断强盛，他们的“爱乡”情结将会越来越强烈。对于东南亚华人问题的敏锐性、特殊性和重要性，必须加以深入考察和研究。因此，本书以华人文化为视角，既有学理层面的探索，又有实际工作中政策层面上的对策，都具有一定的理论和现实的意义。

四　本书研究内容

本书主要以第二次世界大战后，东南亚华人文化的变迁为研究对象，并从以下几个方进行论述：第一，阐述早期华人移居南洋，不管遭遇何种艰难险阻始终以中华文化为魂魄，延续了民族意识，成为与祖国保持密切联系的纽带。第二，解析菲律宾国家华侨社会的形成和特征。华侨社会对华文教育的推动，阐明华文教育的发展也带动了社会文化的繁荣。

---

① 姜兴山：《台湾当局对菲律宾华文教育的影响（1949—1976）》，载《台湾研究集刊》2011 年第 1 期。

② 杨洁篪：《在第三届世界华文教育大会开幕式上的讲话》。http：//huaren. haiwainet. cn/n/2014/1208/c232657 - 21502583. html。

第三，深入剖析西班牙殖民统治时期，华人文化的环境以及华侨对华文教育的诉求。第四，考察华侨对中华文化的保持，“菲化运动”对华校的冲击的缘起及影响。第五，论述华人宗教信仰的融合与变迁。第六，论述华人参政意识的增强，华人的移民观由“落叶归根”转为“落地生根”，越来越多的华人把居住国作为自己的家园，华人文化走向融合之路。第七，揭示反映华人文化的华文报刊、华人社团以及文学艺术等方面的变化。华人国家认同转向当地，文化认同进入转变阶段的困惑过程。第八，论述在融合进程中，华人文化如何不断调和与重构，在适应与保持两方面找到“平衡”，重新塑造属于本民族的现代文化。第九，研究影响华人文化的主要因素，深入分析新型文化的内涵。阐述重构后的华人文化应凝练中华文化的精髓，对中国有一定程度上的认同。第十，海外华人文化的未来发展方向和主流，同时，通过文化引导华人如何提升影响力，在促进所在国和中国关系上发挥作用，实现互利共赢，并成为共同维护和平的有利因素。

五　研究思路和方法

早期移居菲律宾的华侨尽管处境艰难，但中华文化无疑对他们的认同起到守护作用。首先，这时以商人为主的华侨较少接受传统教育，但正是这种性质的启蒙教育，形成了华侨对中华民族文化的依依之情，使他们感受到作为中国人的自豪，并积淀凝结成浓厚的中华文化情结。其次，族群文化是一个民族的重要标识，但在漫长的历史进程中，海外华裔族群的文化传承，受当地政治、文化及其他多种因素的影响，文化属性在潜移默化中改变着。最后，命运多舛的华人社会已经演变成为一个异质群体，归化入籍后的华人，已经由华侨转变为当地公民，国家认同发生了转变。与之相比，华人社会的文化认同和价值取向却相对复杂得多，本课题主要研究华人文化的重要性，定位华人文化的发展趋势，提升文化品位，并提出发展海外华人文化的策略和措施。在内容和结构上，注重与东南亚其他国家华人文化的纵向发展，同时对比所在国和中国的关系对海外华人文化的影响。

著名学者王国维曾倡导科学的“二重证据法”，即取地下之物与纸上之遗文互相释证。由于东南亚地下文物相对较少，这就增加了相关内容的研究难度。为此，本书将主要运用历史学、民族学、政治学、教育学、文化传播学和国际关系学等基本理论，广泛采取结合史料、考察和田野调查等方法，深入探索菲律宾华人文化发展状况，寻找出东南亚华人文化式微和变迁的根源。在研究过程中，力求宏观把握，微观分析，力争使本书走在这一研究领域的前沿。

创新之处是：第一，本书是一个新的尝试，首次以菲律宾国家为例，结合历史学、教育学、民族学、文化传播学和国际关系学等多学科主要理论，从华人文化重构的角度综合地、立体地揭示东南亚华人社会的演化、内涵和特性。第二，突破以往只注重海外华人文化适应与当地民族的关系，而没有论证华人文化重构后与中国互动和对中国的态度问题。第三，着重研究海外华人拥有传统文化程度与对中国关系的相关性，可以为我国侨务工作提供一些新思维，处理好中国与东南亚国家、中国与华人社会、华人与当地民族的关系提供参考。第四，如何避免华人被彻底同化，支持海外华人传承民族文化，构筑“美美与共”“和而不同”的多元文化，也通过海外华人让世界进一步了解中国。第五，重视文化外交的作用，提升我国文化“软实力”和感染力。

六 有关概念的界定和运用的资料

（一）华侨、华人

研究东南亚华人问题，必须首先要厘清华侨和华人的概念界定。虽然这是最传统的概念，但是在不同的研究领域表述有所不同，本书有必要再赘述差别所在。华侨（Overseas Chinese）现在常指定居国外有居住权而没有获得所在国国籍的中国血统并某种程度上保存中国文化的群体和个人。华侨既表示对中华民族的国家民族归属感，又表明在海外侨居（Sojourner）的状态。① 如第二次世界大战前移居东南亚的许多中国人，他们虽然在当地生活长久甚至直到暮年，但是他们没有加入所在国的国籍，只能是海外华侨。

华人（Chinese Diaspora）一般特指生活在国外并拥有所在国国籍的

---

① 庄国土：《二战以后东南亚华族社会地位的变化》，厦门大学出版社 2003 年版，第 16 页。

中华民族血统的人，他们在一定程度上保持中华文化，也称“外籍华人”或“海外华人”，华人与华侨的区分还在于政治法律身份的当地化。华人虽加入所在国国籍，但在心理感情和文化价值观等方面仍较多倾向中国，心理特征处于“中国取向”和“当地取向”的过渡之中或“双重取向”。[①] 狭义地说，华侨和华人还应保持一定的中华文化特质和风俗习惯等，并且对中国有深厚的民族感情和与之发生经常性的联系。

由此可见，华侨和华人是密切相关的两个概念。同样，华侨教育是指华侨为教育培养子女学习中华文化和科学知识在侨居地创办的教育。另外，中国政府和海外华侨为华侨子女归国接受学习，在原籍故乡所投资开办的教育，都属于华侨教育范围。华人教育是外籍华人对子女施行的当地文化和中华文化等方面的教育。两者区别在于，华侨教育从属性的意义上讲是中国教育的一部分，是中国教育在国外的延伸；而华人教育是所在国教育的组成部分。[②] 在内容上，华侨教育是以华文为教学媒介语言，以学习中华民族语言文化和科学知识为主，侨居地语言文化为辅；华人教育强调本地化，以所在国语言、文化和科学知识为主，中华文化教育为辅。两者之间存在着一定交叉关系，但不存在从属关系。[③] 另一个较为重要的概念是“华人族群”，是指华人种族及华人少数族裔，是“华侨”一词逐渐淡出东南亚历史舞台后的替代词。

（二）文化、文化取向、文化认同

“文化”是社会生活中最广泛使用的概念，中外学者所下的定义有200多种。虽然学者对文化的理解莫衷一是，但普遍认为文化是人类社会实践过程中，所创造的物质和精神财富的总和。而从狭义层面来讲，文化是指社会的意识形态以及与之相适应的制度和组织机构。笔者赞同周南京先生对文化概念广义说的诠释，即“文化是人类（种族、民族、社会群体）在历史发展过程中，逐渐积累和形成的物质和精神财富，也包括行为准则、行为模式和生活方式。不同人群（族群）的这种潜移默化

① 吴前进：《国际关系中的华侨华人和华族》，新华出版社2003年版，第7页。

② 林蒲田：《华侨教育与华文教育的史和论》，（泉）新出（2008）内书第011号，第12页。

③ 别必亮：《承传与创新：近代华侨教育研究》，河北教育出版社2002年版，第2页。

的传统价值观念，必然会代代相传，它可以被认为是一种‘文化遗传基因’”①。

文化取向是指个人或族群对文化体系的态度，以及人们在体系中的角色和地位，本书的文化取向侧重情感方面。

认同原本是心理学术语，是指一种心理操作过程，表明一个人有意或者无意地将其他人或群体特征归属于自己。② 在社会学上，认同是指人们在交往或认知过程中对生活方式、社会角色和价值观念等方面产生的归属感。文化认同是指人们共同享有的文化模式，包括语言、文字、习俗和价值观等，彼此在文化上具有共同的感情、心理和意识，文化认同通常在族群中存在。

（三）“菲化运动”、菲化政策

“菲化运动”是指菲律宾既得利益集团、政界和舆论界，通过公众媒体大肆渲染、发难，并经过国会立法或有关当局的行政法令，规定菲律宾境内的企业、事业及某些职业，只有菲律宾国籍的人才享有经营或就业的权利，禁止外侨涉足的一种极端民族主义运动。菲律宾“菲化运动”名义上是通过法律限制外侨，实际上主要是针对华侨的。这是因为华侨占所有外侨人数的90%，而且美侨作为特殊的外侨并不受此项法律的约束。在东南亚国家中，菲律宾是对华侨限制最严厉的国家。③

菲化政策是狭隘民族主义和偏激经济主义的产物。西方殖民者在菲律宾近三个半世纪的统治中，一贯推行将华侨与土著居民隔离的政策来分而治之，挑拨事端，以转移土著居民对殖民统治的不满，使华侨成为殖民者造成菲律宾贫穷落后的替罪羔羊。殖民者歧视华侨华人的政策，对土著居民起着潜移默化的作用，并时常被别有用心的政客、利益集团所煽动，严重者会引发针对华侨的强烈的极端民族主义的情绪和行动，从而被一些人为达到某种目的而利用。④

王赓武通过考察近代移民历史，认为在时间上华人移民史可以分为

---

① 周南京：《风云变幻看世界》，香港：南岛出版社2001年版，第40页。

② ［美］阿塞·S. 雷伯：《心理学词典》，上海译文出版社1996年版，第387页。

③ 叶祥松、陈晴华等：《东南亚华人经济研究》，经济科学出版社1999年版，第176页。

④ 黄滋生：《战后菲律宾华侨政策演变剖析》，引自《战后海外华人变化国际学术研讨会论文集》（中英文论文集），中国华侨出版社1990年版，第105页。

有一定交错的四种形态：在 19 世纪 50 年代以前仅有的华商形态；在 19 世纪下半叶到 20 世纪 20 年代起过渡性作用的华工形态；1900 年以后出现到 20 世纪 50 年代以前占统治地位的华侨形态；20 世纪 50 年代以后一直延伸的、代表一种新形态的华裔形态，它是一种新型的华人社会和文化。① 同时，王赓武还认为东南亚华人史可做如下区分：19 世纪以前为唐人时代，即闽粤人、唐人流寓的时代；19 世纪为华人时代（包括华民、华工与华商的时代），即西方帝国主义在东南亚早期扩张的时代；1903—1955 年为华侨时代，即东南亚被帝国主义全面控制的时代；1955 年以后为新华人时代，即东南亚各国独立自主的时代。② 这些划分也是近代华人移民研究的基本架构，本书遵循以上的概念和理论。

本书主要运用的资料有：菲律宾华文学校校史以及孔子学院、孔子课堂问卷调查；菲律宾学者访谈录以及著名侨领亲身经历的回忆录；有关东南亚华人问题的专著、论文集、论文、纪念文集等；《世界日报》《公理报》《新闽日报》《华侨商报》《大中华日报》《菲华时报》《联合日报》《今日中国》《侨讯》《华侨华人报刊资料选编》等相关资料；外交部官方解密档案、国际关系史料、侨务工作，外文专著等资料；田野调查和人物访谈等。

---

① ［新加坡］王赓武：《中国移民形态的若干历史分析》，选自王赓武《王赓武自选集》，上海教育出版社 2002 年版，第 188—205 页。

② ［新加坡］王赓武：《华人、华侨与东南亚史》，选自王赓武《王赓武自选集》，上海教育出版社 2002 年版，第 231—273 页。

第一章

中国人南迁菲律宾溯源

自秦汉以降，随着造船和航海技术的进步，中国与东南亚国家的往来逐渐频繁。唐代时期，海洋贸易使中国寓居于此的人数开始增多，他们促进了当地社会文化的发展和经济的繁荣，也被当地人尊称为“唐人”。不过，中国人的“风雨”南洋路，一直到了明朝中期和清朝前期，在朝贡贸易的“带领”下才越走越宽。古代中国与东南亚国家的朝贡贸易往来，实质是建立在海上贸易关系基础上的，中国的“厚往薄来”使对方受益颇多。于是，他们竞相与中国加强友好关系，不断增加前来“朝觐”的次数。直到鸦片战争前夕，中国确立了在东南亚几个世纪的中心地位，这不仅表现在财力、物力和军力超群，而且在道德、艺术和生活方式也具有很强的影响力。① 因此，东南亚诸国非常倾慕和认同中国，纷纷派使臣来中国“取经”和学习，由此促进双边的贸易和人员往来。那些在当地经商和移居的中国人也受到礼遇，造就了中国东南沿海的闽、粤百姓长久以来连绵不断地下南洋传统。菲律宾作为中国隔海相望的近邻，在地理大发现之前长期处在“蒙昧”的状态，他们愿意与中国保持友好往来，尤其是往来于墨西哥阿卡普尔科、菲律宾马尼拉和中国漳州月港的“大帆船贸易”，不仅推动海洋经贸的快速发展，也进一步促进了中菲两国人民的文化交流。当地原住民十分喜爱中国的商品，也需要中国高超的建筑和工艺技术。不仅如此，中国人带去的中华文明，也为菲律宾社会的发展产生深刻的影响。所以，随着海洋贸易的突飞猛进，在

① John K. Fairbank, “Tributary Trade and China's Relations with the West”, in *Far Eastern Quarterly*, Vol. 1, 1942, p. 130.

菲律宾“住藩”的华人越来越多。由于前往菲律宾有地理的便利，加上当地蕴含无限的商机，这里成为中国人下南洋的“理想地”，尤其是殖民统治菲律宾时期，形成的几股大规模移民潮一直影响至今。

第一节　“朝贡”制度下的中菲关系

自古以来，中国就与东南亚国家保持友好贸易关系，尤其是华夏先民取得的举世瞩目的成就，对周边国家也产生了极大诱惑和震撼力。由于远隔重洋，海上交通依靠的帆船只能利用季风，定期在南洋诸国之间往来。为了表示友好和善意，最初通常的做法是，外国派驻中国的使节在递交外交文书时，献给中国皇帝一些奇珍异宝和当地特产。中国皇帝也会根据所“进贡”的物品，“恩赐”来使相当数量的礼品。此后，逐步形成了中国封建王朝对外关系体制，即所谓的中国“朝贡”制度，而中国与菲律宾的这种“礼尚往来”尤为密切。

一　古代中国与菲律宾的关系

菲律宾，全称菲律宾共和国（The Republic of Philippines）位于亚洲东南部西太平洋赤道与北回归线之间，扼亚洲、澳洲大陆及东亚、南亚国家之间的交通之要冲，战略地位十分重要。菲律宾群岛国土总面积30.02万平方公里，共由7107个岛屿组成。众多的岛屿像颗颗明珠漂浮在蔚蓝的太平洋西部海面上。因此，它素有“千岛之国”和“东方明珠”之称。①

（一）中国与菲律宾的传说

中国与菲律宾两国的交流源远流长。菲律宾民间有个传说，称菲人的始祖为中国王子和菲女结合的产物。② 菲律宾历史学家奥斯汀·克雷格（Austin Craig）根据考证推断得出结论，即中菲往来可以远溯至大约周秦

① 马燕冰、黄莺：《菲律宾》，社会科学出版社2007年版，第1页。

② 菲律宾民间自古相传，有一个中国亲王之子，从其父亲停泊在菲岛的船上逃离上岸，遇到一位从竹林下降的窈窕菲女，两人一见钟情结为夫妻，便产下菲人的始祖，这就是著名的“竹林神话”。Celine S. Rondnin（Ed.），*Philippine Legends*，Manila，1960，p. 32.

时代。[①] 那时中国以天朝上国自居，菲律宾作为藩属国遣使臣前来进贡。拜尔（H. O. Beyer）教授也推断，菲律宾的“梯田文化”就是在中国春秋战国时代传入吕宋岛的。奥斯汀·克雷格还认为，早在中国的三国魏晋时期，菲律宾盛产的沙金就大量输至中国。虽然中国古代的典籍史料尚无法证明这些观点，但以上传说足以说明，中菲两地在历史上有着长期的贸易、生产和文化方面的交流。[②] 传说是民间长期流传下来的对事迹的记述，内容有的以特定的历史人物和事件为基础，有的纯属幻想的产物。这则有关菲律宾始祖的故事，反映了菲律宾对中国人的亲近与友善。同样，在菲律宾社会发展史上，有些中国人确实起到了伟大的作用。如把当时许多在菲律宾农业方面做出过贡献的华侨，都典型化为一个林旺，或者把这些作用都集中到林旺这个杰出人物身上了。[③] 传说在一定程度上反映了人民群众的愿望和期许，它的逻辑往往就是如此。菲律宾许多地方都出土过从晚唐至清代各个时期的中国瓷器，一些地方还发现了大量的唐代钱币。这些文物充分表明，中菲间在唐代已有广泛的贸易关系。[④]

（二）中国与菲律宾的“朝贡”贸易

公元前4世纪，从中国到印度的商船为了避免绕行马六甲海峡，往往在东南亚的克拉地峡登岸，通过陆路将货物运往暹罗湾，再搭载商船开始海上航行，这样可以大幅缩短航程，而扶南正是这些商人落脚的地方。从那时起，中国与东南亚就有了频繁的接触。中国西汉成帝时期，扶南属国真腊就与汉朝有互动往来，曾向汉皇帝礼献夜明珠等方物，而中国皇帝对其也礼遇有加。东汉章帝时期杨孚在《异物志》中就有记载扶南这个国家，其强盛时势力远及中南半岛和马来半岛，并且控制着暹罗湾和马六甲海峡的海上贸易。

公元225年，扶南派使前来吴国进行“朝贡”贸易，孙权曾遣宣化

---

① ［菲］陈烈甫：《菲律宾的历史与中菲关系的过去与现在》，台北：正中书局1968年版，第44页。

② 中山大学历史系编：《菲律宾史稿》，商务印书馆1977年版，第10页。

③ 黄滋生、何思兵：《菲律宾华侨史》，广东高等教育出版社2009年版，第20页。

④ Milagros C. Guerrero, “The Chinese in the Philippines, 1570 - 1770,” in Alfonso Felix Jr. (ed.), *The Chinese in the Philippines*, Vol. I, Manila: Solidaridad Publishing House, 1996, p. 15.

从事朱应、中郎康泰通焉。[①] 至留陀跋摩时代，扶南与中国南朝关系更为密切。留陀跋摩曾5次向梁朝进贡，以获得中国王朝对其势力的认可和支持。至真腊伊奢那跋摩时期，也曾派使节向唐朝进贡，同样是为了获得唐朝的支持，而偏安西南的扶南国王仍与唐朝保持往来。伴随政治上的不断通好，也推动双边经贸的进步发展，此种做法也引起了南洋诸国纷纷效仿。古代菲律宾同中国有过贸易的关系的，宋代有明达瑙东北部的蒲端，明代有吕宋南部卡马林内斯地区的合猫里，北吕宋的冯嘉施兰、吕宋（今马尼拉一带）、明达瑙的古麻剌朗和苏禄等国。获利不菲的贸易令人心生向往，也频繁有华人前往菲律宾住藩。宋代时期，朝廷十分重视对外贸易，特别是罗盘技术应用在航海领域，使海上交通有了较大发展。由于北方金国侵占了北宋京都汴梁，宋高宗被迫逃亡杭州并在此定都，经济和政治中心南移，东南沿海对外贸易成为了朝廷重要收入来源。《宋史》卷四八九《阇婆传》记载："又有摩逸国，太平兴国七年（982）载宝货至广州海岸。"[②] 赵汝适的《诸藩志》也有详细的记载，当时宋代中国就已同菲律宾诸岛屿有贸易往来。元朝时期，一些不愿向外族俯首称臣的南宋遗臣逃往南洋，并出现小股移民潮。蒙古统治者仗恃武力强大，采取掠夺和欺压手段，屡次南侵攻占安南、缅甸、爪哇等地，并未注重发展与南洋各国的正常交往，这也是元代中国与菲律宾缺乏政治联系的原因。

（三）苏禄王与中国的亲密关系

11世纪初，明达瑙岛的蒲端国就频繁遣使来华。真宗咸平六年（1003），蒲端王遣使来华贡方物及红鹦鹉。景德四年（1007），其陵又遣使贡玳瑁、龙脑、丁香，真宗则赐冠带、器币等。明代初期，中国在经济、军事和文化等方面远比南洋各国发达和强大，南洋国家争相与中国发展友好关系。洪武五年（1372），菲律宾的吕宋"遣使偕琐里诸国来贡"。[③] 明太祖告知中书省臣，"西洋诸国，素称远番。涉海而来，难计岁

---

① 朱杰勤：《东南亚华侨史》，高等教育出版社1990年版，第8页。

② 982年《宋史》中描述的中菲贸易往来，是我国史籍资料中首次出现的中菲直接贸易的文字记载。

③ 张廷玉等：《明史》卷三二三，列传二一一，《外国四·吕宋》，中华书局1974年版，第8370页。

月。无论疏数，厚往而薄来可也。”[①] 洪武十四年（1381），明太祖朱元璋担心有人借出海聚众反抗，下令实施海禁。至永乐朝，明廷和菲律宾各邦国的关系十分密切，中菲的交往达到了顶峰。永乐帝更是要求“诸番国遣使来朝，一皆遇之以诚，其以土物来市易者，悉听其便”[②]。永乐三年（1405）、永乐四年（1406）、永乐六年（1408）和永乐八年（1410），吕宋、苏禄等国四次来中国进贡，加强了中菲的政治和经贸交流。永乐、宣德年间，明朝廷派遣郑和七次下西洋，宣扬大明王朝的国威，促进了中国与沿海国家的关系。此后中菲交流往来更加频繁，其中尤以菲岛的苏禄、古麻剌朗国最为密切。据《明史·苏禄传》记载，永乐十五年（1417），苏禄国东王、西王、峒王等携家眷来到中国朝贡。永乐帝对苏禄国王以高规格的礼仪相待，但东王巴都葛叭答剌在返回途中病逝在山东德州。永乐十八年（1420），古麻剌朗国王斡剌义亦敦奔率家眷来访，在归国途中病逝于福建。[③] 苏禄三王、古麻剌朗国王先后访问中国，东王和古麻剌朗国王客逝中国，成为古代中菲关系史上流传千古的史话。1644年，清朝取代了明朝在中国的统治后，清政府继续重视保持和发展与周边国家的友好关系。

二 “朝贡”制是双边交流的基石

古代中国的经济与文化水平高于周边国家，但演绎出来的“天下中心观”，实际上是一种中国观的自我放大。同样，古代中国统治者推行的对外关系体制，即西洋人记载的“东亚世界体系”，也是中国一厢情愿的主观推测，并非外国实际认可和客观存在的有效运作。可见，所谓的“朝贡”“册封”是不具有约束力的政治关系。[④] 或者说，“朝贡”不是一方强迫另一方进行的，而是适合双方的需要才能长期维持下来。“朝贡”关系的形式上有一些不平地位的体现，但实质并非以小事大、以下事上。如：

---

① 庞文彬：《明会要》卷十五，《蕃使入贡》，中华书局1956年版，第248页。

② 《明太宗实录》卷十二，洪武三十五年九月丁亥，上海古籍书店1983年版。

③ 黄滋生、何思兵：《菲律宾华侨史》，广东高等教育出版社1987年版，第10—12页。

④ 庄国土、陈华岳：《菲律宾华人通史》，厦门大学出版社2012年版，第73页。

第一，史籍记载把外国使者来访称为“朝贡”，而没有把中国使者出访称为“朝贡”，而表述为“遣使往谕”。这种称谓差异只是中国古籍的记载，很少有相应的外文资料印证，从中也反映出中国天朝大国的心态。

第二，“朝贡”文书的用语有尊卑之分，外国使者带来的国书称为“金叶表文”，翻译的中文用臣子向国君奏事的格式撰写。中国皇帝回复外国国王的公文，称为“敕书”和“诏书”，以国君向臣子下发指令的格式撰写。外国使者带来的礼物称为“贡品”，中国皇帝回赠的礼物称为“赏赐”。

第三，外国使者进京“朝贡”，觐见中国皇帝要遵循严格的礼仪，如须行跪拜礼。当然，中国官员入觐要行跪拜礼，他们引导外国使者入觐时，也相应要求使者行跪拜礼。同样，中国官员觐见外国国王时，也行其君臣礼，只是形式不同，如缅甸官员觐见其国王要脱鞋子，他们引导外国使者觐见缅王，也必须脱鞋子。这说明，“朝贡”时对待外国使者并不是苛刻和轻蔑的行为。

这些所谓表面上不平等的现象，不能改变“朝贡”是中国和周边国家友好交往的客观事实。所有形式上的不对等，仅是封建时代的烙印而已。[①] 倘若果真是不平等的国家关系或商品贸易，东南亚国家没有必要远隔重洋，千里迢迢频繁来到中国“朝贡”的。即便是“册封”关系，一旦需要中国的军事援助，也可能是鞭长莫及。况且，东南亚诸国普遍与中国保持“朝贡”关系，单纯的政治和军力保护已失去意义。由此可见，东南亚国家来中国“朝贡”，绝大多数情况下还是为了双边贸易。魏晋南北朝时期，林邑和扶南是主要遣使到中国的国家，所携礼品皆为海外异物珍宝，中国回赠的主要物品是丝绸和金银，交易商品与掸国来朝者大体相当。由此可以推测，东南亚诸使者从中国带回的物品，又会经西南陆上丝绸之路或海上丝绸之路，流向渴望这类商品和富裕发达的印度、波斯和罗马。[②]

“朝贡”活动中相互交换礼品，实际上是两国之间的官方贸易。无论

---

① 余定邦、喻常森：《近代中国与东南亚关系史》，世界图书出版公司，2015 年，前言第 2 页。

② 庄国土、陈华岳：《菲律宾华人通史》，厦门大学出版社 2012 年版，第 76 页。

是朝贡、册封或属国，更多时候只是中国古代统治者好大喜功的用语。被中国朝廷看作朝贡者的外国使者，来中国的目的是谋求经济利益，绝大多数并非真正认可中国形式上的“上国”地位。例如，明朝把日本也列为朝贡国，但当朱元璋敕谕严词指责和威胁日本将军后，日本回国书也毫不客气，完全否认中国皇帝自封的万邦之主地位：“乾坤浩荡，非一主之独权；宇宙宽洪，作诸邦以分守。盖天下者，乃天下之天下，非一人之天下也。”[①] 古代中国与东南亚国家关系中，虽然中国的经济和文化比周边国家发达，但所谓“朝贡贸易与宗藩关系”，更多时候是中国朝廷的一厢情愿和自我陶醉的满足。

三　“朝贡”贸易促进了人际交流

“朝贡”制度是中国古代朝廷处理民族关系的一种方式，也是历代封建王朝的一种外交关系体制。随着这种制度的正常化，番夷“进贡”和皇帝“恩赐”的礼品数量的不断扩大，逐渐演变成“朝贡”贸易。然而，这种所谓的“朝贡”外交关系基础上，开展的商品交换贸易是十分有限度的。

（一）“朝贡”促进了市舶贸易

从“朝贡”贸易的实质看，“贡”与“赐”物品并非等价，如唐朝以前，朝廷为标榜中国物产丰富、国力强盛，对朝贡国给予丰厚的回馈，皇帝赐予的物品远远超过“贡品”的价值。历代王朝明知道这是亏本的买卖却乐此不疲，其根本原因在于政治需要，目的在于维系与周边国家的外交关系，以万国来朝、四夷咸服展现“上国”地位，也满足皇帝的虚荣心和自尊心。但这种庞大的“不平等”物质交易，使朝廷很难长久地支撑下去。如唐开元年间，朝廷为了减少财政开支，在缩小朝贡贸易规模的同时，开始扩大民间市舶贸易，以满足双方经贸交流的需要。[②] 表面上看，“朝贡”制度交易的是商品，而其中也蕴含了文化的交流，如陶瓷、茶叶和丝绸都是文化的载体。

---

① 张廷玉等：《明史》卷三二二《日本传》，中华书局1974年版，第2851页。

② 蔡天新、黄花：《明代的朝贡制度特征与海上贸易发展》，载《大连海事大学学报》（社会科学版）2016年第1期。

唐开元二年（714），朝廷在广州设立了市舶使，这是中国官方最早设立的对外贸易管理官职。然而，由于中国朝贡制度根深蒂固，唐初的市舶贸易规模极其有限，朝贡贸易仍占据对外贸易的主要地位。直到唐朝中期以后，市舶贸易的规模才逐渐扩大。特别是“安史之乱”之后，大唐国力严重衰落，朝廷无力承担朝贡贸易的开支，市舶贸易开始取代朝贡制度。值得说明的是，市舶贸易遵循商品交换的一般规律，即等价交换，不但商人得到了利益，而且朝廷也增加了赋税，成为一种互利双赢的贸易方式，既受到了朝廷的支持，也得到了商人的拥护，为中国对外经济交流开辟了广阔前景，是唐朝末期经贸迅速发展的重要原因。所以说，朝贡制度催生的市舶管理制度，在中国外贸发展史上具有里程碑的意义。

（二）推动了华人移居菲岛

北宋初年，朝廷为了增加国库税源，实行进口商品“禁榷”制度，即进口商品的专卖制度，市舶贸易几乎垄断了所有进出口商品的头道贩卖，凡禁榷货物必须经过市舶司抽鲜、课证之后发给许可证，商人才能在市场上销售。同时，宋代市舶司还对国内紧缺物资实行“博买”和“私买”政策，即由官方统一收购，然后批发给商户销售。但随着对外经济交流的不断扩大，进口商品种类增多，朝廷无法对所有进出口商品实行专卖，“禁榷”制度越来越不适应宋代对外经济交流的发展需要了。宋开宝四年（971），朝廷设立了广州市舶司，这是宋代朝廷管理对外贸易的正式机构。随着对外贸易的日益扩大，福建商船队伍也不断壮大，而闽商船只必须绕至广州办理手续后方可出海，这对广大闽商来说多有不便。于是，元祐二年（1087），朝廷在福建设立泉州市舶司，大大方便了福建商人开展对外贸易。[①] 由此可见，由“朝贡”制度转变为“禁榷”制度，并演化成设立市舶司，不断扩大中国对外贸易的规模，促进了中国与东南亚诸国的友好关系。

中国封建王朝与东南亚的“朝贡”贸易，为中国人移居当地创造了良好的环境。东南亚统治者与中国的商贸往来只要纳入“朝贡”框架之内，那么民间的贸易活动朝廷便不加严格管理。对于华人来说有大国人

① 福建省莆田市地方志编纂委员会：《莆田市志》，方志出版社 2000 年版，第 1681 页。

民的优势心理，前往彼处贸易也可以收获丰厚的回报，值得去冒险、去打拼；对于东南亚居民来说，中国有悠久的历史和文明，中国人带来了优质的商品，提高了当地民众的生活水平。所以，华商积极踊跃来到东南亚，也受到了当地人欢迎和善待。据赵汝适在《诸番志》记载，宋代华商到菲律宾后，逐个岛屿进行物换贸易，只是暂居船上8—9个月，等交易结束后返回中国。① 此前，中国古籍中没有华人长期定居的记载。郑和下西洋后，菲岛入贡明朝廷的土邦越来越多，前往菲岛贸易的闽人也随之增多。在“朝贡”贸易的基础上，双方建立起友好、互惠的经济关系，华人不仅可以登岸贸易，而且还登陆长时间居住，亦有华人与土著人结合。西班牙远征军首领黎牙实比登上宿务岛时，就发现了中国的瓷盘、铜锣、丝织品等商品，而占领马尼拉时看见有150多名中国人。②

（三）中菲人员的频繁往来

明朝隆庆元年（1567），朝廷解除海禁政策。“东洋吕宋地无他产，夷人悉用银钱易货。”③ 于是，来自中国的丝织品、棉布、瓷器等商品不仅满足了当地人民和西班牙殖民者的需求，也成为殖民者增加税收的主要来源。而吕宋岛“行银如中国行钱，西洋诸国，金银皆转载于此。”④ 从菲律宾马尼拉至西班牙殖民地墨西哥的阿卡普尔科之间的“大帆船贸易”则被认为是增加财政收入，维持殖民统治的有效途径，大批华商从月港前往马尼拉贸易。⑤ “大帆船贸易”起点是中国福建泉州，载满中国陶瓷、丝绸、茶叶、金属器皿、手工编织品等货物的中国商船利用季风，每年秋冬季乘西南季风来到马尼拉，再由马尼拉把货物转运至西班牙的殖民地墨西哥，最后由墨西哥运到欧洲各地销售。春夏季时节利用东北季风返回福建。

1570年，马丁·戈第率船队到达吕宋岛进行“勘查”，在不到一个月

---

① 赵汝适：《诸番志校释》卷上《麻逸国》，杨博文校释，中华书局1996年版，第141页。

② E. H. Blair and J. H. Robertson, *The Philippine Islands*, 1493 - 1898, Cleveland: The Arthur H. Clark Co., 1903, Vol. 3, p. 117.

③ 张燮：《东西洋考》卷七《饷税考》，第132页。

④ 周亮工：《闽小纪》卷下《番薯》。转引庄国土、刘文正《东亚华人社会的形成和发展》，厦门大学出版社2009年版，第58页。

⑤ 廖大珂：《福建与大帆船贸易时代的中拉交流》，载《南洋问题研究》2001年第2期。

时间内，他在明多罗岛的巴托河面发现两艘中国商船，后获悉在明多罗城还停靠三艘中国船。月底他到马尼拉时，又看见海湾里停泊着四艘中国商船。[①] 当时，华人聚居的地方应是在商船可泊岸，或在溪涧与河流汇合之处，既容易起卸货物，又可通往内地的地方，方便土著人前来贸易。[②] 可见，在西班牙殖民者入侵之前，华人已经有了定居点，这就可以用大帆船运输大量的货物，销售未完的货物还可囤积起来，在“压冬”和“住藩”时间继续售卖，说明当时的中菲贸易有了相当大的规模。而吕宋苏禄东王病逝后，偏妃葛笨、次子安都禄、三子温哈剌及陪臣留守中国山东德州的茔墓，其后子孙依而居焉。其子孙据二王子名首字，分为安、温两姓。“生齿渐烦（繁）”，至万历三十八年（1610），安姓已传五代。雍正十年（1732），两姓已繁衍193人。[③] 1726年，由于华侨陈典策和龚廷彩的协助，苏禄国再次遣使访华，使得中断多年的两国关系得以延续。

第二节　华侨移居菲律宾的因素

19世纪，美国社会地理学家莱文斯坦（E. G. Ravenstein）就试图对移民的迁移规律进行研究。他认为，人口迁移并非盲目地无序流动，而是遵循一定的规律，人口迁移的动力是推动因素作用的结果。在莱氏理论基础上形成的移民“推拉模型”中，“推力”原指居住地不利于生存发展的种种排斥力，它可以是战争、动乱、天灾和生态环境恶化等，对某一地区造成了普遍影响，也可以说是某一群体遭遇的意外或不幸。“拉力”则是移入地所具有的吸引力，它可以是大量呈现的新机会，也可以是仅仅对于某一群体的特殊机遇。早期中国人移民菲律宾群岛，就含有较为复杂的内外因素。

一　中国人南迁菲岛的“推力”

在远古冰川时期，亚洲大陆的中国人基于生存需要，通过陆桥移民

---

① 黄滋生、何思兵：《菲律宾华侨史》，广东高等教育出版社1987年版，第8页。

② 刘芝田：《菲律宾民族的渊源》，香港：东南亚研究所，1970年，第223页。

③ 《明神宗实录》卷四七三；陈寿祺：《福建通志》卷二六九。

到东南亚各地，并逐渐与当地原始民族融合。中国封建统治时期，为了巩固自己的政权地位，满足天朝上国的虚荣心，采取厚往薄来的招徕政策，带动了民间贸易的迅速发展，也促进了双边人员的大量往来，为中国人移居当地创造了有利条件。

（一）民族移动

中华民族的迁徙融合过程，有着漫长久远的历史。自黄帝轩辕氏在涿鹿之战擒杀蚩尤后，华夏族在华北的势力已趋于稳定，而中原最早的土著黑人、印尼人和古亚洲人，逐渐迁移南下。中华民族在迁徙过程中，主要形成三大支流：第一支称为“秦雍流人”，他们原居住在如今的陕西、甘肃及山西，后沿汉水流域顺流而下，渡长江而达洞庭湖区域，更远的是溯湘水转至桂林，沿西江而入广东中西部。第二支称为“司豫流人”，他们原居于河南、河北，后辗转南迁，沿汝水继续南下。渡长江后，分布于江西鄱阳区域，或达皖苏的中部，或溯赣江而至粤、赣、闽交界地区。第三支称为“青徐流人”，他们原居于山东、江苏和安徽，后循淮水而越长江，辗转至太湖区域，更远者达浙江、福建的沿海。① 以上三支的“流人”的迁徙方向，多由北向南，由陆地而沿海。当中华民族不断遭受天灾人祸时，北方人再次向东南各地延伸，而这一带的人民不得不沿袭祖先的南迁习性，也就是从海洋中求生存发展之道了。

（二）地理环境

地理环境是人类繁衍生息和生存发展的基础，也是移民海外的必要条件和决定因素。根据地质学家、考古学家和人类学家的研究表明，远在冰河时代，亚洲大陆与马来半岛、印尼各岛、大洋洲之间为一片大陆，史称“巽他大陆”。当时菲岛的巴拉湾和三宝颜两大陆桥与亚洲大陆相连，这为亚洲人类和其他动物移植菲岛创造了条件。闽粤地区与南洋一海之隔，从福建至吕宋岛只有300多海里，大帆船借助季风，3日即可到达。沿海居民习惯海洋生活，视海洋为坦途，一旦家乡发生变故，便有远游之心。还有海上作业的渔民或乘船出行的中国人，遇到风暴漂流至东南亚地区，无法回到祖国也可能长期留在当地。史记齐太公世家称齐桓公：“设轻重鱼盐之利，以赡贫穷”。管子禁藏篇谓：“渔人之入海，海

① 罗香林：《中国民族史》，中华文化出版社1954年版，第19页。

深万仞，就彼迷流，乘危百里，宿夜不出”。此辈渔民，必有被风漂流海外，而不克返者。[①] 他们远隔重洋，缺少交通工具，只能是望洋兴叹，遥望“唐山”了。

（三）经济利益

唐朝以前，中国出口商品主要是贵金属和丝绸等奢侈品。唐代时期，东南亚各国的商船到广州、泉州、扬州、明州和交州的贸易越来越多，日常生活用品成为商品主体，朝廷还设立舶司来管理相关事务。早期的中菲两国往来，是建立在贸易关系基础上的。闽、粤地区山多田少，人口稠密，以农耕为主的经济链条相对脆弱，在人口不断增长的情况下，如遇到天灾或人祸，人们生活就极度困难，为此他们往往选择了出海谋生。可以说，经济方面的要求是华侨向外迁移的主要动机。宋代以后，手工业的迅猛发展，使纺织品、陶瓷、日用器皿等商品开始大批量生产，这意味着出口商品已经从奢侈品过渡到大众消费品，而且大规模商品贸易已成为现实。到元代，中国出口的丝织品有绫、罗、绸、缎、绢、纱等品种，棉织品有 30 多种，瓷器有青瓷、白瓷、青花瓷等 10 多系列品种，销往海外商品达数十个国家和地区。[②] 16—18 世纪的“重商主义”盛行时期，中菲之间的“大帆船贸易”，使得华商来菲从事贸易者日渐增多。有些华侨商人久住不归，聚居在涧内（被译作帕里安）生活，人数逐渐增至几万人。[③] 西班牙人踏上菲律宾宿务岛时就发现有中国人，即把华人称作 Sangley，闽南语为“商旅”或“生意人”的意思。[④] 菲人称中国人为生意人，足见其经济动因。利之所在，人争趋之。“海外金山”的诱惑，他日“衣锦还乡”的梦想，致使一船船的“猪仔”漂往国外。[⑤]

---

① 郁汉良：《华侨教育发展史》，台北：“国立”编译馆 2001 年版，第 100 页。

② 汪大渊：《岛夷志略》，苏继庼校释，中华书局 1981 年版，第 376 页。

③ 帕里安（Parian），1582 年，西班牙殖民当局为便于对华侨的防范、管理、征税和敲诈勒索，在马尼拉城北与巴石河之间的荒地围以栅栏，令华侨在其中居住，此地处在圣加夫列尔堡的枪炮射程之内。

④ 林惠阳：《菲律宾华人社会之研究》，（台湾）中国文化学院硕士论文，1977 年，第 49 页。

⑤ 梁子衡：《华侨移植海外的背景》，载《民族与华侨论文集》（第二集），1962 年，第 156 页。

（四）政治躲避

中国的历次朝代更迭，有些前朝重臣在政治压迫和“忠臣不事二主”的传统伦理思想驱使下，被迫逃亡海外生存。纵观中国历史，因国家内乱而迁移菲律宾的华侨，主要有三次浪潮：第一次是蒙古人入主中原，宋朝遗孤子民避居南洋，图于海外进行政治活动。第二次是明惠帝逃亡，明成祖朱棣派郑和下西洋宣扬国威的同时，查寻惠帝下落使部分随员留居海外。第三次是满清进关，明朝遗臣逃亡南洋以反清复明。此外，中国封建社会时期对人民进行腐朽残酷剥削，特别是农民赖以生存的土地都无法保证，失去土地的农民生活凄苦被迫起义，失败后许多参与者流亡海外避难。在西班牙人占领吕宋岛前夕，吕宋就有许多华人流寓者。按照西班牙文献的记述，1570 年 5 月，驻菲军队总指挥戈第抵达马尼拉时，“在这座城镇住着 40 名已婚的中国人和 20 名日本人”。[①] 一位亲眼见过这些华人的西班牙佚名作者写道：“这些华人男女都富有朝气，肤色浅淡……由于中国所发生的某种事件，这些华人逃出他们的国家，生活在土人之中。他们把妻室带在身边……到这里之后，他们都已成为基督教徒。他们都是一些非常谦逊，又非常朴实的人，穿棉布长袍和丝绸衣服。同西班牙人一样，他们穿宽大的裤子、宽袖衣服和长筒袜子。他们又说非常敏捷和爱清洁的人……男男女女都留着长长的头发，但都很好地梳理和束结在头上。”[②] 这大概是菲律宾被西班牙殖民统治之前，对当地华侨首次最详细的文字记述了。而且从中可以看出华人携带妻室到这里，且众多的男男女女，又很快皈依基督教融入当地，很可能在此避难打算扎根的缘由。因为华人下南洋有极大危险性，通常都是男人孤身前往，待发财富有之后衣锦还乡。抑或中国男子在当地为生意方便，娶当地土著女子为妻的，中国商人携带家眷在外闯荡的是极其少见的。

（五）船舶进步

说苑正谏篇且述：“齐景公游于海上而乐之，六月不归。”远航海上六月之久，则船中所储食粮及淡水必很充足，而船之容量与航程之远，亦可想而知。有如此之航海能力，足见当时中国人能够移殖海外，并非

---

① Blair and Robertson，*The Philippine Islands*，3：101.

② Blair and Robertson，*The Philippine Islands*，3：167 – 168.

难事。[①] 等到北宋时期将指南针应用于造船业，这是航海史上具有里程碑意义的事件，使以往的中国帆船只能沿海岸航行，成为具有勇敢跨洋远航的能力。到了南宋时期，指南针成为中国海舶普遍采用的导航手段。周去非所著《岭外代答》记述，航行南海的船舶舵长数丈，一船载几百人，积一年粮食，还能在船上养猪和酿酒。航行大海中，继续使用指南针来导航，不致迷失方向。[②] 宋元时期中国航海技术和造船业的发展，一改前朝中外贸易以番舶为主的状况。据元代来华的摩洛哥旅行家伊本·白图泰（Ibn Batuta）的记载，中国船分大、中、小三种，大船可载上千人，从印度洋去中国者多乘中国船。[③] 明永乐年间的郑和下西洋，所使用的海舶制造技术，似乎并未超过宋元时代的造船业，但已创造了人类航海史的辉煌。由此可见，海舶技术的革新推动了海上贸易，也使更多的中国人踏上了下南洋的征程，这其中就包括前往菲律宾群岛谋生。

（六）海盗流亡

被官府追剿流避到菲律宾的海盗，也是中国人移居当地的数量庞大的人群。如林凤是活跃于广东、福建和台湾沿海的海盗，屡次攻陷潮、饶、惠等地要镇和碣石，后被官兵追剿而漂洋逃遁。[④] 1574 年，林凤率领战船 62 艘、士兵 2000 人、妇孺 1500 人，还有众多的各业工匠向菲律宾进发，希冀在那里觅到一片乐土，做久居之计。[⑤] 抵马尼拉后与殖民当局的守军交战，驻菲军队总指挥戈第被林凤部所杀。消息传至总督拉维萨里斯那里，西班牙人立即组织力量进行反扑，最后林凤败退至邦阿西楠建立居留地。1575 年，林凤被围四个月后，沿河出海回国。但所乘 30 艘船都是小船，无法载走所有随行人员。可以想象，林凤带走的应多是作战士兵，留下的当多是妇幼和工匠。这些人为了求生而避开殖民者而进入吕宋北部山区，与当地的伊戈洛特族人杂居、通婚，向他们传授中国的耕作技术和手工艺。据说，其后裔从优美修长的身躯，浅淡色的皮肤，

---

① 郁汉良：《华侨教育发展史》，台北："国立"编译馆 2001 年版，第 100 页。

② 朱杰勤：《东南亚华侨史》，中华书局 2008 年版，第 13 页。

③ 马金鹏译：《伊本·白图泰游记》，宁夏人民出版社 1985 年版，第 490—491 页。

④ 林凤又名林阿旺，活动在闽、粤一带的海盗，1574 年率部进攻马尼拉，遭到西班牙殖民者顽强抵抗而致失败。

⑤ 陈台民：《中菲关系与菲律宾华侨》，朝阳出版社 1985 年版，第 98 页。

细斜的眼睛，仍可从当地人中区别出来，这就是伊戈洛特—华族（Igorrote-Chinese）。[①] 至今，他们对中国仍怀有真挚的感情，且不讳言其祖先是林凤。[②]

（七）门户开放

第二次鸦片战争失败后，清政府被迫与英国签署《北京条约》，允许华工以契约形式出洋。其第五款规定："大清大皇帝允于即日降谕各省督抚大吏，以凡有华民情甘出口，或在英国所属各地，或在外洋各地作工，俱准与英民立约为凭，无论单身或愿携带眷属，一并赴通商口岸下英国船只，毫无禁阻。该省大吏亦宜与大英钦差大臣，查明各口地方情形，会定章程，为保全前项华工之意。"随后，清政府与法国所签的《北京条约》也有同样条款。其他西方列强也沿引《北京条约》，纷纷获得在中国贩运华工出洋的权利，也掀开了近代大规模移民东南亚的新篇章。清朝廷此一措施，因受外力压迫，不得不俯从外人的要求。从此，人民虽得以华工名义自由出国，但仍不准自由回国，且无保护或奖励华工之诚意。英法在华招工很快演变为大规模的拐卖、贩运，甚至绑架华工出洋的情况，形成了大批华人寓居东南亚的浪潮。直到光绪十九年（1893），清朝廷驻英国公使薛福成上疏，内云："中国出洋之民数百万，粤人以佣工为较多，其俗虽贱，视之尚能听其自便，衣食之外，颇积余财，至今滨海郡县稍称殷阜，未始不藉乎此。闽人多富商钜贾，其俗则待之甚苛，拒之过峻，往往拥资百万，羁栖海外，十无一还，而华民非无依恋故土之思也，国家亦本非行驱禁之政也。……夫英、荷诸国，招致华民，辟荒为巨阜，是彼能供资于我也。华民擅干才，操利柄，不思联为指臂，又从而摒绝之，是我不能借资与彼也。"[③] 此表上后，清朝廷对于华侨回国之禁例，始渐革除，回国之华侨亦百众，而祖国与各地华侨之关系，亦日渐密切。清朝末期国势羸弱，西方国家倚仗强大军事和霸权政治，洞开中国国门，疯狂地进行侵略和蚕食，中国国内民不聊生，也改变了中

① Blair and Robertson, *The Philippine Islands*, 43: 117; 48: 82; John Foreman, *The Philippine Islands*, New York: C. Scribner's Sons, 1906, 50.

② 黄滋生、何思兵：《菲律宾华侨史》，广东高等教育出版社 2009 年版，第 48 页。

③ 咸丰《筹办夷务始末》卷六十七，中华书局 1979 年版，第 2509—2510 页。

国人视国家为天下，视河山为四海的狭隘视野，鼓舞中国人开创闯天下的观念。于是，沿海地区居民开始涌向菲律宾等东南亚国家。

二　中国人南迁菲岛的“拉力”

在费迪南·麦哲伦率船队环航地球探险登上宿务岛时，看到了中国的陶瓷和金属器皿等商品，说明有中国人先于他们在菲律宾活动。此时这些群岛还处于语言不通、部落割据和生活十分落后的状态。西班牙殖民统治后，部分岛屿的统一为商业发展创造了条件。随着社会生产力水平大幅提升，内外人员流动逐渐增多，也吸引着大量中国人来此移居谋生。

（一）当地政策

移民是迁移出母国并长期居住于异域的族群，迁出地的人民除了愿意离开本土外，移居地还需要有足够的吸引力。西班牙殖民统治菲律宾以前，菲律宾各岛屿散居着许多互不统属的部落，部落间各自为政，还时常发生冲突和战争，商贸发展受到制约和影响。西班牙殖民者统治菲岛之后，政治的统一使社会秩序逐渐好转，各地交流往来也越来越频繁，为促进商贸的发展创造了有利条件。经济比以前有较快的发展，当地人的购买能力也有很大提高。西班牙殖民者为发展经济以维护殖民统治，积极鼓励中国商人来菲从事贸易活动。特别是首任总督黎牙实比鉴于殖民地所需物资必须依赖中国商品，就设法保护华商，鼓励华人来菲移民经商，并对南航华船和货物予以特别优待。[①] 在西班牙殖民统治菲律宾的三个多世纪里，华侨虽遭受多次的屠杀和驱赶，但仍然是扶助其统治的重要力量。可以说，没有大量华侨对其社会的贡献，殖民者日常的生活都寸步难行。

（二）经济利益

西班牙殖民统治菲律宾后，中国的各种商品深受当地居民的喜爱，逐渐成为必不可缺少的商品。加上西班牙军民的大量需求，特别是丝绵织品、陶瓷和金属器皿还被转运至墨西哥，供应美洲西班牙殖民者或者

---

① 陈荆和：《华侨历史上的人口及居留地》，载《中菲文化论文集（二）》，台北：中华文化出版事业社，1960 年，第 292 页。

西班牙本土人使用，中国商人也在其中获得丰厚的利润，贸易的发展推动了更多的华商来菲从事商业活动。明朝后期，由于中菲贸易在一定程度上弥补了国库空虚，致使朝廷也极力支持帆船贸易，这进一步促使华商前来菲岛“淘金”。“大帆船贸易”是利用季风在中菲之间往来，这就使滞留在马尼拉“压冬”“住藩”的中国人越来越多。菲律宾总督维拉（Santiago de Vera）在向国王的报告书中就说道：“本年（1587）本岛来自中国之商船，特别是抵临此港（马尼拉）者，重载巨舶达三十艘以上，满载巨量商品、牛、马，且有数逾三千之华人来此。”两年后（1589），又“约有四千许之华人经常停留于帕里安，其中包括商人和劳动者。”[①]大量中国人的涌入，保障了菲律宾社会的商品供应，稳定了西班牙的殖民统治。为了生活和经商的便利，有些在吕宋岛的华人流寓者还与当地人通婚。[②]

（三）对中国人的优待

当然，一方面华人追逐经济利益前往东南亚各地，形成络绎不绝的移民潮；另一方面东南亚国家也为发展本国经济，真诚欢迎华人到那里客居，也形成汩汩浪潮。应该说，早期中国人下南洋，带去了先进的文化和生产技术，提高了当地的生产能力，也提升了土著人的生活水平。同时，华侨没有政治目的和侵略野心，与土著人和睦相处，受到了他们的喜爱是很正常的事情。郑和下西洋的重要随员马欢、洪宝和费信等人访问过大城的首都和暹罗的其他地方。费信说：“（暹妇）遇我男子甚爱之，必置酒待而敬之，欢哥留宿。”马欢说：在这种情况下，“其夫恬不为怪，乃曰：‘我妻美，为华人喜爱’”。[③]从这些外出归来的人们充满诗意和神话式的描述可以看出，南洋的确具备贸易和移民的好环境。有些海商到菲律宾进行贸易，冒着极大的风险，追逐的就是丰厚的利润。尤其是“住番”的中国人，当他们找到谋生手段，过着衣食无忧的富庶生

---

① E. H. Blair and J. H. Robertson, *The Philippine Islands, 1493 – 1898*, Cleveland: The Arthur H. Clark Co., 1903, Vol. 6, p. 302; Vol. 17, p. 89.

② 黄滋生：《16 世纪 70 年代以前的中菲关系》，载《菲华问题论辩》，马尼拉：菲律宾华裔青年联合会，1999 年，第 14 页。

③ 马欢：《瀛涯胜览》（暹罗国），载《四库全书存目丛书》，齐鲁书社 1996 年版，第 230 页。

活，其中就会有很多人留下来定居。有些失去土地的农民和贫穷的手工业者，孑然一身到处为家，到了适合的环境又容易赚钱的地方，便会在当地久居，甚至与当地居民结婚、生长，正所谓此心安处是吾乡，逐渐成为当地老华侨群体。

三　“海禁”政策对移民的影响

元、明、清三朝的政权成立之初，朝廷都立即实行“海禁”政策，主要是担心前朝的残余势力从海上反扑，或防止海外敌对势力和内陆民众互相呼应，联手合力复兴前朝政权。[①] 同时，每个朝代国势衰落的时候，也忌惮中国人和外国人联系。因此，采取闭关锁国的政策，设法阻止人民走出国门，极力与外界隔绝，即便是贸易也被禁止，以防止政权被颠覆。这严重抑制了中国的海上民间贸易往来，也影响了沿海地区居民出海谋生。

（一）明朝“海禁”的形成与实施

明初洪武年间，元朝的残余势力仍在东南活跃。朝廷为了巩固刚刚取得的政权，对逃往沿海的元朝势力和方国珍、张士诚旧部进行剿杀，明朝将东南沿海作为军事区，严禁居民私自出海。后来，倭寇犯境，烧杀抢掠，加之右丞相胡惟庸、宁波卫林贤与倭寇勾结叛乱事发，明朝廷更觉海防事大，海禁愈加严厉。直到永乐年间，政权逐渐巩固和国力日渐强盛，海防令才有所松动。朱棣皇帝雄心勃勃、好大喜功，于是有郑和七下西洋的壮举，到达了东南亚、西亚和东非。可以说，郑和下西洋在政治上是怀柔远邦的使团；在经济上是易物互利，跨国贸易的船队，促进了在西方的文化与贸易交流。但由于统治者始终认为海禁是“祖宗的遗制”，也不敢“冒天下之大不韪”而明令取消。

自正德到嘉靖时期，由于“倭寇之患”和葡萄牙殖民者的入侵，朝廷自然加强海禁。隆庆至崇祯年间，农民起义此起彼伏，东北和西北边境又常告急，统治阶级对东南沿海鞭长莫及。同时，“东洋吕宋地无他

① 元朝时期有四次海禁，分别是1292年（持续时间2年）、1303年（持续时间5年）、1311年（持续时间3年）、1320年（持续时间2年），均发生在元代中期，每次海禁时间都较短，政策也较为宽松，有政局不稳的因素，但主要目的是控制海外贸易。

产，夷人悉用银钱易货。"[①] 来自中国的丝织品、棉布、瓷器等商品不仅满足了东南亚人民和殖民者的需求，也成为朝廷增加税收的主要来源，也就自然放宽海禁，于是出现了闽粤两省人民下南洋的高潮。闽商虽早有赴吕宋岛贸易的传统，但主要是以货易货的形式，回来还要转手出售则获利较少。

（二）清朝"海禁"的厉行

清朝建立之初，实施的"扬州十日""嘉定三屠"等残酷政策，遭到其他各民族人民的反抗。明朝大批忠臣义士撤到东南沿海继续抗清，如郑成功（1662）等明朝残余势力占领台湾岛，期望有朝一日推翻满族政权，恢复汉人的统治。有些还流寓到东南亚徐图光复旧业，如永历桂王朱由榔（1659）在文武百官和士卒数千人的保护下，通过云南永昌进入缅甸。为此，清政府关闭了东南沿海的对外贸易，推行严厉的"禁海令"，制定了严苛的律法，禁止百姓私自出海。《大清律例》第225章规定，"凡沿海五十里之地，均不准人民居住，以杜绝有人乘虚而入"，"一切官员及军民，如有私自出海经商，或移（至）外洋海岛者，应照交通反叛律，处斩立决"。"凡国人在蕃托故不归，复偷漏私回者，一经拿获，即行正法。"又云："凡官员兵民私自出海贸易，又迁移海岛居住耕种者，但以通贼（指郑成功）论斩。又州县同谋，或知情隐匿，亦将处斩。"[②] 于是，下令将山东、江浙、闽粤滨海人民迁入内地，设界防守并"片板不许下海"。这次海禁使滨海人民携儿带女，流离失所、饥寒交迫，摧残致死的不计其数。有些人托庇于郑成功的管辖区，有些人参加农民起义队伍，有些人沦为海盗，有些乘船逃往东南亚国家谋生。沿海的土地荒芜，直接打击了农业和工业生产，也削弱了政府的税收。

1681年清军平定"三藩之乱"，1683年清军又攻破台湾岛，清政府认为威胁政权稳定的两大隐患已经解除。1684年，康熙皇帝遂下旨诏开海禁，并曰："向令开海贸易，谓于闽、粤边海民生有益，若此二省民用充阜，财货流通，各省俱有裨益。且出海贸易，非贫民所能，富商大贾，贸迁有无，薄征其税，不政累民，可充闽、粤兵饷，以免腹里省分转输

---

① 张燮：《东西洋考》卷七《饷税考》，中华书局1981年版，第132页。

② 郁汉良：《华侨教育发展史》，台北："国立"编译馆2001年版，第147页。

协济之劳；腹里省分钱粮有余，小民又获安养，故令开海贸易。”[①] 可见，朝廷豁除海禁并非为小民的安生问题，而是为抽税以裕国库。但深受海禁、迁界之苦的沿海人民仍然纷纷跨海出洋，施琅在奏疏中描述这种出洋情景：“数省内地，积年贫穷，游手奸宄，实繁有徒，乘此开海，公行出入，恐至海外诱结党类，蓄毒酿……如今贩洋贸易船只……只数繁多，赀本有限，饷税无几，且藉公行私，多载人民，深有可虑。夫以台湾难民尚荷皇上德意，移入内地安插，今内地之人反听其相引而之外国，殊非善固邦本之法。”[②]

在菲律宾，海禁解除后中国帆船蜂拥出洋，很多商船以贸易为名，实际上大批偷载沿海移民。闽南人借机大批“潜入”菲律宾。1685 年，官府查获船户刘仕明赶缯船一只，他领关票出口往吕宋经纪，“其船甚小，所载货无多，附搭人数竟达一百三十三名”。因此，靖海侯施琅认为：“一船如此，余概可知。此时内地人民，奸徒贫乏不少，弗为设立法规，节次搭载而往，恐内地渐见日稀。”[③] 1681—1690 年，已经有 89 艘中国商船抵达马尼拉。当时，马尼拉聚集了大约 6000 名华侨。此后，中国帆船抵菲数量略有增加。至 18 世纪初，每年到达马尼拉的中国商船约在 12 艘以上。[④]

海外移民的不断增长引起了康熙帝的忌惮，担心海上汉族反清力量壮大，尤其是聚集在吕宋和噶喇吧（今雅加达）两处的大量华侨，认为汉人与朝廷离心离德，终究会对清政权造成威胁。康熙五十六年（1717）再次下令禁止华商到南洋贸易。“凡商船照旧令往东洋贸易外，其南洋吕宋、噶剌吧等处，不许前往贸易，于南澳地方截住，令广东、福建沿海一带水师各营巡查，违禁者治罪。”[⑤] 清朝准许商人到东洋日本贸易，而不准到南洋菲律宾和印度尼西亚进行贸易，康熙皇帝说：“海外有吕宋、

---

① 《清圣祖实录》卷 116，第 18 页。

② 施琅：《论开海禁疏》，贺长龄辑《皇朝经世文编》卷八十三，上海广百宋斋本，1887 年，第 18 册，第 14 页。

③ 施琅：《靖海纪事》卷下《壨底定疏》，福建人民出版社 1983 年版，第 133 页。

④ Felix，Alfonso（ed.），*The Chinese in the Philippines*，*1570 - 1770*，Manila：Solidaridad Publishing House，1996，p. 172.

⑤ 《皇朝文献通考》卷 33，第 11 页。

噶剌吧等处常留汉人，自明代以来有之。此即海贼之薮也。”又认为台湾之人时时与吕宋地方人互相往来，必须加以防范。① 清朝统治者不惧怕西方侵略者，而独患汉人颠覆其政权。因而，千方百计断绝汉人的海外关系。

（三）“海禁”对贸易的抑制

雍正二年（1724），蓝鼎元著文大论海禁之弊，指出：“今禁南洋，有害而无利。据称闽、广人稠地狭，田园不足于耕，望海谋生，十居五六。内地贱菲无足重轻之物，载至番境，皆同珍贝。是以沿海居民，造作小巧技艺，以及女红针黹，皆于洋船行销，岁收诸岛银钱货物百十万入我中土，所关为不细矣。南洋未禁之先，闽、广家给人足，游手无赖亦为欲富所驱尽入番岛，鲜有饥寒窃劫为非之患。既禁之后，百货不通，民生日蹙……沿海居民萧索岑寂，穷困不聊之状，皆因洋禁。”其深知水性惯熟船务之舵工水手，不能肩担背负以博一朝之食，或走险海中，为贼驾船，图目前糊口之计，其游手无赖，更靡所之，群趋台湾，或为犯乱。② 由此可见，海禁不仅阻碍了中国造船技术的发展，也使熟练的舵手无用武之地，并抑制了水路知识和航行技法的传承。同时，闭关自守使沿海商业萧瑟，盗匪猖獗，民生凄苦，社会暗隐肌瘤。雍正五年（1727），闽浙总督高其倬奏折称：“查从前商船出洋之时，每船所报人数连舵、水、客商总计多者不过七、八十人，少者六、七十人，其实每船私载二、三百人。到彼之后，照外多出之人俱存不归。更有一种嗜利船户，略载些须货物，竟将游手之人偷载四五百之多。每人索银八两或十余两，载往彼地，即行留住。”雍正帝谕：“朕思此等贸易外洋者多系不安本分之人，若听其去来任意，不论年月久远，伊等益无顾忌，轻去其乡而漂流外国者益众矣，嗣后应定限期，若逾期不回，是其人甘心流移外方，无可悯惜，朕意不许令其复回内地。”③ 可见，雍正皇帝对漂泊异域中国人的蔑视。

---

① 《清圣祖实录》卷270，第5页。

② 朱杰勤：《东南亚史》，中华书局2008年版，第42页。

③ 郝玉麟编：《朱批谕旨》，上海点石斋本，1887年，第46册，第27页。

第三节　华侨在当地社会的角色

早期移居菲律宾的中国人绝大多数是下层劳动者，他们为东南亚提供了丰富的生活商品，也毫无保留地带去了先进的生产方式和耕作技术，极大推动力当地社会的进步。许多菲律宾土著人视其祖先与中国有某种瓜葛和联系，也毫不掩饰内心的认可与自豪。与西方殖民者不同，移居东南亚的中国人既没有本国政府为后盾，更不可能依靠殖民军队去攻城略地。他们只有一个信念，那就是通过辛勤的劳动，同当地人民一起披荆斩棘，创造新的家园。

一　菲律宾华人的源流地

自古以来，东南亚诸国多来中国朝贡，中国封建王朝也经常遣使到南海、印度洋国家。随着海洋贸易的不断扩大，欧洲各国的船舶也相继前来中国通商。沿海闽、粤人民凭借得天独厚的地理优势，对于海外信息了解显得十分灵通，人民也十分向往与稔熟赴海外经商致富的途径。同时，闽、粤人民富于勇敢冒险、刻苦耐劳的精神，也具有头脑灵活、精打细算的经商理念，这就使闽、粤地区人民有出洋经商闯荡的传统。《明史·吕宋传》也记述云："闽、粤人以其地（吕宋）近且饶富，商贩至者数万人，往往久居不返，至长子孙。"① 这说明闽、粤人民至吕宋岛有悠久的历史。雍正五年（1727），闽、粤地方官员在奏折中称："前往噶喇吧、吕宋等处贸易居住者，闽省居十之六七，粤省与江浙等省居十之三四。"② 除此之外，中国古籍中还有很多记载沿海居民出洋的有关情景。

刘浩然在其《中菲关系史初探》一书中，引述菲律宾历史学家拜尔教授的观点，认为菲律宾最早来自中国的移民是东南沿海的福建人，这些中国移民被称作"用陶瓮埋葬的人"（Jar-Burial Peopei），也被称作"福卡氏"（Hakkas），或作福建客家人。在公元3—8世纪，即三国时代

---

① 张廷玉等：《明史》卷三二三《外国四·吕宋》，中华书局1974年版，第8370页。

② 郝玉麟编《朱批谕旨》，上海点石斋本，1887年，第46册，第27页。

至唐朝初叶，这些福建的移民，广泛分布于菲律宾东部沿海各地。[①] 福建人下南洋的高峰应该是明代以后，特别是西方殖民者开发其殖民地时期，由于存在更多的机遇和地理位置的便利，吸引着大量闽南人前往菲岛“淘金”。“父母在，不远游”和“老死时，保骸骨，还乡井”的封建思想，除非在极为特殊情况下，一般不会流寓他邦。

隆庆元年（1567），朝廷解除海禁以后，福建漳州海澄县月港成为国人出洋的主要口岸。每年从月港出洋谋生的漳州人数以万计，海澄人“视波涛为阡陌，倚帆樯为耒耜，盖富家以财，贫人以躯，输中华之产，驰异物之邦。易其方物，利可十倍。故民乐经生，鼓樵相续。”[②] 云霄人“望海为田，民富则船多，民贫则船少，船多则富者日益以富，富者愈多而造船亦多，凡能入海而为盗者皆化为舵工水手矣”。泉州地区人民则从安平港出洋谋生。郡人何乔远记载“安平一镇尽海头，经商贾力于徽歙，入海而贸夷，差强赀用，而其地俭于田畴。”[③] 福建谚语云：“十个人去南洋，六人定居，三人死，一人返乡”，可见华人移民不同境遇的大致比例。这充分说明，闽南人素谋海为生，多财尚贾，得出洋先机的传统。

17世纪中期，南洋华侨多是闽南人，约在七成以上，其次为广东、江浙人。缅甸江头城华侨则以滇人、闽商为主。这时期的华侨多为大小商贩，主营中国商品，其次为各类工匠。南洋殖民地贸易港之建堡、开壕、建屋及加工制作之匠人，也多由华侨充当。[④] 清朝顺治、康熙年间，郑成功政权据闽南与清军作战，当地居民不堪战乱之苦，菲律宾遂成为理想的避难地。晋江县金井李氏族谱载：“清初，战争日烦之时。兄南弟北……奔走于吕宋外夷。”1683年，施琅率清军攻破台湾岛，吕宋是郑成功余部的逃亡地之一，有三船载逋亡者开抵吕宋。乾隆二十二年

---

① 刘浩然：《中菲关系史初探》，泉州市菲律宾归侨联谊会，1991年，第7页。

② 叶廷推等纂：《海澄县志》（乾隆）卷十五，乾隆二十七年（1762）刻本，第11页。

③ 李恩涵：《东南亚华人史》，东方出版社2015年版，第16页。

④ 庄国土、刘文正：《东亚华人社会的形成和发展》，厦门大学出版社2009年版，第42页。

(1757)，厦门港商船辐辏，百货汇聚，盛况空前。[①] 1732 年，据福建南澳镇报：有船户姚锦春一船前往吕宋贸易，配舵手 24 名，并查出配货客 20 名，另有无照偷渡客 157 名，被云澳汛外委把总杨光标盘获。经盘讯，此时吕宋华侨已达一二万人。

近代南洋华侨社会是以地缘和血缘关系为基础，随着海南移民的不断增加，在南洋各地逐渐形成了“琼州帮”群体，成为南洋华侨社会的五帮之一。1807 年，越南阮氏王朝的嘉隆王，准许华侨按籍贯、语言分帮管理。七府，即漳、泉、潮、广、惠、琼、徽；五帮，即福建、广肇、潮州、客家、海南，这些区域组织的产生后，在南洋各地也传播开来，并被华侨广泛接受。1843 年，又准许每帮设立正副帮长，来管理华侨事务。[②] 日本学者小叶田淳在其所著的《海南岛史》中引用欧洲人的话称，约 1830 年“广东省海南岛人使用的语言与闽南语只是有转讹的差别，我在暹罗和海南人多次交流，大体上用闽南话可以了解彼此间表达的意思”[③]。由此可见，菲律宾的华人是以闽南人为主。

二　华侨在当地谋生的行业

《汉书·地理志》只记载官商搭乘本国海船出洋，这也许是因为当时政府不鼓励私商出洋。尽管尚见无明文规定，但从我国历代封建王朝都存在着不同程度的重农抑商，视中国为“天朝大国”，外国为“蛮夷戎狄”之邦，视本国人民出洋为“化外”这种传统观念来看，西汉政府对于民间商人出洋贸易采取抑制的态度，不是不可能的。[④] 从两宋时期开始，繁荣的贸易密切了与南洋诸国的关系，也促进了中国人到海外移民。商品经济和航海知识的发展，造就了中国人的重商和海洋意识以及海外进取精神。大批沿海居民涌入南洋谋生，他们从事多种行业，有的获得丰富的回报，总体上说推动了当地社会的发展。

---

① ［泰］洪林、黎道纲：《泰国华侨华人研究》，香港社会科学出版有限公司，2006 年，第 9 页。

② 徐善福：《十七—十九世纪的越南南方华侨》，载《华侨史论文集》第 1 集，暨南大学华侨研究所，1981 年，第 95 页。

③ ［日］小叶田淳：《海南岛史》，张迅齐译，台北：学海出版社 1979 年版，第 254 页。

④ 李学民、黄昆章：《印尼华侨史》，广东高等教育出版社 2008 年版，第 5 页。

（一）商业贸易

南宋初，泉州商人“夜以小舟载铜钱十余万缗入洋”。铜钱在海外可以十贯之数，易番货百贯之物。估计一次贸易额就超过了一百万贯。[①] 福建“南安丘发林从航海起家，至其孙三世，均称百万”。泉州海商王元懋“尝随海舶诣占城国，国王嘉其兼同藩汉书，延为馆客，仍嫁以女，留十年而归，所蓄奁具百万缗”。[②] 利之所在，人争趋之。“海外金山”的诱惑，他日“衣锦还乡”的梦想，致使一船船的“冒险仔”漂往国外。[③] 据朱彧《萍州可谈》卷二记载，宋代中国普通民间商人出洋贸易的活动相当踊跃，在深阔各数十丈的海船中，挤满了搭乘的商人，每人只占得数尺许的容身之地，下面放置货物、上面睡人。商人们携带的货物，大多是陶瓷，大小相套，放得满满的。[④] 随着当时中国海上航运的快速发展，大量的华人移民不断涌入菲岛。1590 年，马尼拉的华侨店铺有 200 间，华侨已达 3000 多人。1598 年，中菲贸易额达 80 万—100 万比索，大帆船贸易规模与此相当，因而西班牙殖民当局在 1593—1596 年间几次驱逐华侨，华人居住区一再损毁和迁址。1602 年，两种贸易发展至 200 万比索，华人居住区有 8000 多人，店铺 400 间。1638 年，马尼拉华侨多达 2 万人；1645 年，店铺高达 1200 间，而这仅仅是华侨常住人口。[⑤] 广大华侨从事商业活动，从流动小贩到固定摊贩，到零售商和批发商，形成了完整的商业网。

（二）农业技术

古代菲律宾人一向是靠天吃饭，并不知晓开垦土地和农业种植。“华人初抵菲时，菲人尚浑噩无知，荆棘未辟，农艺未兴，度其穴居野处，追飞逐走的原始生活。华人乃输入农具，教以耕种，教以建屋，并输入种子家畜，布帛丝缕，教以收别，以及烹饪之方法，历书之使用，此可

① 廖大珂：《福建海外贸易史》，福建人民出版社 2002 年版，第 64 页。

② 洪迈：《夷坚丁志三志己》卷六《王元懋巨恶》，第 1345 页。

③ 梁子衡：《华侨移植海外的背景》，载《民族与华侨论文集》（第二集），1962 年，第 156 页。

④ 李学民、黄昆章：《印尼华侨史》，广东高等教育出版社 2008 年版，第 39 页。

⑤ Blair and Robertson, *The Philippine Islands*, 8：97；7：230；10：259；16：296.

由他加禄语汇中证实古代华人启发菲岛之事迹。”[①]“相传十四世纪间，有闽人名林旺者，航海到菲，为菲人烈山泽，驱猛兽，教菲人以种种耕稼上之知识，菲人始由游牧时代，渐入农业时代。日用诸物，亦皆自吾国南方输入，因之吾国南方商人，相继偕来。”[②]灌溉、施肥和畜力的使用，饲养业和园圃业的管理，改变了当地传统的刀耕火种的生产方式。因此，在菲律宾历史书籍中，就有林旺的传奇故事。

（三）建筑和手工技艺

西班牙殖民当局不仅需要中国人供应商品，而且也需要大量的华侨技工提供社会服务。为了永久占领菲律宾群岛，殖民者鼓励华侨商人来此经商，积极招徕华工大举修建城防。此外，华工还建造房屋、学校和教堂，从事生活用具和饰物制造等。菲岛的土著人不善于建造和手工，而华侨不但会做生意，还精于工艺制作。于是，大批有经验的泥水匠、木匠、铁匠、油漆匠、印刷匠和厨师等来到菲律宾。应该说，当地华侨的成就无处不在。西班牙殖民者普遍认为，华侨是最好的面包师、裁缝师、鞋匠、木匠、银匠、侍者和雕刻师等，对菲岛提供了各式各样的服务。[③]此外，移民东南亚的中国人还有从事缝衣、修车和染布等。中国的各种商品都深受菲律宾当地居民的喜爱，并成为必不可缺少的商品。事实证明，没有中国商品的供应，没有华侨对菲岛的奉献，西班牙人就无法在菲律宾生活下去。[④]菲律宾土著人的懒散成就了勤劳的华侨，他们成为殖民统治下菲律宾发展的有生力量，甚至有些行业被华侨所掌控，致使中国人源源不断来到这片“梦想”的岛屿。

第四节　华侨对菲岛社会的贡献

中国具有悠久的历史和灿烂的文明，早期的中国人移居菲岛，主要是获得贸易利润的目的，而非传播中国思想和文化。但随着华侨与当地

---

① 刘芝田：《中菲关系史》，台北：正中书局1962年版，第66页。

② 郑民：《菲律宾》，商务印书馆1925年版，第31—32页。

③ Milagros C. Guerrero, “The Chinese in the Philippines, 1570 - 1770,” in Alfonso Felix, Jr. (ed.), *The Chinese in the Philippines*, Manila: Solidaridad Publishing House, Vol. I, 1996, p. 27.

④ 黄滋生、何思兵：《菲律宾华侨史》，广东高等教育出版社1987年版，第105页。

土著人进行广泛和深入的接触，他们的文化习俗也不断影响着当地土著人，中国商人和移民把本民族的语言、习俗、饮食与服饰等带入了菲律宾，也影响了菲律宾人的生活习惯。同时，中国传统文化更深层次的内涵也日渐渗透到菲律宾社会的各个方面，甚至菲律宾社会本土文化中的伦理道德等，这客观上为菲律宾华文教育的发展和中华文化的传播创造了条件。

一　丰富了当地的社会文化

菲律宾群岛独特的地理优势，为菲律宾对外贸易和文化交流提供了有利的条件。古代海上贸易传载的文化，深刻地影响了菲律宾历史文化特征。在菲律宾“巴朗盖”时期，菲律宾深受印度文化、中国文化和阿拉伯文化的影响。这其中，中华文化对菲岛的影响是最大的。

（一）对语言词汇的充实

闽南籍华侨使用的方言，对菲律宾语言产生了一定的影响。菲律宾语言学家 E. 阿尔森尼奥·曼努埃尔，在其著作《泰加洛语中的汉语因素》中指出：菲律宾他加禄语（国语 Tagalog）中约有 2%（约 650 字）来自汉语（闽南话为主），包括一些蔬菜、植物、中式食物的名称，还有许多商业词汇、动作行为和亲族关系的称呼等也来自中文。①

（二）对伦理道德的影响

随着中菲两国贸易的不断发展，有些华人扎根久居并融入当地社会，还有华人与当地人通婚生下混血儿。这不仅直接影响了菲律宾的社会结构，而且他们把中国的风俗习惯、伦理道德和文化移植到菲律宾。菲律宾原本并非“文化荒漠”，中国传统文化在此传播的过程中，菲律宾人也根据自己的需要对其进行加工、取舍、改造和利用。前菲律宾教育部长罗细士在其《促进更密切的中菲关系》一文中说道：“菲人从其华人的先代，承袭了很多优良的德行，如节俭、忠实、客气、礼貌及传统性的殷勤好客。外国人皆认为此难能可贵，均系导源于华人的祖先。甚至菲人

---

① Wu Ching-Hong, “A Study of References to the Philippines in Chinese Sources from Earliest Times to the Ming Dynasty”, in *Philippines Social Sciences and Humanities Review*, Vol. 24, 1059, pp. 1 – 181.

的家庭制度有紧密的组织，强有力而持久的联系、孝道、服从、尊敬长辈，亦均系得自华人祖宗的美德。”[①] 此番描述，也足见中国对菲律宾人的影响。

（三）对宗教传播的贡献

明洪武十三年（1380），阿拉伯法官麦东氏乘坐中国海舶，到苏禄群岛中的锡穆努尔（Simunul）岛，是为了在此传播伊斯兰教。与他同行的还有不少中国伊斯兰教的传教士，其中一名叫穆哈杜姆·阿敏—安拉（Mohadum Amin-Allah）的回教徒领袖，后来还成为苏禄的法官。他处事公正深得民心，死后被葬于苏禄岛，其墓至今犹在。另一位回教学者，也在苏禄岛传教，终于塔普尔岛（Tapul）。至今，该岛山中仍然保持着他的坟墓。[②] 罗文藻（1616—1691年），福建福安人，17岁时受方济各会士利安当神父洗礼入教，先后在中国各地传教。1635年，罗文藻从澳门随利安当前往马尼拉，向多明我会报告中国教务。次年，又随安多尼神父到马尼拉，获准进入圣托马斯学院深造，毕业后成为多明我会修士。1654年，在马尼拉由鲍布来得主教祝圣为神父，为中国天主教第一位中国籍神父。罗文藻先后四次往返马尼拉，奔波于天主教事务工作中，为两国宗教文化交流做出了贡献。

二　促进了菲律宾贸易的发展

随着西班牙统治的扩张，菲岛分崩割据的状态渐趋统一，政治的安定，贸易的畅通，大大促进了菲岛的商贸繁荣。16世纪后期，中菲两国政治和经济关系进一步得到发展，菲律宾人、中国人彼此在对方国土上侨居、定居的现象也随之发生。[③] 尤其是，中国移民来此定居促进了当地贸易的发展，维护了殖民当局的经济利益，也提升了土著人的生活水平。应该说，华侨对菲岛的经济贡献是十分突出的。除了明朝廷、西班牙驻菲殖民者和墨西哥之间的“大帆船贸易”之外，“压冬”的华人

---

① 高祖儒：《华商拓殖菲岛史略》，马尼拉：泛亚出版印务公司，1969年，第10页。

② 刘芝田：《菲律宾民族的起源》，香港：东南亚研究所，1970年，第142—143页。

③ 黄滋生：《16世纪70年代以前的中菲关系》，载《菲华问题论辩》，马尼拉：菲律宾华裔青年联合会，1999年，第14页。

带来的铁器、陶瓷器、蚕丝、布匹、珠子或其他廉价珠宝、铜锣、小铃铛等货物，与土著人交换原棉、马尼拉麻、纤维、硬木、藤、树胶、树脂、蜜蜡、可食用的核果、沙金、珊瑚、珍珠贝及群岛的其他产品。① 在菲律宾华人的主体是商贩和各类工匠，有相当部分华人具有双重职业，即他们用手艺制作活加工商品，再通过自己的商铺或沿街推销，这既是明代末期市民的普遍现象，也是海外华人聚居地的情形。② 据日本人箭内健次的研究，马尼拉帕里安华人店铺数目多达1200间。③ 当时，帕里安的华人约有1.5万—2万间店铺，如果每间店铺需要5—6人的话，那么总共有6000—7000人工作。加上没有店铺沿街贩卖的小贩，帕里安的华人在1万人以上，约占华人总数的60%—70%。马尼拉以外的华人也有相当数量的商贩，其比例不如帕里安，但也不会低于50%。据此推断，明末菲律宾华人商贩的比例在60%左右，其他是各类工匠和种植业者。④

从伊洛伊洛考古遗迹出土的宋、元、明各朝代的大量瓷器，证实了古代中国人同这里进行过大规模贸易。而且，华人来这里不仅是做生意，他们中许多人是来定居的。在华人聚集的伊洛伊洛，华人和菲华混血儿妇女大量从事纺织业。应该指出的是，几个世纪以来，伊洛伊洛就是菲律宾的纺织中心。她们用棉花、马尼拉麻和菠萝纤维生产出大量的纺织品，如混纺麻布、土纱、葛纱和土麻布在马尼拉出售，其中也有相当数量出口到中国、欧洲和美洲。1854年，有大约40万美元的纺织品运抵马尼拉，还有4万美元的纺织品在其他地方销售。通过马尼拉出售到欧洲的纺织品有2万美元，除了蚕丝来自中国外，其他原料都是产自本地。⑤

---

① ［菲］德米·P. 松萨：《菲律宾伊洛伊洛华人：1581—1900》，杨国标译，载《民族译丛》1987年第3期。

② 庄国土、陈华岳：《菲律宾华人通史》，厦门大学出版社2012年版，第147页。

③ 陈荆和：《十六世纪之菲律宾华侨》，香港：新亚研究所，1963年，第134页。

④ 庄国土：《华侨华人与中国的关系》，广东高等教育出版社2001年版，第166页。

⑤ ［菲］德米·P. 松萨：《菲律宾伊洛伊洛华人：1581—1900》，杨国标译，载《民族译丛》1987年第3期。

三 改善了当地人日常生活

中国文化有5000多年的悠久历史，其灿烂的文化也是世界文明的组成部分，为人类社会的发展进步做出了巨大贡献。中国文化主要是通过来往于中国和菲律宾的商人和朝贡使节传播到菲律宾的，而阿拉伯文化是东亚商人携带伊斯兰教传入菲律宾的，这些外来文化对早期菲律宾文化也产生了一定的影响。

（一）传授建筑冶金

菲律宾华侨向当地人传授建筑知识，如砖木、木石建筑物的构建；石灰、砖瓦的烧制方法；陶瓷和家具的制作。此外华侨还教会当地人冶铁、制造大炮技术。马尼拉的圣托马斯圣公会教堂，屋檐下的小狮子就是中国建筑的特征。可以想象，当时中国的建筑工人和拥有的技术，受到了殖民当局的欢迎和尊重。否则，他们不敢在教堂房檐这样显眼的地方添加中国的传统文化元素。菲律宾有独特“优越”的天然环境，土著人一向是“倚天”生活，“吃饭靠上树、穿衣靠块布”。在建筑方面，根本没有什么显赫的成就。西班牙殖民者招徕华人，不仅仅是商业的需要，也是希望他们承担城市建设和房屋建造的重任。东南亚其他国家也是如此，泰国郑信的吞武里王宫、拉玛一世的宫殿、拉玛二世的“右园”、拉玛五世的“挽巴茵”御苑、曼谷的大佛寺等，都是在广东潮汕一带招募工匠建造的，样式也是模仿广州、汕头的建筑。曼谷唐人街如三聘街、石龙军路、耀华力路，其建筑风格也是仿造广州和汕头的。[①]

（二）中医草药落户

东南亚大城市内最受尊敬的医师也是来自中国的，特别是国王的御医也是华人。[②] 著名爪哇的草药是王宫的传家宝，与中国的中草药极为相似。草药由各种草类、树叶、香料和根茎混合，经过捣碾和煮熬而成。使用这种草药源于爪哇和马都拉，而不是印尼的其

---

① 刘权：《广东华侨华人史》，广东人民出版社2002年版，第57—195页。

② Simon de la Loubere, A *New Historical Relation of the Kingdom of Siam*, translated from the French by S. P. Gen. R. S. S., London: Theodore Horne, Vol. 1, 1693, p. 62.

他岛屿。这是因为日惹第二任素丹·哈孟库·布沃诺二世，聘用一名草药专家（宫内中医侍役）作为私人医生，而他最宠爱的妻或妾玛斯·阿尤·苏马尔梭纳瓦蒂具有华人血统。[①] 至今，菲律宾中国城王彬街的药店，都是以销售中医药为主的药铺，而且也是当地土著人前来寻医问诊。

（三）改变生活习俗

据菲律宾学者格雷戈里奥·F. 赛义德的研究，菲律宾人从中国人那里学会了使用瓷器、雨伞、锣、银子和其他金属用品，还有制造火药和冶金的技术。早期菲律宾人穿的宽大服装、有袖子的上衣，穆斯林妇女的宽大裤子、日用布鞋，都渗透着中国人着装的影响。宋代时期，中国人所用的杆秤也在东南亚广泛使用，对当地度量衡发展起到积极作用。[②] 在西班牙殖民统治以前，菲律宾的贵族着黄色服装，丧服用白色（直到现在菲律宾穆斯林还沿用这种着装），这些习惯也都源于中国人。菲律宾人的有些风俗，诸如婚姻由新郎新娘的父母安排，订婚时用媒人介绍说和，办丧事时请职业陪哭人，尊崇祖先，孩子要孝敬父母和尊长，都源自中国。[③] 许多菲律宾华人有一定经济实力，菲律宾人认为他们是汲取中华文化的精髓和神奇的智慧所致。儒家文化的"以人为中心""勤俭节约""家族团结""以和为贵"等优良传统，对华人经济的发展确实起到重要的作用，特别是老一代华人。[④]

总之，在东南亚本土民族的眼中，中国无疑是一个先进的大国，这体现在当地土著居民对中华文化的吸纳和经济上的依赖。《岛夷志略》记述了夷邦三岛对中华文化的仰慕："男子常附舶至泉州经纪，罄其资囊，以文其身，既归其国，则国人以尊长之礼待之，延之上座，虽父老亦不得与争焉。习俗以其至唐，故贵之也。"[⑤] 体现了菲律宾人对中国商品的

---

① Simon de la Loubere, *A New Historical Relation of the Kingdom of Siam*, translated from the French by S. P. Gen. R. S. S., London: Theodore Horne, Vol. 1, 1693, p. 62.

② 朱杰勤：《东南亚华侨史》，中华书局 2008 年版，第 14 页。

③ ［菲］格雷戈里奥·F. 赛义德：《菲律宾共和国——历史、政府与文明》，吴世昌译，商务印书馆 1979 年版，第 62—63 页。

④ ［菲］世华：《勤俭与华人经济》，载《融合：菲律宾华人》，马尼拉：菲律宾华裔青年联合会，1990 年，第 214 页。

⑤ 汪大渊：《岛夷志略》，苏继庼校释，"三岛"条，中华书局 1981 年版，第 23 页。

青睐，甚至把来中国的当地商人奉为“嘉宾”。菲律宾各邦国对前来的中国商人也礼遇有加，“华人入其国（合猫里），不敢欺凌，市法最平。”[①]由此可见，中国人到这里是非常受欢迎的。

① 张廷玉等:《明史》卷三二三，列传二一一《外国四·合猫里》，中华书局1974年版，第8374页。

第二章

华侨社会的形成与进步

中国“朝贡”制度带动了海洋民间贸易发展，使在菲律宾“压冬”的华人逐渐增多，其中便有人长期侨居或扎根于此。当然，华人也有少许其他原因在菲岛久居的。而华人大规模迁徙则是殖民者的“东来”时期，随着殖民地的开发和“大帆船贸易”的发展，在殖民者优惠政策的引导下，中国大批商人、农民和手工业者，怀揣发财“梦想”来到这里。他们胼手胝足、艰苦耕耘，弥补了当地生产力不足，不仅为殖民者提供了生活用品，也成为菲律宾社会进步不可或缺的角色。但是，西班牙殖民者一方面倚靠华侨辅助其殖民统治；另一方面也对华侨数量的不断增多产生忌惮，终于酿成血腥屠杀的一幕幕悲剧。限制、驱逐和分而治之等系列政策的形成，使华人族群的处境受到严重威胁。在华侨人数不断增多的情况下，面对殖民主义者的统治压迫，他们意识到要想保护自身的权益，只有加强内部的团结、才能抗御外部的侵扰。晚清时期，王朝政权面临着内忧外患，已无可奈何地步入“日之将夕，悲风骤至”的颓境。清政府意识到，海外华侨经济实力可以适当弥补国库空虚，所处的异国环境也为朝廷做宣传，遂决定设立领事馆保护华侨，也敦促华侨与祖国在政治和文化上的联系。同时，中国国内反帝斗争的持续开展，革命党及维新派在海外宣传活动，增强了海外华侨的“国家”观念，唤起了“化外之民”对祖国强盛的强烈“期盼”，更希望成为他们漂泊异域的坚强“靠山”。而华侨“甲必丹制”利用在管理上的相对独立性，在华侨经济实力增强的前提下，创办和构筑维系华人族群的社团、华校、侨报，形成以共同语言、文化和传统道德为基础，具有强烈民族意识的华人群体。与此同时，中国国内反帝浪潮也促动了海外华侨的民族情怀，广大华侨凝聚力急剧增强，各种中华文化属性的社团应运而生，菲律宾华侨社会也由此形成。

第一节　殖民者“眼中”的中国人

15世纪中叶，奥斯曼土耳其帝国建立后，阻断了经过美索不达米亚和君士坦丁堡的东西方贸易路线。为追逐东方商品所带来的高额利润，西方人不得不寻找新的交通路线。随着科学技术的进步，使海上新航线的开辟成为可能。较早完成国内集权化的葡萄牙人，成为海洋拓殖的先锋，在占领北非的休达后，又先后在印度沿海和东南亚建立了一系列殖民据点，并将势力拓展至盛产香料的摩鹿加群岛。与此同时，西班牙人在“收复失地”运动后，立即投身航海探索和殖民的征程。从此，欧洲列强也进入了争夺太平洋贸易并竞相在东南亚各地的殖民时代。

一　菲岛殖民者对华人的“诱导”

在哥伦布发现美洲大陆后，麦哲伦率舰队绕过美洲大陆进入太平洋，最后抵达东南亚的菲律宾。至此，葡萄牙和西班牙两国远征太平洋，开疆拓土争夺殖民地。而欧洲其他国家也不甘成为“迟到者”，如英国、荷兰也纷纷在东南亚以武力划定自己的“领地”。西班牙殖民者为了开发菲律宾群岛，不断招徕中国人前来为其服务，试图使华人成为其殖民建设的“忠实”主力军。

（一）西班牙占领菲律宾

1511年，葡萄牙亚伯奎奉命占领马六甲，并在东南亚建立第一个贸易基地，也揭开了欧洲列强拓殖东南亚的序幕。1565年，西班牙黎牙实比率领远征队，从西班牙另一殖民地墨西哥起航，沿着麦哲伦的航行路线在宿务登陆，建立了在菲律宾的殖民地。1571年，黎牙实比亲自率领230名远征队员，乘坐23艘快帆船抵达马尼拉。此后，西班牙殖民者又相继占领吕宋和米沙鄢岛屿。到1576年，除棉兰老、苏禄群岛外，菲律宾其他地方都沦为殖民地，马尼拉被确立为西班牙在菲岛殖民统治的中心。西班牙在占领菲律宾之前，已经在美洲进行了半个世纪的殖民活动，并形成了完整的海外殖民管理体系。菲律宾殖民政权建立之后，顺理成章地纳入这个体系之中。为此，菲律宾一直由墨西哥总督以国王的名义代管，从西班牙来的官员和命令，都要经过墨西哥才能传递到马尼拉。西班牙进行海外殖民的初衷，是从东方夺取大量的香料和黄金。为此，殖民者不惜远渡重洋来到这片落后的群岛。然而，葡萄牙人对马鲁古群岛的控制，使西班牙人分享香料贸易的期望化为泡影。黎牙实比对棉兰老的香料曾抱有很大的幻想，甚至建议将其开发迅速扩大，以超过马鲁古的香料产量，并供应“整个基督世界”。可是，他很快就发现这个美好愿望是难以实现的。①

正如他向墨西哥总督坦言：“菲律宾应该说是相当不重要，因为至今我们仅发现了一种可赢利的物品——肉桂。”② 此时，菲律宾自然资源还没有得到有效开发，只有少量的黄金、珍珠、棉花、黄蜡和绳索等可运往墨西哥出售，每年销售量都不超过 3 万比索。③ 而菲律宾的人口也十分稀少（1606 年菲律宾群岛人口为 58 万，而墨西哥在 1519 年就已达到 1100 万），无法从事本地资源的开发与种植。④ 黎牙实比的商船队长卡里翁（Juan Pable Carrion）说：“群岛没有什么利益可图，除非有可能打开与中国和其他东印度国家的贸易联系。”⑤ 所以，殖民者认为开拓东方贸易市场，是其占领菲岛后唯一的出路。

（二）殖民地华人数量猛增

为与中国建立商贸关系，黎牙实比下令善待中国的商船，他们主动把在巴拉央镇与民都洛沿海遭遇台风的中国商船转移到安全地点。西班牙人不仅善待马尼拉的华商，还积极解救城内的华人奴仆，期望他们回国能为其“正面”宣传，以便吸引更多的中国商人前来贸易。⑥ 西班牙人保护华商的举措取得了华人的好感和信任，此后每年都有相当多的华商陆续前来贸易。

---

① 庄国土、陈华岳：《菲律宾华人通史》，厦门大学出版社 2012 年版，第 108 页。

② William Lytle Schurz, *The Manila Galleon*, New York: E. P. Dutton & Co., 1959, p. 23.

③ 金应熙：《菲律宾史》，河南大学出版社 1990 年版，第 150 页。

④ Alfred W. Mcloy and Ed. C. de Jesus, *Philippine Social History: Global Trade and Local Transformations*, Manila: Ateneo de Manila University Press, 1982, p. 6.

⑤ William Lytle Schurz, *The Manila Galleon*, New York: E. P. Dutton & Co., 1959, p. 45.

⑥ E. H. Blair and J. H. Robertson, *The Philippine Islands, 1493 – 1898*, Cleveland: The Arthur H. Clark Co., 1903, Vol. 3, p. 189, note 53; pp. 84 – 89, 105 – 107.

1588 年，西班牙“无敌舰队”被英国军舰摧毁，西班牙随之失去了海上霸主的垄断地位。此后，西班牙财政逐渐衰竭，国力开始衰落。而菲律宾殖民地的贸易税收，成为西班牙国内收入的重要来源。而 19 世纪以前，菲岛西班牙殖民政府的生存完全依赖华商的贸易维持。[①] 随着中菲贸易的扩大，许多手工业者、技师、工匠和农民也来到菲岛利用当地资源进行商品生产，这就使赴菲的华侨人数不断增加。1590 年，西班牙殖民者进行第一次人口调查时，马尼拉的华商就有 3000—4000 人，加上马尼拉以外的华商 2000—3000 人。[②] 这个数字还不包括约 2000 名乘季风来菲从事商业贸易而短期滞留“压冬”的华商。1602 年，菲律宾的华人达到 2 万多人。[③] 至 1603 年，菲律宾的华侨猛增至 3 万人。[④] 1621 年，马尼拉持有居留许可证的华侨已达到 1.6 万人，另有 1/3 的华侨是没有居留许可证的。1635 年，仅“八连”就有华侨 2 万人以上，在其他海岛还有 1 万多人。1639 年，菲律宾有 2.5 万或 3 万华侨，这个数目仅是领了许可证的华侨，加上无居住证居留者，华侨在菲律宾可达到 3 万—4 万人之多。[⑤]

（三）华人移民的合法化

西班牙殖民统治菲律宾以前，菲律宾各岛屿散居着许多互不统属的部落，部落间甚至语言不通，各自为政，还时常发生冲突和战争，商贸发展受到严重制约和影响。西班牙殖民者统治菲岛之后，政治的统一使社会秩序逐渐好转，各地交流往来也越来越频繁，为促进商贸的发展创造了有利条件。特别是首任总督黎牙实比鉴于殖民地所需物资必须依赖中国商品，就设法保护华商，鼓励华人来菲移植经商，并对南航华船和

---

① Berthold Laufer, “The Relations of the Chinese to the Philippine Islands,” in *Smithsonian Miscellaneous Collections*, Vol. 50, 1907, p. 277.

② ［菲］陈烈甫：《菲律宾的历史与中菲关系的过去与现在》，台北：正中书局 1968 年版，第 88 页。

③ E. H. Blair and J. H. Robertson, *The Philippine Islands, 1493 – 1898*, Cleveland: The Arthur H. Clark Co., 1903, Vol. 14, p. 45.

④ Eufronio M. Alip, *Political and Cultural History of the Philippines*, Manila: Alip & Brion Publications, 1954, p. 284.

⑤ 黄滋生、何思兵《菲律宾华侨史》，广东高等教育出版社 1987 年版，第 108 页。

货物予以特别优待。[①] 西班牙殖民统治菲律宾后，经济比以前有较快的发展，当地人的购买能力也有很大提高。为发展经济以维护殖民统治，积极鼓励中国商人来菲从事贸易活动。中国的各种商品深受当地居民的喜爱，加上西班牙军民的大量需求，特别是丝绵织品、陶瓷和金属器皿还被转运至墨西哥，供应美洲西班牙殖民者或者西班牙本土人使用，中国商人也在其中获得丰厚的利润，贸易的发展推动了更多的华商来菲从事商业活动。明朝后期，由于中菲贸易在一定程度上弥补了国库空虚，致使朝廷也极力支持帆船贸易，这进一步促使华商前来菲岛“淘金”。

从 19 世纪 50 年代起，西班牙殖民统治者为配合开发菲岛计划，放宽对华侨政策，撤销了 1766 年全面驱逐华侨出境的禁令，1860 年《北京条约》签署前夕，清政府首次承认华工出洋为合法行为，许多华侨又回到马尼拉，华侨人数逐年增加。到 1864 年超过 1.8 万人，1876 年近 3.1 万人，1886 年 93567 人。1893 年，驻欧使节薛福成向清廷呈递《请豁除旧禁招徕华民疏》，清廷废弃海禁旧例。在菲的闽南华侨相继招引亲友来菲，形成移民菲律宾的高潮。1896 年，菲律宾华侨达到 10 万人。[②] 晚清政府的护侨政策以及西班牙殖民者的华侨新政，致使华人大规模迁移菲律宾群岛。闽南人前往菲岛谋生也蔚为风尚，而绝大多数的移民是单身壮年，在菲立足后返乡带来男性亲属，通常是兄弟子侄或同宗亲友，统称为移民新客。新客事业有成后，再返乡带人，如此往复。[③] 华侨人数的大量激增，客观上为华侨社会的形成创造了基本条件。

二 殖民者对华侨态度的转变

西班牙殖民者刚踏入菲岛之时，首任总督黎牙实比主张善待华人，对华商态度十分友好。作为群岛生活中不可缺少的民族，华侨利用当地生产力低下，技术落后，生活必需品缺乏的状况，而土著人无力、西班

---

① 陈荆和：《华侨历史上的人口及居留地》，载张其昀《中菲文化论文集（二）》，台北：中华文化出版事业社，1960 年，第 292 页。

② Henry Gannet（ed.），*Census of the Philippine Islands*：*1903*，United States. Bureau of the Census，Vol. 1，p. 490.

③ Jacques Amyot，*The Chinese of Manila*，Manila：Ateneo de Manila University，1973，pp. 56 – 57，64.

牙人无心从事的利微的零售商业活动的有利条件，在商业和贸易领域逐渐发展起来。但华侨带来的文化，在西班牙人看来，却是他们维护殖民统治的障碍与隐患。

（一）殖民者施行的大屠杀

1574 年，中国海盗林凤进袭马尼拉事件后，西班牙殖民者对华侨态度发生逆转，并对华侨产生较深的疑忌和戒备。殖民者在菲律宾人中推行天主教化的同时，对菲岛的华侨也要采取教化和同化政策。1593 年，潘和五被迫刺杀达斯马里那斯总督后，西班牙殖民者对华侨的态度升级为仇视，并伺机进行报复。① 1603 年，数度前往菲律宾的木匠张嶷回国散布谣言，称菲岛盛产黄金。明朝神宗皇帝即派官员到菲律宾探查，这个不合常理的"举动"使殖民者顿生疑窦，他们怀疑朝廷是为"侵略"菲岛做准备，而把华侨视为明军进攻时的内应。为此，殖民者蓄意残暴虐待华侨，有些华侨实在忍无可忍而被迫举事，结果被荷枪实弹的殖民军"迅速"镇压。而殖民者并没有就此罢手，演变成惨绝人寰的大屠杀，最终导致 2.5 万无辜华侨丧生。② 明朝神宗皇帝闻讯后，只是用"责以残杀无辜华侨，不容宽恕"的官函讨伐西班牙殖民当局的残暴罪行。③ 这种苍白无力的"口诛笔伐"没有起到任何作用，反而助长了殖民者的野蛮气焰。朝廷对海外华侨的漠视，使殖民者更加肆无忌惮地对他们进行盘剥和迫害。此后，一经风吹草动或有华侨对殖民者统治不利的舆论，殖民者唯恐华侨造反，便常常先发制人杀害华侨。④ 而此时的明朝国势衰弱，这起菲律宾华侨史上最大的惨案就这样无果而终。此后，西班牙殖民者变本加厉对华侨任意宰割。

（二）华侨天主教化的失败

每次屠杀华侨之后，菲律宾经济凋敝，民众生活困难，殖民者又不

---

① 潘和五系西班牙殖民者招募的船工，1593 年在远征摩鹿加群岛途中，由于不堪忍受殖民者的凌辱，愤然杀死船上的殖民当局总督戴司马利亚斯（Gomez P. Dasmarinas）。事件发生后，殖民当局毫无反省之意，反而迁怒于无辜华侨，从此殖民者埋下了仇恨华侨的火种。

② E. H. Blair and J. H. Robertson, *The Philippine Islands, 1493 – 1898*, Cleveland: The Arthur H. Clark Co., 1903, Vol. 16, p. 295.

③ 萧曦清：《中菲外交关系史》，台北：正中书局 1995 年版，第 15 页。

④ 1603 年、1639 年、1662 年、1682 年、1762 年、1820 年，相继发生的殖民者六次屠杀华侨的惨案，造成 10 万多华侨丧生。

得不再次招徕华侨。[①] 殖民当局意识到，菲律宾的稳定和发展，华侨是不可缺少的部分。而这种状态，是华侨与统治者经济上的相互依赖，伴随着看来不可调和的文化上的矛盾。[②] 为此，西班牙殖民者将华侨皈依天主教，作为在精神上彻底“征服”华侨的重要手段。殖民当局制定政策称，笃信天主教的华侨可获得更多的利益。但华侨受洗时都会面临剪发的问题，在中国传统文化中，“身体发肤，受之父母”，剪发被认为是大逆不道的行为。因此，在西班牙统治菲岛期间，殖民当局对华侨的政策以征税、限制和同化三方面为主，但同化的效果最不明显，殖民者将这种情况归结为华侨视中华文化高于其他文化所致。[③] 为促进华侨同化，殖民当局允许信教的华侨自由出入帕里安和到其他地方居住，还鼓励华侨与菲女教徒通婚，甚至给予信教华侨以土地和减税的益处。尽管如此，西班牙殖民者的同化政策仍没有收到显著效果。为此，殖民当局不仅在马尼拉和仙沓古律示的华侨信教区建立教堂，还在帕里安这样的非教区建立教堂。即便是那些已经皈依天主教的华侨，他们当中有些人在返回中国的归途中就会把念珠扔到海里，他们感谢圣母玛利亚对他们的保护，所谓信奉天主教仅此而已。[④] 可以看出，殖民者对华侨皈依天主教的真诚度还是有怀疑的。

（三）菲律宾的文化特征

教育文化差异是殖民者与华侨之间难以调和的矛盾，殖民当局难免对华侨的文化心存较深的疑虑。西班牙和美国殖民统治时期，殖民者所带来的文化，也导致了菲律宾社会生活、风俗习惯和宗教信仰的缤纷多彩。菲律宾除了绝大多数人信仰天主教以外，伊斯兰教、基督教新教、原始宗教、独立教和佛教等在菲律宾都有一定的信奉者。菲律宾史学泰斗科斯塔（FR. Horatiode La Costa）神父曾指出，菲律宾文化不像中日两国文化已经定型，而是一个发展中的文化。同时，他认为对文化发展可以有两种看法：一种是削减式的观点；另一种则是

① 萧曦清：《中菲外交关系史》，台北：正中书局 1995 年版，第 15 页。

② Edgar Wickberg, *The Chinese in Philippine Life, 1850 – 1898*, New Haven & London: Yale University Press, 1965, p. 5.

③ Ibid., pp. 18 – 23.

④ Ibid., p. 216.

附加式的观点。削减式观点认为，将外来文化一层一层地剥下去丢掉，相信最后保存下来的会是地道的菲律宾文化。科斯塔神父认为，保持这种观念将找不到结果，因为菲律宾文化就像一颗洋葱，是由不同文化层次构成的，如果逐层剥去，最终根本找不到核心。另一种观点则是承认和保存外来的文化成分，将它和菲律宾原有文化融合，这个附加而成的结合体便是菲律宾文化。[①] 用附加式的发展观点来看待菲律宾社会文化是合理的，因为菲律宾是一个多元民族社会，独特的历史势必形成多元的文化。

三　殖民者与华侨的文化冲突

移居菲律宾的华人比西班牙殖民者更早“发现”菲律宾群岛，这批先民多是迫于生活的贫困，而冒险出走海外淘金，并没有其他政治野心。他们在国内习惯了封建传统的压制，缺乏民治的意识，在争取权利的观念上十分淡漠，这就是菲律宾华侨群龙无首的重要缘由。但是，西班牙殖民者以宗教为主要文化特征，而中国人携带的风俗习惯有些与之相悖，由此带来了殖民者对华侨的歧视。

（一）殖民者眼中的“他者”

作为殖民地存在和发展不可缺少的族群，在殖民者看来，华人具有吃苦耐劳、勤奋进取、节俭和善等诸多优点。但“最初冒险漂渡重洋开发之豪杰，多系无知之失业农工。彼等在国内所了解之文化，不过‘崇拜祖先，虔敬鬼神，信仰命运，靠天吃饭’等陋习思想。”[②] 移居当地的华侨携带的文化“行囊”里，依然有些陈腐落后的日常习俗，如长辫、跪拜、嘈杂以及不讲卫生的陋习等，在殖民者鄙视的目光中遭到指责。与此同时，华人优秀传统文化精髓也被掩盖了。格雷戈里·F. 赛德在他的著作《菲律宾政治文化史》中这样描绘华人：“华人是可憎的，因为他们是经济上的支配者；华人是古怪的，因为他们是文化的异己者；华人

---

① Teresita Ang See, “Integration Is Not Extinction,” in Teresita Ang See and Lily T. Chua (eds.), *Crossroads: Short Essays on the Chinese Filipinos*, Manila: Kaisa Para Sa Kaunlaran, Inc., 1988, p. 10.

② 刘继宣、束世澄：《中华民族拓殖南洋史》，商务印书馆 1979 年版，第 240 页。

是讨厌的，因为在文化方面是宗派主义者；华人是不忠诚的，因为他们在政治上是不可靠的。”① 尤其是殖民者认为，华人身上有许多上帝不能宽恕的罪行。② 特别是违反人伦的“性异常”，西班牙人常常指控菲律宾华人“耽于鸡奸和其他秘密的罪恶”，这是天主教所不能接受的行为。根据研究学者陈君查阅布莱尔和罗伯逊的《菲律宾群岛》，发现至少有22处记载所谓华人伦理与性违背常理的事情。当时，菲律宾总督达·维拉斯科还将此事报告给西班牙国王菲利普二世。③ 菲律宾著名的华人历史研究学者珀赛尔认为，欧洲人常指责东方人犯此罪恶。从早期华人族群完全是单身男性的社会结构来看，欧洲人对华人这种指控并不一定是无中生有，男性社会“性异常”现象的存在是可能的。但在基督教看来，这种行为是违反人伦的十恶不赦罪恶。也是西班牙人对华人实行隔离政策，禁止华人与菲律宾土著人，特别是禁止华人在土著村庄过夜的原因之一。

1859年，诺萨卡莱总督在退休前，就所谓“华人问题”写了一份报告，讲述华人只有很少的需求，在受到侮辱、面对烦恼及牺牲时，表现出极大的忍耐性。除了在农业方面，他们是很好的劳动力外，他们努力适应土著的风俗习惯，并用一切办法进行货物贸易交换。在生活方面，华人极少消费，极力保持商业上的优势，虽然这并不一定有利于殖民者商业的发展。④ 由此看来，西班牙殖民者视中国人为不可调和的“另类”族群，华侨的命运注定是艰难和曲折的。

（二）对华侨宗教的“期盼”

基督教本着普济的教义，对一切罪恶的灵魂都要救赎。只要受洗成为基督教徒，一切灵魂都可以得以解脱。无论是出于掌控华侨，还是社会规范需要，西班牙天主教会都力图使华人皈依天主教。正是因为宗教信仰上的差异，华人及其所带来的信仰和习惯，在西班牙人看来都是邪恶的。西班牙人认为，华人的种种坏习惯使他们成为“令人讨厌的人”，对土著人产生了不良的影响，是对“道德的严重威胁”。所以，

---

① ［菲］洪玉华：《菲律宾华人的形象》，黄滋生译，《东南亚研究》1994年第1期。

② E. H. Blair and J. H. Robertson, *The Philippine Islands, 1493 - 1898*, Cleveland: The Arthur H. Clark Co., 1903, Index A-I, pp. 195 - 196.

③ Ibid., Vol. 6, p. 63.

④ 庄国土、陈华岳：《菲律宾华人通史》，厦门大学出版社2012年版，第196页。

自西班牙占领马尼拉开始，华侨就成为天主教教士们积极教化的对象。西班牙人渲染皈依华人的动机不仅仅在于此，它更深远的意义是使华人受洗成为基督教徒，尽可能减少华人对菲律宾土著的影响，使菲律宾群岛居民迅速天主教化，以利于其维持长期的殖民统治，也成为天主教在东方的扩张的基地。西班牙占领马尼拉后，并未发现他们期待中的大量香料，也就意味着菲律宾群岛本身没有经济价值。但教会人士和殖民者都认为，菲律宾在西班牙帝国向东方的宗教和经济扩张中地位极其重要。

耶稣会士鲍比（Boubee）曾这样描述道："菲岛在传教事业中，就像耸立在悬崖峭壁上的灯塔，它是波涛汹涌的海洋中的港湾，是传教士们来往中国与日本的最佳起点和休憩地。"① 菲岛不仅是传教士的兵站，而且也是西班牙帝国攫取东方财富的要塞，"通过她，新西班牙的白银换取了东方的奢侈品，中国的丝绸经过美洲到达塞维利亚。正如黎牙实比所说，我们站在了最富裕国家的门口，中华帝国，渤泥……暹，琉球，日本，还有其他富裕的国家。"②

（三）殖民者的反华宣传

1843 年，西班牙官员马斯（Sinibaldo de Mas）在考察菲律宾经济之后，向西班牙王室提交了一份报告，主张限制中国移民，并把他们集中到种植园里工作。③ 从 19 世纪 50 年代开始，西班牙殖民者掀起了反华宣传的高潮。这些反华舆论，主要围绕华侨对菲经济发展的作用和同化问题。其中最具代表性的是，1859 年殖民当局总督离任前所写的报告，他的结论是华侨并非总是有利于菲律宾商业的发展，他的继任者也是持有同样的观点。在殖民当局的煽动下，一时谣言四起，反华气焰甚嚣尘上。1886 年，西班牙商人和混血儿联名递交一份请愿书，请求西班牙国王下令禁止华人进入菲岛。在这份请愿书中，华人被视为引起菲律宾各种矛盾的罪恶根源。请愿书称："华人势力的泛滥和他们享有的过分自由，已

---

① E. H. Blair and J. H. Robertson, *The Philippine Islands, 1493 - 1898*, Cleveland: The Arthur H. Clark Co., 1903, Vol. 1, p. 49.

② O. H. K. Spate, *The Spanish Lake*, Canberra, 1979, p. 104.

③ 黄滋生、何思兵：《菲律宾华侨史》，广东高等教育出版社 2009 年版，第 249 页。

使他们得以对这块土地肆意进行剥削。尽管这个种族一向被认为是勤劳的，但实际上他们拒绝从事各种生产劳动，如农业劳动和其他体力劳动。这个种族腐蚀和榨干了他们所经历的任何地方。他们总是在账目上欺骗政府，顽固地保持了古怪的风俗习惯和生活方式；顽固地抗拒一切有关良好的行政管理、公共卫生以及与警察有关的事务。在短短几年内，已经对我们的人口与风俗习惯造成了严重的威胁。”①

这一年，排华言论似乎达到了高峰，殖民政府的官方报纸《西班牙海洋日报》率先进行了反华宣传，指出：“不信奉正统宗教的华人，保持了自己的风俗习惯、生活方式、语言和法律，他们永远是一个与这块殖民地的生活格格不入的文化实体。这些异教徒的宗教习俗是令人憎恨的，他们假装基督教徒是对基督教的侮辱。他们垄断了零售业，把西班牙人排除在外。华人是贪污的根源，他们为了保护经济利益，而毫不犹豫地向官员们行贿。华人还导致了工资过低，同时使本地人陷入事业的困境。他们结成危险的小团体，他们建立了许多秘密组织。他们把钱寄回中国，榨光了菲岛大部分的财富，却对公共事务和商业发展毫无贡献。华人品德低下，要求享受公民的权利却拒绝承担义务。”② 在西班牙殖民者看来，作为异教徒的华人是不可信的，但他们又是维护殖民统治不可缺少的部分。因此，殖民当局认为，这里的华人最好控制在数千人即可。总的来说，西班牙殖民统治菲律宾期间，殖民者对华人是“既爱又恨”，负面形象大于正面形象。所以，直到殖民统治瓦解，西班牙都未允许中国在马尼拉设立领事馆保护华侨。

第二节 华侨“甲必丹制”形成

葡萄牙占领马六甲后，即着手进行建立贸易基地的计划。同时，为了稳定当地的社会局势，葡萄牙统治者保留了马六甲王国原有的某些官职，如本达哈拉、天猛公和沙班达尔。取消了马六甲原有的拉沙马那的

---

① Tan，Antonio S.，*The Chinese in the Philippine*，*1898 - 1935*：*A Study of their National Awakening*，Quezon City：R. P. Garcia Pub. Co.，1972，pp. 60 - 61.

② 庄国土、陈华岳：《菲律宾华人通史》，厦门大学出版社 2012 年版，第 197 页。

职务，以充分掌控海军武装力量。[①] 然而，殖民者人数十分有限，他们把人力主要投入管理当地原住民。为此，葡萄牙殖民当局采取新的族群管理方式，由葡萄牙总督任命的天猛公负责管理当地马来人，而其他亚洲人则由总督任命各民族的首领来管理，他们被称为“甲必丹”（Kapitan）[②]。

一　华侨“甲必丹制”形成背景

无论是葡萄牙、荷兰还是西班牙殖民者，他们来到东南亚的初衷都是追逐经济利益。面对众多华人这样的群体，殖民者担心他们与原住民联手，颠覆他们的政权与统治，又希望华人成为活跃的纳税者。为此，殖民当局实行“分而治之”“以华治华”的办法，用华人甲必丹代替殖民者管理华侨社会。这样，既可以弥补殖民管理者的不足，又不影响华侨上缴殖民者的赋税。

（一）殖民者对华侨的忌惮

明朝隆庆元年（1567），朝廷解除了海禁，允许国人出海谋生，社会上“重商主义”也十分盛行。随着“大帆船贸易”的发展，使华商来菲从事贸易者也日渐增多。这在一定程度上弥补了明朝国库空虚，朝廷也极力支持这种贸易。有些华商久住不归，聚居在帕里安生活，菲律宾华侨人数逐渐增至2万余人。华侨凭借坚忍不拔的精神，为西班牙殖民统治立下了“汗马功劳”，华侨人数也远远超过殖民者的人数。[③] 与此相比，西班牙驻守菲律宾的殖民者兵力相对薄弱，菲总督要听命于西班牙驻墨西哥殖民地的印度事务大臣，菲律宾和墨西哥之间远隔浩瀚的海洋，传送命令、下达旨意和调动兵力都十分不便。在华侨人数不断增多的情况下，绝大部分华侨没有按照殖民者的意愿皈依天主教，成为虔诚忠实的教徒。于是，殖民者开始对华侨有所防范，无端的猜忌不断加剧，担心

---

① 本达哈拉（即首席大臣）、天猛公（即警卫长官）、沙班达尔（即港长）、拉沙马那（即海军司令）。

② 甲必丹和后来增设的雷珍兰、玛腰原是欧洲军队的官衔名称。甲必丹即为陆军上尉、雷珍兰即为陆军中尉、玛腰即为陆军少校。参见［印尼］林天佑：《三宝垄历史（1416—1931）》，李学民、陈巽华译，暨南大学华侨研究所，1984年，第321页。

③ 萧曦清：《中菲外交关系史》，台北：正中书局1995年版，第14页。

华侨会用武力推翻其统治。同时，华侨取得了零售商业的实际垄断，也让殖民者忧心忡忡。[①]

自从林凤攻袭菲岛与潘和五被迫杀死菲律宾总督后，西班牙殖民者把华侨视为一种威胁，甚至说是对手、敌手，只是出于为殖民者服务的考虑，他们才准许华侨在马尼拉居住。虽前者纯出偶然，而后者是殖民者对华侨“刑杀惨急”和“致激成此变”，但两事都触动了西班牙人在菲统治基础薄弱痛处。随后，殖民当局以“酋之被戮也，其部下居吕宋者，尽逐华人于城外，毁其庐”，令华人在城外另建一个地方设帕里安。[②] 从此，“夷人故奴视华人，征赋溢格，稍不得当，呵辱无已时，犯者即严置以法。自兹衅既结，疑贰日深，夷益虏使我矣”。[③] 直到1820年，殖民者对华侨进行了四次大屠杀。这期间菲律宾未设立中国领事馆，华侨的权益也无法通过外交途径加以解决。[④] 而此时的中国封建王朝把海外华侨视为“莠民”或“弃民”不予理睬，于是华侨成为任人欺凌和宰割的“羔羊”。

（二）“甲必丹制”的实行

纵观几次屠杀事件，几乎都是殖民者毫无根据的猜测，或者轻信谣言造成的。殖民者对华侨的种种倒行逆施，到头来不仅损害华侨的利益，也严重地扰乱了西班牙人和本地人的生活。每次屠杀华侨后生产停滞，经济萧条，物质匮乏，甚至教堂也无法得到装饰用的丝绸，殖民地遭受到了严重的损失。连马尼拉最高法院也不得不承认，包括粮食在内的各种供应品极其缺乏，使这里生活的人们极感苦恼。[⑤] 还有一些西班牙人纷纷将幸存的华人留在自家中“庇护”，以供家庭服务和从事手工劳动，满

---

① Edgar Wickberg, *The Chinese in Philippine Life, 1850 – 1898*, New Haven & London: Yale University Press, 1965, p. 3.

② 黄滋生、何思兵：《菲律宾华侨史》，广东高等教育出版社1987年版，第82页。

③ 张燮：《东西洋考·吕宋》，见《文津阁四库全书》第197册，商务印书馆2005年版，第164页。

④ 1887年，清政府与西班牙交涉，殖民当局从维护殖民统治的角度考虑，反对中国在菲律宾设立领事馆。1898年6月，在西班牙殖民统治行将落幕之际，才同意中国在马尼拉设立临时性领事馆。8月，美国就取代西班牙成为菲律宾新的宗主国。学者普遍认为西班牙设立临时性领事馆处在战争时期，且没有发挥领事馆的作用，可认为未设立领事馆。

⑤ 黄滋生、何思兵：《菲律宾华侨史》，广东高等教育出版社1987年版，第46页。

足自己的生活需要，平日里华侨供应的食品也成为难得的珍馐了。就连素来仇视华侨的西班牙御用传教士也认为："没有华人的贸易和商务，这些领土不会存在到今天。他们是优良的工人，精通各种技艺和行业。"①西班牙殖民者已经意识到，华侨已成为菲律宾不可或缺的部分，也深知徒用武力并不能解除华侨的"威胁"。

18 世纪后半叶，西班牙本土政局动荡、暴力横行，来菲律宾的西班牙人逐渐增多。由于殖民当局长期对华侨实行掠夺和限制，造成了菲律宾经济的严重衰弱。同时，"大帆船贸易"也受到西方其他资本主义国家自由贸易的严峻挑战，殖民当局主要依靠的财政来源急剧恶化，并濒临破产的境地，殖民政权岌岌可危。殖民者也看到，清朝国势已大不如从前，华侨只是获取商业利益，没有政治野心，他们的疑忌完全是多余的。如果能化解与华侨的隔阂，使华侨"尽心尽力"为殖民者服务，菲律宾社会和经济就有了保障。于是，他们决定改变对待华侨的粗暴态度，转而实行笼络华侨的怀柔政策，以便招徕大批华侨来到菲律宾生产和经商。由于语言和风俗习惯的差异，加上殖民者的贪婪，殖民地官吏与华侨之间常存在隔阂与仇恨。② 为此，西班牙统治菲律宾后期，殖民当局也效仿葡萄牙、荷兰殖民者的做法，实行"以华养菲""以华治华"的"甲必丹制"，用华侨甲必丹代替殖民者管理华侨社会。这样，既可以减少殖民者与华侨的摩擦，又不影响华侨对殖民者所缴纳的赋税。

二　甲必丹的选举与职能

1820 年，马尼拉流行霍乱与天花病疫，当时刚好一批法国生物学者在当地采集标本，西班牙殖民者便嫁祸于人，称疾病为法国人在巴石河投毒所至。菲律宾平民百姓缺乏科学常识，便信以为真。他们群情激愤，集结花园口广场，然后分头挨家挨户搜查、袭击和屠杀外侨，华侨也成为被抢劫和杀害的对象。事后，大量外侨（主要是华侨）躲避或逃离菲

---

① ［菲］格雷戈里奥·F. 赛义德：《菲律宾共和国历史、政府与文明》，吴世昌译，商务印书馆 1979 年版，前言第 2 页。

② ［菲］陈烈甫：《菲律宾的历史与中菲关系的过去与现在》，台北：正中书局 1970 年版，第 136 页。

岛，也一度造成当地的经济萧条。1825 年 10 月，菲律宾新任总督李凯福特（Mariano Ricaforty Abarca）奏请西班牙国王，借鉴葡萄牙与荷兰殖民者在马六甲的做法，在菲律宾华侨社会实行“甲必丹制”。

（一）甲必丹的“选拔”条件

比较而言，菲律宾华侨“甲必丹制”内容，比荷兰在印度尼西亚施行的“甲必丹制”又进一步“充实”。甲必丹由殖民当局“选拔”，必须是忠诚于西班牙国王，精通西班牙语并信奉天主教的华侨。甲必丹总部设在马尼拉，全菲分为 12 个区，各区设助手 1 人，俗称“社里老爷”，他们的职责是辅助甲必丹处理华侨事务。甲必丹直接向总督负责，管辖范围也已经超出华侨聚集区帕里安，而扩展至整个华侨社会。甲必丹日常事务受两名西班牙官员的监督，一个是特别法官，专门负责审理有关刑事案件和较大民事案件；另一个是检察官，亦称“华人保护官”，受理华侨的投诉案件。此前，殖民政府对于华侨社会的管理，是任命西班牙人为区长，由助手协助及若干警察维持秩序。

1850 年以前，新任甲必丹由前任甲必丹和各同业公会头目选举产生。1857 年，一些华侨认为这种选举办法只代表有地位的人，而不能代表广大华侨的利益。[①] 1861 年，殖民政府对选举法做了修改。新的选举法规定：每两年举行一次华侨甲必丹的选举，由现任甲必丹、离任甲必丹以及交纳一、二等行业税的纳税人组成 13 人的选举团，以秘密的投票方式公选出甲必丹候选人，然后报给西班牙驻菲律宾殖民总督。总督根据他们的行为道德与经济实力，在得票最多的 2 名候选人和在任的甲必丹中选定 1 人，呈请西班牙国王批准。[②] 所谓行为道德，是指他们要信奉天主教、忠诚于殖民政府，并在华侨中有影响力和号召力。同时，甲必丹要耗费大量精力代殖民政府向华侨征收赋税，需有足够的财力支撑方能放下自己的部分事业。如果税款征收不足，还要由甲必丹自掏腰包筹款补充。因此，当选的华侨必须有雄厚的经济实力。1887 年，殖民当局又对

---

① ［加］魏安国：《菲律宾生活中的华人（1850—1898）》，［菲］吴文焕译，马尼拉：菲律宾华裔青年联合会，1989 年，第 182 页。

② 陈三多：《菲岛华侨历史》演讲词，转引刘芝田《中菲关系史》，台北：正中书局 1964 年版，第 501 页。

甲必丹候选人条件做了修改，扩展至前五等行业税的纳税人均有资格参加甲必丹的选举，甲必丹成了华侨社会备受追逐的职位。[①] 甲必丹没有固定任期，时间短的1—2年，长的可到8—10年，完全凭借其领导能力、声望，特别是与殖民政府的关系而定。[②]

（二）甲必丹的职责

应该说，华侨甲必丹具有双重角色，在菲律宾殖民地是关键人物。在殖民者眼中，他代表殖民政府发号施令，是连接殖民者与华侨的纽带。在广大华侨的眼中，他是华人族群的官吏，也是华侨争取权益的代表。而华侨甲必丹本身，既要得到殖民者的"认可"，还有得到华侨的支持，管理好华侨社会。在某种意义上说，甲必丹管辖范围如同是"小社会"，主要有以下方面：

1. 监督华侨社会。甲必丹须按时向总督报告华侨社会的情况，若发现有华侨为非作歹，或者对殖民政府有不利言行，甲必丹有权告诫，情节"严重"者即呈报总督惩处。

2. 为殖民政府向华侨征收赋税。甲必丹替殖民政府行使管理华侨的职权，主要是向华侨征收税收，再由甲必丹转交殖民政府总督。

3. 传达殖民政府的命令。甲必丹负责向华侨传达殖民政府的指令，组织华侨按当局的要求行事。同时，向政府转达华侨社会的呼声和意见。

4. 维持华侨社区的治安。包括防火、维护社会秩序、管理帕里安市场的煤油、街灯和夜间巡逻。午夜至天明的行人须持灯，各路、街、巷、弄都有守更人。

5. 调节华侨纠纷。华侨之间如有争端，甲必丹有行使初级司法权，裁决较小的民事案件。尽力大事化小、小事化了，不再经过殖民当局的司法诉讼。

6. 管理华侨慈善公益机构。甲必丹负责管理华侨自治、公益和慈善等公共事业，如义山、善举公所和崇仁医院等，着力为华侨社会谋福祉。

甲必丹在处理一些较小的民事纠纷时，甚至还有若干惩戒权。甲必

---

① ［加］魏安国：《菲律宾生活中的华人（1850—1898）》，［菲］吴文焕译，马尼拉：菲律宾华裔青年联合会，1989年，第183页。

② 萧曦清：《中菲外交关系史》，台北：正中书局1995年版，第63页。

丹审理案件的程序十分简单，“华侨投诉，至为简单，不具呈文，唯用槟榔与烟枝呈上，述说理由，随时召集双方对质，大都就此可以完结，不必再行诉讼。”[①] 甲必丹不但管理华侨的各种事务，还负责在巴石河岸登记注册初来菲岛的华侨。离开菲岛返回祖国的华侨，也要亲自到甲必丹去注销。华侨如果符合条件打算久居菲律宾，也要首先报给甲必丹，再由甲必丹报送给殖民政府审批。由此可见，甲必丹的权力之大，地位之显赫，就连出行都特别威武。[②] 如目睹有华侨行为不端，可用手杖击之，被打者只得俯首承受。[③] 虽然甲必丹是殖民者的代理人，但也起着华侨代言人的作用，负责与殖民政府交涉，绝大多数华侨甲必丹也在一定程度上起到保护华侨利益的角色。

三 “甲必丹制”对华侨社会的影响

“甲必丹制”是殖民政府为维护殖民统治，利用华侨为其提供劳动服务，压迫和盘剥华侨，攫取高额赋税而实施的一种管理方式。从殖民者看来，这种制度既减少了殖民政府管理人力的投入，又能坐收渔利，避免与华侨发生直接的摩擦。华侨的活动范围从马尼拉扩展至菲律宾各地，与菲律宾商品经济发展更是紧密联系在一起。而菲律宾在华侨商业的带动下，殖民地经济状况有所好转，华侨成为菲律宾经济进步的必要因素。[④] 对于华侨社会而言，也走出无端被虐待和杀戮的阴霾，提高华侨的地位，改善了生存环境。客观地说，东南亚殖民地“甲必丹制”促进了当地社会的进步，也推动了华侨社会的发展。

（一）甲必丹的核心作用

“甲必丹制”客观上改变了华侨社会群龙无首、一盘散沙的被动局面，甲必丹成为广大华侨的领头羊和代言人。甲必丹“双重”作用的重要性也突显出来，甲必丹通晓西班牙语言，信奉天主教，熟悉西班牙文

---

① 《菲律宾岷里拉中华商会三十周年纪念刊》，马尼拉：菲律宾岷里拉中华商会，1936 年，甲，第 3 页。

② 甲必丹身着“洗礼服”，即中国天青丝罗礼服配白绸裤，脚穿广东时昌云头鞋，戴乌缎碗帽，辫子长垂，出门乘华贵马车、持手杖。

③ 陈三多：《菲岛华侨历史》新年致辞，马尼拉：《新闽日报》1940 年新年刊。

④ 金应熙：《菲律宾史》，河南大学出版社 1990 年版，第 308—310 页。

化，利用与殖民政府官员的“密切”关系，容易调和与疏解殖民政府对华侨的偏见，促进殖民政府对华侨的理解，也转化为华侨争取正当权益的有利条件。同时，甲必丹了解广大华侨的处境和需求，懂得处理好华侨的内部事务，理性地与殖民政府抗争，华侨社会成为真正意义上的“大社会中之小社会”。西班牙殖民统治菲律宾末期，殖民当局加重了对华侨的剥削，增加税收，排华暗流时有作祟。作为中间人的甲必丹通过不断调解，化干戈为玉帛，有效缓和殖民者与华人族群之间的关系。如马尼拉最后一任甲必丹陈谦善①在任时，广交社会上流人士，也与西班牙王室关系甚笃，也令驻菲总督对他敬畏三分。西班牙凡有涉及华侨的法令，在审议颁布前必先与其商议。夹缝中生存的华侨再也没有受到殖民者的屠杀，华侨社会也迎来了稳定的发展时期。

（二）甲必丹对华社的成就

华侨甲必丹除了要得到殖民者的信任外，还要赢得华侨的民意和对他的信服。这必然要凭借斐然的业绩，才能树立自己的公众威望。同时，“落叶归根”的强烈思想也使他们希望获得祖国家乡人民的赞颂。因此，他们积极为华侨排忧解难，想方设法为华侨利益做贡献，出现了为华侨竞相办好事的良好风尚。特别是他们积极在社会慈善和公共事业方面为华侨着想，为广大华侨所肯定和长怀乐道。

西班牙殖民者在菲律宾设立华侨“甲必丹制”虽然比印度尼西亚迟了200多年，但华侨甲必丹对华社的作用是非常重要的，尤其是甲必丹提倡的公益事业，解决了华侨的现实困难，改善了他们的生存条件，所取得的“功绩”同样被华侨广泛赞颂：

1. 开辟华侨义山。西班牙殖民者对于外邦人士，一概视为非教徒，不准与其同葬在一个公墓。鉴于华侨如此困境，林旺在竞选甲必丹时就许诺，如能当选愿购土地作为华侨的墓地。1870年，林旺竞选甲必丹成功，隧在巴石河以北的拉洛马购置土地，这就是华侨义山墓地。1878年甲必丹杨尊亲又投入1.4万比索，在拉洛马右侧购置了旷地，扩充墓

① 陈谦善，1844年6月出生于福建，1901年9月卒于马尼拉。他出身贫苦，自幼来菲，做佣工以“刻苦勤俭，谨慎忠诚”得到雇主信任。后经营商业，慷慨好义，乐善好施，广交上层人物。西班牙凡有涉及华侨的法令，在审议颁布前必先与其商议。

地，并筹资 3.398 万比索修建了“崇福堂”，作为祭奉有功华侨的祠堂。

2. 设立善举公所。1873 年，甲必丹林旺设立了华人公社（Comunidad de Chino），这是华侨慈善、商务及教育机构，主要处理华侨社会内部事务。1877 年，该机构成为专门管理慈善事业的善举公所。公所成立后，资助华侨社会各阶层的公益事业，为促进华侨社会发展殚精竭虑，也深受殖民当局的重视。①

3. 捐建崇仁医院。1878 年，菲律宾霍乱流行，西班牙人开办的医院拒绝收治华侨病人，大量染病的华侨得不到医治。甲必丹叶龙钦倡议发起集资 50 万比索，在拉洛马华侨义山附近建起崇仁医院，用中医中药救治华侨患者。特别还为贫苦华侨提供免费医疗服务，深受广大华侨欢迎。1891 年，随着华侨社会的发展，甲必丹陈谦善又集资 3 万比索，扩建崇仁医院。②

4. 创办华文报纸。1888 年，甲必丹陈谦善在马尼拉创办了华侨史上的第一份中文报纸——《华报》。该报由陈谦善的秘书杨维洪负责，他们深知报纸传媒对于开启华侨民智的重要性，也感触菲岛华侨虽有数万之众，却没有一家舆论的阵地和平台以对内加强团结号召同胞，对外争取权益的尊重和保障。③ 为此，他极力倡议创办报馆，并开菲律宾华文报纸的先河。

（三）甲必丹的影响

“甲必丹制”的设立，殖民者把华侨集中“华人区”内依靠甲必丹管理，殖民政府较少直接插手华侨的内部事务，也一定程度上造就了华侨群体的相对独立。在客观上，有利于华人社会的发展，培养了华人社会自我管理的能力。同时，甲必丹利用在管理上的便利，按照中国传统文化和伦理习俗共同生活，形成了具有中华文化氛围的体

---

① 《菲律宾华侨善举公所百年大庆纪念刊》，马尼拉：菲律宾华侨善举公所，1977 年，公，第 1—2 页。

② Edgar Wickberg, *The Chinese in Philippine Life, 1850 - 1898*, New Haven & London: Yale University Press, 1965, p. 185.

③ ［加］魏安国：《菲律宾生活中的华人（1850—1898）》，［菲］吴文焕译，马尼拉：菲律宾华裔青年联合会，1989 年，第 188 页。

系。尤其是使用中国语言文字，无论对于传承中华文化，还是提高华侨社会的凝聚力都至关重要。华侨组织各种社团，不仅代表和维护各自的利益，而且彼此还结成一体，以整体的力量抗御外来压迫，使华侨的社会环境逐渐安定。如：菲律宾为共同反抗外来的压迫，甲必丹杨尊亲和杨瑞霞等人发起组织成立宗亲会“四知堂”。宗亲会是以“恤患难”“济贫穷”为基础结合而成的同宗团体。此后，各氏宗亲会陆续成立，也推动了同乡会、行业公会的产生。华侨社团产生后，华社又逐渐构筑维系华人族群的华校、侨报，为华侨社会形成奠定了基础。在广大华侨利益攸关的时刻，甲必丹愿意舍弃自己的权势保护华侨。甲必丹陈谦善积极寻求祖国在马尼拉设立领事馆，此举成功也就意味着他失去甲必丹华人头领的宝座。但为广大华侨争取更多的权益和保护，足见其情系同胞的高尚品格。① 陈谦善还特别注重提升华侨的形象，倡导废除闽女不得为娼，说服殖民政府废除华侨死刑，称得上“功业彪炳，德泽长留”。可以说，华侨甲必丹这些善举、壮举、义举行为极大地推动了华侨社会的进步。

华侨甲必丹毕竟流淌着中国人的血液，大部分的甲必丹还是保存着中国浓厚的宗亲观念和中华民族意识，竭力保护同胞的利益。华侨甲必丹也并没有与殖民政府沆瀣一气，为虎作伥坑害同胞。菲律宾“甲必丹制”虽只历经70余年，但对菲律宾华侨社会发展的影响是深刻的。②“甲必丹制”取消后，甲必丹的思维很长时间仍存留在华侨社会中，人们把德高望重、乐善好施，为华侨谋福祉的商会侨领冠以甲必丹的称谓，以示对其的尊敬。20世纪初，菲律宾华侨社会还借鉴“甲必丹制”时期的做法，纷纷建立各行各业工会和商会，“以华侨福利为当然的努力，至于内外的感情联络，那更是不能须臾而忽视，以应付环境的需求。”③ 马尼拉中华商会成立后，整合了华社各方的力量，华社凝聚力大大增强，因其强大的经济实力和号召力，责无旁贷地担负起了保护华侨的重任。这

① 刘芝田：《中菲关系史》，台北：正中书局1964年版，第552页。

② 1898年，美国取代西班牙成为菲律宾殖民地新的宗主国，“甲必丹制”即被取消。

③ 《菲律宾岷里拉中华商会三十周年纪念刊》，马尼拉：菲律宾马尼拉中华商会，1936年，第7页。

时期一些突出的华侨领袖大多数是中华商会的会长，如李清泉、薛芬示、薛敏老、杨启泰等，他们像有为的甲必丹一样，为华侨做了许多有益的事情，受到广大华侨的爱戴和崇敬。

第三节 华侨民族意识的觉醒

1842 年鸦片战争后，清政府被迫与英国签订了《南京条约》，中华民族陷入了存亡的危机。天朝“无所不有”的自我陶醉被“坚船利炮”彻底粉碎，中国开始逐步沦为半殖民地半封建社会。此后西方列强在每次武力侵华后，都会强迫清政府赔款和签订一系列不平等条约。许多沿海城市被辟为通商口岸，大量国外商品像潮水般涌入中国市场，中国自给自足的自然经济被破坏，大量的农民和手工业者相继破产，许多华人被迫远走他乡异地谋生，再次把华人移居东南亚推向高潮。

一 清政府华侨政策的改变

由于中国在国外没有设立使馆的意识，加上大清王朝处在风雨飘摇之中，使海外华侨备受欺辱甚至遭受无辜的屠戮。随着殖民地民族运动的兴起，也激起了华侨的民族热情。此时清政府采取的护侨政策以及革命党和保皇党的宣传，华侨更加关注祖国命运的兴衰并催化了华侨民族主义觉醒。

（一）清政府华侨态度的转变

鸦片战争之后，寻求救亡图强之路的清朝廷政治势力，都先后把目光投向海外华侨，寻求华侨支持他们主张的自强变革之路。清政府还以南洋地区华埠为主要目标，不断派遣使臣向华侨劝诱捐赠，并希望他们投资国内，改变经济萎靡的局面。为此，清政府一改此前鄙弃、敌视华侨的态度，承认华侨的合法地位，并制定了护侨政策。虽然保护华侨的效果仍显乏力，但从此改变了海外华侨任人欺凌的悲惨命运。清政府主要通过在南洋设立领事馆保护华侨；在华侨中实行卖官鬻爵；督导海外华文教育；筹建海外华侨商会等。同时，派遣北洋军舰和官员出访南洋，扩大政府在华侨中的威望，借此加强对海外华侨的控制，这一改变对华侨认同的影响作用是相当明显的。[①]

在中国的传统文化中，金榜题名、达官显贵、封妻荫子、光宗耀祖，这些都是评定一个人成功与否的基本标准。早期海外华侨，许多出国前是破产的农民、手工业者和贫苦的劳工，饱受地主和官吏剥削和压迫，他们虽文化水平极低，但官本位的思想仍根深蒂固。他们梦想着有朝一日“时来运转”发财致富，或者能“华丽转身”飞黄腾达，以便体面地衣锦还乡，并“光荣”载入家族史册。所以，中国清政府为了充盈国库的财政，允许东南亚华侨花钱买官，而且“投资”多少与所获官衔成比例。尽管这些官衔基本上都是徒有虚名，但在华侨的眼中，该政策无疑是实现他们“梦想”的捷径。因此，华侨中的大小富商，对于清政府的鬻爵趋之若鹜。如：1911 年以前，新加坡就有 295 名华侨通过这种方式进入“领导层”，有的华侨商人“贡献”不菲还拥有多个官衔，如富商吴寿珍就有知府与道台两个头衔。[②]

晚清政府派遣北洋水师出访南洋，慰问当地居住的华侨，加强了华侨对清朝廷的认同与效忠，对于激发华侨的民族自豪感产生了积极的效果。如：1894 年，北洋水师提督丁汝昌在四艘战舰护卫下访问新加坡，得知这一消息大批华侨群集码头迎候，当看到战舰和龙旗出现时都激动不已，伴随欢迎礼炮的响起，许多华侨热泪横流。那些已买得清政府官衔的华侨，身穿官服列队欢迎祖国的官员，显得格外的激动和满足。随后，在宴请来访的北洋水师官兵时，这些华侨“官员”表达了对光绪皇帝和清政府的效忠，一些政治上通常效忠于大英帝国的侨生领袖，也表示效忠清政府。[③] 而菲律宾华侨甲必丹陈谦善也以朝廷“官员”的身份，多次上书清政府在菲律宾设立领事馆。晚清政府施行的笼络华侨政策，营造了一张由驻外使馆、中华总商会等机构组成的，以效忠大清王朝为中心的网络，其中的主要支持者是“授爵”的富商，这对维新派和革命

---

① 张坚：《东南亚华侨民族主义发展研究（1912—1928）》，广西师范大学出版社 2008 年版，第 39 页。

② ［澳］颜清湟：《清朝鬻官制度与星马华族领导层（1877—1912）》，载《海外华人史研究》，新加坡：亚洲研究学会，1992 年，第 7 页。

③ ［澳］颜清湟：《新加坡和马来亚华侨的民族主义》，载《海外华人研究》，新加坡：亚洲研究学会，1992 年，第 221—222 页。

派在海外的政治宣传起到阻碍作用。

1860 年，清政府设立总理各国事务衙门，专司外交事务。同治五年（1866），广东巡抚蒋益澧呈报朝廷，称内地闽粤等省赴外洋经商者数以十万计，建议效仿西洋以商护国、以官护商的强国方略。根据现有中外和约规定的彼此遣使条款，遣使联络各地华侨。① 次年，湖广总督李鸿章代呈江苏布政使丁日昌奏折，其建议在海外华埠设立领事馆。丁日昌的呈文是晚清地方官员第一份全面论述设领必要性的奏章，他明确建议朝廷，效仿西洋设领措施，“设立市舶司，赴各国有华人所处管理华人。夫泰西之于商人，皆官为之调剂，翼叻国家，攻战之事，商亦时辅其不及，是以上下之通情，而内外之气聚。查闽粤之人，其赴外洋经商佣工者，于暹罗约有三万余人，吕宋约有二三万人，加拉巴约有二万余人，新加坡约有十万人，槟榔屿约有八九万人，新老金山约有二三十万人。若中国精选忠勇才干官员，如彼国之领事，至该处妥为经理，凡海外贸易皆官为之扶持维系。商之害官为之厘剔，商之利官不与闻，则中国出洋之人，必系恋故乡，不忍为外国之用，而中国之气日振。仍令该官于该处华人，访其有奇技异能，能制造船械及驾驶轮船，并精习洋枪兵法之人，给资送回中国，以收指臂之用”②。同治八年（1869），出任直隶总督的李鸿章第一次正式建议总理衙门在日本设立领事馆。同治十三年（1874），福建巡抚王凯泰也奏请朝廷，于遣使之外，更选才干官员，分往各华侨聚居处，为彼国之领事，使其为中国所用。③ 可见，这一时期清政府对于设立领事馆还是极为重视的。

（二）设立领事馆保护华侨

光绪元年（1875），李鸿章在处理秘鲁换约案后，再次上奏陈述遣使设领对保护华工的紧迫性。他强调，华民在东、西、南洋各岛人数不下百万，如朝廷遣使设馆于秘鲁、古巴，从此海外华民皆知于绝岛穷荒尚不忍一夫失所，他们以后才能响应朝廷的召唤。于是，总理衙门奏请朝廷，饬各省督抚保荐熟悉洋务的人才充任出使人员。当年，候补侍郎郭

---

① 同治朝《筹办夷务始末》卷四三，第 14 页。

② 同治朝《筹办夷务始末》卷五十五，第 17 页。

③ 同治朝《筹办夷务始末》卷九九，第 48 页。

嵩焘任出使大臣，陈兰彬为出使美国、日斯巴尼亚（西班牙）和秘鲁三国大使。清政府设立专司外交的部门和派遣驻外使节，标志着中国接受一西方外交观念和惯例为基础的国际关系制度。[①] 光绪二年（1876），清朝廷与英国外交部谈判在新加坡设领问题。英属海峡殖民地借已经设立了华民护卫司署（Chinese Protectorate）专司华人事务为由，不愿设立中国领事分享其权力。[②] 为此，双方经过了5个月的谈判，最终清政府接受英方提出的由新加坡当地华人出任领事的条件。光绪三年（1877），新加坡著名侨领、富商胡璇泽出任驻新加坡领事，也是中国第一任驻外领事。光绪十六年（1890），出使英、法、意、比四国大臣薛福成上书朝廷，建议全面扩大设立使领馆。其中，强调在南洋添设领事则商政日兴，民财日阜，比多遣出使大臣更重要。[③]

然而，清政府中央和封疆大吏最关注的西属吕宋设领，却屡经挫折。菲律宾殖民政府认为，中国领事馆职能与现有的华侨甲必丹制度冲突，并影响对华侨的征税和导致华人增加汇出款项，中国领事还可能招来崛起的北洋舰队，影响华人的效忠。因此，菲律宾殖民政府允诺改善华人的处境，但不能允许中国设领。[④] 直到1898年，美西战争爆发后，马尼拉即将被美国军舰攻克时，西班牙政府才同意中国暂时在菲设立使领馆，这显然是“空头支票”根本无法兑现。美国人占领菲律宾后，根据中美条约，美国政府认可清政府设立小吕宋总领事馆，同时废除“甲必丹制”，菲岛华侨由清朝领事馆管辖。

（三）重视华文教育

晚清政府对于华侨教育问题渐渐重视起来，认为对海外华侨施以教

---

① 庄国土、刘文正：《东亚华人社会的形成和发展》，厦门大学出版社2009年版，第159页。

② *Annual Report of the Straits Settlements for 1877*, p. 335, cite from Yen Ching Hwang, *A Social History of the Chinese In Singapore and Malaya 1800 – 1911*, Singapore, Oxford University Press 1986, p. 149.

③ 《清季外交史料》卷八四，第33—37页。

④ AMAE, 1897, Insurreccion en Filipinas, Ynci-dente Proteccion, Estado to Ultramar, Oct. 17, 1887, Estado nota, 1890; Filipinas, 1890. Supuestos atropellos a subditos a subditos Chinos en Mindanao, Estado to Ultramar Jan, 2, 1896. cite form, Edgar Wickberg, *The Chinese in Philippine Life, 1850 – 1898*, New Haven: Yale University Press, 1965, p. 211.

育，不仅能够“扩其知识，操业日精，生计自裕，生齿亦孳而愈繁”，而且能够“发其爱国之心，俾知孔教渊源”，防止楚材晋用，还能够“端趋向而正人心，俾知朝廷复载之恩无远弗届”。① 清政府也深刻认识到，华侨身处与中国教育完全不同的教育文化体系，如果不以儒家文化熏染之，他们就会丧失文化特征而融入当地社会。于是，清政府责成驻外使馆在海外华侨中开展“劝学”活动，还派专员进行“视学”和“督导”。康有为、梁启超等维新志士流亡海外之后，激励倡导华侨开办学堂，消除愚昧，启迪民智。康有为应巴城中华会馆的邀请，到南洋各地发表演说，号召华侨爱国、兴学。他指出：“为中国人，就必须恢复中国人之优良风俗，讲中国之语言，识中国之文字，读中国之圣贤遗训，然后可成为一个真正之中国子民。”② 同时，以孙中山为首的革命党人也在海外宣传革命，得到华侨广泛认同。孙中山说：“凡我侨胞直接间接所受政治上之痛苦，罔不洞知。每思专制推翻、民治发达之后，稍尽保护之责，藉纾痛苦之情，耿耿此心，无时或息。”③ 此外，革命党还倡导兴办教育，设立新式学堂，改变以往华侨私塾式封建教育传统，重视华文报刊和华侨教育，来激发他们的文化觉悟。④ 于是，东南亚华侨社会主动顺应这一时期的发展，为了加强华侨对于故土文化和身份的认同，呼唤创办华文教育成为华社的“强烈”声音。

在林则徐“睁眼看世界”和魏源“师夷长技以制夷”思想的影响下，“西学东渐”浪潮再度兴起，人们意识到在发展传统封建教育的同时，还要不断多方面摄取、吸收、融合西方的先进文化和科学技术。洋务派官僚们倡导“中学为体、西学为用”的文化模式，积极推动了中国教育体制的发展。在中日甲午战争中，学习西方不过30年的日本，“以寥寥数舰之舟师，区区数万之众，一战而剪我最亲之藩属，再战而赔京戒严，三战而夺我最坚之海口，四战而覆我海军。”⑤ 甲午战争的惨败，深深触动海内外华人。清政府驻横滨领事梁廷芳呈商部大臣，“……惜教习甚难

① 朱寿朋：《光绪朝东华录》五，中华书局1958年版，第5614—5615页。

② 广东文史资料研究会编：《广东辛亥革命史料》，广东人民出版社1981年版，第193页。

③ 《孙中山全集》第五卷，中华书局1981年版，第543页。

④ 萧曦清：《中菲外交关系史，1946—1975》，书林出版社1975年版，第276页。

⑤ 严复：《严复集》（第一册），中华书局1986年版，第7页。

得人，函托各地延聘，颇难其选，不通闽粤方言者，不能沆瀣一气，不兼中西之学者，不能融化旧新。”① 人们纷纷把日本制胜的原因归结为教育，在民族危机的强烈刺激和维新志士的积极鼓动下，国内形成了兴学堂、废科举的浪潮，海外则兴办新式学堂，学习现代化的科学知识。这些强烈的危机感和紧迫感都成为华侨互相激励，竞相办学的有利因素。

甲午战争后，列强加紧瓜分中国，清朝利权丧尽，经济举步维艰，迫切要求发展实业，与外国资本对抗。光绪二十九年（1903），清政府商部成立，成为指导振兴工商实业的“首脑”机构，随后集着手筹办商会。清政府认为，“纵览东西诸国交通互市以来，殆莫不以商战角胜，驯至富强而揆厥由来，实皆得力于商会”。商会的重要性体现在“通商情、保商利。有联络而无倾轧，有信义而无诈虞”。改变以前“不特官于商隔阂，即商与商亦不相闻问，不特彼业与此业隔阂，即同业之商亦不相闻问”的局面。② 清政府在设立国内商会的同时，也积极鼓励和扶助海外华侨创建商会。筹建海外商会主要有两种途径：一是派遣专使，在当地使领馆人员的配合下督办商会，这主要是针对华人经济力量较强的地方，如槟榔屿、新加坡、爪哇等地。二是通过驻外使馆人员，协商当地华侨会馆和华侨领袖，组织中华商会。直到宣统三年（1911），南洋各地成立商会的有槟榔屿、新加坡望加锡、霹雳（马来亚）、北般岛（北婆罗洲）、把车（苏门答腊）、渤良安（爪哇万隆）、日丽（苏门答腊）、巨港、山口洋（婆罗洲）、多隆亚（爪哇）、暹罗以及小吕宋。海外中华商务总会的成立，对于团结和保护当地华侨、举办华埠慈善事业、筹办文化机构、加强与祖国联系起到非常重要的作用。

二　中国民族主义在东南亚的“宣扬”

20世纪初，随着中国民族主义运动的兴起和发展，东南亚华侨的民族主义精神空前高涨，他们不但在政治上与祖国的关系更加密切，而且许多华侨仁人志士直接参与到民族复兴的运动中去。在清政府华侨政策的影响下，无论是维新党，还是革命党，都竞相在东南亚宣传民族主义

① 周胜皋：《海外华文学校教育》，台北：侨务委员会侨务研究室1969年版，第6页。
② 庄国土：《论清末海外中华总商会的设立》，载《南洋问题研究》1989年第3期。

精神。受此影响下，东南亚华侨民族主义情绪高涨。

（一）维新党对民族思潮的呼唤

康有为、梁启超是近代中国民族主义思想的主要唤起者，并以此影响推动了海外华侨民族主义的觉醒。[①] 梁启超曾在《国家思想变迁异国论》一文中指出，18、19 世纪之交，欧洲是“民族主义飞跃之时代也”。而到了 19、20 世纪之交，欧洲已经处在“民族主义与民族帝国主义相嬗之时代也”。欧洲在民族主义的激励下，不断向世界各地扩张。他呼吁“知他人以帝国主义来侵之可畏，而速养成我固有之民族主义以御之。”[②] 敦促海外华侨关心国内事务，树立爱国思想。梁启超还第一次对民族主义概念进行了诠释，认为民族主义是“各地同种族、同语言、同宗教、同习俗之人，相视如同胞，务独立自治，组织完备之政府，以谋公益而御他族也。”[③]

戊戌变法后，康有为、梁启超领导的维新派，在东南亚华侨社会进行革命宣传。他们希望借助华侨的力量，对顽固的慈禧太后施加压力，帮助光绪皇帝夺回朝廷统治权，进而把中国改造成一个君主立宪的民主国家。康、梁等领导者博学的才华赢得了华侨的一致认可，维新派主张的君主立宪思想也逐渐得到海外华社中上层人士的支持。在新加坡，林文庆与邱菽园等人在康、梁尚未到达当地之前，已经在当地主动开展支持维新派的宣传活动，1900 年邱菽园创立了保皇会新加坡分会。在此前后，东南亚各地先后成立了保皇会分会，但出于各种政治势力的角逐和殖民当局的干预等原因，这些保皇会分会都是地下组织。为了更好地进行宣传，1899 年 9 月林文庆在新加坡创立了好学会，以合法组织的身份在当地进行维新运动的宣传。此外，林、邱等人还先后创办了《天南新报》和《日新报》等报纸，在华侨集中的地区进行民族主义教育。1900 年初，康有为到达新加坡后，当地与其他地方的维新派联络得到了加强，维新运动也进入了新的发展阶段。[④] 除了创建保皇会分会之外，维新派还

---

① 庄国土：《华侨华人与中国的关系》，广东高等教育出版社 2001 年版，第 197 页。

② 梁启超：《饮冰室合集》之六，中华书局 1935 年版，第 22 页。

③ 梁启超：《饮冰室合集》之十，中华书局 1935 年版，第 35 页。

④ ［澳］颜清湟：《新加坡和马来亚华侨的民族主义》，载《海外华人研究》，新加坡：亚洲研究学会，1992 年。

积极创办新式华文学校，提倡华侨子弟接受中国传统文化教育的同时，也积极接受西方近代科学教育。康有为曾呼吁新加坡华人建立现代华校，并宣称在他的致力推动下，当地先后创办了30间华校。[①] 此外，维新派还以创办报纸、杂志、印行小册子等方式，在华校社会中进行民族主义的宣传，呼吁广大华侨消除分裂，实现全体华侨的大团结。尽管维新派因国内起义的失败而逐渐在东南亚华侨中失势，但其创办的学校、报刊等，极大地开启了广大华侨的民智，丰富了华侨对民族主义的认识与理解。

（二）革命党对民族主义的推动

孙中山先生是近代中国民族主义革命的先驱，也是将其成功付诸实现的第一人。因长期在海外生活，从小接受西方教育，使孙中山在民族主义问题上站得更高、看到更远。清政府在海外施行的各种羁縻政策，其目的不过是培养华侨对清政府的效忠，利用华侨经济为清朝廷统治服务。同时，还可以借助华侨的力量阻止维新派与革命派进行的反清活动。维新派虽然提出把中国建设成为一个西方式的民主国家，但他们坚持以君主立宪制为救国纲领，要求华侨效忠于一个软弱无能的封建君主——光绪皇帝。相比之下，孙中山的民族主义思想建立在“叛君”和反对清政府的基础之上，他与其追随者极力把中国的长期积弱归咎于清王朝的统治。因此，他们呼吁为了中华民族的独立自主，首先必须“驱除鞑虏，恢复中华，创立民国”。另外，孙中山不仅主张推翻清王朝的统治，而且逐渐提出把中国建设成强大的现代民族国家，使中华民族在世界上获得生存发展的权利和空间。孙中山关于民族主义的阐述，不仅暗合了广大海外华侨思想当中反清复明的情愫，而且把民族主义与民族国家直接联系在一起，把民族主义与中华民族在世界上的生存发展联系在一起。上述理论对于长期生活在西方殖民统治者歧视之下的东南亚华侨来说，无异于晨钟暮鼓，既满足了华侨大汉民族自大心理，又让他们看到在当地

① 林水檺、骆静山：《马来西亚华人史》，马来西亚：铁山泥出版有限公司，1984年，第285页。

获得平等发展权的希望。①

孙中山一直以动员华侨参加国内民主革命，来影响华侨对祖国的认同。在民族主义宣传过程中使用了先进的手段，设置了完善的组织机构，这一切注定了他在华侨社会中获得的支持胜过清政府的维新派。与维新派类似，孙中山也在东南亚各地设立了自己的政治组织——同盟会分会。但不同的是，同盟会具有明确的革命纲领，并且各地的同盟会分会与当地的书报社、夜校、剧团等组织组成完善的革命机构。这些革命机构借助于大量发行的报刊、小册子，通过进行演讲、文艺表演等活动，在华侨中进行广泛的革命宣传，并最终获得成功。

总之，在19世纪末20世纪初，东南亚地区的形势变化阻碍了华侨同化于当地政府的过程，西方殖民主义者统治政策的改变冲击了华侨在当地的经济发展基础，引起了华侨对当地政府的强烈不满。同一时期，清政府华侨政策的改变，维新派与革命派的民族主义宣传，使华侨认识到强大的民族国家是维护中华民族（包括海外华侨）在世界上争取平等发展权的根本保证，推动他们主动接受民族主义。另外，当地的日本侨民在其政府的扶持下，迅速改善其在当地的社会地位，这一事实作为样板使华侨真正认识到强大的民族国家对于侨民在海外生存的重要意义。上述几种因素共同作用，最终催生了的东南亚华侨民族主义。

三　华侨处境“滑坡”对民族运动的促动

1895年，甲午战争以中国战败、北洋水师全军覆没告终，清政府被迫签订了丧权辱国的《马关条约》，割占了中国的台湾与澎湖列岛。这场战争给中华民族带来空前严重的民族危机，大大加深了中国半殖民地化的程度；并且使日本国力更为强大，得以跻身强国之列。向来自诩为天朝上国的中国，竟成为一个弹丸小国的手下败将，这一事件对于东南亚华侨的民族自尊心受到极大挫伤。日俄战争后，东南亚日侨的地位急剧提升，对华侨社会产生了极大的震动。

---

① 张坚：《东南亚华侨民族主义发展研究（1912—1928）》，广西师范大学出版社2008年版，第43页。

（一）日侨地位的改变

日本侨民移居东南亚的历史较短，大部分集中在爪哇、万丹、三宝垄等地。日俄战争后，日本人才开始出现在那里。① 第一次世界大战爆发前，在东南亚的大部分地区，日本侨民力量十分弱小，数量也很有限，除了部分日本妇女在当地从事妓女职业外，其余的日本人多是做小本生意。他们的经济发展严重依赖于当地的华侨经济网，必须通过华侨的商业链才能得到其所经营的日货，其他地区的日本商人也大抵相同。② 在社会地位方面，日侨与华侨同属一个阶层，都被殖民者列为东方外侨，以至于遭到欧洲人的歧视和虐待。在日本明治维新前，荷印殖民地的日本侨民划归华侨甲必丹管理。③ 因此，当时东南亚地区的日侨远非华侨的对手。

在日本政府的扶助下，在东南亚的日本人地位迅速提升，成为当地争相合作的“香饽饽”。在暹罗，自从朱拉隆功实行改革后，政府立法、司法和行政等部门纷纷聘请日本人担当顾问。1896 年，暹罗与日本签订通商航海条约，移居暹罗的日本人逐渐增多，“南渡商人（即日本商人），每一航期，船为之满。”④ 在菲律宾，华侨与日侨享有“差别待遇”，殖民当局“只允许中国商人和职业阶级入口，至于农民、工人，皆在严禁之列。可是，日本人到菲律宾，大半都可以到棉南多（Minado）岛去耕地为生，而中国人则不允许到这里”。⑤ 更有甚者，根据殖民政府的法律，如所犯同样罪行，华侨要比其他人种居民处以更重的刑罚。如果案件涉及的双方是华侨和其他人种居民，华侨几乎总是“有罪的”。“华人与土人争，无论曲直，罚充苦工；土人戕杀华人，不过监禁。”⑥ 在荷属东印度殖民地，1899 年日本人向殖民当局提出，希望与西方人平等地位，并“立即”得到殖民当局的获准。日侨也不再受华侨甲必丹的管理，而且地

① 华侨联合会：《华侨杂志》第 2 期，华侨联合会，1913 年，第 21 页。

② 林水檺、骆静山：《马来西亚华人史》，马来西亚：铁山泥出版有限公司，1984 年，第 67—68 页。

③ 张坚：《东南亚华侨民族主义发展研究（1912—1928）》，广西师范大学出版社 2008 年版，第 35 页。

④ 《内外时报》，《东方杂志》第 9 卷第 4 号（1912 年 10 月），第 1 页。

⑤ 《菲律宾的华侨人数》，《东方杂志》第 23 卷第 18 号（1926 年 9 月），第 58 页。

⑥ 黄滋生、何思兵：《菲律宾华侨史》，广东高等教育出版社 2009 年版，第 247 页。

位“摇身一变”，成为与欧洲侨民平起平坐的上流人士了。

日俄战争后，日本人在东南亚更加“受宠”。暹罗的俄国公使向圣彼得堡报告说：“除国王和两个亲王以外，每一个暹罗人都成了亲日的人。”① 此后，日本人在东南亚的待遇如田园史诗般的“转身”。相比之下，华侨在当地的境遇却每况愈下。这一时期，华侨不断丧失原有的一些特权，并且在政治上和法律上也开始遭受歧视。日本人地位的迅速提升，与华侨生存环境的恶化形成了鲜明的反差，它给广大华侨无以言状的震撼。在荷印殖民地，假若一个日本妓女要到法院打官司，她可以去“司法会议”提起上诉。但如果是一个华侨商人，不管他有多高的声望，或者是一名中国的记者，也无论他有多么著名，如果与司法事务有关的话，就必须到“最低法院”或“地方法院”进行交涉。② 荷兰人看到日本的势力正在增长，准许日侨原告被归类于欧洲人的地位。这极大刺激了爪哇华人的民族感情，使爪哇华人民族主义思想开始萌发。他们相信，中国一旦强盛起来，他们的委屈冤情将会得到解救，这一信念进一步激起他们的民族主义感情。③

（二）对华侨民族主义推动

19 世纪末，日本侨民与其政府在东南亚的双向互动发展，是华侨所获得的关于民族国家的最初感性认识之一。菲律宾的西班牙殖民者的歧视、剥削和压迫，也引发了菲律宾广大华侨的强烈愤慨。西班牙殖民当局还制定种族歧视政策，把居住在菲律宾的族群分为西班牙人、菲律宾土人、米斯蒂佐（混血儿）、外侨共四等，其中外侨中华侨排在最低等。所有这些都加深了华侨对民族国家内涵的理解，也从一个侧面加强了华侨对一个强大中国的渴望，推动着华侨接受孙中山先生的民族主义理论，鼓舞着他们为建设一个强大、统一、独立和民主的中国而不屈不挠第斗争。在这一层意义上，在东南亚地区的日本人不啻是华侨民族主义产生

---

① ［苏］尼瓦烈勃里科娃：《泰国近代史纲》，王易今等译，商务印书馆 1974 年版，第 416 页。

② 潘开兴：《印度尼西亚的中国侨生》，载《南洋问题资料译丛》，厦门大学南洋研究所，1957 年第 3 期，第 31 页。

③ ［新加坡］廖建裕：《爪哇土生华人政治（1917—1942）》，李学民译，中国友谊出版公司，1985 年，第 12 页。

的助产婆之一。[1] 由此可见，东南亚华侨民族主义从最初产生便与当地社会环境具有密不可分的关系，如果没有当地社会提供的丰富养分，这种民族主义的种子要想在东南亚华侨社会在生根发芽，是很难想象的。

日侨地位的提升使华侨深受刺激，他们意识到要想改变自己的处境，只有寄希望于中国的强大，强盛的祖国才是他们有力的“靠山”。正如梁启超所说：“我辈今日所以受此惨毒者何也，为国之不强。”[2] 华侨认识到“外人所以欺我辱我者，皆我国之不振有以致之”，“深知国家不强之可耻可痛”。[3] 他们渴望一个强大的祖国作为自己的靠山和后盾，他们关心祖国的兴衰荣辱，关注祖国大政方针，把自己的命运同祖国的命运紧紧联系在一起，对华侨社会的民族意识的萌发起到催化作用。

第四节　华侨社会与中国的关系

自古以来，中国国民意识中缺乏“国际”观念，因而对“民族”和“国家”概念也相对淡薄和模糊，而处于支配地位的是中国为中心的“天下一统思想”。菲律宾华侨在维护共同利益、守望互助、保持家乡联系方面发挥很大作用，但其狭隘的乡土观念与宗族、方言、行业的排他性，又常成为不同华侨群体之间冲突的根源。由于华侨社会认同家乡甚于国家，华侨在侨居地认同于某一帮派、社团，对祖国则认同于家乡、亲族。在民族主义思想的影响下，菲律宾华侨的“国家”意识开始猛醒，并设法寻求清政府设领的保护。而当他们有了经济实力后，积极投资家乡建设和捐助公益事业，支持祖国的革命运动。

一　中国在菲设立领事馆交涉

19世纪后叶，西班牙殖民者加重了对华侨的剥削。在殖民者和土著社会的高压下，华侨社会一方面加强内部团结，成立各种社团组织，以

① 张坚：《东南亚华侨民族主义发展研究（1912—1928）》，广西师范大学出版社2008年版，第38页。

② 梁启超：《新大陆游记》，社会科学出版社2007年版，第270页。

③ 任贵祥、赵红英：《华侨华人与国共关系》，武汉出版社1999年版，第9页。

集体的力量保护自身的利益；另一方面转向祖国政府，请求得到清朝廷的支持。他们看到西班牙在古巴华工问题做出让步，特别是新加坡领事馆的设立，对于菲律宾华侨产生了强烈的促动，他们渴望祖国的保护就更加强烈了。与此同时，南洋地区华侨私会党多达数十种，内部再分为上百派，长期互相争斗。而各种合法社团、公司、庙堂，大多有私会党背景。这极大削弱了华侨社会在当地的政治、经济基础，也被当地政府用于限制、迫害华侨的借口。直到清朝末年，在朝廷和各派政治势力的笼络、启迪下，海外华侨才认真考虑何谓国民、领土、主权、政府等观念。①

1879 年，菲律宾侨领陈谦善向清政府禀告，西班牙殖民当局“苛税虐政”，请求朝廷给予菲岛华侨援助。掌管外交事务的北洋大臣李鸿章获悉后，建议总理各国事务衙门按古巴华工案，派员到菲律宾调查交涉，然后再设立领事馆。李鸿章命令驻美、西、秘国外交使臣陈兰彬，向西班牙政府提出在菲设领事馆的要求。陈接到指令后，即指示驻马德里外交使节与西班牙交涉。1880 年，驻西班牙参赞黎庶昌向西班牙提出设立领事馆的要求。但西班牙外交部以须向驻菲总督征询为由，始终推诿不予答复。② 1881 年，郑藻如继任驻美、西、秘国外交使臣，再次与西班牙政府交涉设领之事，但都以各种理由推脱。直到 1885 年，菲律宾总督才向马德里表示，反对中国在菲律宾设立领事馆。③ 1886 年，清朝官员王荣和、余瓗归来到菲岛巡查时，“华民分诉西人虐待情形，恳请派官保护。”④ 西班牙对中国政府也做出明确答复，拒绝考虑在菲律宾设立领事馆。张之洞根据王、余所撰写的报告，提出了清政府在南洋设领计划。在此计划中，菲律宾的设领问题尤为重要。

1887 年，张荫桓从美国到西班牙后，与西班牙政府重开菲岛设领谈判。但西班牙对此事一再拖延，随后驻华公使照会总理衙门，“申明藩部

---

① 李长傅：《中国殖民史》，台湾商务印书馆 1990 年版，第 171 页。

② 崔国因：《出使美日秘国日记》，光绪十五年九月初七日，台北：文海出版社 1968 年影印本，第 10 日。

③ Edgar Wickberg, *The Chinese in Philippine Life, 1850 - 1898*, New Haven & London: Yale University Press, 1965. p. 215.

④ 王彦威、王亮：《清季外交史料》，台北：文海出版社 1983 年版，第 74 卷，第 2171 页。

专政而外部叠次。允诺之言，抹杀不提。”[①] 尽管西班牙外务部倾向清政府在菲设领，但殖民当局认为与甲必丹制度冲突，并导致对华侨征税减少和侨汇增加。领事馆还可能招徕中国崛起的舰队，影响华侨对殖民当局的“忠诚”。因此，殖民当局允许改善华侨的处境，但还是不同意中国在菲设领。[②] 1890 年，崔国因接替张荫桓出任驻美国、西班牙、秘鲁大使，并着手准备重开谈判。但因美国的华工问题更为紧迫，崔国因在西班牙只停留不到一个月就返回。此后，崔国因打算利用西班牙在中国销售彩票作为“条件”，迫使西班牙同意清政府在菲律宾设领。然而，朝廷没有积极支持崔国因的做法，只是在闽粤部分地区禁售彩票。腐败的地方官吏利用彩票销售中饱私囊，无法使晚清政府的政令得以执行。

1896 年，菲律宾爆发民族起义，同时部分地区的反华浪潮也甚嚣尘上。陈谦善向总理衙门请求“暂准别国领事代保，并乞速派兵轮来岛保护”[③]。陈谦善同时电呈广督谭钟麟，恳请他电商总理衙门，继续向西班牙政府交涉在菲岛设领。谭钟麟又致电驻美、日、秘大臣杨儒“商请英国临时暂行保护”，同时电饬陈谦善“就近商请英国领事”。当年，咨杨儒与中扮演政府重开在菲设领一事。12 月 1 日，西驻华使馆致函总理衙门，拒绝中方委托英国领事代为保护华侨的要求。随后，西驻华公使葛络干以“并未奉旨，不能擅自办理”为托词，婉拒中国在菲律宾设领。而菲律宾华侨处境进一步恶化，“百数十人，财货被劫百数十万”，同时殖民当局还恐吓陈谦善。而此时英国无视西班牙反对，同意暂时担负起保护华侨的责任。1898 年，西班牙殖民当局在宿务镇压起义时，屠杀无辜华侨。陈谦善遂电总理衙门，控诉殖民者“纵兵抢杀”，“华民被伤六百余人，死者不计其数。”[④] 直到美西战争爆发，马尼拉即将被美军攻破时，西班牙政府才送“空人情”，同意清政府在菲设领。几天以后，美国

---

① 张荫桓：《三洲日记》，光绪十四年五月二十七日，《张荫桓日记》，上海书店出版社 2004 年版，第 303 页。

② Edgar Wickberg, *The Chinese in Philippine Life, 1850 - 1898*, New Haven & London: Yale University Press, 1965, pp. 220 - 222.

③ 《中美关系史料·光绪朝》（三），台北：“中央研究院”近代史研究所，1989 年，第 2219 页。

④ 庄国土、陈华岳：《菲律宾华人通史》，厦门大学出版社 2012 年版，第 267 页。

占领就马尼拉成为新的宗主国。根据中美成约，美国政府认可清政府在菲设领。

二 华侨与祖国的经济往来

华侨将其海外收入的资金寄回国内，被称为是“侨汇”。有华侨始就有侨汇，华侨向来有把所攒钱财带给家人的传统。早期华侨多为单身出国，发财致富、赡养家属为其主要出国目的。即使在寄居地组成家庭，大多仍然愿意接济亲友。侨汇用途主要是改善家庭生活，还有投资和捐助慈善公益事业。据晋江大仑《蔡氏族谱》载，自明代嘉靖以来，侨民菲律宾蔡姓族人携款回乡不断，或买地盖房，或帮助兄弟择姻娶妇，或“分惠银两”接济亲友及借贷资本经商。[①] 清初时期，华侨数量减少，侨汇主要由本人返乡自带，或委托返乡亲友代为转送。清朝中期以后，菲律宾华侨数量激增，侨汇也随之增多。1886 年，两广总督张之洞的奏折提及，“综计诸洋出洋华民数逾百万，除世居海外及孤身出洋约十之八，有家属通音问者约十之二，尚有二十万人，为银一千数百万两。”[②] 应该说，华侨对祖国和家乡的贡献，就以侨汇最多。侨汇是平衡外贸逆差的主要外汇来源，是侨乡经济的主要支柱。

早期菲律宾华侨汇款多是托“水客”带回。水客或称“客头”，缘水客返回海外，通常兼引领初次出国乡亲。水客分为国内水客和国外水客，国外水客集收侨汇转交国内水客，送抵收汇者。随着华侨与中国关系的增强，清末全国侨汇大幅增加。马士（Morse）根据 1903 年银行的侨汇统计，并参照华侨所在地的经济情况和华侨人均年汇款数推测，檀香山华侨每人每年汇出 100 元，菲律宾华侨每人汇出 50 元，印支地区华侨每人汇寄 100 元。[③] 在 19 世纪末，仅晋江一带经营侨批的水客就近 200 人。美国殖民统治菲律宾后，由于严格限制华工进入当地，使得华侨职业呈

---

① 庄国土、刘文正：《东亚华人社会的形成和发展》，厦门大学出版社 2009 年版，第 202 页。

② 张之洞：《会筹保护侨商事宜折》（光绪十二年三月二十五日），《清代中国与东南亚各国关系档案史料汇编》第 1 册，第 25 页。

③ 杨建成：《三十年代南洋华侨侨汇投资调查报告数》，台北：中华学术院南洋研究所，1983 年，第 46 页。

现以商人为主的状况。为了使美国商品能够通过华商在菲律宾得以推销，对华侨在群岛商业中扮演的重要角色并不干预，从而使华侨经济实力大幅提升。1898—1935 年间，晋江开设了 35 家的批信局，一半以上的通汇地区是菲律宾。[①] 菲华平均汇回家乡的侨汇，远高于其他南洋地区。如 1938 年，仅汇入厦门的菲律宾侨汇数额为 17131000 元（以法币计），约占全省侨汇总额的 30%。而菲律宾华侨人数仅为 9 万人，不足当时福建海外华侨总数 283 万的 3%。[②]

菲律宾华侨的汇款，除了用于赡养家属的生活费用外，多数用来建筑房屋、补贴婚丧嫁娶之事。即便如此，仍有一些华侨将资金投入近代实业上，如建设家乡，改善侨乡的基础设施、交通运输，增加家乡人民的就业机会，提高侨乡人民的生活水平等方面，都起到了一定的积极作用。闽南地区的公路和汽车公司大多数与华侨投资有关，他们对家乡改善交通环境做出了贡献。1919 年，菲律宾华侨陈清机回国筹办“闽南泉安民办汽车路股份有限公司”。他一面着手勘路兴工，一面亲自到菲律宾的马尼拉、宿务和怡朗等地，向华侨募捐作为筑路基金。一次就募得股金 3 万元，公司原始股本总额 25 万元，共 12500 股，每股 20 元。[③] 1922 年，建成全省第一条民办公路，由安海至泉州长达 28 公里。此后，又先后 7 条支线，总长 109 公里。1927 年，菲律宾华侨许经权与印度尼西亚华侨陈清机，修建溪安公路 34 公里；次年，菲律宾华侨蔡孝忍修建石东公路 22 公里；1931 年，菲律宾华侨又集资修筑石蚶公路 20 公里。[④]

1889 年，菲律宾归侨蔡汀在安海开设的联美布庄，是在家乡商业投资的首次尝试。1890 年，菲律宾华侨廖芬记与他人合伙，在厦门投资开设“芳茂茶叶商”。菲律宾华侨郭有品还在创办了闽南最早的民信局——天一汇兑局。1901 年，旅菲华侨蔡玉玺、施至助合资和当地资本家合资经营织布业。1927 年，安海菲律宾归侨蔡子钦与其父在安海创办电灯公司。1928 年，永宁籍华侨创办永宁电器股份公司。1929 年，菲律宾华侨

① 吴泰：《晋江华侨志》，上海人民出版社 1994 年版，第 122—124 页。
② 庄国土、陈华岳：《菲律宾华人通史》，厦门大学出版社 2012 年版，第 272 页。
③ 林金枝：《近代华侨投资国内企业概论》，厦门大学出版社 1988 年版，第 229 页。
④ 吴泰：《晋江华侨志》，上海人民出版社 1994 年版，第 92 页。

李清泉、陈希庆在福州创办造纸厂。1927—1937 年，菲律宾华侨在家乡创办的企业还涉及碾米、制酒、烧碗、铸鼎、肥皂、蜡烛、烟草和锯木等行业。

三　华侨对公益事业的捐助

菲律宾华侨捐助家乡的公益事业堪称典范，他们主要是帮扶家乡学堂和养生堂建设。早在 1879 年，菲华侨就资助安海教会创办的铸英学堂。1905 年，华侨陈清机、高标勋、周起抟与本地人蔡德远等人筹办安海养正小学，并于 1907 年正式开学。1928 年，蔡德远又与华侨陈清机、桂华山等人筹办养正中学。1935 年，菲律宾华侨施性水、施家罗与地方人施缉亭等人筹办衙口南桥中学。旅菲华侨杨嘉种、杨振盛在自己的家乡——泉州亭店乡出资创办紫兰小学。之后，又有华侨杨厚翠创办凌霄中学。1936 年，旅菲华侨蔡功南、吴道盛、施家罗在当地人吴慕农的配合下，创办石狮石光中学。1937 年，菲律宾华侨庄材鳅独资在青阳创办大道中学。同年，金井毓英小学在华侨的资助下，又继续扩办了毓英中学。至 1933 年，仅晋江地区已有 120 所小学、8 所中学，其中 63.5% 为私立学校，而私立学校中有 70% 是由华侨创办和资助的。①

1844 年，由侨属倪人俊倡议并前往东南亚募捐，创办了安海养生堂（后改育婴堂，今称红婴堂）。自从创建以来，海外侨胞十分关注，纷纷捐款支持它的后续发展。陈谦善、黄志信、曾广庇等，在光绪年间除了修桥铺路、赠药施茶等义举外，在赈灾救荒中均有杰出的贡献。一般都捐款在 5000—10000 银元之间，他们也由此获得了各种封典爵位和“救饥济溺”“乐善好施”等匾额与牌坊。② 20 世纪初，每逢乡里传染病流行，很多侨胞便帮助家乡人购买药品治病。1938 年，龙湖旅菲华侨吴起顺捐赠 2 辆汽车，作为急救之用。1939 年，海外交通濒临断绝，侨乡人民十分凄苦，陈清机从菲律宾汇款 3 万元（折中国法币），赈济安海、泉州贫民。1940 年，菲律宾华侨李清泉因病弥留之际，嘱托将自己的 10 万美元遗产捐献给祖国，作为抚养难童之用。后来他的亲友又筹集 40 万美

---

① 吴泰：《晋江华侨志》，上海人民出版社 1994 年版，第 96 页。
② 郭瑞明、蒋才培：《同安华侨志》，鹭江出版社 1992 年版，第 210 页。

元，汇回祖国资助难童。①

20 世纪初，随着民族主义意识的觉醒、“国家”观念的提升，菲律宾华侨社会与中国的关系更为密切。集中体现就是他们的巨额侨汇，不仅用来改善亲友生活条件，而且着重投资家乡的实业发展，修筑公路与捐助公益事业和赈灾义举。这与以往汇款只是赡养家眷及协助亲友有很大的差别。菲律宾华侨对祖国的革命运动给予更多的关注和支持，有些华侨还积极参加各种活动，表现出超乎东南亚其他地区华侨的热情。

---

① 庄国土、陈华岳：《菲律宾华人通史》，厦门大学出版社 2012 年版，第 277 页。

第三章

华文教育的发端兴起

早期下南洋的中国人大多是怀揣淘金梦想，但他们在异域仍十分珍视从故土带来的文化，尤其是传统民俗和礼仪之道，使他们难以剪断对家乡的眷恋。这时的华侨虽然受到较少传统的教育，依然形成了对中华民族悠久文化的浓厚情结，使他们感受到作为中国人的自豪，也引发对华文教育的强烈诉求。鸦片战争以后，整个中国社会笼罩在危机的阴云之下。此时，西方列强加速开发东南亚殖民地，为沿海人民追寻财富提供了广阔的渠道，许多华人纷纷离开故土去南洋谋生。广大华侨寄身异邦，但心向祖国，念念不忘中华民族的文化精神。他们经过披荆斩棘稍有条件后，总是设法自己或招募教师开办私塾，教授子女启蒙式的民族文化。伴随华人经济崛起和强烈的民族意识的呼唤，华侨深知"徒恃十九世纪式勤俭能力，诚难竞存于新民发扬之市场，抱有远大眼光者，知欲保存华侨商业上势力。其唯一急务，在于振兴教育。"[①] 随着大量中国人的不断涌入，在有识之士的感召和引领下，中华文化形态渐成朦胧。在华侨经济稳定发展之后，海外华文报刊、华文学校应运而生，华文教育得以萌芽和发展。华文教育是海外华人社会的必然产物，凡有华人的地方就有不同形式的华文教育，唯有以"重视其子弟的教育"来表达其热爱祖国之忱。办学与教育既是海外中国人传播中华文化的基础，也是这种传承的表现。[②] 可以说，华文教育是支撑海外华人文化特质得以延续

---

① 刘士木等：《华侨教育论文集》，"国立"暨南大学南洋文化事业部，1929 年，第 289 页。

② 陈衍德：《菲律宾华人在中华文化传播中扮演的角色——以菲华人士及归侨侨眷访谈录为主要研究材料》，载《海交史研究》2012 年第 2 期。

的保证，也是维系华人与祖籍国情感的纽带。华文教育承载了海外华侨的无限寄托，并在悠久文化的簇拥下，相互守望和共同发展。[①] 而华文教育的发轫，也体现了华侨社会的团结和进步。

第一节　华侨对中华文化的诉求

西班牙统治菲律宾期间，华侨处在菲社会的最底层，备受种族歧视和排斥。在殖民者看来，作为异教徒的华侨身上，有许多是与天主教格格不入的“糟粕”。要使他们成为忠实的天主教徒，必须遏制中华文化的传承发展，华侨自然没有开展华文教育条件。美国取代西班牙成为菲律宾新的殖民宗主国后，把教育作为促进菲律宾人同化的工具。于是，在菲律宾普及教育，施行所谓的“民治”和“法治”，启迪民智，改变当地人的民主意识，支持多元文化的民族教育。华侨在这样“有利”政策的感召下，引发了对中华文化的强烈期盼。

一　华侨对民族文化的渴望

中华民族自古就有重视教育的优良传统。正如在《论语·子路》所讲：有一次，孔子到了卫国，冉有替他驾车子。孔子感慨道：“好稠密的人口啊！”冉有问：“人口已经众多了，该怎么办呢？”孔子道：“使他们富裕起来！”冉有又问：“已经富裕了，又该怎么办那？”孔子道：“教育他们。”[②] 这就是孔子的“庶、富、教”的思想。可见，中国先贤们不仅重视教育，而且视其为社会中的最高境界。

（一）民族文化熏陶的缺失

西班牙统治菲律宾期间，殖民者大力兴办教会学校传播天主教，以宗教来辅助征服其宣称的“未开化”的落后岛国，而未对当地人的文化教育加以重视。在殖民者看来，教育的普及会提高土著人的“民智”，而由此引发对殖民者专制的反抗。而众多华侨从古老的中国带来的文化习

---

① 姜兴山：《战后菲律宾华文教育研究（1945—1976）》，暨南大学出版社 2013 年版，第 2 页。

② 《论语·子路·第十三》，参见 https://shici.chazidian.com/shi50352/。

俗，也会成为其皈依天主教的障碍。于是，竭力对华侨教育进行阻挠和遏制。华侨处在菲律宾社会的底层，备受种族歧视和排斥，无力摆脱压制实现自己的夙愿。少数富裕华侨或将子女送回国内私塾学习，有些华侨在菲岛所生子女，幼年受西班牙和菲律宾生活方式的熏陶，接受教区僧侣的教育。待他们长大以后，父辈才教授他们记账、经商和手艺。等父辈去世后，这些侨生子女大多数即以菲律宾人的身份继承父业。在这样的环境下，华侨的后裔有些完全被土著社会所吸收，丧失中国人的品行和文化，虽是十分有经济实力的群体，或者说成为菲律宾社会中的中坚力量。但在利益上还会与华侨存在矛盾和冲突，甚至有些华裔还羞认华侨为父，羞认自己为华人的。①

19 世纪后期，菲律宾华侨人数直线上升，已经突破 9 万人大关。② 华侨的生产、商业和贸易活动，已成为殖民地存在的重要基础。在菲律宾华侨经济和社会地位的巩固之下，他们进而寻求菲社会对其基本权益的尊重。同时，菲律宾风起云涌的民族运动，也带动了华侨的民族意识的觉醒。中华文化精神和宗亲观念始终在他们的心中萦绕，促使他们与祖籍地联系更加密切。虽然已经在菲岛建家立业，他们仍然念念不忘故土，且并没有因距离而改变自己的家国情怀。不仅如此，当他们遭到殖民统治者的虐待时，热爱祖国和民族的心理却更加强烈。他们尤其担心自己的后代数典忘祖，与中国传统文化“脱离”，成为菲律宾华人社会中的“怪胎”。为此，广大华侨希望自己的子弟学习华文，接受祖国文化熏陶的机会，让中华民族文化在海外继续发扬光大。一些华侨对于其他社会事业，或有漠视之处，独于华文教育，则大多数尽力支持。③ 这些凡商俗贾中的大部分人，也都如同祖籍地一贯的那般敬重文墨书翰。有的华侨还为他们的子弟礼聘善辞章，且又严于立训的塾师先生，来教授他们的子弟正读方音、识文断字和知书达理。没有条件延请塾师开蒙的华人儿童，大都由他们的长辈调教他们习乡音、练汉字。④ 也有一些家境殷实的

---

① 黄滋生、何思兵：《菲律宾华侨史》，广东高等教育出版社 1987 年版，第 353 页。

② 萧曦清：《中菲外交关系史》，台北：正中书局 1995 年版，第 676 页。

③ ［菲］陈烈甫：《菲律宾华侨教育》，台北：海外出版社 1958 年版，第 8 页。

④ ［菲］卡利托·S. 布诺：《菲律宾的华文教育》，艾石译，载《中国传统文化和中外文化关系国际研讨会》1992 年 1 月，第 12 页。

华侨，将他们的子女送回中国接受教育。但回原籍接受教育终非长久之策，华侨和菲律宾人都认识到学校教育在维持华侨社会方面的关键作用。

（二）对中华文化的依恋

早期冒险漂渡下南洋的中国人，多系落魄的农民、技工和商人，他们的目的主要是躲避迫害和赚取钱财。他们多数在国内所了解之文化，不过是“崇拜祖先，虔敬鬼神，信仰命运，靠天吃饭”等愚陋思想。① 由于海路远洋十分危险，离家闯荡的华侨只好孤身前往，而没有携带自己的眷属。生存永远是第一要义，华人到达南洋后首先想到的是如何充盈自己的钱囊。由于当地物产丰富、百业待兴，只要发挥自己的一技之长，凭借辛勤劳作刻，节俭持家，就可以有不菲的收获。即便文化水平不高，也不影响在当地的生存。所以，总体上他们还是不断开辟生财之道，并无暇顾及教育问题。他们在生活中按中国礼数行事，突显出传统中华文化特质。直到17世纪后叶，随着东南亚华侨人口的迅速增加，华侨也开始重视子女的教育问题。一些落地秀才和落魄的乡绅也相继来此，为孕育华文教育提供了可能。通常华侨采用以家庭教育为主，以社会教育活动为辅，虽尚无正规的学校教育，但华侨私塾教育已渐成风尚。在家庭中通常父母兄姊就是老师，传授其子弟学习基本的中国语文与算术，特别是传授谋生技能和为人处世之道，灌输中国的伦理道德和风俗习惯。私塾中的先生知识水平较高，除了识字、读书和算术外，还传授诗词、论语和典籍，目标仅在于传承祖国文化，而不在研究高深学术知识，使其成为经国济世之才。每逢中国重要的节日，如春节、元宵节、清明节、端午节、中秋节和重阳节等，华侨则由全家或全族依照祖国习俗，举行有关传统活动，使年轻子弟不致忘掉中华文化。

（三）华侨对华文教育的呼唤

海外华侨尤以华夏文明为荣，广大华侨希望自己的子弟学习华文，接受祖国文化熏陶的机会，让中华民族文化在海外继续发扬光大。“一些华侨对于其他社会事业，或有漠视之处，独于华文教育，则大多数尽力支持。”② 这些凡商俗贾中的大部分人，也都如同他们本国人一贯的那般

① 刘继宣、束世澂：《中华民族拓殖南洋史》，商务印书馆1979年版，第240页。

② ［菲］陈烈甫：《菲律宾华侨教育》，台北：海外出版社1958年版，第8页。

敬重文墨书翰。有的华侨家庭还为他们的子弟礼聘工善辞章且又严于立训的塾师，来教授他们的子弟正读方音，识文断字。因此，没有华文教育，就没有华侨社会，这种说法并不为过。① 为了加强华侨对于故土文化和华侨身份的认同，许多华侨萌发兴办华文教育的强烈思想。生长于海外的华侨子女，他们长大接受教育之后，由于家庭与职业的关系，虽然居留海外者占多数，但希望能够回祖国发展的也不乏其人。尤其是华侨青年接受理、工、医等学科教育的为数很多，他们当中有很多人希望有一天能够回到祖国，用所学知识报效国家。这批对于祖国怀有热情的青年，如果没有接受过华文教育，对于中国的语言文字、地理知识毫无所知，回国以后在生活上会感到许多不便，就业上更会困难重重，创立侨校可以为华侨子弟回国建业做准备。

二 西班牙殖民者对华文教育的抑制

在西班牙殖民统治菲律宾的三个多世纪里，移居菲岛的华侨与殖民者的关系可以说是一部血泪史。殖民者对待他们的态度是矛盾的，一方面菲岛经济的发展与繁荣，华侨是不可缺少的；另一方面他们又担心日益增多的华侨对其产生威胁。当殖民者感到华侨不易被同化后，更加极力遏制华侨的民族教育。殖民者顾虑的是，如果被统治人民受到教育，知识提高、眼界开阔，就会孕育民族自尊心，以反抗外来压迫和统治，这对殖民统治不利。在没有中国政府的保护下，菲律宾广大华侨寄人篱下，任人宰割。在生存都无法保障的情况下，华侨没有一定规模的私塾，也未创办华校，华文教育更是无从谈起。

西班牙殖民者刚踏入菲岛之时，首任总督黎牙实比主张善待华人，对华人华商态度十分友好。作为群岛生活中不可缺少的民族，华侨利用当地生产力低下，技术落后，生活必需品缺乏的状况，而土著人无力、西班牙人无心从事利微的零售商业活动的有利条件，在商业和贸易领域逐渐发展起来。1603 年，殖民者制造中国打算占领菲律宾的谣言，肆意虐待和侮辱华侨，华侨无法忍受愤然起义，但惨遭失败。1639 年、1662

---

① Gerald A. McBeath, *Political Integration of the Philippine Chinese*, Research Monograph No. 8, Center for South and Southeast Asia Studies, University of California, Berkeley, 1973, p. 79.

年、1762 年、1820 年，殖民者相继以各种借口，杀害华侨 3.3 万多人。每次屠杀华侨之后，菲律宾经济凋敝，民众生活困难，殖民者又不得不再次招徕华侨。[①] 殖民当局意识到，菲律宾的稳定和发展，华侨是不可缺少的部分。而这种状态，是华侨与统治者经济上的相互依赖，伴随着看来不可调和的文化上的矛盾。[②] 为此，西班牙殖民者把皈依华侨信封天主教，作为在精神上彻底“征服”华侨的重要手段。

西班牙统治菲律宾初期，并没有制定教育法规来普及教育。1582 年，西班牙驻菲殖民当局颁布小学教学章程，规定每个教区设立男女校区各一所，实行免费教育。教育内容主要以教授天主教为主，中学课程采用欧洲的教学体制。殖民当局规定每 5000 人中要配备 1 名男教师和 1 名女教师，教师一般都是由宗教学校培养出来的菲律宾人担任。宗教学校的课本主要是教规教义手册，传授的其他知识十分匮乏，学校都是受罗马天主教的控制，而且是为贵族阶层服务的，并非面向大众教育，这些学校数目相对较少，且大多位于马尼拉市。[③] 那时的教育与普通大众相隔很远，即使有受教育的机会，菲律宾儿童也很难从这些教师中学到有用的知识，而这种教育的辐射面也是有限的。[④]

1589 年，殖民当局在宿务开办了圣伊德芬殊学院（College of San Ildefonso）。这是一所宗教高等学府，目的是培养忠于殖民当局的菲律宾人才，巩固其殖民统治。在这种背景下，绝大多数没有信教的华侨被排斥在受教育之外。1611 年，殖民当局在马尼拉又创立了一所宗教大学——念珠圣母学院（College of Ourlody of the Rosary），即现在圣托马斯大学（University of Santo Tomas）的前身，其宗旨也是加快传播天主教的脚步，淡化或消融菲律宾人的固有文化、信仰、自尊和民族意识。1855 年，圣托马斯大学所有注册学生中，自西班牙本土来菲就读的学生有 123 人、在

---

① 萧曦清：《中菲外交关系史》，台北：正中书局 1995 年版，第 15 页。

② Edgar Wickberg, *The Chinese in Philippine Life, 1850 - 1898*, New Haven & London: Yale University Press, 1965, p. 5.

③ Benigno Aldana, *The Educational System of the Philippines*, Manila: University Publishing Co., INC., 1949, p. 257.

④ Alexander A. Calata, “The Role of Education in Americanizing Filipinos,” in H M McFerson, *Mixed blessing: The Impact of the American Colonial Experience on Politics and Society in the Philippines*, available at books. google. com, 2002, p. 90.

菲侨居的西班牙学生 93 人、西菲混血儿 180 人、菲人学生 1381 人、中菲混血儿 208 人，但没有一个纯粹中国血统的学生。① 可以看出，当时在主流社会大学就读的华侨学生是极其少有的。华侨经济已经有很大的改善，信教而家境殷实的华侨家庭也不在少数，但很少接受当地的高等教育，一定程度上有殖民者有意阻挠的因素。

在无可奈何的情况下，许多华侨把自己当作寄居者，有的华侨宁可送回国内接受祖国教育，学成之后再返回菲律宾。殖民者所设的教会中小学校，虽是教育场所，但只是限于信徒及富裕子弟，并非人人可就读。于是出现当地的侨教，首要以家庭教育和实用为主的私塾教育，如记账、结算，用来帮助商业事务。进而聘请家庭老师教授课程，以读书识字为主，所用教材，无非三字经、千字文、尺牍珠算之类。“未知沿用几时，尚能应付裕如，继承不辍，以迄学校成立。”② 或共同筹设蒙馆，教其子弟读书识字，接受中华文化的教育，沐浴祖国风俗习惯，并养成商业上通讯记账的能力，以助理商业，分担家业的责任。此种蒙馆、学塾逐渐在各地侨社成立。③ 受教育的华侨子女因而在身份上认同于中国，与侨社水乳交融，终身保持中国人的气质。而这又引起殖民当局的不安，于是这种恶性循环不断迫使广大华侨处于被排斥的状态中。

三 美国统治时期教育政策的转变

美国殖民者把占领菲律宾美化成为履行它“保护”和“教化”菲律宾人的使命，训练他们逐步具备自治能力。根据“舒尔曼委员会”的建议，美国殖民者特别重视在菲岛殖民地发展教育。尚在美菲战争时期，美军就把教育看为辅助军事扩张的有效手段，认为兴办教育有助于平息菲律宾人民的反抗，使菲律宾群岛可以按照美国规划的方向和意愿发展。

---

① Antonio S. Tan, *The Chinese in the Philippine, 1898 – 1935: A Study of Their National Awakening*, Quezon City: R. P. Garcia Publishing Co., 1972, p. 155.

② 王瑞芳：《七十年来菲律宾华侨学校之发展》，载《马尼拉中西学校七十周年校庆纪念特刊》，马尼拉：中西学校，1969 年，第 310 页。

③ 周胜皋：《海外华文学校教育》，台湾侨务委员会侨务研究室编，1969 年，第 2 页。

美国人认为，教育对于其成功统治一个民族是不可缺少的。[①]

（一）美国的“教化”措施

美国殖民当局在菲律宾大力兴办教育的原因，在于其认识到要想巩固在菲律宾的殖民统治，就必须在年青的菲律宾人身上下功夫。经历美西战争的这一代菲律宾人，大多对美国殖民者的侵略采取抵制和反抗的态度，美国必须对他们这代人采取高压手段。但美国在菲律宾的统治能否稳固，在很大程度上要取决于下一代菲律宾人，也就是第一代接受美国殖民统治的菲律宾人的后代对美国的态度。第二代人是长在“星条旗下”的，美国必须在菲律宾本土文化对他们产生影响之前，抢先将美国文化和生活方式从思想上渗透给他们，这样才能使美国在菲律宾建立起真正意义上的“殖民国家”。在这样的基础上，殖民政府可以通过对几代菲律宾人的“教化”和渗透而彻底改变菲律宾，使菲律宾真正成为美国的附属和“忠实伙伴”。美国殖民者认识到，单凭武力征服不了一个追求独立的民族，必须通过教育的方式在政治、经济和文化各个方面扶持培养“亲美”和“忠美”分子，然后再把这部分人补充到殖民政府的机构中，以巩固美国在菲律宾的殖民统治。殖民政府选派菲律宾青年到美国留学和深造。在菲律宾的殖民统治中，美国人意识到仅仅依靠在菲律宾的本土进行“教育”还是不够的。因此，他们积极选派美国人认为“合适”的菲律宾人到美国留学。这部分人在菲律宾的时候就已受到美国殖民教育的影响，到达美国之后就可以接受正统的美国文化教育，亲身经历和体会美国式的民主制度。等他们回到菲律宾国内必然把这些在美国学到的“有益东西”用到实践中，来充当美国人传播宗主国文化的工具。

1901 年 1 月，美国的“菲律宾委员会”通过了 74 号法案，亦即建立有关公立学校局的法案，但此法案第 25 条也明确承认私立学校教育的自由。[②] 美国政府还规定，任何剥夺美国人或外侨拥有及经营学校权利的法律都是违反宪法的。因此，华侨不论在言论自由、出版与集会结社等方

---

① Joseph Ralston Hayden, *The Philippines: A Study in National Development*, New York: The Macmillan Company, 1945, p. 463.

② Francisco Benitez, *Educational Progress in the Philippines*, Prepared for the Institute of Pacific Relations, Manila, 1931, pp. 2 – 3.

面，都可以享有与菲律宾人相同的权利，并且有权经营他们所拥有的学校。长久以来，当社会团体在推动菲律宾华人民族意识兴起的活动里，学校总是位居极为重要的地位。①

（二）对英语教育的重视

1899年3月，美军在大举进攻菲律宾首都马洛洛斯之际，美国政府派遣的第一届菲律宾委员会"舒尔曼委员会"就抵达了马尼拉。随后，"舒尔曼委员会"发表了《告菲律宾人民书》的宣言。宣言用蛊惑性的语言，向菲律宾人表示美国总统和美国人民的"真诚善意"和"兄弟情谊"，声称美国政府在菲律宾建立主权的目的和意图是"使菲律宾繁荣，菲律宾人民富裕和幸福，教育菲律宾人，使它们达到世界最文明民族的水平。"②"舒尔曼委员会"在离任时给美国政府的报告中强调："菲律宾人因缺乏文化和政治经验，尚无自治能力，美国人因而不能撤出菲律宾，否则，菲律宾便会陷于混乱。"③

需要指出的是，美国殖民者在菲律宾所采取的教育政策与西班牙迥然不同，西班牙殖民者限制菲律宾人学习和使用西班牙语的范围。因此，西班牙统治的300多年里，西班牙语只不过是一种贵族用语和官方场合使用的官方用语。相比之下，美国政府不仅规定英语为学校的教学语言，而且全方位推广和普及英语。规定英语是政府的官方用语，也成为商业和社交用语，有利于美国统治并推行教化。美国人积极推广英语，并通过英语媒介来传播美国文化。对美国人来说，只有使用自己的语言，他们在这个热带国家执行这项"天赋使命"时才会心满意足。④于是，美国在进入菲律宾后即开始开办学校，在每一所学校里都配备一名英语教师，由军政府派人讲授。⑤在能够用英语交流的地方，他们通过一些传播的渠道来逐步扩大英语的使用范围，美国人在菲律宾兴办报纸，通过报纸来

---

① 陆建胜：《菲律宾华校的华文教育》，台湾暨南国际大学硕士论文，2001年，第21页。

② 金应熙：《菲律宾史》，河南大学出版社1990年版，第417页。

③ 海岛事务局：《菲律宾委员会报告，1900—1903》，美国政府出版局1904年版，第39—45页。

④ T. Ruanni F. Tupas, "Bourdieu, Historical Forgetting and the Problem of English in the Philippines," in *Philippine Studies*, 2008, p. 57.

⑤ ［菲］陈烈甫：《菲律宾的民族文化与华侨同化问题》，台北：正中书局1968年版，第94页。

帮助传播美国文化和灌输美国思想，让新一代的菲律宾人在生活方式和意识形态上被“美化”而弱化本土文化的影响，使用英语就是为了让菲律宾人更多地接受美国文化。所以，在建立殖民统治的初期，美国就在菲岛创办学校，并在美军的士兵中挑选教师，许多士兵放下武器，拿起教具步入教室，当起临时教师来，美国创办的学校数量因此也迅速增加。美军所到之地，几天之内就能创办起新的学校，或者把旧的学校改造成美式学校。美国军队在占领菲律宾后开办了约1000所学校，到1900年9月，学生总数约10万人。① 1901年8月，美国军舰“汤姆斯”号（Thomas）抵达菲律宾，带来600多名英语教师，这对菲律宾教育发展的作用是不可估量的。②

（三）为华文教育带来契机

美国取代西班牙成为菲律宾新的殖民宗主国后，把教育作为“美化”和“同化”菲律宾人的主要工具。③ 于是，在菲律宾广泛实施义务教育，推行所谓的“民治”和“法治”并启迪“民智”，促进当地人对美国的亲近感，并支持多元文化教育的进步。与此同时，殖民政府没有采用美国的出生地国籍法，而是施行欧洲的血统国籍法，并规定：凡与华侨男士正式结婚的菲女，即丧失其菲律宾国籍，其子女亦随其父的中国国籍。如菲女与华侨没有办理法律手续同居的，依然保留菲籍，而所生子女亦随其母的菲律宾国籍。无论在法律上是华籍还是菲籍，华侨与菲女所生子女，都形成了一个新的中产阶级。令人担心的是，他们虽有华人血统而接受的是十足的菲律宾教育，所以也就成为地道的菲律宾人。

由于华侨子弟幼时是作为菲律宾人来抚育的，要想使他们成为真正的中国人，必要的途径就是让他们接受中国文化教育，通晓中国语言、历史、地理、文化和习俗等，并知悉中国人传统的做人道理。他们在生活上又多与华侨接触，尽管法律上有菲籍和华籍不同，但他们在思想上与生活习惯上却可以看作是华人。另外，美国政府把排华法案延至菲律宾，华人移民受到限制，华侨开始面临送子女返回祖国受正规教育的阻

---

① 金应熙：《菲律宾史》，河南大学出版社1990年版，第423—447页。

② ［菲］陈烈甫：《马可仕治下的菲律宾》，台湾商务印书馆1983年版，第76页。

③ 梁志明：《殖民主义史》（东南亚卷），北京大学出版社1999年版，第472页。

扰问题。信仰天主教或基督教的父母，将其子女送往教会学校受教育，普通一般华侨，将子女送往一般菲人所办的私立学校就读，也有一部分华侨，聘请中国教师，施以私塾教育。[①] 那些不去教会学校接受教育的中国子弟，都是在父母安排下，接受中国传统的私塾教育。为此，一些有识之士开始利用美国殖民统治菲岛初期的“宽松”政策，呼吁兴办华文教育。随着移居菲律宾的华侨知识分子增多，华侨社会的文化水平有了显著提高，这都为华文教育的萌芽提供条件。

第二节　华文教育环境的转变

19 世纪中叶，帝国主义列强与中国订立了许多不平等条约，借债赔款导致中国国库空虚。清朝政府中，一些有识之士了解海外侨情后，逐步认识到南洋华侨的重要作用。他们上书朝廷，阐明保护华侨其实就是维护帝国的尊严，敦促政府在东南亚设立领事馆，利用华侨的力量来增强中国经济和军事势力。朝廷陆续派出一些使节出国考察，了解到华侨对祖国的热爱和真挚感情。于是，清政府开始实行争取、保护和宣抚，而实质是拉拢、控制和利用的华侨政策，这其中对华文教育政策的改变尤为明显。

一　华侨教育形势的演进

1887 年，两广总督张之洞在派员调查华侨情况后，写奏折云：“……中国如筹保护，小吕宋而外，当以加拉巴（今雅加达）为先，该处宜设总领事，兼办三宝垄等处事。于荷属各埠华人加以恩义，数十万之众皆可内附。”[②] 而菲律宾华侨与祖国的联系最为密切，侨领陈谦善多次上书朝廷设立领事馆，清政府开始重视对海外华侨社会的保护，而发展华文教育成为当务之急。

（一）清政府教育政策的转变

20 世纪初叶，大清王朝面临着内忧外患，无可奈何地步入“日之将

---

① 萧曦清：《中菲外交关系史》，台北：正中书局 1995 年版，第 676 页。

② 王彦威辑，王亮编：《清季外交史料》，第 74 卷，北平 1932 年铅印本，第 24 页。

夕，悲风骤至”的颓境，呈现在人们面前的封建教育制度，已是千疮百孔、难以为继的局面。在改革国内教育的同时，针对革命党人在海外华侨中的活动，清政府也采取了一些笼络人心的措施。如明确海外华侨身份，制定一系列有关华侨教育的政策，支持鼓励海外华侨办学等。[①] 身居海外的清政府驻外官员认识到，华侨身处与中国儒家教育完全不同的教育文化体系，如果不以儒家文化熏染之，他们就会丧失文化特征而融入当地社会。1898 年清政府责成驻外使馆在海外华侨中劝学，派专员视学等，希望通过劝学来挽救其政治上的失败。同时，在教育体制上采取一系列如“废科举”“遣游学”的变革，以达到“系侨情”“弥隐患”的目的，这对华侨教育的开展起到积极的推动作用。可以看出，清政府从鄙弃华侨改变为承认他们的合法地位。海外华侨所处的环境和经济实力，也是他们重视的对象。为此，清政府极力支持中华商会的成立，推动海外华文教育发展，以激发华侨对祖籍国的认同感。

在洋务派倡导“中学为体、西学为用”的教育模式影响下，人们意识到在发展传统封建教育的同时，还要不断学习和吸收西方的先进科学技术。清政府教育制度也改弦易辙，国内形成了兴学堂、废科举的浪潮，海外则兴办新式学堂，薪传中国传统文化的同时，也学习现代科学知识。这些强烈的危机感和紧迫感都成为华侨互相激励，竞相办学的有利因素，这对海外华侨教育的开展起到积极的推动作用。

此后，清政府把教育问题上升新的高度，尤其认为对海外华侨施以教育，不仅能够“扩其知识，操业日精，生计自裕，生齿亦孳而愈繁”，而且能够“发其爱国之心，俾知孔教渊源”，防止楚材晋用，还能够“端趋向而正人心，俾知朝廷复载之恩无远弗届。”[②] 1902 年、1903 年，清政府相继制定了《钦定学堂章程》和《奏定学堂章程》，两个章程规定了各类各级学校的管理制度，新的办学体制对海外华文教育提供了样板。

---

① 为了明确中国移民的身份，清政府于 1909 年 3 月 28 日颁布了第一部国籍法，即《大清国籍条例》。它规定，凡是“生而父为中国人者”，或“生于父死以后，而父死时为中国人者”，或“母为中国人而父无可考或无国籍者”，不论是否在中国出生，都具有中国国籍。见“大清宣统朝颁布国籍条例”。

② 朱寿朋：《光绪朝东华录》五，中华书局 1958 年版，第 5614—5615 页。

（二）民族运动的促动

20世纪以前，华侨传统的安土重迁观念使他们没有长期定居生活海外的想法，而血统主义的国籍法恰恰增强了他们落叶归根的意识。尽管他们许多人在海外成家立业，甚至同异族通婚，但仍然保留中国人的文化传统和风俗习惯，而他们在海外所生的子女仍被祖国承认为中国公民，这更使他们感到欣慰和自豪。① 清政府对于华侨教育问题渐渐重视起来，认为对海外华侨施以教育，不仅能够"扩其知识，操业日精，生计自裕，生齿亦孳而愈繁"，而且能够"发其爱国之心，俾知孔教渊源"，防止楚材晋用，还能够"端趋向而正人心，俾知朝廷复载之恩无远弗届。"②"百日维新"失败后，康有为、梁启超等维新志士逃亡海外，激励倡导华侨开办学堂，消除愚昧，启迪民智。康有为应巴城中华会馆的邀请，到南洋各地发表演说，在鼓吹保皇的同时，号召华侨爱国、兴学。他指出："为中国人，就必须恢复中国人之优良风俗，讲中国之语言，识中国之文字，读中国之圣贤遗训，然后可成为一个真正之中国子民。……现在各会馆间有兴办学堂，但其数不多，尤须陆续增加。文字之声音应用国音，日常言谈应用国语。"③ 同时，以孙中山为首的革命党人为救亡图存也在海外华侨中宣传革命，得到海外华侨的大力支持和广泛认同。他们宣讲革命的同时鼓励兴办教育，设立新式学堂，改变以往华侨社会中私塾式封建教育传统，开创华侨兴学育才的良好风气。④ 避居海外的革命同志也积极从事文教工作，以开设华侨学校、组织阅读书报社作为活动据点，在华侨中产生广泛影响。随着中国民族主义运动的兴起，菲律宾广大华侨的民族精神空前高涨，他们在政治上与祖国的关系更加密切。为了加强华侨对于故土文化和身份的认同，呼唤创办华文教育成为华社的强烈声音。

（三）国民政府的推行

虽然美国殖民者对移居菲岛的华侨严加限制，但施行的"702号移民

① 梁英明、周南京：《略论中国血统主义的历史作用》，载《华侨华人历史研究》1986年第4期。

② 朱寿朋：《光绪朝东华录》五，台北：中华书局1958年版，第5614—5615页。

③ 广东文史资料研究会编：《广东辛亥革命史料》，广东人民出版社1981年版，第193页。

④ 萧曦清：《中菲外交关系史，1946—1975》，台北：正中书局1975年版，第276页。

法”还是允许华侨商人的家眷移居菲律宾。[①] 于是，许多青少年以华商子女身份来到菲律宾，纯华人家庭日渐增多。让子女接受华文教育，成为这些家庭的迫切要求。在这种风气的影响下，许多中菲混合家庭，也要求他们的子女接受华文教育，以提高就业及商业竞争的需要。他们首先要学会商业经营的各种能力，同时培养中英文读、写的能力，这是对华侨社会教育事业提出的新要求。“在华童已源源入口，父兄皆驰逐商场，何暇严为督责，始基未固，一染纷华，则放浪形骸，无所不至，莫怪老成人常发江河日下，极盛难继之叹。”[②] 随着华侨学校不断扩大，善举公所开支逐渐增多，善举公所还要承担维持经营华侨义山、医院的费用，本身感到十分困难。恰时中西学校此前募集的办学款项“渐将告罄，如无新的经按接济，学校亦有停办之虞。”[③] 鉴于这种情况，中西学校董事会即决定，扩大学校校舍，增办国民学校，继续发展华侨教育。但这涉及整个菲律宾华侨社会，少数华人难于担此重任。于是，中西学校出面征集侨胞意见，华侨社会倾向于组织成立华侨教育会，作为推广华侨教育的组织。

1927 年，南京民国政府成立，国民党多次召开华侨教育的会议，制定政策支持海外华文教育的发展。1928 年，中央政治会议决定成立中华民国大学院，行使教育部的职能。同年，设立华侨教育委员会，专门负责管理华侨教育事宜，陆续出台《华侨学校立案条例》《华侨小学暂行条例》《华侨补习学校暂行条例》《华侨视学员条例》与《驻外华侨劝学员条例》等法规。1929 年，国民党中央召开第一次南洋华侨教育会议，包括确立华侨教育实施方针、纲要，驻外领事馆代表中国政府管理华文教育，在海外成立华文教育师范学校等。1932 年，中国政府成立侨务委员会，隶属行政院领导，设有教育处，主要负责华侨学校的调查、立案、

---

① 702 号移民法规定：豁免的华人阶层是中国官员、教师、学生、商人和旅行者，这些人来菲岛将受允许，只要呈示一张中国政府给菲律宾政府的证件，由美国驻华外交代表签证，加上 1884 年 7 月 5 日美国国会法令第六款规定的进一步证明即可来菲。见［美］詹森：《美统时期的菲律宾华人（1898—1946）》，吴文焕译，马尼拉：菲律宾华裔青年联合会、《世界日报》1991 年，第 22 页。

② 颜文初：《三十年菲律宾华侨教育》，载《菲律宾中西学院百年纪念暨迈进新世纪特刊》，马尼拉：中西学院，2009 年，第 199 页。

③ 黄滋生、何思兵：《菲律宾华侨史》，广东高等教育出版社 1987 年版，第 356 页。

监督和指导等工作。其他华侨教育方针如实施计划、课程、推荐教师等问题仍由教育部管理。1940—1942 年，国民政府教育部在云南、四川和广东，成立华侨中学和侨民师范学校，招生对象是海外的华侨学生。这些措施取得了良好的效果，海外华侨与祖国关系更加密切，他们也成为推动新民主主义革命的重要力量。

二 华侨社团对华文教育的促动

1897 年，在孙中山先生的倡导下，日本横滨华侨决定摆脱封建教育的羁绊，创办了海外第一所新式华文学校，取名“中西学校”，也开创了世界近代华侨教育的先河。当时的释义为：中，即中华思想；西，以示愿意学习西方。可以看出，华侨学校的民族主义色彩十分鲜明。1898 年，康有为上书朝廷，提议在国内开办中西兼学学堂，同年 6 月，光绪皇帝下诏宣布开设京师大学堂，这是国内第一所新式高等学府。同时，命令各督抚将各省、府、厅、州、县的大小书院，一律改为兼习中西学的高等、中等和初等学堂，奠定清末时期新学制的基本架构。[①] 这些事件对于催生菲律宾的华文教育，起到了积极的促进作用。

（一）慈善机构的扶助

1690 年，荷印巴达维亚华人甲必丹郭郡观倡办了“明诚书院”，这是最早的海外华文学校，它附设在“病厝”内，属于义学性质，教识字。印尼的私塾、书院等旧式学堂发展较早，1672 年巴达维亚养济院内设义学，不久华侨雷兰珍、高根观创办“江南书院”。18 世纪下半叶，巴达维亚又办“明德书院”。1777 年，在婆罗洲开采金矿的华人成立“兰芳公司”。公司不仅发展工商业，而且兴办教育，倡导读书识字，学校不收学费，兼收当地土著子弟入学。

19 世纪上半叶，东南亚的新加坡、马来西亚、泰国、缅甸相继开办华文私塾。此后，美国和加拿大也出现华文私塾，到 1875 年已有私塾和传馆 10 多家。[②] 1899 年 4 月，古巴华侨社会在清政府驻美国公使的督促

---

① 毛礼锐等：《中国教育史》，台北：五南图书出版有限公司，1994 年，第 520—521 页。

② 林蒲田：《华侨教育与华文教育的史和论》，（泉）新出（2008）内书第 011 号，第 27—28 页。

下，开设了首所华文学校，也取名为“中西学校”。几乎是同一时间，菲律宾中西学校也在马尼拉成立。中西学校是在清政府的支持下，都得到了善举公所的资助。由于中西学堂课程设置合理、目标准确和成效显著，得到华侨社会的广泛认可，也为募集资金营造了有利条件。许多有实力的华侨以及社团、宗亲会纷纷慷慨解囊，积极响应善举公所的捐资号召。同时，善举公所又把捐款使用到扩大教育规模和提升教育质量上。菲律宾掀起了捐资助学之风，这种“良性”循环极大促进了华文教育的发展。

（二）中华商会及同乡组织的捐资

中华商会领袖曾说：“一切文化的花朵都是在经济环境上面绽放出来的。经济的关系，虽不是社会发展的唯一原因，我们也不能说是历史上诸现象，唯有从经济关系可以解释。但是我们总可以说，经济关系是解释历史上诸现象，解决目前社会各种问题的最有效力的钥匙。”① 中华商会以经济实力为基础，同时重视华侨社会的教育事业，主要体现在对各类中华学校、英华学校和荷华学校给予支持。印尼各类华文学校董事会中，都有中华商会成员的身影。华校所有的经费来源，虽在名目上有所不同，但都是由华侨商人赞助，没有得到政府的任何资金。②

兴办教育是华人社团，尤其是地缘性社团最重要的事业之一。同乡组织向来对华侨子女教育热心，或创办学校或把本属华侨共同创设的学校，逐渐统一到社团名下管理。社团领袖是华侨学校整合的召集人，从学校的创立、校产的购置、校舍的兴建和经费的筹划等方面给予大力支持。如果说，华文学校是捍卫华文教育与传承文化的堡垒，地缘性社团则是这堡垒的支撑和表征。社团对华侨教育的推动不遗余力，有些学校虽非直接由社团创办，但都有社团的董事会的参与和策划。当这些学校经费入不敷出时，无不由社团出面筹资解决困难。例如，广肇华侨创办的华南学校和洁芳学校，当其经费遇到困境后，广肇同乡会研究后进行改革，将两校合并为广肇公学第二校。由于顺应华侨教育的社会发展需要，此后校务有了飞速的发展，可见地缘性社团办学有独特的优势。社

---

① 陈孔泰：《我对本会同人希望》，载吴铁城《玛琅中华商会一周年纪念刊》，玛琅中华商会，1940年，第47页。

② 陈章：《爪哇华侨教育的危机》，《荷属华侨学生会》1927年第1卷第1期，第19页。

团在华侨心目中的良好影响力，使学校十分容易得到各界的认可而愿意捐款支持。

三 美国殖民当局的教育政策

美国在菲律宾殖民地推行“自由开明”的教育政策，与其对落后地区承担的所谓“使命感”有很大的关系，亦有“不战而屈人之兵”的战略考虑。美国的教育政策取得“明显”的成效，正如一位美国教师的家人写道：“这些士兵教师放下了他们的枪支，抓起古老的课本，坐在粗糙的凳子上，开始向这些儿童传授知识，而几个星期前他们还用枪对着这些小孩的父母。我怀疑历史上征服者和被征服者之间自然的怨恨是否修复的如此快……双方都忘记了彼此的仇恨。”[①] 美国殖民政府普及化教育的政策大大弱化了菲律宾人对殖民者的恶感。

1901 年 1 月，“塔夫脱委员会”通过了 74 号法案，亦即建立有关公立学校的法案，但此法案第 25 条也明确承认私立学校教育的自由。[②] 美国政府还规定，任何剥夺美国人或外侨拥有及经营学校权利的法律都是违反宪法的。1904 年，中学在校学生为 404 名，到了 1934 年，在校的中学生为 56255 名。[③] 这一数字足以说明，美国积极推动菲律宾公立教育与普及教育的显著成效。美国对于私立学校教育也予以支持，认为私立学校是弥补公立学校教育的有效手段。[④] 在殖民当局鼓励和扶持外侨创办私立学校、发展少数族群的民族教育方面，华侨享有与菲律宾人同等开办学校的权利。所以，华侨学校的创立，很大程度上得益于美国当局对开办私立学校所奉行的开明政策。

早在 1869 年，中美签署的《蒲安臣条约》就明文规定，两国人都可

---

① Michale S. Kugelman, *Winning Hearts and Minds through Actual Deeds*, M. A. Thesis., Tufts University, February, 2005, p. 9.

② Francisco Benitez, *Educational Progress in the Philippines*, Prepared for the Institute of Pacific Relations, Manila, 1931, pp. 2 – 3.

③ Harold Van Winkle, “Education in the Philippines”, in *Chinese Mercury*, Vol. I, Fall number, 1937, p. 29. quoted in Antonio S. Tan, *The Chinese in the Philippines, 1898 – 1935: A Study of Their National Awakening*, p. 156.

④ The Board of Educational Survey, *A Survey of the Educational System of the Philippine Islands*, Manila: Bureau of Printing, 1925, p. 505.

以进入对方的大小官学，可以在对方境内设立学堂。美国重视教育的深层次原因是想通过传播文化，扩大在中国的影响。中国义和团运动后，一些美国人意识到，对中国人不能仅凭武力取胜，而须代之以怀柔政策。于是，美国政府减免了《辛丑条约》中一部分“庚子赔款”，用于中国兴办高等教育。清华大学就是在这样的背景下创办的，这是美国文化外交的重要内容。美国的意图在于对中国人从精神上进行改造，使之崇信西方文明，敬服于美国，顺利实施对华“门户开放”政策。美国殖民统治菲律宾后，把中美条约扩展施行到菲律宾群岛。①

从美国殖民者的立场来看，菲律宾的华侨已成为其商业利益不可或缺的中间人，利于其开发资源与发展商贸。至于华侨社会与当地人社会的隔阂，从殖民统治者的角度来看，不但没有任何害处，反而有利于维护它的殖民统治。“分而治之”原本是殖民者惯用的政策手段，如果华侨与当地人完全融合在一起，可能还会形成反抗殖民统治的巨大力量。② 因此，美国殖民政府允许华侨社会创办学校，还让华校独立于殖民政府的管制，直接受到中国政府的监督。③ 华侨兴办华文教育，无疑实现了几代寓居菲律宾华侨的梦想。与此同时，在清政府鼓励兴办华侨学堂的政策和国内维新运动浪潮的影响下，海外华侨学校纷纷设立。美国殖民统治政府也希望以发展菲律宾华侨教育为出发点，使华侨忠实地为美国殖民者服务，完全依附于美国的殖民统治。由此可见，美国政府希望借助华侨同祖籍国的密切联系，通过和平方式把美国政治和文化移入中国，灌输美国民主和生活方式，逐步达到控制中国的目的。这样的背景也为华文教育的萌芽和兴起创造了条件。

第三节　华文学校的应运而生

19 世纪上半叶，南洋的新加坡、马来西亚、菲律宾、印尼、泰国、

---

① ［美］詹森：《美统时期的菲律宾华人（1898—1946）》，吴文焕译，马尼拉：菲律宾华裔青年联合会、《世界日报》出版社 1991 年版，第 5 页。

② ［菲］陈烈甫：《菲律宾华侨教育》，台北：海外出版社 1958 年版，第 3 页。

③ Eufronio M. Alip, *Ten Centuries of Philippine-Chinese Relations*, Manila: Alip & Sons, Inc., 1959, p. 183.

缅甸相继开办华文私塾。北美洲的美国和加拿大也出现华文私塾，到1875年已有私塾和传馆10多家。[①] 此时，南洋华侨生存环境大为改善，华侨社会规模不断扩大。伴随当地民族主义运动的浪潮，华人的民族意识被呼唤，在经济迅速崛起的有利条件下，华侨开始筹划兴办教育。在华侨社会慈善组织、教育协会和宗亲会的推动下，华侨学校如雨后春笋纷纷创立。促使华文教育的快速发展，华侨社会内部还有以下几种客观因素：

一 华文教育萌芽的有利条件

随着西方列强凭靠坚船利炮，纷纷与中国签订不平等条约，许多仁人志士出走海外谋生和寻求救国图新的道路。移居菲律宾的华侨知识分子增多，华侨社会的文化水平有了显著提高。而此时，菲律宾华侨社会已形成庞大的群体，华侨经济显著提升，为华文教育的萌芽创造了条件。同时，中国国内的严峻形势引起了华人意识进一步增强，而创办学校则成了文化复兴的有力媒介。[②]

（一）知识分子的激增

美国占领菲律宾时，分布在群岛各地的华侨人数已经达1.7万人。殖民当局将美国本土的排华法案移植到菲律宾，限制华工入境，而教师、商人则不在限制之列。致使许多华文教师得以顺利进入菲岛，为当地华侨重教兴学增加了一股动力。菲律宾华侨大部分来自闽南，闽南有薪传教育的传统，单单是漳浦地区在明清两朝就出现了13位秀才。[③] 许多科举不中的文人也加入下南洋的队伍，其中很多人前往菲律宾寻找机会。因此说，华侨社会蕴藏了大量的华侨知识分子。如陈三多（1871—1953年），菲律宾著名华侨商人。在兴办中西学校和促进华文教育多有建树。杨维洪（1852—1922年），精通中、西、英语，被侨界推崇为“三支笔

---

① 林蒲田：《华侨教育与华文教育的史和论》，（泉）新出（2008）内书第011号，第27—28页。

② Teresita Ang See, “Integration and Identity: Social Changes in the Post WWII Philippine-Chinese Community,” in Teresita Ang See, *The Chinese in the Philippines: Problems & Perspectives*, Vol. 1, Manila: Kaisa Para Sa Kaunlaran, Inc., 1997, p. 5.

③ http://www.mnw.cn/, 2013-09-18,《海峡都市报》电子版。

都会写”的杰出人才，并创办《华报》《岷报》和《警铎新闻》。施健盦（1874—1956年），出任马尼拉中西学校第二任校长，担任《警铎新闻》和《中华日报》主编。郑汉淇（1879—1943年），孙中山在香港雅礼士医院同学，1901年赴菲律宾行医，后发起主办《公理报》。颜文初（1881—1942年），华侨社会著名教育家，曾出任中西学校校长，主编《教育丛刊》《教育月报》《教育周刊》等多种华文教材。日军侵占马尼拉后被捕，坚持民族气节拒绝投降，惨遭日军秘密杀害。吴宗明（1884—1960年），加入孙中山同盟会，在菲律宾从事推翻满清政府的革命活动。这些接受过较高层次教育的华侨，成为菲律宾华文教育发轫的内在因素。

（二）华侨人数的大幅增长

从1840年开始，清王朝逐渐丧失一部分主权，自然经济体也一步步走向瓦解，中国从此沦为半封建半殖民地社会。清政府在战争中支出了大量资金，加上多次赔款导致国库空虚，劳动人民就成为被盘剥和压榨的对象。地主豪绅兼并大量土地，并把负担转嫁到广大农民身上。欧洲工业革命提高了生产率，廉价商品对中国制造形成严重冲击，也引发大批“加工厂”相继倒闭。工人、农民和手工业者的大量失业，导致了中国社会动乱加剧。与此同时，世界市场对农林矿业的初级产品需求激增，东南亚殖民地成为最活跃的地区，劳动力的需求也急剧增加。于是，东南亚成为中国东南沿海人民寻求出路的理想地。

中国人有浓厚的家族和乡土观念，一些较早下南洋的华侨站稳脚跟后，会介绍其亲戚朋友出洋创业，并帮助他们安排或寻找工作。如印尼华侨张弼士得到政府的信任，领到了一大段荒田开垦种地，他一面请当地的华工帮忙，一面召唤乡人多多前来，乡人以其在海外大有作为，皆争先前往投之。①

1850年，菲律宾殖民总督颁布法令，鼓励庄园主和种植园主招募华人，同时规定华工只能从事农业及其加工业。至此，中国移民的数量几

① 祝秀侠：《华侨名人传》（一），台北：中华文化出版事业委员会，1955年，第52页。

乎不受限制。[①] 1864 年，西班牙为西属美洲招工，沿英法《北京条约》之例，与清政府正式签约。条约第十款，凡有华民情甘出口在西班牙所属处承工，具准与西班牙民人立约为凭。无论单身或愿携带家属，一并由通商各口前往。条约第四十七款，中国商船不论多寡，均准许前往小吕宋地方贸易，必按最好之国一律相待。若西班牙此后有何优待别国商人之处，应照最优之国以待中国商人，用昭平允。[②] 根据此项条约，中国商船可以自由驶入菲律宾港口，中国人也能自由进入菲律宾境内，菲律宾当局与中国官府不得阻挠。

1896 年，菲律宾爆发独立战争，继而 1898 年的美西战争，菲律宾安全状况一片混乱，华侨生命财产受到严重威胁，有很多华侨被迫逃出菲律宾，但群岛各地仍然留有大量的华侨。1900 年，清政府总理衙门派陈日翔前往菲律宾，秘密调查甲必丹陈谦善案，称该埠闽人五六万，粤人仅六七千。[③] 美国统治菲律宾后，虽殖民当局对移居华侨严加限制，但根据施行的“702 号移民法”，还是允许华侨商人的家眷移居菲律宾。[④] 许多青少年以华商子女身份来到这里，华侨家庭数量也日渐增多。

在华侨社会中，让子女接受中国文化教育，自然成为这些华侨的迫切要求。在这种风气的影响下，许多中菲混合家庭，也要求他们的子女接受华文教育。那些从国内来菲的青少年，为适应就业及商业竞争的需要，也更加渴望学习新的科学知识，这对华侨社会教育事业提出了新要求。辛亥革命后，对大量要求入学的青少年来说，解决教育问题是当务之急。“在当时华童已源源入口，父兄皆驰逐商场，何暇严为督责，始基未固，一染纷华，则放浪形骸，无所不至，莫怪老人常发江河日下，极盛难继之叹。”[⑤] 这段话真实地反映出了当时的情景。

---

① Edgar Wickberg, “Early Chinese Economic Influence in the Philippine, 1850 - 1898”, *Pacific Affairs*, Vol. 35, 1936, p. 278.

② 黄月波：《中外条约汇编》，商务印书馆 1935 年版，第 404—406 页。

③ 李鸿章：《李文忠公全集》，《电稿》卷二十一，《寄华盛顿伍使》，台北：文海出版社 1984 年版，第 8 页。

④ ［美］詹森：《美统时期的菲律宾华人（1898—1946）》，［菲］吴文焕译，马尼拉：菲律宾华裔青年联合会、《世界日报》出版社 1991 年版，第 22 页。

⑤ 颜文初：《三十年菲律宾华侨教育》，载《菲律宾中西学院百年纪念暨迈进新世纪特刊》，中西学院，2009 年，第 199 页。

随着华侨人口数量的不断增多，菲律宾各地陆续创立了华侨学校。1903 年，华侨人口有 41035 人，其中，马尼拉为 23000 人。1900—1910 年，菲律宾的私立学校也逐渐增多，为监督私立学校政府颁布了第 1459 号法案（Act No. 1459）。1913 年，美国殖民当局承认的私立学校有 30 所。[①] 1914 年，菲殖民政府放宽入境条件，允许华侨在中国的子弟来到菲岛承袭父兄的家业，华侨学童人数逐年增加，仅中西学校一所华侨学校，已无法容纳更多学生入学就读。为此，各类由教会、社团和侨商分别出资创办的华侨学校纷纷成立，包括男校女校和中学职校。华侨中学的兴办，可谓此期间华侨教育的一次重要跨越。

华侨对创办学校有极大的热情，就连华侨人数不多的小城镇，也可见到华侨学校，体现出华侨对子女教育的重视。1937—1940 年，又有 7000 多名华人妇孺以难民身份进入菲律宾，从而使美国先前排华法禁止华人妇女入境，而造成的华人妇女奇缺的情况得到改善。1939 年，菲律宾自治政府进行户口调查，全菲华侨人口逾 11.7 万人。马尼拉和黎刹省的华侨人数比 1933 年统计时增加了 1/3，其他各区约增 3/5。受此影响，学生人数也在此期迅猛增加，由原来 1 万人增至 2.1 万人。[②]

（三）华侨经济的提升

美国统治菲律宾时期，推行的“美菲自由贸易”政策，大量美国商品向菲律宾市场倾销，菲律宾的农产品也销往美国，双边贸易对两国经济发展是互利双赢的。美国为垄断菲律宾贸易，扶助其发展农业和海陆交通运输业，设立银行信贷机制等，这些措施也有效地促进了菲律宾商业领域的发展，也为华侨经济的发展提供了有利条件。华侨凭借积累的商贸经验和掌握的生产技能，再加上勤奋创业的奋斗精神，在商业领域取得很大成就。在美国经济的带动下，菲律宾经济也出现了相对的繁荣局面。这种形势也促使华侨增加投资，并在农业和航运业等领域有了较快的发展。[③]

---

① Yolanda V. Javier, *The Filipinos: Their Education Yesterday and Today*, Manila: Ernest Printing, 2005, p. 35.

② 王瑞芳：《七十年来菲律宾华侨学校之发展》，载《马尼拉中西学校七十周年校庆纪念特刊》，中西学校，1969 年，第 315—317 页。

③ 黄滋生、何思兵：《菲律宾华侨史》，广东高等教育出版社 1987 年版，第 316—317 页。

为迎合菲律宾人民提高经济地位的愿望，虽然美国殖民者频繁出台菲化法案，排斥华侨在菲律宾从事商业经济，对华侨商人造成了重大的打击。但是殖民当局鼓励华侨从事进出口、制造业和金融业等菲律宾薄弱经济领域，也促成了以商业为主的华侨大规模地进入工业为主的新型行业。这无形中促成了华侨商业的转型，在工业领域异军突起，华侨社会也造就了经济的繁荣，成为菲律宾经济不和或缺的重要力量，可谓“失之东隅，收之桑榆”。到菲律宾独立时，菲律宾华侨资本在菲总贸易额中占 33.51%，而同年美国资本占 33.59%，其他菲律宾人资本占 22.7%。① 从此，菲律宾华侨商人的脚步遍及菲律宾各个地区，涉及的行业扩展至船务、银行、保险等。1900—1930 年的一份调查报告指出，华侨共涉足 134 种行业，资本总额为 16270 余万菲币。②

随着菲律宾华侨经济地位的巩固，他们进而寻求获得菲律宾社会对他们基本权益的尊重和保障，也带动了华侨以中华文化为根的意识。他们尤其担心自己的后代“数典忘祖”，因而在华侨社会形成了传承中华文化的高度共识。所以，华侨社会兴办教育、创办华侨学校蔚然成风。随着华侨经济的不断发展壮大，菲律宾华文教育也出现了较为鲜明的商业化倾向。有许多经济实力的商人把办学校作为一种投资方式，这种投资在效益上虽不能立竿见影，但投资教育能提高自身的名誉和信誉，从长远角度看是能够对自己的事业产生有利的影响。无论动机如何，对于华文教育的发展都是有利的，在这些力量的推动下，华文教育焕发出新的生机。

二 华侨教育会的推动

辛亥革命时期，菲律宾华侨有感于振兴国民教育的重要性，同时受菲律宾人重视教育的影响，将扩充华侨学校视为侨社发展的当务之急。学校教育在华侨社会属于慈善事业，隶属于善举公所管辖，经费亦由其

---

① Victor Purcell, *The Chinese in Southeast Asia*, London: Oxford University Press, 1980, p. 559.

② 杨建成：《三十年代菲律宾华侨商人》，台北：中华学术院南洋研究所，1984 年，第 39 页。

调拨和发放。1912 年、1913 年，民国政府相继公布了壬子、癸丑学制，奠定了中华民国的学校体制，成为新式学校教育的法制基础，海外华侨学校也主要参照这些学制办学。

（一）菲华教育协会成立

1914 年 12 月，为了解决华侨学校办学经费不足问题，推动马尼拉乃至全菲的华侨教育的发展，马尼拉华侨各界代表讨论成立菲华教育协会。中国驻菲律宾总领事刘毅代表及华侨代表推举陈迎来、施光铭、陈清源等 63 人为教育会董事，并成立了菲华教育协会（the Philippine Chinese Educational Association）。随后召开的董事会上，推举陈迎来为会长，施光铭为副会长。菲华教育协会的主要任务就是有效利用教育附捐，避免过去经费来源靠商人自愿认捐的不稳定状态。而且，按华商营业额来承担教育经费，既公平合理，华商负担也不重，人人都有发展侨社教育事业的责任。[①] 征得华侨商人认可后，华侨教育附捐办法由马尼拉税务部门代收。直到太平洋战争爆发，教育附捐取消，但教育会仍负筹集经费的任务。

（二）菲华教育协会功能

菲华教育协会在马尼拉兴办学校，维持部分学校的办学经费，同时也扶助群岛各地的华侨教育。教育协会设立董事局，专门负责管理该会的资产，审定各校开支，规划教育协会的发展，聘请该会及各校人员，评定工作人员薪水等事宜。教育协会还设有学务部，以所属学校校长为部员，专门负责学校改革及审定教员资格。[②] 菲华教育协会的成立，使华文教育有了一定的组织支持和制度保证，一些华侨学校相继成立。1912 年，广东籍国民党人创办了爱国阅书报社属下的爱国学校。1915 年，中西学校经正式申请登记获美国政府的承认，这是在美国统治下核准立案的第一所外侨学校。1917 年普智阅书报社创办的普智学校，1919 年闽商会馆创设的闽商学校，同年华侨工党（即华侨工人联合会）创设的华侨

---

① 即在税务部门征收营业税时，额外加征一定比例的费用作为教育经费，教育附捐为营业税的 2%，如营业税为 100 比索，即加征 2 比索为教育附捐。由于效果良好，1921 年教育附捐提高到 4%。

② 颜文初：《三十年来菲律宾华侨教育》，载《小吕宋华侨中西学校三十周年纪念刊》，马尼拉：中西学校，1929 年，第 30 页。

公学等，都由教育会负监督和行政之责。同年，美国圣公会创办了华侨女学。1925 年天主教创办了华侨钦正中学。1926 年，菲华教育协会更名为华侨教育委员会（Committee on Overseas Chinese Education）。同年，中华民国政府通令规定所有华侨学校改用“国语”教学。[①]

华文教育如火如荼地开展，也影响到马尼拉之外的“山顶州府”，那里的华侨社会也相继设立华侨学校，为其子弟普及教育。在推进群岛各地的华侨教育工作方面，教育会倡议各地华侨对兴办华侨学校给予支持和捐助，并赢得华侨社会普遍响应。

第四节　华校华文教育的繁荣

1899 年 4 月 15 日，清政府派驻菲律宾的第一任总领事陈纲[②]在广大华侨强烈要求和支持下，以及为“对付资本主义剧烈商战、培植人才、以固吾侨之地位。”[③] 在中国驻菲领事馆内筹办了小吕宋华侨学校，同样亦冠名中西学堂。[④] 至此，第一所菲律宾华侨学校应运而生，陈纲的教育计划得到了清政府的大力支持。[⑤] 应该说，中西学堂实现了华侨三个多世纪的夙愿，在广大华侨的拥护与参与下，菲律宾华文教育逐渐走向兴盛。

一　华文教育的奠基时代

中西学堂不仅是菲律宾第一所华校，也是海外华人社会中第一所由

---

① 萧曦清：《中菲外交关系史》，台北：正中书局 1995 年版，第 680—682 页。

② 陈纲，字紫衔，西班牙殖民统治时期菲律宾华侨甲必丹陈谦善之子，年幼时被父送回福建家乡接受传统教育，学成后入京参加会试，登进士及第。他上任不久即响应广大华侨的愿望，提出设立华侨学校，并得到华商的广泛支持，他的教育计划也得到清政府的竭诚响应，一部分经费由大清领事署经费下开支，另一部分由华侨自动捐献。载《教育大辞典——民族教育、华侨华文教育、港澳教育》，上海教育出版社 1992 年版，第 420 页。

③ 彭乃杨：《小吕宋华侨中西学校》，载《小吕宋华侨中西学校五十周年纪念特刊》，马尼拉：中西学校，1949 年，第 2 页。

④ 1888 年，美国旧金山中华会馆创办中西学堂；1895 年，中国高等教育的雏形——天津中西学堂在盛宣怀倡导下创办；1897 年，孙中山先生在日本横滨创办中西学堂。

⑤ Antonio S. Tan, *The Chinese in the Philippines, 1998 - 1935: A Study of Their National Awakening*, Quezon City: R. P. Garcia Publishing Co., Philippines, 1972, p. 160.

慈善机构捐资兴办的学校，在菲华教育史上揭开崭新的一页。[①] 学堂在课程设置中没有合适的教科书，只教四书五经、尺牍、珠算等中文课程。中西学堂不收学费，学校开办之初有学生 21 人，全都是在菲出生的华侨子弟，次年即由善举公所管理及负责经费。[②] 1902 年，善举公所脱离领事馆独立运作，中西学堂正式隶属善举公所。在善举公所的关怀下，由中国聘请施乾担任第二任校长，同时聘请美国、西班牙教师任教，增设英、西文课程，开设了华校使用双重课程和双语教育的先例，以扩大华侨商业社会的需要，中西学堂很快步入现代化的教育轨道得以名副其实。[③] 在经过办学初期的探索后，中西学堂教学方式和教学内容都逐渐成形，还开办了夜校，以方便华侨青年在工作之余学习。夜校开办之初，为了鼓励店员和工友等学生的学习积极性，中西学堂决定全部学生都免交学费。[④] 夜校也分设中文部和英文部，与全日制学生使用同样教科书。根据华侨青年学生的实际需要，学校还加授实用商业尺牍。英文部除分设各年级外，还增加开设了打字班和簿记班。与全日制学生不同的是，由于夜间授课时间短，夜校学生只能选择在中文部和英文部学习，两者不能兼学。由此可见，菲律宾华侨教育不仅着眼于为华侨学龄子女提供受教育机会，还在于提高广大华侨的文化水平和教育程度，进而提高华侨在当地社会的适应力和竞争力。1912 年 2 月，怡朗创立了中华实业学校，这是菲律宾创建的第二所华侨学校，后该校与尚实学校合并更名为怡朗华商学校。1915 年 9 月，宿务正式创办中华学校，这是在菲律宾开办的第三所华侨学校。当时只有学生 50 余人，以后学生逐年增加，办学经费皆由华侨社会捐助。

---

① Eufronio M. Alip, *Ten Centuries of Philippine-Chinese Relations*, Manila: Alip & Sons, Inc., 1959, p. 124.

② ［菲］庄长泰：《校史简介》，载《菲律宾中西学院百年纪念暨迈进新世纪纪念刊》，马尼拉：中西学院，2009 年，第 8 页。

③ ［菲］李逢梧：《华教先驱》，载《菲律宾中西学院百年纪念暨迈进新世纪特刊》，马尼拉：中西学院，1999 年，第 31 页；Hsiao Shi-Ching, *Chinese-Philippine Diplomatic Relations, 1946–1975*, Quezon City: Bookman Printing House, 1975, p. 279.

④ ［菲］潘肇英：《七十年来的中西学校概况》，载《中西学校七十周年纪念特刊》，马尼拉：中西学校，1969 年，第 439 页。

二 华文学校的黄金时期

1917年殖民当局立法委员会通过了2706号法案，加强对私立学校的监督和管理，促进菲律宾私立教育的发展。① 受此影响，华侨学校发展也十分迅速。至1925年，菲律宾增设普智、西仔婆中西分校、圣公会、爱国、闽商、华侨工学、三民、尚螺、侨中、粤侨公学、百阁11所华侨学校。而马尼拉华侨学校也增至9所，致使高小毕业生日逐渐增多，回国升学存在诸多不便。为此，1923年6月，教育协会创设了第一所华侨中学，以满足华侨子弟学习的需求。1926年，百阁学校改为第三小学第二分校，专办夜校，溪仔婆改为第三小学第一分校。华侨各校所收学费都上缴教育委员会，再由其依照预算，逐月发放各校，不足部分另设营业附捐制度弥补不足。在其营业税中，加抽2%为教育附捐，并请菲律宾税务局代收。

1925年3月12日，孙中山先生逝世，马尼拉、怡朗两地分别创设"中山"学校。从此之后，菲岛的华侨学校加速发展，尤其是在外省"山顶州府"的华文教育事业更显示出方兴未艾之势。至1928年，各区华侨人口均显著增加，侨校则也顺势发展。至1935年，设有华侨学校的城市增至51所，遍及巴拉望以外全菲各地区。除怡朗尚实合并外，外埠华侨学校已增至56所。其中，增办初中部的学校有宿务中学、怡朗华商、古岛中华、苏洛当仁、宿务中山5所学校。专办初小的学校有15所，附设夜校的学校10所，各校均英、汉课程兼授。学生人数以宿务、怡朗、贺洛、三宝颜、阿巴里、纳卯6埠为多，其余均在百数以下，不到30名学生的学校有20所，学生总数4000余名。② 马尼拉增办中山、钦正、青年、工余、中华、猛醒、民生、巴西、曙光、南洋、义德、平民、红光13所学校。至此，马尼拉华侨学校已达23所，全菲华侨学校则有80所之多。③

---

① ［菲］约兰达V. 哈维尔：《菲律宾教育的昨天和今天》（Yolanda V. Javier, *The Filipinos: Their Education Yesterday and Today*），欧内斯特印书局2005年版，第37页。

② ［菲］王瑞芳：《七十年来菲律宾华侨学校之发展》，载《中西学校七十周年纪念特刊》，马尼拉：中西学校，1969年，第312—316页。

③ 周胜皋：《海外华文学校教育》，台湾侨务委员会侨务研究室，1969年，第70页。

1928 年，世界经济萧条，菲律宾华侨经济也遭受打击，教育捐款逐年减少，出现入不敷出的情况。1932 年 6 月，为节省经费开支，部分华侨学校取消了分校。教育会虽设法筹募特捐、增加学费、减低教员薪水，但仍无法筹足资金，最后以发行筹捐券来渡过难关。至 1934 年 3 月，华侨教育会不仅偿还了所欠债务，而且还有盈余。至 1935 年，除中西、侨中两所学校仍由教育会经办外，其余各华侨学校都自行经营。在此期间，马尼拉增办了华侨中学、圣公会女学校、第一女校、南洋公学、平民学校 5 所初中和高中学校。根据马尼拉商会统计的学生人数，中西为最多，学生 1026 人，依次为普智 698 人、第一女校 458 人、圣公会 321 人、中山 316 人等，全菲的华侨学生有 1 万人之多。

1937 年，抗日战争爆发后，中国大批知识分子、学者和学生来到菲律宾避难，他们充实了华文教育的师资队伍，造就了菲律宾华文教育"兴盛时期"。[①] 由于国内来到菲的学生日渐增多，菲律宾各大城市和地区侨校纷纷增设初中部，或创办完全中学，扩建校舍以适应华侨教育的迫切需求。菲岛的华文教育，反而呈现出欣欣向荣的气象。1940 年菲律宾华侨学校增加到 124 所，有华侨聚居的地方就有设立华侨学校，尤其是中等教育可谓此期一大特色。[②] 至 1941 年，菲律宾群岛的经济、文化各方面，均有长足的发展，华侨学校也达到最繁荣时期。太平洋战争爆发后，日军占领菲律宾，所有华校被关闭，许多教育工作者被杀害，华文教育遭受严重摧残。

三　华文教育的影响

第二次世界大战前，随着东南亚华侨处境的不断改善，华文教育得到普及和发展，华侨社会组织与人们的意识形态发生急剧的转变，他们一改过去的"过客心态"，掀起了薪传中华文化的浪潮。"一些华侨对于其他社会事业，或有漠视之处，独有华文教育，大多数尽力支持。"[③] 华

---

① 张存武、朱浤源、潘露莉：《菲律宾华侨华人访问记录》，台北："中央研究院"近代史研究所，1996 年，第 302 页。

② ［菲］王瑞芳：《七十年来菲律宾华侨学校之发展》，载《中西学校七十周年纪念特刊》，马尼拉：中西学校，1969 年，第 315—317 页。

③ ［菲］陈烈甫：《菲律宾华侨教育》，台北：海外出版社 1958 年版，第 8 页。

侨希望子女学习中文，接受祖国文化熏陶，让中华民族文化在海外传承和发扬。华侨清楚地认识到，学校教育在维持华侨社会方面的关键作用。没有华文教育，就没有华侨社会，这种说法并不为过。① 纵观东南亚华文教育的发展可以看到，华文教育的产生和蓬勃发展，为中华文化的承传奠定了坚实的基础，对华侨社会的影响是极其深远的，主要体现在以下几个方面：

（一）华侨保持了中华文化特质

许多在东南亚本地出生的华侨子女，因没有接受华文教育的机会，自然会更多地受殖民文化或当地文化的熏陶。在这样的境况下，经过几代人的时间，华裔后代逐渐丧失了讲中国语言的能力，语言是文化的载体，无讲中文之能力，自然也就谈不上传承中华文化了。他们变成了地道的印尼人、菲律宾人和泰国人，融入当地社会的洪流之中。有时由于在经济利益上竞争，他们还会与新华侨发生激烈的冲突。不少华侨拥有巨资，富甲一方，可是一旦去世，因为子孙忘记祖宗，于是有“终生劳碌，只不过为番仔添丁发财”的感叹！② 华文教育得到发展，使保持了华人族群对中华文化认同和对民族之“根”的认同。因此，华文教育是华人族群保留文化的最重要武器。

（二）增进了华侨社会的凝聚力

华侨对祖国的感情渊源于血缘、文化和共同的历史承担，形成了海外华人的民族主义。华文教育不但承传了中华民族文化，也加强了其种族的认同，激发了民族觉悟，增强了团结意识。东南亚华文教育正是“无数热心侨胞，以血汗培养之成果”，而这种中西合璧的教育既保证了华侨社会的文化特色，形成了华侨社会的良好风气，也促进了华侨社会同当地人的文化交流与和睦共处。同时，华文教育提高了华侨的科学文化素养和在当地谋生的竞争力。为适应那里政治、经济状况的改变，求得生存空间，华侨不像以前“各人自扫门前雪，莫管他家瓦上霜”那样单打独斗，意识到必须有强有力的团体为后盾，才能谋得自身的权益。

---

① Gerald A. McBeath, *Political Integration of the Philippine Chinese*, Research Monograph No. 8, Center for South and Southeast Asia Studies, University of California, Berkeley, 1973, p. 79.

② ［菲］陈烈甫：《菲律宾华侨教育》，台北：海外出版社 1958 年版，第 10—11 页。

因此，知非团结不足以图生存，非谋互助不足以言发展。①

（三）加强了与中国本土的联系

作为海外华侨，他们既有保存传统的“中国化”的一面，又有为适应生存环境而“当地化”的二重性。这种移民的意识和感情，以及他们同祖国所保持的血缘和地缘关系，使早期寓居东南亚的华人彰显出“中国化”的特征。但是，许多异域出生的华裔年轻人接受了当地教育，当他们在习俗和文化上更适应之时，便开始逐渐摆脱了中华文化的影响。他们当中很多人对与中国的特殊关系不以为然，也不承认自身的民族身份，有些华裔朝着完全“印（尼）化”“菲化”“泰化”方向发展，为了尽快融入当地社会，他们与中华民族和民族文化渐行渐远，直到国家认同的转变。令人感到非常遗憾的是，东南亚政坛上有不少以积极排华著名的人物，竟有华人的后裔，炎黄子孙而以煎迫炎黄子孙为能事，那不是有煮豆燃豆萁的悲哀！② 华文教育恰恰改变了这种令华侨感到不快的状况。此外，东南亚的华文教育模式，基本上按照国内标准并结合当地教育特性来创办，其教育宗旨是培养华侨具有中华文化特质，唤醒他们的中华民族意识，从根子上对祖籍国的认同。这样，华文教育充当了一种良好媒介，有效延续了民族文化和民族意识，维系了海外华侨的民族属性和祖籍国的民族感情，成为与祖国保持密切联系的纽带和产生“向心力”的重要因素。

---

① 林惠阳：《菲律宾华侨社会之研究》，台湾中国文化学院民族与华侨研究所，硕士论文，1977年，第33页。

② ［菲］陈烈甫：《菲律宾华侨教育》，台北：海外出版社1958年版，第6页。

第四章

华侨的文化保持与华校“危机”

西班牙殖民统治菲律宾期间，华侨广泛投身基础建筑和商贸行业，他们一路披荆斩棘，凭借坚韧不拔的毅力，不断谋求自身生存和发展，也成为当地社会不可或缺的力量。华侨无论在经济还是文化上，都取得了令人瞩目的成就。太平洋战争爆发后，日本侵略者随即占领马尼拉，并肆意残害当地人民的生命和权利。华侨也被沦为被杀戮、排斥和利用的对象，华侨社会遭受毁灭性打击，其文化形态也被严重破坏。第二次世界大战结束后，中国作为反法西斯的战胜国，国际地位迅速提升，华侨的民族自豪感大为增强。他们竭力重拾经济领地的同时，积极医治华文教育的创伤，大力兴办新的华侨学校、华文报纸和传播媒体。菲律宾摆脱美国殖民统治后，把经济建设摆在首位。由于长期遭受殖民统治，原住民对发展经济缺乏信心，尤其是对于外侨在商业上的优势如鲠在喉。于是，大批民族主义者要求政府清除“殖民经济的残余”，实现由原住民主宰的国家经济。[①] 当地华侨遂成为被攻击的对象，菲化法案层出不穷，华侨经济遭受重创。幸运的是，菲华案未涉及华文学校，华文教育仍然砥砺前行。新中国成立后，菲律宾参与组成美国亚太地区防御体系，实施孤立、排斥新中国的政策。[②] 菲律宾与台湾当局保持着“外交关系”。台湾当局沿袭重视华文教育的传统，争夺华侨的政治认同和文化阵地，积极协助华文教育事业，以此达到主导华侨社会的目的。而风起云涌的

---

① 姜兴山：《试析菲律宾“戒严政府”时期华侨社会的演化》，载《世界民族》2016 年第 2 期。

② Eufronio M. Alip，*Ten Centuries of Philippine-Chinese Relations*，Manila：Alip & Sons，Inc.，1959，pp. 164 – 165.

“菲化运动”终于蔓延至华文教育领域，华校联合会凝结华社力量奋起抗争。夹缝中的华文教育渡过一道道难关，冲出“险阻”走向新的发展征途。而民族运动并没善罢甘休，“本土化”运动不断席卷各地。在生存的压力下是第一要义，许多华侨主动接受落地生根的现实，华侨社会也逐渐向华人社会演化。

第一节　华校华文教育的复苏

太平洋战争爆发后，华侨学校师生与菲律宾人一道抗击日本侵略者，由于日军的残酷镇压，牺牲的华侨师生不计其数。华文学校遭到严重毁坏，教学仪器几乎损失殆尽。仅存的几所华侨学校，有些被日军强占作为军事用地，有些侨校成为难民所。日本投降撤出菲岛后，广大华侨积极投身到华文教育的恢复中，被关闭的华侨学校都“春风吹又生”，先后复校。被毁的侨校重新在废墟中站立起来，继续传承中华文化的火种。与此同时，华侨社会经济复苏，相对稳定的社会环境促使华侨掀起新一轮的办校热潮，华文教育迎来新的发展时期。

一　日军对华文教育的破坏

太平洋战争爆发后，日寇迅速侵占菲律宾群岛，大肆抓捕反日华侨人士，掠夺中国商人的资产，摧毁华文教育事业。华文学校被迫关闭，华文报刊停办。日本侵略者施行奴化教育，强迫菲律宾人和华侨学习日语和日本文化，华文教育受到严重摧残而进入最黑暗时期。

（一）日军对菲律宾的侵占

太平洋战争爆发后，日军把侵略矛头直指东南亚诸国，目的是抢占重要的战略位置，掠夺那里丰富的物质资源，包括印尼的石油、马来亚的锡和橡胶、菲律宾的椰油、泰国和印度支那国家的铁、煤和大米等农产品。同时，迅速占领缅甸和越南，妄图切断美国向中国运送抗战物资的交通线。1942 年 1 月 2 日，日军占领马尼拉，仅仅数日之内，巴沓安、古黎希岛亦落入敌手。日本军队肆意逮捕菲律宾进步人士，侵占“敌对国”侨民的资产，血腥镇压反日和抗日分子。同时，鼓吹建立“大东亚共荣圈”，无耻地宣称日本是“亚洲的领袖”“亚洲的保护者”和“亚洲的光明”，以此美化其野蛮的侵略行径，菲律宾进入法西斯统治的黑暗时期。

（二）日军对华文教育的摧残

日军攻占菲律宾期间，在中国驻菲大使馆的引导下，华侨教育和文化工作者被疏散到外省各地躲避。[1] 日军当时对华侨采取逼迫与利用的双重政策，华侨的产业、店铺、报社和学校，均被贴上敌产的标签封存，华侨教育被迫停止进行。日军在马尼拉设立军政监署，统管一切政治、经济、文化与宗教等事务。命令菲律宾人组建“菲岛中央行政机关”，以替日军发号施令，学校复课必须得到该机关批准。日寇对华侨社会采取“软硬兼施”，一方面培植亲日势力分子，成立了傀儡华侨协会（Chinese Assocation）；另一方面对华侨实行残酷的法西斯统治，致使战前蓬勃发展的华侨教育受到重创。日军占领当局规定，凡是由中国人或任何敌对国侨民管理及拥有的学校，在未接到通知许可之前，一律不得重新开课。华侨学校被标封停办，一些学校在战争中被日军强占或焚毁，学校的图书、仪器和设备也被日军洗劫一空，许多教育界人士被迫改名换姓远避他处。[2] 菲律宾华侨中学的校舍被日军占为兵营，教职工被迫逃散，学校被迫停办。中正中学亦惨遭损毁，学校董事会及教职员工牺牲者达 14 人。即便未遭毁坏的华侨学校，由于日军对工厂、银行、学校、教会、印刷厂、剧院等设施进行严格的管制，一些华侨学校都只能关闭。

日军首先准予菲律宾的小学复课，然后日军又同意菲律宾大学、农医院两所学校复课。而后中等学校及私立学校，被先后准予复课。但是，复课的学校必须按照日军的法令，学习日语和日本文化，违令者会被处以严惩或杀戮。需要说明的是，当时私立学校得以复课或愿意复课者，为数甚少。尤其华侨学校校长、教员，具能忠贞自矢。若非韬晦名字，远僻各处，则多方设策，不为敌人所驱使，故陷敌期间，绝未有一所学校，在日寇引诱下开学而致施行奴化教育。至于侨生之学业，有些侨生

---

① 张家福：《菲岛沦陷时期的华侨》，载《小吕宋华侨中西学校五十周年纪念刊》，马尼拉：中西学校，1949 年，第 86 页。

② 鲍事天：《菲律宾华侨教育概况》，载《菲华年鉴（1964—1965）》，马尼拉：菲华商联总会，1965 年，第 O—37 页。

到自设的私塾登门就教，华文教育并未全废。唯多年心血所建校舍，则或遭炮火损毁，或遭日军占用掠劫，损失极为惨重。根据各校记录统计，全毁及半毁者约占60%。贵重教学用的教具和设备，几乎损害和遗失殆尽。根据国民政府教育部教专处调查，华侨学校损失总数有300万菲币以上。[①]

（三）教育人士的反日斗争

抗战初期，菲律宾华侨学校师生多进行疏散以躲避战乱，有些开展抗日活动，沦陷后则转为地下工作，或从事抗日宣传，或加入游击队，配合盟军作战，或打击汉奸，协助维持治安。许多文教工作者和学生出版地下报纸，宣扬民族正气，报道国际形势，作抗日统一战线的喉舌。[②]虽然条件极其困苦，但他们艰苦卓绝、英勇不屈，有些华侨师生陷身敌手，惨遭杀害。有些作战抗敌阵亡，乃至炮火牺牲或病故者，不计其数。

日军为了报复反抗的抗日华侨，大肆拘捕侨界首领和领事馆官员，并且公然违反国际公约，将侨领和领事馆全部外交官员秘密杀害。战后，国民政府教育部教专处立即公布了第一批殉难教职员名单及事迹，包括中西学校校长颜文初等14名教师遇难。[③]行政院给予英勇就义的教师明令褒扬，并发给每名遗属特恤金2万元。随后，负责调查华校损失的专员吴研因，奉国民政府之命调回国内，教专处亦以海外侨教行政改隶而裁撤，调查工作乃暂告停顿。

据一般估计，华文教育界及文化界抗争就义牺牲者，数以千计，兹转录当时发表之一段记载如下：“暴日攻陷菲岛，我爱国志士殉难而死者，确数多少，迄今未详，诚一憾事，考诸报载，数达5000以上，但其中除政府外交官员外（指杨光泩总领事及馆员等7人），即属各地抗敌救国领袖，或因锄奸而被捕杀者之爱国青年，或因同情爱国运动而资助游

---

① ［菲］王瑞芳：《七十年来菲律宾华侨学校之发展》，载《中西学校七十周年校庆纪念特刊》，马尼拉：中西学校，1969年，第318页。

② 《菲律宾华侨抗日游击支队建军五十周年纪念特刊》，马尼拉：华支退伍军人总会，1992年，第76页。

③ 颜文初，1882年出生，祖籍福建晋江。1913年，赴菲律宾被聘为华文报纸《公理报》编辑，后被聘为《教育丛刊》《教育月报》编辑。1918年任华侨中西学校校长，直至1942年罹难。

击队之热血侨商，或因服从中央抗日国策而作地下宣传反日活动之文化界志士，此五千早报杀身成仁舍生取义之国家优秀大国民，其抗敌伟大工作之途径虽殊，然其忠贞一死报效国家则一也。”① 由此可见，日军侵占菲律宾期间，华侨与菲律宾人民并肩作战，抗击日本法西斯侵略者，然而华侨的损失也是十分惨重的。

二 华侨社会对文化教育的恢复

第二次世界大战后，中国作为同盟战胜国之一，国际地位迅速提升，增强了菲律宾华侨的民族自豪感，极大激发了他们的爱国情怀。与此同时，华侨社会经济状况大为好转，为恢复华侨教育，弘扬中华文化，成为华文教育复苏的推动力。菲律宾各地华侨社团和教育机构立，强烈呼唤民族教育的延续。为此，华文教育复苏工作全面展开。

（一）“教育协定”对华文教育的保障

1944 年，菲律宾美军率联军大举反攻，疯狂的日本军队在马尼拉实行焦土政策，华侨社会的重要机构和社团被严重破坏。如中华商会、华侨抗敌会、国民党总支部、中华青年会、各大宗亲会、四大报社（《华侨商报》《公理报》《新中国报》《新闽日报》），还有普智、曙光、中山、爱国以及南洋中学等十余校均遭殃被焚。② 整体而言，日本军队侵占菲岛时期，蓄意破坏华侨民族文化，试图从精神层面摧毁华侨的意志。致使华侨经营多年的华文教育遭受重创，尤其是校舍设备几乎全部被毁，这大大增加了战后华文教育复苏的难度。

1947 年 4 月，国民党政府与菲律宾共和国签订了《中菲友好条约》，其中第六条规定，“缔约此方之国民，得在彼此领土内，在与任何第三国国民同样条件下，依照彼方之法律规章，享有设立学校，教育其子女之自由，暨和平集会及结社出版祀典，及信仰埋葬及营墓之自由。缔约此方之国民，得在彼此领土内，在与任何第三国国民同样条件下，依照彼

---

① ［菲］陈笑予：《华侨各界公祭抗日殉难烈士概述》，载《菲律宾与华侨事迹大观》第二集，马尼拉：菲律宾华侨事迹大观出版社 1951 年版，第 36 页。

② 鲍事天：《菲岛沦陷三年的惨痛史实》，载张存武等《菲律宾华侨华人访问记录》，台北：“中央研究院”近代史所，1996 年，第 235 页。

方之法律规章，享有取得继承持有租赁占用，及以出售遗嘱赠与或其他方法，处分任何种类之动产或不动产之权利，暨经营贸易及其他和平与合法事业之权利。"[①] 在此条款下，菲私立教育局，对华侨学校最多只能"加强监督"而已，中文部只须向中国政府侨委会立案即可，有关中文课程和中文教师，菲教育部从不过问，[②] 菲政府教育部不干涉华侨学校华文教育的政策，为华文教育发展提供了宽松的环境和独立的空间，这也是战后初期菲律宾华文教育的快速发展的主要原因。

（二）华社商业的进步

美国统治菲律宾时期，推行"美菲自由贸易"政策，使美国大量的商品得以向菲律宾市场倾销，而菲律宾的农产品也可以运到美国销售。这种双边贸易，对两国经济的发展起到了促进作用。美国政府为了扩大这种自由贸易，还利用殖民政府的行政权力，鼓励发展农业和海陆交通运输业，设立银行信贷机制等。这些措施在保障美国垄断利益的同时，客观上促进了菲律宾生产领域的发展，提高了菲律宾人民的购买能力，也刺激了菲律宾商业的发展。虽然这种经济是以美国垄断当地贸易为前提的，但也提供了更为深厚的商业土壤。

美国成为菲律宾新的宗主国之后，推行"民治"和"法治"，华侨的日常生活和产业都有了一定保障。华侨依靠商贸经验和生产技能，凭借刻苦创业的奋斗精神，能够相对稳定地从事他们的经济活动。由于美国将禁止华工入境的法律移植到菲律宾，宪法上也规定外侨不得拥有矿山、农地和森林。因此，在美国统治时期，华侨的经济活动主要是在商业和工业领域。在美国经济的带动下，菲律宾经济也出现了相对的繁荣局面。美国资本家和菲律宾企业主利用这种有利形势，扩大对菲律宾工农业的投资，从而使某些经济作物的种植业和农产品加工业在短期内有了很大的发展。这种形势也促使华侨增加投资，使他们在农业和航运业等领域有了较快的发展。可以说，这个时期是华侨经济发展的黄金时期。[③]

① 中华民国政府外交部编印：《中菲友好条约》，白皮书第九十五号，1947 年。

② Pao Shih Tien, "Should the Chinese Schools Be Abolished?" in Shubert S. C. Liao (ed.), *Chinese Participation in Philippine Culture and Economy*, Manila: Printed in the Philippines, 1964, p. 346.

③ 黄滋生、何思兵：《菲律宾华侨史》，广东高等教育出版社 1987 年版，第 316—317 页。

华侨所从事的商业领域中，同菲律宾人民生活最为密切的是商品零售业。华侨的零售店遍布菲律宾城市和乡村，甚至在边远的穷乡僻壤，也有华侨商店销售日常用品。在较大的城镇里华侨商店规模较大，其中包括百货店和各种专业店，资本相对比较雄厚，华侨商店都是从小零售店逐渐发展壮大起来的。在华侨零售商中，绝大多数是小零售商。在他们当中，资本在700比索以下者居多，而拥有1000—2000比索资本的华商占少数。① 有的华商依靠血缘和地缘关系，利用自己的名誉和信用，从大商行里赊购商品，或利用华侨金融机构贷款，经营小规模的商品零售业维持生计。华侨零售店所以取得这样的成功，是由于这些华侨商人善于克勤克俭，节衣缩食、铢积寸累，把每一个铜板都投入到扩大经营方面。遍布各地华侨零售店业形成巨大的销售网，它们成为菲律宾经济社会中不可或缺的组成部分。在公共市场中设摊摆卖的华侨摊商，主要集中在马尼拉等大城市。他们经营副食品的生意，规模虽小，资本也有限，但对于马尼拉市民及华侨社会却关系重大。他们经营的日常主副食，直接影响着市民的生活。经营进出口业的华侨商行，大多是在美国统治时期创办起来的。华侨的金融业是因华侨工商业的发展及侨社的需要而发展起来的，主要为侨社服务。由于闽籍华侨移居菲律宾较早，人数较多，在菲从事商业的历史又较长，因而多从事商业，在侨社中资本较为雄厚，掌握着重要商业，在工商业和金融业方面居于支配地位。

菲律宾社会流行着一种说法，认为在美国统治时期，华侨控制了菲律宾国内商业的70%—80%。② 第二次世界大战之后，此说法甚至演变成华侨控制了菲律宾经济的70%—80%。③ 这是没有任何依据的论调，它只是人们凭华侨在马尼拉一地所得的印象，或者是别有动机者捏造的谎言。这种说法给华侨社会长期带来被动的后果。由此引发限制华侨商业法令肆意泛滥，尤其是菲政府制定的各种经济菲化案，在许多经济领域禁止

---

① 林绍基：《菲律宾华侨商业发展概览》，载《马尼拉中华商会五十周年纪念刊》，马尼拉：马尼拉中华商会，1954年，第56页。

② 叶绍振：《三十年来菲岛国内商业并对外贸易》，载《小吕宋华侨中西学校三十周年纪念刊》，马尼拉：小吕宋华侨中西学校，1929年，第35页。

③ Michael Mcphelin, "The Chinese Question," in Shubert S. C. Liao (ed.), *Chinese Participation in Philippine Culture and Economy*, p. 184.

华侨涉足。这意味着那些竭力捏造和鼓吹“华侨控制菲律宾商业说”的人终于达到了自己的目的。[①] 风起云涌的经济菲化案，对华侨社会的商业造成了沉重的打击。但幸运的是，也促成了华侨大规模地进入制造业和金融业和进出口业等新型行业。华侨社会经济的被动转轨，也为他们开辟了另一片广阔天空，使华人经济成为菲律宾经济的主要支柱之一，也为华侨的生存和发展创造了坚实的基础和条件。1947 年，菲律宾华侨资本在菲总贸易额中占 33.51%，而同年美国资本占 33.59%，其他菲律宾人资本占 22.7%。[②] 可见，华侨凭借商业经验和资本优势，再次获得经济上斐然的成就。

纵观战后初期的华侨社会，由于菲政府对华侨的排斥，无形中推动了华侨从商品零售业向工业转型。可以说，从此以后华侨社会否极泰来，也造就了另一种商业的繁荣。在菲社会排斥华侨的境况下，促使华侨对祖国投入更多的关注，政治认同上也更加倾向于中国。罗哈斯政府延续美国统治时期的教育政策，“菲化运动”并未染指华文教育，对华文教育没有采取限制措施。在这种背景下，为华侨社会发展华文教育提供了有利的条件。

（三）华社对华文教育的推动

许多华侨在战争期间饱受苦难和迫害，有些人虽然幸运地生存下来，但家业几乎损失殆尽。菲律宾独立后，许多华侨受菲化法案影响而致家境贫寒。[③] 1945 年 7 月，菲律宾华侨“教育专员办事处”鉴于这种情况，经研究组建“马尼拉华侨贫寒学生补助金管理委员会”，由邓汉荣、施性水先后担任主任委员，负责协助筹划及管理华侨贫寒学生补助金事宜，管委会委员由菲华复兴救济委员会与教育专员办事处共同聘请。1945 年 7 月至 1946 年 4 月的两个学期，“马尼拉华侨贫寒学生补助金管理委员会”就支出 20 余万比索，来补助金资助贫困华侨学生入学。其中，10 万比索由中华民国政府补助，其余的经费由华侨商会、宗亲会、慈善机构和宗教社团等募捐筹集。委员会还通过华侨义演收入及华社的婚丧嫁娶礼金

---

① 黄滋生、何思兵：《菲律宾华侨史》，广东高等教育出版社 1987 年版，第 328 页。

② Victor Purcell, *The Chinese in Southeast Asia*, London: Oxford University Press, 1980, p. 559.

③ ［菲］潘肇英：《七十年来的中西学校概况》，载《马尼拉中西学校七十周年校庆纪念特刊》，马尼拉：中西学校，1969 年，第 413 页。

来不断补充经费，受资助的华侨子弟达1000余人。1946年8月，驻菲大使馆段茂澜总领事和吴研因专员另组“马尼拉华侨贫寒学生补助金筹备委员会”，推举侨领潘肇英为主席。自1948年8月至1948年6月，四学期补助金总数达37.4万比索，足见华侨社会对于华文教育的热心和支持。加上中华民国政府的补贴，总计补助金达到60万比索。①

菲律宾华侨教育界和工商界在恢复华文教育的同时，投入更多的资金用于兴办侨校，出现竞相办教育的局面。经历战争之后，华侨的生存环境也有了较大的变化，很多人在商业上实现了成功，但经济能力薄弱者也不乏其人，他们往往为子女的教育费用四处求助，其状堪怜。因此，一些华侨社团和商界名流都慷慨解囊，如宗亲会设立“族生清寒补助金”，帮助贫寒学生解决教育难题。也有成功人士为纪念先人、奖励成绩优秀的后辈而设立奖学金。华侨资助教育事业，容易赢得社会的认可，因此华侨富商大多愿意在教育上投入。概括来说，华侨社会投资教育的形式，主要有以下两种方式：

第一，在华侨学校设立董事会，规划和资助学校的日常运作。有些董事会分属不同的特殊团体，如马尼拉基督教组织创办的嘉南中学，佛教组织创办的能仁中学等，在教育学生学习文化知识的同时，也为宗教组织培养后备人才。有的兄弟会团体也为自办的学校设立董事会，维持学校的日常开支。

第二，设立奖学金、助学金和奖教金，来帮助华侨子弟和教育工作者。在侨校董事会之外，同乡会、同业会、宗亲会和校友会等团体，还设立奖学金、助学金和奖教金。如1947年，陇西李氏宗亲会首创“族生清寒补助金”②。翌年，太原堂王氏宗亲会也设立奖学金。③ 20世纪50年代，菲律宾华人宗亲会的发展进入一个高潮期，不仅恢复曾因战争而中断的宗亲会活动，而且新成立了相当数量的宗亲会。与此同时，各宗亲会为推动“本族”教育，相继设立了奖和助学金，并形成了发展教育的

---

① 萧曦清：《中菲外交关系史》，台北：正中书局1995年版，第683页。

② 《菲律宾陇西李氏宗亲总会金禧纪念特刊》，马尼拉：菲律宾陇西李氏宗亲总会，第140页。

③ Teresita and See（ed.），*The Chinese Immigrants*，Manila：Kaisa Para Sa Kaunlaran，Inc.，1994，p. 205.

制度，来激励优秀“族生”和资助贫困的“族生”求学。

三　华文教育的白银时代

日本侵略者投降撤出菲岛后，广大华侨积极投身到华文教育的恢复中，被关闭和损毁的华侨学校陆续复课。此时，饱受欺凌的华侨更加希望中国的强盛，对民族文化倍加重视，随着华侨社会经济的逐渐复苏，华侨又掀起新一轮的办校热潮，华文教育迎来新的发展时期。

（一）华文教育的恢复

1945 年 2 月，马尼拉解放时，所有校舍都遭受不同程度损坏，少部分保持较完整的华校，则成为救济和收容难民的场所。因此，学校的秩序十分混乱，复课工作备感困难。吴研因专员呈报教育部要求设立“驻菲侨民教育专员办事处”，批准后即展开侨教复兴工作。侨中学校和中西学校各收回部分教室，分别开设中小学补习班；溪仔婆中西学校则在断壁残垣之瓦砾废墟中，搭盖临时校舍，添置简单教学设备，赶在暑假开班授课；闽商培元亦登报招生，设立临时补习班；南弥沙礼示且在教专处指导下，迅速设一初小补习班。

国民政府把华侨教育改由侨务委员会管理，召开的中国国民党第六次代表大会，通过了《促进战后华侨教育事业案》。“教育事业案”的实施办法是：设立海外师资训练所，由驻外使馆出面与华侨居住地政府交涉，请求给予侨教教学的便利，并补助侨教经费，筹集海外文化教育事业基金，劝导侨胞戒除不良习俗，改良中文报纸，编制侨教教材。这些决议成为推进华侨教育的基本原则。侨务委员会拟定《1946 年度侨民教育复员实施办法》，同时教育部也在规划侨教复员工作。海外侨校 90% 以上分布在南洋各地，教育部即召开全国教育复员善后会议，会中通过《南洋华侨教育复员计划》。计划中的工作包括：调查南洋侨校损失及提出赔偿要求，准备恢复南洋各侨校，请外交部嗣后与各国签约时，解除南洋侨校所受的束缚。[①] 这些计划都是以战胜国的地位，来考虑未来华侨教育的推展情形，是相当乐观而有自信的，尤其是希望借以订约和修约，

---

① 李盈慧：《华侨政策与海外民族主义（1912—1949）》，台北：“国史馆”印行，1997 年，第 567—568 页。

一举扫除南洋华侨教育的障碍，显示国人与华侨长久以来的期望。侨委会与教育部都拟订侨教复员计划，两机构都自认负责管理侨教。但是，国民党六全大会通过的“关于侨务行政决议案”决定：海外侨民文化机构的辅导应以侨务机构为主管机关。因此，侨委会要求将海外侨教行政改为该会单独办理，教育部则起而反对。国民政府召开各种座谈会，征求各方意见，决定成立东南亚各国华侨组织复校辅导委员会，筹备华校复校事宜。同时，教育部派代表到东南亚各国慰问华侨教育界人士，分别抚恤和褒扬侨教人员，其中菲律宾就有 76 人。[①] 教育部还令暨南大学、海疆学校、侨民师范学校等高校招收华侨学生，并规定新生中华侨学生的比例不少于 80%。招收的国内学生必须有志于海外华文教育，毕业后赴海外华侨学校执教，人数不超过新生总数的 20%。[②] 然而，国民党政府忙于内战，无暇顾及海外华侨教育，上述法令并没有有效施行。

1946 年 7 月，仅在一年时间内就有 65 所华侨学校恢复上课，还新增设了 28 所学校，华文教育以空前的速度蓬勃发展起来。至 1948 年 8 月，海外华侨学校有 1469 所允予核准登记，比战前增加两倍以上，但仍有大量侨校未经立案登记。[③] 华侨社会怀着对祖国文化的感召，倾注了全部心血来支持华文教育。如果说战前华侨社会兴办华文教育，是为了使华侨子弟受悠久中华文化的熏陶，那么战后初期发展华文教育，就是对祖国的强烈认同和未来的热切希望，期盼祖国强大，使华夏子民不再遭受欺凌。但是，中国内战再次使海外华侨感受迷惘、困惑和痛苦，他们不知道未来将走向何方，不知道“海外游子”是否还能回到家乡。于是，华侨社会把创办华文教育作为对祖国的美好寄托，希望中国早日结束内战，走向繁荣昌盛。一旦不能返回祖国，通过华文教育提高生存竞争力也好在菲岛扎根。因此，菲律宾的华文学校进入快速发展时期，被称为“白银时代”。

---

① 中华民国教育部：《第二次中国教育年鉴》，第四册，第十一编，商务印书馆 1948 年版，第 18 页。

② 新加坡《南洋学报》，第 15 卷第 2 辑，1959 年 12 月，第 39 页。

③ 中国第二历史档案馆编：《中华民国史档案资料汇编》第五辑，第三编（五），江苏古籍出版社 2000 年版，第 665 页。

（二）华校的双重学制

菲律宾华校的教育有特殊的情形，即中英文双重学制。所谓双重学制，就是学生要接受中国模式教育的同时，还要接受菲律宾教育体制的教育。中小学校实行半天的上课制度，学生只在上午或者下午上课学习。这是由于菲律宾人口急剧增长，政府教育经费不足，添建校舍有限，无法满足学龄儿童迅速增长的需求。在这种情况下，菲律宾教育部规定，实行半日教学制度，以充分利用现有的校舍，让学龄儿童和青年都有上学机会。当然，这种制度也便于高年级学生半工半读，减少家庭负担。对于华侨学校来说，学生可以半天接受中国模式教育，半天接受菲律宾模式教育。[①] 于是，大多数华侨学校规定，上午依照民国教育部和侨务委员会所颁布的《侨民学校课程标准》教授中文课程，下午依照菲律宾私立学校教育局规定教授英文课程。由此看出，华侨为使子女生存和发展的需要设立英文部，为了避免子女菲化而设立中文部。[②]

华侨学校中文部教师都是中国人，教授中国传统的教育文化，英文部教师都是菲人，教授菲律宾的教育文化。中文部课程课程体系与中国国内相同，由于时间限制，一些术科授课时间略为减少。英文部课程学制与菲律宾学校完全相同。因此，华侨学校的英文部不但招收华侨学生，还招收菲律宾籍学生。事实上，侨校的英文部也有菲籍学生，大多数是菲籍教师的子女。

华侨学校中、英部之间互不干涉，中文部高中毕业生可以回国升入大学，却不能入菲律宾大学。而英文部中学毕业生可以升入菲律宾的大学，却不能升入中国国内大学。同时，两部监督机构完全不同，设立中文部要向侨务委员会申请立案，接受侨务委员会与中国驻菲大使馆的监督。设立英文部要向菲律宾私立教育局申请立案，接受教育局所派督学的督察。中国驻菲大使馆督察侨校时，只检查中文部的教育和管理。同样，菲教育部督察侨校时他们也只管英文部办学情况。中英文两部受不同部门和不同标准的督察，可能会出现中国督察组检查时，评价侨校办

---

① ［菲］陈烈甫：《菲律宾华侨教育》，台北：海外出版社1958年版，第118页。

② 夏诚华：《战后菲律宾政府菲化政策对华文教育之影响》，载《东南亚华人教育论文集》，屏东：屏东师范学院印行，1995年，第96页。

得很出色，而菲督察组认为此侨校办理不善。另外，侨校学生要缴双重学费，每学期有两种不同的成绩单，毕业时获得两张毕业证。但是，在双重学制下，学生既把中文学好，又把英文学好，是十分困难的事情。①

（三）华校的“双督察”制度

1955年12月，菲副总统兼外交部部长加西亚，与台湾“驻菲大使”陈之迈举行会谈，商讨有关菲律宾华侨学校问题。菲方要求未来将设立的华侨学校，必须向菲国教育部私立教育局登记立案，并取得许可证后才允许办学。菲律宾政府有监督本国人或外国人，所开设的公立和私立学校的权力。② 同时，双方商定所有菲国境内的华侨学校学生，必须修满菲律宾公立和私立学校规定的必修最低标准。根据《中菲友好条约》规定，华侨学校在教授菲律宾法定的最低课程标准之外，可教授中文课程，所授课程应符合菲律宾的法律和政策。台菲双方同意设立联合技术委员会，共同制定各校中文课程的标准和审查中文教师资格，为菲律宾教育部提供参考，委员会由菲律宾教育部和台湾“驻菲大使馆”所派代表组成。至此，华侨学校不仅接受台湾驻菲“大使”的教育督察，而且还要接受菲律宾教育部的督察。③

第二节　华侨的社会文化教育

菲律宾独立后，华侨社会一改往日只注重商业利益，开始参与当地社会公益慈善事业，主动担负起社会的责任和义务，以崭新的姿态展现在菲律宾社会中。华侨作为外来移民，在经济状况稳定发展以后，不断谋求提升自身的教育水平。广大社团和华侨群众积极筹措资金，创办学校教育和重视家庭教育，还重视推进“国语运动”，建设华文图书馆和举办华语广播等社会教育。“学校教育有待于家庭教育为之前导与合作，有

---

① Victor Go, “The Three Main Problems of the Chinese Language Education in the Philippines,” in Teresita Ang See and Lily T. Chua (eds.), *Crossroads: Short Essays on the Chinese Filipinos*, Manila: Kaisa Para Sa Kaunlaran, Inc., 1988, p. 44.

② Eufronio M. Alip, *Ten Centuries of Philippine-Chinese Relations*, Manila: Alip & Sons, Inc., 1959, pp. 129 – 130.

③ Ibid., p. 183.

待于社会教育为之后继与延长。”[①] 学校教育、家庭教育和社会教育，被称为文化传承的“三大阵地”。应该说，华侨社会的进步推动了社会文化教育的发展和兴盛。

一　华侨图书馆的建立

世界各地的华侨集居地区，总是社团林立、商会云集，但在华社拥有图书馆却是凤毛麟角。通常在“唐人街”行走，浓重的商业气息比比皆是，却闻不到书香味道。在菲律宾的“帕里安”也是如此，偶有两三家书摊，也都是报纸和时尚杂志等刊物，形同文化荒漠。较大规模的侨校虽拥有图书馆，但其藏书也不能提供给校外人阅读，而且由于经费原因，书籍种类和数量十分有限。

（一）创办图书馆倡议的缘起

第二次世界大战后，菲律宾华侨社会中常有人抱怨，中华民族拥有悠久的文明史，而菲律宾许多华侨子女却似乎与中华文化无缘，他们的教育缺乏一种文化氛围，没有一家华文图书馆和阅览室，这不能不说是一种遗憾。菲律宾虽有国家图书馆和美国新闻处图书馆，但其中均无中文藏书。所以，关心华侨社会文化运动的有识之士，都认为没有华文公共图书馆是一个很大的缺憾。[②]

1953 年 3 月，台湾当局驻菲“大使馆”公使周书楷，以“黄色和赤色”书刊充斥华侨社会和“防止华侨子弟被此等书刊所毒化”为由，邀请华侨文化社团领袖鲍事天、柯叔宝、李海若等 12 人进行商讨，筹组“文化辅导咨询委员会”，目的是在“大使馆”的领导下，展开中国文化“读书运动”。该委员会推举邢光祖和施颖洲撰写“书评”，并陆续发表在报刊上，希望以此来督促华侨子弟阅读“正当”书籍，养成读书风气。“大使馆”公使周书楷和“参事”田宝岱出席并主持了菲律宾华侨文咨会举行第一次全体会议。在讨论过程中，陈忠戆提出“书评”仅所谓治标，治本之道莫若创办华侨图书馆，并提出图书馆可先办小型，将来逐渐扩大。周书楷对此表示赞同，此项提议获得与会人员的通过，陈忠戆被推

---

① 梁兆康：《华侨教育导论》，台北：海外出版社 1959 年版，第 66 页。

② ［菲］陈烈甫：《菲律宾华侨教育》，台北：海外出版社 1958 年版，第 233 页。

举为主任，草拟创办计划。

（二）筹措图书馆资金

为筹集建设图书馆经费，周书楷与菲华福利总会主席杨启泰，前往美国驻菲律宾大使馆附设的“自由亚洲委员会菲律宾分会”，经与该委员会磋商，同意先期拨付5000比索菲币，作为支持华侨图书馆开办费用。此后，该委员会还划拨2万比索，作为选购首批书籍之用。华侨文咨会举行第二次全体会议，周书楷汇报筹集经费并称亚洲基金承诺，将根据华侨社会筹募此项经费再捐助对等数目，但对等数目以10万比索为限。华侨文咨会提议图书馆定名为“菲律宾华侨公共图书馆”，馆址设在菲华福利总会，并依法向菲律宾政府申请立案，延聘薛育立律师为义务顾问，成立“选购图书”5人小组，推举田宝岱为召集人，陈忠懿、陈国全、施颖洲、潘葵邨和邢光祖为委员。华侨文咨会举行第四次全体会议，宣布华侨图书馆为“非盈利有限公司”组织。股本定为10万比索，分1000股，每股100比索，先由亚洲基金认捐2万比索，等华侨社会认捐后，再由亚洲基金会捐对等数目。杨启泰当场率先认捐1000比索，陈国全认捐500比索，周书楷等其他人各认捐100比索。5人董事会成立后，推选杨启泰为董事长，周书楷、施颖洲、陈忠懿及伍乾滋为董事。另设7人管理委员会，推举田宝岱为管理委员会召集人。菲律宾华侨中缺乏图书馆管理的专门人才，只能采取招聘的方式录用了两位图书管理人员。图书馆选购中、英文两种书籍，中文组由陈忠懿等3人负责，英文组由田宝岱等3人负责。① 这些工作，为华侨图书馆的运行奠定了扎实的基础。

（三）华侨图书馆运行

1954年4月，华侨图书馆期刊阅览室先行开放，前来阅读的不仅有华侨子弟青年，也有菲律宾土著青年，图书馆对于营造学习氛围，起到了积极的作用。图书馆聘请华侨教育界和文化界知名人士，主编《书刊评介》，在四大中文报上刊载。同时，还聘请四大中文报主编及华侨文化人士作评委，举办首次“华侨学生读书论文竞赛”，借以提高华侨读书兴趣，营造华人社会的文化氛围，提高华人族群的修养和素质。此时，图书馆的股东不断增加，如洪采年、陈炎水、蔡文华各认捐1000比索、庄

---

① 萧曦清：《中菲外交关系史》，台北：正中书局1995年版，第587—589页。

万里认捐500比索等。周书楷与杨启泰发动30位侨领组“筹款委员会”，为图书馆发起募捐运动，总共筹集资金6.6万比索。

1955年初，由于经费难以筹集和维持费用巨大，华侨公共图书馆董事会几经协调和商讨后，最终由菲华商联总会接管运营，商总副理事长兼秘书长邓英达同意，由商总福利文教基金划拨经费，来维持图书馆日常开支费用。商总福利委员会召开第七次会议，修正通过“商总福利委员会接管华侨公共图书馆办法”，扩大了图书馆董事会的规模，从福利委员会中再遴选聘用6人，与原来的5人组成11人董事会。管理委员会设正副主任，委员也增加到11人，由鲍事天兼任主任。至1964年，华侨图书馆书籍增至2万余册。其中，中文书籍1.6万余册，英文书籍5000余册。书籍中以文学类最多，约占总额的30%；社会科学类次之，约占20%，史地类约占15%；自然科学及应用科学类约占12%；哲学、宗教及美术类等合占约11%。①

二　华侨社会华语广播电台

广播与报纸一样，都是报道消息发表言论的重要舆论工具，同时也是一种社会文化的教育机构。战后，在广播事业发达的国家，广播事业的重要性及其影响力都在不断提高。截至1958年，马尼拉有4家中文广播社，分别是大东、长城、中菲和国泰。这4家广播社由于规模所限，都还不能自己建立电台，而只能租用菲律宾人的电台，但这种“权宜之计”也发挥了广播电台的独特作用。

（一）华语广播的运作形式

由于投身华语广播的华侨财力有限，华语广播只好租用菲律宾电台，而且时间少的每天只有1个小时，多的每天也仅仅4个小时。广播事业的维持需要经费，而经费的来源主要是广告费用，致使广播内容含有大量的广告。为使广播吸引更多的听众，也配合有华侨喜闻乐见的娱乐节目。此外，还有时事述评、华侨问题论述和讲故事等栏目。②

---

① 邝国雄：《菲律宾华侨公共图书馆》，载《菲华年鉴（1964—1965）》，马尼拉：菲华商联总会，1965年，第O，68—72页。

② ［菲］陈烈甫：《菲律宾华侨教育》，台北：海外出版社1958年版，第232页。

大东广播社曾每晚专门设置成人补习教育1小时，以家庭成年妇女为主要对象。菲律宾华侨社会效仿香港的广播事业，还创办了两个有线广播电台，即海艺和万国，这两个电台都各有千户以上的固定听众。马尼拉的华侨人数不及香港的1/10，因此维持两个有线电台的费用成本较大。这两家有线电台曾一度合作，但由于存在某些弊端，后又不得不分离独办。有线广播电台的广播时间较长，广播内容以讲故事和流行音乐为主，其中章回体小说深受听众欢迎。此外，还开办了教育性的广播"家庭教育及社会教育"，部分材料由台湾当局和美国新闻处提供。每逢节日或纪念日，有线电台与无线电台都播放特别节目，包括演说、歌曲、音乐、朗诵及戏剧等，由各学校、各社团组织分担。节目内容虽算不上精彩，至少可以增添节日色彩，进一步渲染出华侨社会的文化氛围。

（二）华语广播的效果

华语广播为华侨社会提供了受教育平台，同时也是沟通情感的桥梁。华语电台拥有多阶层的听众群体，有成年人，也有儿童；有博学多才的文化人，也有目不识丁的文盲。丰富多彩的节目满足了不同华侨群体的喜好，提高了华侨自身的修养和文化素质。传统的文艺节目，又唤起对祖国灿烂文化的记忆，这对于华侨社会的团结和凝聚以及华文教育的开展都具有重要的推动作用。

社会教育具有多方面的功能。知识的社会教育，在于灌输民众以知识；情意的社会教育，在于修养民众的德性；体育的社会教育，在于增进民众的健康。社会教育的意义，就是将教育事业之范围扩大使之民众化，借家庭及学校以外的环境，以提高社会民众之教育程度，使社会的发展进步受到影响。

三 华社的"国语推行运动"

中国各地方言十分复杂，以至于不同地域的人会面时沟通困难。晚清时期，国势羸弱，被西方列强肆意宰割。许多教育学者认为，中国民众要感情融洽，同仇敌忾反抗列强，国家才能兴盛发达，语言是传递信息和表达情意的工具，统一语言是当务之急。在这种情况下，清政府开始商讨推行通用的汉语，即"国语运动"，遗憾的是最终没能施行。中华民国成立后，教育部在北平召开教育会议，研究注音方案和国音标准。

1918年，教育部公布注音符号，作为全国民众通用的辅导音符，并以北平音为标准，再次推行"国语运动"。此项运动不仅在国内如火如荼开展起来，就连菲律宾的华侨社会也深受影响。

（一）华侨"国语运动"的缘起

旅居菲律宾的侨胞受到"国语运动"启发，产生了学习国语的强烈愿望。旅菲侨胞以闽、粤两省人居多，两省的方言差异较大，即便是每省内部也有多种方言，他们往往不能理解对方的表达，无法正常交流。这些方言宛如不同国家的语言，一定程度上造成海外华侨之间感情的疏远与隔阂。例如：在菲律宾中西学校成立之初，因为方言不同，在教学上遇到诸多困难。"……自清末至民初，埠中尚无其他华侨学校，本校学生系闽、粤兼收。而当时国语还未普遍，粤籍董事提议另开粤籍学生班，聘粤籍教师。至于教授英文，则仍与闽籍学生混合上课。同属中国人，因言语不一，于汉文则闽粤分级而教，于英文则同堂而读，不特可笑亦复可叹。"[①] 面对此困境，中西学校率先聘请国语教师佟文锡来菲任教，由于授课时间有限，学生缺少练习的机会，教授国语效果并不明显。1916年，王泉笙先生创办普智阅书报社，继而又创办普智学校。在宣传革命之余，他积极致力于国语教学的推进。聘请乔伯明先生来到普智学校担任国语教师，国语教学逐渐推广，华侨学习国语的人数不断增多。[②]

1923年，陈迎来在马尼拉开办了菲律宾华侨中学。当时华侨中学的教师以江浙人居多，教授课程都用国语进行。为了使中小学的教学易于衔接，小学的国语教学就显得尤为重要。但国语教师十分缺乏，往往是一位国语教师要兼授多所学校的国语课程。后来陶锡麟、乔杰臣和陈文治等先后来菲，除在华校担任国语教师外，在业余时间分别在私人家庭或店铺教授侨胞学习国语。但因侨社大多数侨胞不懂国语，所以在举行各种纪念大会时，用国语演讲者还要借翻译，除了翻译成闽南语以外，还要翻译粤语。1926年，为了激励国人重视国语推行运动，中国"国语

① 《菲律宾岷里拉中华商会五十周年纪念刊》，马尼拉：菲华岷里拉中华商会，1955年，第165页。

② 伊静轩：《七十年来的菲华国语推行运动》，载《马尼剌中西学校七十周年纪念特刊》，马尼拉：中西学校，1969年，第384页。

统一会”举行了全国“国语运动”大会，目的是使人们了解国语的重要，呼吁人们都要学习国语，避免出现同为中国人不能交流的尴尬局面。国人都会说国语，民众的感情自然融洽，不会被人讥笑为一盘散沙了。同年，民国政府通令所有华侨学校改用国语教学。① 当时伊静轩与乔仲敏正在厦门一带推行通用国语运动，为使此项工作辐射致海外华侨教育，菲律宾成为他们向海外推动国语的第一站。

1927 年，伊静轩应王泉笙的邀请，来到马尼拉担任国语教师。除在每班教授 1—2 小时外，还在夜校国语班授课。那时华侨社会能说国语的屈指可数，即便是侨校教师也不多。为了使更多的侨胞对国语的重视，伊静轩经常辅导教师学习国语，同时鼓励各校学生练习用国语说话。此外，还他还组织过各侨校联合参加的国语演讲比赛，激发广大华侨学习国语的兴趣。1928 年，马尼拉华侨教育会在王泉笙校长的积极推动下，举办了暑期教师国语讲习班，邀请国语运动家乔仲敏先生来菲讲学。这次讲习班的时间虽只有短短的两个月，但对于国语运动的推动却意义重大。为了在更大的范围内推广国语，伊静轩商请驻菲总领事馆通令全菲侨校，在一年之内让所有的侨校教师都能尽快掌握注音符号，以便所有侨校全面改用国语教学。有些侨校教师与热心国语的人士，在他们所在地开办国语班，成立国音讲习所，给当地侨胞提供学习国语国音的机会。各地侨胞有的喜欢平剧，但欣赏平剧必须会听国语；有的喜欢看国语电影，但欣赏国语电影也必须学会国语。与国语相关的文化活动，无形中助长了华侨学习国语的气氛。②

（二）“国语运动”的推进

卢沟桥事变发生后，伊静轩抓住了这个爱国机会，向全菲侨胞宣传说国语的重要性。那时马尼拉东方大药房为招揽生意与《华侨商报》联合，每日在马尼拉最大的 KZRM 广播电台广播节目。1939 年 9 月，伊静轩被邀请在电台做专题演讲，讲题是“抗战时期的华侨国语运动”，这次演讲进一步加强了全菲华侨对于国语推行的关注。受此促动，伊静轩与

---

① Chiong Tan Chang, “Recollections on Overseas Chinese Education,” in *Essays on Overseas Chinese Problems*, Taipei: Yung Shin Press, 1954, pp. 80 - 81.

② 杨建成：《菲律宾的华侨》，台北：中华学术院南洋研究所，1984 年，第 170 页。

药房主人郑汉荣先生及《商报》副经理林曙明先生协商，利用广播节目时间，由伊静轩在电台义务教授国音国语。从那时起，伊静轩先生推广国语的运动由地面的学校，扩大为空中的学校。这种在电台教授国语会话的方法，可以说是华侨教育史上的创举。

日本侵占菲律宾时期，电台宣传国语的工作被迫停止。伊静轩录制的国语会话留声片，以及《国语播音会话》等书籍，都被日军查封。日军对于华文教育工作者更是肆意迫害，伊静轩本人也在被追捕之列，伊静轩遂迁址隐居。在日本占领菲岛的三年期间，国语的推行虽不能公开，但在一些私人家中或商店，国语教学并未停止。第二次世界大战结束后，伊静轩重新在大东广播电台教授国语，由于工作人事变动，不久播教工作即告停止。但他编制注音符号的教材，以及录制的配套留声片，交由金声制片公司发行。电台多采用这套课本作为学习注音符号的范本，侨校则多作为教材，全菲侨校也纷纷改用国语教学。每年暑假，国民政府驻菲总领事馆都会组织小学教师讲习班，除教习注音符号外，还邀请祖国著名学者来菲律宾讲学辅导。当时华侨小学的学生多数会说国语，中学生则讲得更为流利，这让来菲的学者无不感到惊奇。中老年华侨也有很多能说国语，不同地域的华侨见面交谈，已无从前那种“如聋似哑”的奇特现象。

1955 年 5 月，伊静轩为加强国语运动，与台湾学者联系在马尼拉成立“中国语文学会菲律宾分会”①。与会人员大多数是在全菲各地华侨学校执教的中小学教师。为了激励侨胞学习中国语文的兴趣，提高华侨文化的水平，每周日伊静轩都举行学术活动，邀请国内来菲的学者以及当地的学术界名人作专题演讲。先后受邀请赴会演讲的有沈亦珍、潘重规、任泰、卫挺生、梁大鹏、杨希震和王志义等人，前来听演讲的有“大使馆”官员、侨校师生和社会名流。这种活动相当于直接宣传了中国语文，同时也间接推动了菲岛华侨中的学术风气，引起了侨界对于学术方面的关注。

---

① 伊静轩：《七十年来的菲华国语推行运动》，载《马尼剌中西学校七十周年纪念特刊》，马尼拉：中西学校，1969 年，第 385—388 页。

（三）“国语运动”的转轨

台湾前任“驻菲大使”杭立武对于华侨教育十分重视，除每年协助主要侨团于暑期开办讲习班、邀请著名教授分班辅导教学外，还制订了侨教四年计划，即前两年抽调侨校小学教师在暑假期内前往台北，参加国语教学研习；后两年则抽调中学教师赴台北参加国文教学研修，用这种方式逐渐提高侨校教师国语教学的水平。1968 年暑假期间，杭立武又在马尼拉开办菲华暑期文教研究会师资班，使不能赴台北研修的人，在马尼拉也有学习的机会。参加师资班的小学教师和高中毕业生达 200 余人。师资班特别注重注音符号的教学，以便有志担任教育工作的人在今后从事国语教学时不遇到太大的困难。为了鼓励各侨校实施国语教学，台湾“驻菲大使”丁宪薰指示侨校从 1968 年度上学期开始，由小学一年级即用国语教学。

1969 年 3 月，菲律宾华侨学校联合总会理事会通过议案，即全菲各地华侨小学国语教科用书，自 1969 年度上学期开始，改用台湾编译馆主编的《国民小学国语》。[①] 这套教材配合说话教材，作为教学注音符号课本。学生在十周内学会了注音符号的读法、拼法和声读的分别法，然后再读国语课本第一册。第一册的课文全部有注音符号，学生看了注音符号，就会逐字诵读。这样既节省了老师的教学时间，同时也减少了教师逐字教授的困难，对于“国语运动”的推进，发挥了更大的效果。要想学会标准国语，必须学会注音符号。从小学一年级开始就学会了注音符号，以后循序渐进，到六年级小学毕业时，国语的基础已经打好，以后升学或就业都是非常方便。

国民党政府退居台湾后，依然在台湾使用并在海外推进“国语运动”。中华人民共和国成立后，祖国大陆采用的普通话也是在此基础上发展起来的，而且二者差异不大，都是以北方音为标准，只是腔调略有不同。20 世纪 70 年代以降，随着中国在国际事务中的地位越来越重要，通用的普通话得到广泛的推广。可以说，作为近代通用汉语的国语在海外的推行和发展，为海外华侨社会的团结以及华文教育的进步，起到了有

---

① 伊静轩：《七十年来的菲华国语推行运动》，载《马尼剌中西学校七十周年纪念特刊》，马尼拉：中西学校，1969 年，第 389 页。

力的推动作用，也为普通话的国际推广奠定了坚实的基础。通用的语言能够使身居海外的广大华侨相互沟通交流与和睦相处，也增强了华人族群的凝聚力和对中华文化的认同。

第三节 华侨文化传承的台湾因素

第二次世界大战后，在罗斯福勾勒的世界新秩序的蓝图中，中国应是一个亲美的国家。不仅可以维护美国在亚太地区的利益，而且充当遏制苏联在东北亚扩展的缓冲带。为此，美国采取了扶蒋反共的对华政策，支持国民党达到“统一中国”的目的。[①] 新中国成立后，美国在经济、军事和外交等方面支持台湾当局，力图把台湾作为反共的桥头堡。菲律宾与美国签署的“菲美基本条约”，使菲律宾成为美国反共的前哨。于是，菲律宾和台湾当局形成了一种特殊的关系。[②] 台湾当局借助在菲律宾的便利，通过多方位的反共宣传，使许多华侨对新中国产生了疏远。[③] 台湾当局试图通过扶植华文教育，来获得华侨对台湾当局的政治认同，达到控制华侨社会的政治目的。

一 台湾扶助菲文化教育的动机

国民党政府退居台湾初期，仍代表中国在联合国参与国际事务。台湾当局打着反共的旗帜，利用国际环境的“有利”因素，在美国教育援助的支持下，协助东南亚华侨发展华文教育事业，与中国大陆争夺华侨社会的认同。由于财力匮乏，国民党对于华侨教育支持不断减弱，但美国政府的“美援”为台湾注入了动力。而这时新中国与东南亚的大部分国家均未建立外交关系，不能通过外交手段支持华文教育事业，这给了

---

① 周素勤：《美国对菲政策中的意识形态因素》，国家图书馆博士学位论文，2006 年，第 113 页。

② Theresa C. Carino, “State Ideology, Policies and Ethnic Identity: the Case of the Chinese in the Philippines,” in Teresita Ang See and Go Bon Juan, eds., *The Ethnic Chinese*, *Proceedings of the International Conference on: Changing Identities and Relations in Southeast Asia*, Manila: Kaisa Para Sa Kaunlaran, Inc., 1994, p. 152.

③ Hsiao Shi-Ching, *Chinese-Philippine Diplomatic Relations*, *1946 – 1975*, Quezon City: Bookman Printing House, 1975, p. 41.

台湾当局提供了“有利”时机。

（一）主导华侨社会

中华人民共和国的成立和冷战在亚洲的蔓延，使得台湾地区在美国全球战略中的地位迅速上升。尤其是朝鲜战争的爆发，美国开始重新思考和确定其远东政策。这也促进台湾当局与菲律宾结为密切的“盟友”。争取菲律宾华侨社会的支持以及扶植当地华文教育，便成为台湾当局的一种政治策略。第二次世界大战中，美国军事情报局远东战略小组“台湾问题专家”柯乔治在向美国政府呈送的“台湾战后处理计划”中，就主张战后对台湾实行国际管制。1942 年 7 月，他在致美国政府的备忘录中，指称战后台湾有三种前途，即独立自治、交还中国和实行临时托管。柯乔治声称，台湾对美国在远东的战略意义如此重要，不能轻易地将台湾交还给中国控制。[①] 1950 年 1 月，美国总统杜鲁门曾宣布，美国对台湾采取不干预政策。但随后不久，中国入朝参战，美国借机改变了“台湾政策”，派第七舰队进入台湾海峡，阻挠新中国解放台湾的计划。从此，台湾问题成为中美发展友好关系的障碍，以及双方争端的“核心”问题。由此，台湾当局也得以借助美国的势力与中国大陆对峙，并采用重视华文教育的政策。可见，出于争取海外华侨的政治目的，败退台湾的国民党政权利用外交和经济，特别是华文教育手段，扩大台湾对菲律宾华社的政治影响，从而达到台湾当局主导华侨社会。

（二）争夺政治文化认同

从 20 世纪 50 年代开始，为达到利用海外华人力量为其“反共复国”服务的目的，台湾当局把侨民教育列入“政府的重要施政方针”范围。台湾当局一再强调“无侨教即无侨务”，大力推进岛内侨生教育，扶植海外华文教育，极力培养海外华侨对自己的归属感。侨教逐渐成为台湾当局维系与华侨社会之间的纽带，与此同时，华文教育也是获得华侨向心力的重要工具，以及严密控制菲华社会政治的“本钱”。[②] 国民政府时期，鉴于海外侨校越来越多，为了加强对侨校的指导及建立统一的侨民教育

---

① 贾亦斌：《论“台独”》，团结出版社 1993 年版，第 8 页。

② 《于长庚先生访谈录》，载张存武、朱浤源、潘露莉《菲律宾华侨华人访问记录》，台北：“中央研究院”近代史研究所，1996 年，第 319 页。

制度，侨务委员会与教育部先后制定了《侨民教育实施纲要》和《侨民学校立法规程》等章程，规定了侨民教育的基本方针，劝导华侨出资兴办或改进中等小学、师范学校、补习学校、图书馆等各级学校和文化机构，从而改变了华侨的就业结构，增加了华侨的资本积累。为了主导菲律宾华侨社会，台湾当局采取了传统方式，重视扶植发展菲律宾华文教育，进一步争取和巩固菲律宾华侨对台湾当局的“归属感”和政治认同。1950 年，菲律宾华侨代表团出访台湾，并受到热情欢迎，为此还成立了华侨联合组织支持台湾当局。[①]

（三）用教育控制华社

早期的中国移民以谋生获利为目的，由于生存环境的恶劣，他们的思想意识还不具备薪传民族文化之条件，他们在菲律宾久居后逐渐融入于当地种族之中。清朝后期，菲律宾华侨移民数量激增，经济地位迅速提升，移民凝聚力不断增强，民族意识开始觉醒，具有本民族文化特色的华侨社会逐步形成。[②] 美国统治菲律宾时期实行开明的教育政策，使华文教育随之蓬勃发展。在海外华侨社会中，侨教、侨报、侨团被视为维系华人社会存在与发展的“三宝”。可见，华文教育在维系侨社发展中具有十分重要的作用。悠久的中华文化是华侨社会凝聚力的基石，而华文教育则是海外华人文化得以存续的重要纽带和发展的内在动力。民国政府自成立后就非常重视海外侨务工作，尤其是华侨的华文教育，多次派人赴南洋考察学务，令驻外领事监管侨校，并制定华侨学务规程，鼓励兴办侨校。[③] 1927 年，国民政府把扶助海外华侨教育工作再次提到议事日程，旨在维系华侨对祖国的忠诚，并在文化、教育上加以引导。[④] 因此，台湾当局重视海外华侨教育，有其深刻的历史渊源和政治因素的，而发展侨教是想把海外广大华侨视为其目的的支柱。

① Eufronio M. Alip, *Ten Centuries of Philippine-Chinese Relations*, Manila: Alip & Sons, Inc., 1959, p. 166.

② 周南京：《菲律宾与华人》，吴文焕译，马尼拉：菲律宾华裔青年联合会，1993 年，第 87 页。

③ 郁汉良：《华侨教育发展史》，台北：“国立”编译馆 2001 年版，第 200 页。

④ 陈传仁：《海外华人的力量》，世界知识出版社 2007 年版，第 212 页。

二 推动菲律宾华文教育的措施

台湾当局把华侨教育视为侨务工作的第一要务，十分重视对海外华侨教育的推进和实施。1952年，台湾当局召开第一次侨务会议，蒋介石在致训辞中称："第一要发展华侨教育，弘扬民族文化。"① 这次会议制定了《当前侨务纲领》，把"促进侨民教育并扶植海外文化事业，给侨胞能继承祖国之文化传统"作为侨教的方针。1956年，台湾"侨委会"委员长郑彦棻强调："在维护侨民利益、辅导华侨经济及发展华侨教育的三项侨务基本工作中，华侨教育是中心环节。"② 同年，台湾当局在马尼拉成立了"菲华文化协会"，旨在推动双方教育文化交流。台湾当局为达到其政治目的，主要采取了以下措施：

（一）控制华侨学校的发展

这是台湾当局菲律宾华文教育政策的重中之重。1947年4月，中国国民政府与菲律宾签订了《中菲友好条约》。其中第六条规定："缔约此方之国民，得在彼此领土内，在与任何第三国国民同样条件下，依照彼方之法律规章，享有设立学校，教育其子女之自由。"③ 在此条款下，菲律宾私立教育局对华侨学校只能是"加强监督"而已，中文部只须向中国政府侨委会立案即可。有关华侨华文教育事宜，菲教育部并不干预，这就为华侨合法办学提供了基本保障，也为菲律宾华文教育的繁荣发展创造了有利条件。国民党退据台湾后，菲律宾所有华校的中文部仍按先前的程序进行运作，即通过台湾"驻菲领事馆"，向台湾"侨委会"登记立案，接受台湾"驻菲领事馆"的监督和检查。《侨民学校立案规程》对华校的教育目标、组织制度、教学管理、课程设置等都有明确规定，同时华校还要接受台湾海外事务委员会指导。④ 华校的华文教材也由"侨委会"审定提供。为适应菲国环境，这些教材又修订为菲律宾版。台湾将菲律宾的华文教育作为其教育系统在菲律宾的延伸，试图达到控制菲律

---

① ［越］《远东日报》1957年10月13日。

② 庄国土：《华侨华人与中国的关系》，广东高等教育出版社2001年版，第469页。

③ 中华民国政府外交部编印：《中菲友好条约》，白皮书第九十五号，1947年。

④ Eufronio M. Alip, *Ten Centuries of Philippine-Chinese Relations*, Manila: Alip & Sons, Inc., 1959, p. 129.

宾华侨学校的目的。

1950年，美国麦克阿瑟将军向杜鲁门总统和国会提出协助台湾加强防御的建议，使“台湾成为西太平洋上不沉的航空母舰。”① 1953年，美国副总统尼克松访问东南亚后，注意到了当地华侨社会的快速发展，同时也意识到部分华侨对于祖国的政治认同还处于摇摆和迷惘的状态。尼克松认为，帮助台湾当局扶持、发展华文教育事业，有利于助其争夺华侨社会的文化阵地，可以扩大台湾当局在东南亚的势力和影响，并通过向华裔青年灌输西方民主思想以及传播西方文化，阻碍共产主义在华侨社会的影响。鉴于此，尼克松向美国政府提出援助建议，并得到了国会的批准。于是，美国遂援助台湾当局在东南亚的文化教育。

1955年，风起云涌的菲化案还是波及华文教育领域，台湾“驻菲大使馆”公使代办周书楷即出面斡旋，并成立“5人小组委员会”代表华校奋力抗争。1957年，在台湾“驻菲大使馆”的策划下，“菲律宾华侨学校联合总会”宣告成立，该会对台湾在菲律宾发展华文教育，联络、规划和发展华校起到了“主宰”和“决策”的作用。台湾海外华侨事务委员会就是试图建立台湾与海外华侨之间的密切关系，主要通过举办教育、文化方面的学术会议或讨论会来进行。1955年9月，在台北就举行有328名代表参加的会议，其中包括来自菲律宾等的238名海外代表。与会代表主要是校长、教师、出版商、作家、音乐家以及电影发行商。这次会议通过了如下意见：1. 加强和巩固海外华文教育事业；2. 改善物质条件，以使海外华文教育和文化工作得以实施；3. 提高其教育和文化水平。会议还达成了几项原则，即与所在国政府进行密切合作，以获得更加有益和尊严的生活；强化海外华人在精神上抵制共产主义；提高海外华校的效率等，这些措施都是为了掌控海外华文教育的发展。

（二）培育华校师资人才

1954—1965年，12年内美国共援助台湾教育部与侨务委员会的“美援侨教经费”318118638元新台币和1057444美元，这在当时是一笔巨大的款项，对于战后东南亚华文教育的发展起到积极的推进作用。其中，

---

① 萧曦清：《中菲外交关系史》，台北：正中书局1995年版，第4页。

1958年资助力度最大，达到5600多万新台币和30余万美元。“美援侨教经费”主要用于：1. 发展华文教育的基础建设，增添学校建筑；2. 提供华文教育的基本条件，增置学校设备；3. 保障学生的基本生活开支，承担侨生旅费、生活费及课程活动费。这笔经费的目的在于，鼓励受教育的华侨优秀学生，使之成为东南亚华侨教育的新生力量，积极从事社会文化的华文教育工作。台湾当局由“行政院”制定有关人员成立“东南亚侨民教育计划工作小组”专门负责接收“美援侨教经费”，并作为具体决策机构。[①]“行政院”院长陈诚指派的成员有：“教育部”部长程天放、“侨务委员会”委员长郑彦棻、“美援运用委员会”秘书长王蓬、台湾省教育厅厅长邓传楷。而美国方面，大使馆指派安全分署教育组长白朗博士、大使馆文化专员惠波女士等7人。从1954—1962年，赴台湾就读的侨生1.3万多人，其教育经费几乎全由美援承担。[②] 1962年，美国停止资助侨生到台湾学习，当时台湾的经济好转，当局仍预算巨额经费，继续支助侨生到台湾学习。

长期以来，制约菲律宾华文教育发展的一个重要因素就是合格的师资严重匮乏。台湾当局通过鼓励菲华青年赴台就读师范专业，帮助菲律宾华侨开设师范学校，培养华文教育人才。海外华人事务委员会还发起了一项计划，从台湾向不同的海外华社派出专家，以帮助改善其教育水平，同时也接收海外华人学生在台湾完成学业。该委员会还在台湾师范大学实施对海外华文教师进行为期一年的师资培训计划。1955年，台湾还新建了两所主要针对海外华侨学生的学校。[③] 同年，为发展华侨教育、社会教育、侨报业务和吸引侨生到台湾升学，台湾当局专门召开华侨文教会议，并制定了《当前华侨教育工作纲领及实施要点》。自1957—1967年，菲律宾华侨师范专科学校共培养了269名毕业生，虽然这些人中多数已弃教从商，但少数从教者成了华校的中坚力量。从1957年起，台湾当局利用假期接收海外华校教师赴台进行研修学习，每年定期举办华校小

① 郁汉良：《华侨教育发展史》，台北：“国立”编译馆2001年版，第473—474页。

② ［泰］《世界日报》1959年10月1日。

③ Eufronio M. Alip, *Ten Centuries of Philippine-Chinese Relations*, Manila: Alip & Sons, Inc., 1959, pp. 131 - 135.

学教师研修班。并且为提高华侨学校的中学师资，台湾当局举办中学教师研修班。1973 年起又举办华侨学校中、小学校长观摩研修班。在历年举办的海外教师培训班中，菲律宾参加的教师在各国中人数最多。此外，台湾还派遣学者去菲任教或培训教师，来指导菲律宾的华文教育。从 1952—1968 年，台湾就向菲律宾派遣教师 50 人，利用暑假去菲律宾讲学的也有 57 人，辅导人员达四五千人之多。为进一步开展华文教育，台湾当局还在海外开展华文教育联合办学。1956 年，台湾“侨委会”设立侨民教育函授学校。1966 年，该校更名为中华函授学校，设有华文教育等三个组。由于菲律宾华侨学校的学员人数较多，台湾当局在菲律宾设立了该校的面授班。①

（三）编制华校教材

教材是教育的重要工具。1952 年，台湾当局组织编印教科书供应海外侨校，其中编著的《南洋华侨学校教科书》就是在菲律宾华校首先使用的。1954 年，台湾当局又组织编印初中的国文、历史、化学等教科书共 18 册，编辑《海外文库》11 卷 158 种。1968 年，根据海外华文教育的具体情况，台湾当局又将各种课本全部改编为 8 种 570 册。同时，有关人员编辑了各种大众性读物，寓华文教育于文化娱乐之中。1973 年，马科斯政府通过立法手段，在三年之内将华侨学校全盘菲化，并停止向台湾“侨委会”立案，华文课程全部取消，只允许开设一门华文选修课。由于华校菲化后课程大量削减，教育内容也大幅度改变，原有的教材已无法使用，为此台湾“侨委会”重新编写了一套中小学华文教材。教育菲化后，虽然所有的华校由菲律宾公民管理运作，华校的许多教科书仍来自台湾，当地的华文教师都是在台湾受到培训和系统性的再培训。②

除此之外，台湾当局极力控制作为舆论喉舌的华文报刊，把华文图书馆的创建作为台湾当局推动华文教育发展的成就。通过推行“国语”运动，使身居菲律宾的华侨进一步沟通交流，增进华人族群的凝聚力和

① 姜兴山：《台湾当局对菲律宾华文教育的影响》，载《台湾研究集刊》2011 年第 1 期。

② Theresa C. Carino, “State Ideology, Policies and Ethnic Identity: the Case of the Chinese in the Philippines,” in Teresita Ang See and Go Bon Juan, eds., *The Ethnic Chinese*, *Proceedings of the International Conference on: Changing Identities and Relations in Southeast Asia*, Manila: Kaisa Para Sa Kaunlaran, Inc., 1994, p. 153.

对中华文化的认同。扶助菲华新文学，吸引更多的华裔青年对台湾文学的追逐。所有这些措施，效果都是十分“明显”的。

1975 年，中国与菲律宾建立外交关系，菲律宾按照国际法遂与台湾当局“断交”，虽然台湾与菲律宾的“外交”关系不复存在，但经济往来仍然十分密切。台湾当局在马尼拉设立了“菲华文化经济总会”，开展所谓文化和经济活动。但实际上，该机构是台湾在菲律宾的代表机构。① 而菲律宾的华侨社会已经演变为华人社会，台湾当局对菲律宾华文教育的培植由公开转入地下，而华人社会以及华文教育也逐渐转向中国大陆。

三 台湾当局对华文教育的影响

从海外华侨华人社会发展的历程来看，华文教育具有保持华人特质和传承中华文化的功能，同时也是塑造国家认同和族群认同的主要途径。台湾当局极力扶助菲律宾华文教育，对薪传和弘扬中华文化，培育菲华社会人才起到积极作用，推动了当地华侨社会文化教育事业的发展。同时，极大促进了华侨社会的进步，保持了华侨社会的特质和族群地位的提升，使华人成为菲律宾社会最有影响力的少数民族之一。菲律宾华文教育在发展过程中，对当地民族文化、宗教信仰和风俗习惯也产生了深刻的影响。同时，作为培植民族精神的武器，华文教育使华人族群意识和凝聚力进一步增强，对培养海外华侨对中国的政治和文化认同是颇有成效的。但是，台湾当局控制和发展菲律宾华文教育，也产生了一些消极影响。

（一）制造华社内部的矛盾

台湾当局利用中国大陆与菲律宾的阻隔，以及承认华侨“双重国籍”的诱惑，在菲律宾通过文化教育进行反共宣传，使本已深受国民党影响的华侨社会对新中国怀有疑惧和疏远的态度，致使菲律宾绝大多数华侨

---

① “菲华文化经济总会”前身是 1909 年在菲律宾成立的“中国同盟会菲律宾分会”。1921 年改称为“中国国民党马尼拉支部”，1936 年又改为“中国国民党驻菲总支部”。菲律宾与中国建交后，菲政府显然不允许一个反对中国政府的党派在菲律宾公开活动。迫于形势的变化，其再次更名为“菲华文化经济总会”，成为从事经济和文化活动的民间社团。

决定效忠“中华民国政府”。[①] 台湾当局试图通过控制菲律宾华文教育事业的发展，来获得华侨社会对台湾当局的政治认同和向心力。虽然台湾当局此举收到“明显”效果，但是也人为地加深了菲华社会的矛盾。台湾当局借助菲政府的力量对菲律宾华侨社会的进步势力进行打击，这种在海外同室操戈的行为造成了广大华人的迷惘、困惑和纷争，为此有人发出不要成为中国政治的“小卒”的声音。[②]

（二）造成菲政府对华社的误解

菲律宾国家独立后，一些民族主义者为实现由本土人主宰本国经济的目的，竭力主张采取排斥外侨的菲化政策，菲华社会由此受到了很大的冲击。由于台湾当局制定的华文教育过分强调“国家意识”，号召华侨认同“中华民国”为自己的“祖国”，并参与中国内部的政治事务，这无疑为菲极端民族主义者找到了排华的借口。[③] 尤其是当时创建华校要通过台湾“驻菲大使馆”向台湾“侨委会”立案，这种做法极大地触动了菲律宾极端民族主义者的敏感神经，他们便借此声称在菲律宾国土上推行中国教育，会使华侨社会成为菲律宾的“大社会中之小社会”和“国中之国”。[④] 有人在报上公开指责侨校教科书存心灌输中国民族主义思想，导致华侨学生认同中国，而不认同菲律宾，有碍于菲政府同化政策的实施。菲律宾政府为此特成立了专门委员会，就侨校的经营、管理以及“共党”渗透的可能性进行研究。[⑤] 结果，菲化运动最终波及华文教育领域，华侨学校成为众矢之的，主张关闭华校的舆论沸沸扬扬，不但华校

---

① Hsiao Shi-Ching, *Chinese-Philippine Diplomatic Relations, 1946 – 1975*, Quezon City: Bookman Printing House, 1975, p. 41.

② Teresita Ang See and Lily T. Chua, eds., *Crossroads: Short Essays on the Chinese Filipinos*, Manila: Kaisa Para Sa Kaunlaran, Inc., 1988, p. 5.

③ Jose Ma. Hernandez, "Chinese Schools and Communism in the Philippines," in Shubert S. C. Liao (ed.), *Chinese Participation in Philippine Culture and Economy*, Manila: Printed in the Philippines, 1964, p. 339.

④ ［菲］陈烈甫：《菲律宾的民族文化与华侨同化问题》，台北：正中书局 1986 年版，第 132 页。

⑤ 鲍事天：《四十年前抗争菲化侨校的艰苦历程》，载《养浩集》，马尼拉菲律宾中正学院诗田文教基金会，1996 年，第 54 页。

遭到冲击，而且华文教育本身也成为中菲外交关系中一连串争论的焦点。①

（三）阻碍了华人融入当地社会

台湾当局发展菲律宾华文教育，过分强调华裔青年学习中国传统文化和伦理道德，阻碍了他们融入当地社会的进程。对于华裔青年来说，他们不仅需要接受华文教育以传承中华文化，而且更重要的是，他们必须接受居留地的教育以适应当地生活。华侨现实的生活受居留地所限，许多关心华侨华文教育的人士都只注意让华侨不忘祖国、保持中华文化，而忽略了他们适应侨居地生活的需要。过去，华侨不重视深入研究侨居地的文化、语言和民族特性，忽逢土著民族独立，即遭排华厄运，流离失所，这显然是不重视寄土教育的结果。既然打算长久在菲律宾居留，甚至有些已经加入菲国籍，那么华人就要抛弃“落叶归根”的思想，承认“落地生根”的客观现实，主动融入当地的社会经济发展当中去。这并非要华侨放弃祖国教育，而是要使华侨的祖国教育与寄土教育并存，两者缺一不可，相辅相成。②

综上所述，发展海外华文教育固然很有意义且十分重要，但深入研究和了解华侨华人社会所在国的国情和当地华侨社会的基本情况更为重要，这是制定切实合理的华文教育政策的基础。就已然演变成为异质群体的菲律宾华人社会而言，其个体政治文化认同不尽相同。绝大多数的华人政治认同趋于当地化，而文化认同呈现多样性。因此，在海外华人社会推动华文教育要以去“政治化”为基础，这样才不会使已被同化的华人产生困惑。既然海外华人融入当地主流社会是历史的必然，那么入籍后的华人就应主动融入当地社会，在政治上认同当地。因此，菲律宾华人也应该脱离中国政治的影响，摒弃党派成见，团结一致，共谋华人社会的长远利益，真正融入菲律宾社会。华菲融合并不意味着华人要抛弃自己固有的中华文化传统，而是要学习和吸收菲律宾的民族文化，并用优秀的中华文化来丰富菲律宾的民族文化使其更加绚烂多彩。在这方

① Hsiao Shi-Ching, *Chinese-Philippine Diplomatic Relations, 1946 – 1975*, Quezon City: Bookman Printing House, 1975, p. 275.

② 陈继修：《华侨与寄土教育》，载《华侨月刊》一卷三期，1948 年，第 11 页。

面，台湾当局这一时期在菲律宾推广华侨教育的政策留下了很值得人们思考的教训。①

第四节　教育“菲化案”对华校的冲击

菲律宾独立后，狭隘的民族主义喧嚣乍起，促使菲政府“掀起”限制或夺取外侨经济的“菲化运动”，试图以此来提高本国人的经济地位，实现由菲律宾人掌控的国家经济命脉。② 从首任总统罗哈斯执政开始，“菲化案”就层出不穷，并成为菲律宾独立后 20 余年政治、经济与教育上的主题。菲政府既施行经济菲化政策，又对华侨加入菲律宾国籍严加控制，使广大华侨游走于菲律宾社会的边缘，处于生存艰难的不利境地。在“菲化运动”的后期，菲律宾政府把教育菲化作为重要的同化工作，致使华侨学校危机四伏，面临被关闭的危险。为此，菲律宾华侨学校成立了华侨学校联合总会（简称校总），与菲政府展开奋力抗争。最终教育菲化政策还是被强制执行，在政治同化政策的共同推动下，菲政府放宽了华侨入籍条件，华侨社会过渡到华人社会，华侨学校发生重大变革，菲律宾华文教育也发生了本质的变迁。

一　“菲化运动”的缘起

美国殖民统治菲律宾期间，为迎合菲律宾人民提高经济地位的“诉求”，频繁出台菲化法案，限制华侨经济的发展，排斥华人族群的社会权益，来转移菲律宾人对美殖民者的不满。菲律宾独立后，菲政府把发展经济摆在国家战略的首位，但长期遭受殖民统治使本土人对发展经济缺乏信心，认为外国侨民，特别是华侨既有经验又有资金，甚至还歪曲控制了菲律宾的经济命脉。③ 为此，菲政府没有制定有效的经济发展规划，却把目标设定为排斥华侨经济，期望实现由菲人掌握的国家经济。

① 姜兴山：《台湾当局对菲律宾华文教育的影响》，载《台湾研究集刊》2011 年第 1 期。

② 菲律宾独立后的华侨占外侨的90%以上，人数次之的美国、西班牙侨民享有本地人几乎同等的权利，实际上“菲化运动”主要就是排斥华侨。

③ 姜兴山：《教育“菲化运动”对菲律宾华文教育的影响》，载《南洋问题研究》2013 年第 1 期。

（一）“菲化运动”的产生

首任总统罗哈斯执政后，其狭隘民族主义思想不断作祟，在其支持者的怂恿下，菲化经济法案不断涌现。如果说战前菲律宾民族主义运动是为争取政治上的独立，那么摆脱美国殖民统治后民族主义情绪高涨，在很大程度上是想实现所谓经济上的独立。在这种情况下，菲政府通过立法手段对本国人的经济发展提供扶植和保护，某些行业限制或禁止华侨涉足，最终使菲人取代华侨的经济地位，这就是“菲化运动”的目的。“菲化运动”是菲律宾独立后经济政策的主流，许多政治人物时常发表菲化言论，借此炫耀其“爱国主义”，执政者也急功近利地通过各种菲化法案，来排斥外侨的经济地位，而菲律宾普通民众也认为可以获得理想的经济状况。菲律宾媒体也蓄意渲染，制造恶劣的社会舆论使华侨感到生存压力，有些华商被迫转移被限制的行业或撤离菲岛。其实，菲律宾华侨在经济上占有重要地位，但却未达到控制菲岛经济的地步。只是华侨的经营行业主要偏重于商业，是菲人平日所能触及的，使菲人容易产生华侨主导经济的误解。而华侨的经济实力显赫，也完全是凭借勤俭耐劳和艰苦奋斗逐渐积累起来的。正如米尔斯所说：“在殖民时期结束时，东南亚之繁荣是西方列强的管理与资金，中国人的进取和勤勉共同造就的结果。”① 早在西班牙统治菲岛时，华侨就忍辱负重，苦心经营并获得稳定基业。相比之下，菲律宾土著人懒散而又不守信用，由此造成菲岛土著人只知据天时经营农业，而不知从事商业的缘故。② 独立后的菲律宾政府本应帮助土人学习和借鉴华侨商业成功的经验，制订国家经济发展计划，减少失业和增加国民收入等有效措施。而武断排斥华侨不但违反道义，也对菲岛经济的发展毫无益处，最终这些措施的受害者只能是菲律宾人民。

（二）“菲化运动”的蔓延

战后东南亚各国类似情形多有发生，诸如缅甸的“缅化运动”、印尼的“印化运动”、越南的“越化运动”等，实施的目的基本都是针对华侨。相比之下，上述国家的“运动”使华侨较容易加入所在国的国籍，

---

① Lennox A. Mills, *Southeast Asia*, Minneapolis: University of Minnesota Press, 1964, p. 110.

② ［菲］陈烈甫：《菲律宾与中菲关系》，香港：南洋研究出版社 1955 年版，第 14 页。

对华侨来说冲击并不十分严重。但菲律宾的民族化运动却不同，政府一边推行“菲化运动”，一边又严格限制华侨的入籍，常使许多华侨陷于无路可走的窘境。[①] 菲化政策出台后，每年的国会都有各种菲化议案，其中有些被执行，如：1946 年，罗哈斯总统签署了公共菜市摊位菲化案；1948 年，罗哈斯总统又签署了银行与专门职业菲化案；1951 年，季里诺总统签署了进口统制与外汇统制法案；1954 年，麦格赛赛总统签署了零售商业菲化案等。菲化案给华侨社会以沉重的打击，许多华侨被迫放弃被限制的家族产业，转移经营其他行当或离开菲岛，华侨社会处在惶恐不安之中。

“菲化运动”没能使菲律宾本土人掌控国家经济，却使政府支持菲人经营商业的贷款都难以收回，国家经济的发展十分缓慢，菲律宾政府也背负了沉重的债务包袱。菲民族主义者又以华侨社会是“国中之国”“大社会中之小社会”为借口，极力为“菲化运动”辩解，同时把同化华侨作为其“国策”，希望利用华侨来发展菲律宾国家经济，并从文化根源上彻底改变华侨，使他们真正为菲律宾国家服务。为此，菲律宾民族主义者想方设法把“菲化运动”扩展至教育领域上，正如菲律宾历史文物保存会主席小阿方索·菲利克斯所说：“造成这一排华的运动，乃是文化问题。”[②] 的确，文化差异是华侨与土著人很难调和的根源，菲律宾民族主义者也同样认识到这点，于是把“菲化运动”的目标又对准了华侨社会的华文教育上。

（三）教育“菲化案”的出笼

1955 年初，菲律宾众议院反菲活动委员会宣称：“南岛的华侨校被共产党渗透，有些学生组织‘读书会’来从事反菲活动；宿务的华侨学校也有共产党‘潜伏’，并传播其思想。”[③] 此后，菲律宾社会舆论就不断渲染此消息。《马尼拉时报》及《纪事报》都高调报道了反菲活动委员会

---

① ［菲］陈烈甫：《菲律宾的资源经济与菲化政策》，台北：正中书局 1969 年版，第 207 页。

② Afonso Felix Jr. , *How We Stand*, *The Chinese in the Philippine.* (*1570 - 1770*), Vol. 1. , The Historical Conservation Society, 1966.

③ “Report of the Board of National Education, 1955—1957,” *Philippine Department of Education and Culture*, *Manila*, p. 3.

的“调查”，并呼吁关闭所有华侨学校，其他报纸也相继刊登此类报道。从此，华侨学校成为菲律宾民众议论和抨击的众矢之的，菲化华侨学校遂成为中菲外交关系中一连串争论的焦点。[①] 菲律宾朝野的别有用心者还大做文章，有人指责侨校教科书灌输中国民族主义思想，导致华侨学生认同中国而不认同菲律宾，阻碍了菲政府的同化政策，甚至有人鼓动政府采取措施立即关闭华侨学校。菲军事当局也随波逐流，提出所谓防止共产党渗透侨校的计划，其中包括：立刻停止核准新设立的华侨学校；华侨学校要将其课程送到教育部审查；菲律宾教育部协助监督华侨学校等。[②] 麦格赛赛总统也发表讲话称：“抵御共产党的活动不仅包括击败其武装力量……更应该从思想上抵制其错误的信条……这就是在教育方面抵制共产主义的战役。”[③] 菲律宾政府还成立了一个专门委员会，由私立教育局长裴必南负责，就侨校的经营、管理以及共产党渗透等问题进行调查。[④] 突如其来的事变使菲律宾华侨社会风声鹤唳，华侨学校处在风雨飘摇的危难边缘。菲律宾国家教育委员会就华侨学校的经营、管理和监督等方面进行讨论，与会的菲移民局长维莫明确主张关闭侨校，其他委员则认为要慎重处理这件事。会上还设立了“5 人小组”委员会，即由私立教育局长杰西·佩皮尼安任主席，远东大学校长、天主教学校联合会会长、基督教学校协会会长及外交部法律司司长 4 人为委员，专门研究有关侨校问题。

二　“校总”抗争与华校危机

华侨学校严格遵循菲教育部的课程规定，仅部分课程用汉语教学，这与菲人普遍认为华侨学校只开设培养中国传统生活的课程是完全不相符的。在菲教育部的监管下，华侨学校按照规定开设了历史、

① 萧曦清：《中菲外交关系史》，台北：正中书局 1995 年版，第 675 页。

② 《菲藉口防共匪渗透建议不准新设侨校》，载台湾《中央日报》1955 年 8 月 9 日。

③ Eufronio M. Alip, *The Centuries of Philippine-Chinese Relations*, Manila: Alip & Sons, Inc., 1959, p. 163.

④ Jesus E. Perpinan, “New controversy over Chinese Schools,” in Shubert S. C. Liao (ed.), *Chinese Participation in Philippine Culture and Economy*, Manila: Printed in the Philippines, 1964, p. 333.

政府和公民课程。[①] 即使这样，一位菲律宾汉学家还指出：“华侨学校阻碍菲律宾的统合，一般来说，华侨学校教导学生认同中国而非认同菲律宾。……菲化华侨学校就是把学校的所有权毫无疑问地掌握在菲人手中。”[②]

（一）华校对教育“菲化案”的反应

1955年8月，“5人小组”委员会召集华侨学校代表：中正学校校长鲍事天、侨中学校校长黄澄秋、曙光学校校长潘葵村、爱国学校校长刘芝田等4人，通报了教育委员会对侨校的不利意见。代表们据理力争，阐述侨校办学经费都由华侨负担，为政府节省大量教育经费；侨校培养青年学生，对菲律宾有利无害；菲律宾入籍条件十分苛刻，华侨子弟无法入籍，学习中文对于返回中国比较容易谋生。[③] 在菲律宾教育委员会讨论侨校问题的同时，台湾“驻菲大使馆”代办周书楷也同菲教育部部长赫兰蒂示和副总统兼外交部部长加西亚进行协调，力争使侨校问题得到妥善解决。随后，三人在菲律宾外交部再次进行会谈，最终达成三项意向性协议：所有侨校都要向私立教育局立案，执行菲政府所规定的英文课程标准；侨校可按照台湾“政府”规定的中文课程标准授课；菲律宾和台湾组成“联合委员会”，执行督察华侨学校事宜。[④] 新任台湾“驻菲大使”陈之迈到菲后，即向菲政府递交了“国书”，并与副总统兼外长加西亚举行会晤，台湾方面同意菲教育部对侨校有全面督察之权。华侨学校学生在修完菲私立学校所规定的课程之外，根据《中菲友好条约》规定，可以教授中方规定的中文课程。[⑤] 1956年5月，菲律宾私立教育局颁

---

① Jaime Batnag, “To Close or not Close the Sino Schools Problem?” in Shubert S. C. Liao (ed.), *Chinese Participation in Philippine Culture and Economy*, Manila: Printed in the Philippines, 1964, p. 354.

② Charles J. McCarthy, S. J., “Chinese Schools in the Philippines,” in *Asia Philippines Leader*, Manila, April 7, 1972, p. 9.

③ 鲍事天：《四十年前抗争菲化侨校的艰苦历程》，载鲍事天《养浩集》，马尼拉：中正学院诗田文教基金会，1996年，第57页。

④ Jesus E. Perpinan, “New Controversy over Chinese Schools,” in Shubert S. C. Liao (ed.), *Chinese Participation in Philippine Culture and Economy*, Manila: Printed in the Philippines, 1964, pp. 334 – 335.

⑤ Eufronio M. Alip, *Ten Centuries of Philippine-Chinese Relations*, Manila: Alip & Sons, Inc., 1959, pp. 129 – 130.

布“第三号通令”规定，从新学期开始，华侨学校中文课程科目、授课表、教职员及学生名册，都要提前报送到私立学校教育局核准，即所有华侨学校的监督权全部交给菲政府。①

在教育“菲化运动”不断恶化的形势下，台湾驻菲“大使馆”建议，为便于和菲政府协调，解决督察侨校所衍生的“民事”纠纷，侨校应成立领导机构，并得到菲律宾华文教育界一致响应。1957 年 4 月，菲律宾华侨学校“校总”在台湾驻菲“大使馆”的积极运作下成立。于是，“校总”作为菲律宾华校代言人，承担起与菲律宾各方面的联络与沟通的责任。

（二）双方关闭华校的“争论”

1960 年新年伊始，菲律宾“反菲委员会”主席贝礼示在国会上指责，许多侨校未严格教授菲律宾的历史、政治及公民科目，还聘请入籍华人教授英文课程，而不是政府规定的土生菲人，侨校升旗仪式是中菲国旗同时升起，华裔学生只唱中国国歌。菲民众对华校存在有大量的误解，有人还认为华侨学校不教菲律宾文化课，在中菲友好关系中产生隔阂，甚至对菲政府统治权产生侮辱。② 众议院移民归化委员会有代表提出，华侨既然打算在菲律宾永久居留，就应送子女到菲校学习，与菲人子弟打成一片，学习菲人的生活文化和风俗习惯。不应该自立门户，并力主关闭所有华侨学校，以加速华侨同化进程。而菲教育部则认为华侨学校和美侨学校享有平等的权利，如果不关闭美国人的学校，那么也不应关闭中国人开办的学校。③ “关闭华侨学校”的议案在菲教育界的反对下，最终未能通过。“反菲委员会”指责华侨学校，称有许多土生菲人和入籍的华人子女反而被侨校所培养成“中国化”。菲律宾国会反菲、教育委员会召开会议，“校总”派中正学校校长鲍事天、侨中学校校长黄澄秋、曙光

① Gerald A. McBeath, *Political Integration of the Philippine Chinese*, Research Monograph No. 8, Center for South and Southeast Asia Studies, University of California, Berkeley, 1973, pp. 96—97.

② Pao Shih Tien, “Chinese Schools in the Philippines,” *Fookien Times Yearbook*, Manila, September, 1961, p. 185.

③ Pao Shih Tien, “Should the Chinese Schools be Abolished?” in Shubert S. C. Liao, (ed.), *Chinese Participation in Philippine Culture and Economy*, Manila: Printed in the Philippines, 1964, p. 347.

学校校长潘葵村、中西校长彭乃扬以及四校的英文部主任出席会议。鲍事天以中正学校为例，将该校的历史、校产、学制、学生数、中菲教员数与教员薪金等进行了详细说明，并强调中正学校招收学生不分国籍、种族和宗教信仰，也有不少菲人子女在中正学校就读。中文教育只是教导学生勤劳守法做好公民，并无引导学生效忠中国的情形。反菲和教育两小组委员会在听证后，最后还是向国会建议关闭侨校。[①]

与此同时，菲众议院移民和归化委员会也举行了会议讨论华侨移民问题，与会的两位前任移民局长都主张关闭侨校。教育部长罗慕洛则建议鼓励外侨学生入菲校读书，但不同意关闭侨校。私立教育局长白彬迎也表示反对关闭侨校，他进一步指出，除非侨校触犯菲律宾的教育法规，否则关闭侨校则违反“中菲两国”签订的督察侨校的协定。于是，关闭侨校问题争辩不休。10 月初，菲众议院移民归化、教育、反菲和廉政四个委员会联合提出议案，有关中菲签订督察侨校的备忘录中，外国人来监督菲境内的学校违反了宪法主权至上的原则，应立即予以作废。廉政委员会指责菲政府未能加快同化外侨步伐，以致菲律宾成了唯一容许侨校存在和华侨问题久悬未决的国家。作为众议院的“好政府委员会”主席的罗细示发表谈话，主张采取行动关闭所有侨校，以利于华侨尽快同化菲律宾社会。他还指责政府过去实施以政治法律途径解决华侨问题的错误政策，而未从根本上着手，采用社会的方法来融合华侨，致使一些土生华裔未能有效融入主流社会。罗细示的表态引起国会的关注，众议院反菲、教育、好政府和移民归化四个委员会共同发表声明，主张全盘检讨督察侨校协定，并一致主张关闭侨校。罗细示也一再强调，即菲律宾是东南亚唯一没有解决华侨问题的国家，政府没有采取同化政策，菲律宾仍容许侨校存在的国家。东南亚各国政府都承认华人对当地所做的文化、经济贡献，都尽量接纳华人的同化，而菲律宾则以华人为二等公民，甚至有时还威胁吊销他们的菲籍。有些入籍华人仍担任华侨团体的职员，这无异侮辱菲国籍的神圣。罗细示一方面批评政府执行同化政策的不力；另一方面责备华人加入菲籍不够诚意，蔑视菲律宾国籍的尊严。

---

① 鲍事天：《四十年前抗争菲化侨校的艰苦历程》，载鲍事天《养浩集》，马尼拉：中正学院诗田文教基金会，1996 年，第 62—65 页。

（三）华校面临被关闭的“危机”

10 月 8 日，菲教育部长罗慕洛鉴于侨校问题的严峻形势，发表谈话说：华侨在菲律宾开办学校，是教导子女传承祖国的悠久文化，如果关闭这些华侨学校，美侨和西侨所开办的学校也要关闭。如果只关闭华侨学校，那是极端的种族歧视，还违反“中菲两国”签订的友好协定。他进一步指出：“华侨学校的教学和设备具有极高水准，本学年中学毕业生会考，华侨学校学生成绩比一般的菲校还优秀。华侨学校对菲国社会文化活动与公益事业的捐助，都超过菲律宾人所办的学校。菲律宾一向倡导亚洲各国应加强文化交流，关闭侨校是与此政策背道而驰。”①教育部长表示反对关闭侨校后，遭到众议院反菲委员会主席贝礼示立的指责。众议院多数党领袖助理文旦洛议员呼吁政府慎重对待华侨学校问题，不要肆意关闭，但教育部应严加督察，对守法的华侨应放宽入籍，以利于他们归化为菲公民，从根本上解决侨校问题。1960 年 10 月 14 日，当议会与教育部关于侨校问题争论不休时，菲律宾有三个青年激进团体游行，要求政府关闭华侨学校。也有人提出华文教育应转向当地，华侨社会再次陷入恐慌之中。《中国周刊》发表社论说：“解决在菲华侨问题的唯一办法是，使当地的华侨社区最终融入菲律宾国家。”② 同时，菲教育部对 10 所华侨学校停发办学许可证，私立教育局取消了驻菲“大使馆”审批中文教师的资格，通令华侨学校禁止华人教授英文课程。教育部停发部分华校的办学许可证，极大制约了华文教育的发展。

1962 年 2 月 29 日，在众议员麦加洛的推动下，众议院通过一个临时议案，组织特别委员会调查“侨校从事共产党活动”。麦加洛主张禁止外侨在菲律宾境内设立专门教育其子女的学校。菲政府应先废除督察侨校协定，并修改“中菲友好条约”。他特别强调，各侨校教材侧重中国文化历史，宣扬民族主义思想，形成相对隔离的华侨社会。一批排华的议员随即附和，指责全菲 165 所侨校，大多数有共产党活动，以侨校作为宣传

---

① 鲍事天：《四十年前抗争菲化侨校的艰苦历程》，载鲍事天《养浩集》，马尼拉：菲律宾中正学院诗田文教基金会，1996 年，第 66—69 页。

② ［菲］《华侨商报》1960 年 11 月 27 日。

共产思想的场所。三宝颜林洛西杜参议员提出议案，呼吁政府制定华侨政策及侨校问题的法规，巴礼尼示参议员提议修改中菲两国友好协定。3月7日，众议院数名主张排华的议员，提案设立一小组，调查侨校一切活动。4月5日，众议院酝酿关闭华侨学校的法规，教育部长罗慕洛对此表示坚决反对，并强调中菲两国毗连，虽历史往来关系悠久，但两国了解还不够深入，过去两国文化交流不够，彼此认识肤浅，今后应加强两国文化交流，增进两民族友谊。1963年1月7日，马卡帕加尔总统宣布，改革华侨学校，将透过外交途径进行。[①] 1964年年初，移民局长美莫于发表态度强硬的讲话，提出解决华侨问题的最佳途径就是关闭所有华侨学校。[②] 有些人声称在菲律宾建华校显然违反了菲律宾的宪法，还有人指责华文学校在这个国家的存在是对国家利益的损害，其构成同化过程中的巨大障碍，出于菲律宾的国家利益，在菲律宾的华侨学校应该被关闭。[③] 1965年4月29日，私立教育局建议在10年内菲化华侨学校，以加快同化进程。1966年1月，移民局长美莫于再次表态，侨校对于华侨儿童的培养，威胁菲国家的安全，阻碍国家的进步。如要使华侨子弟成为菲国一员，共同承担建设菲国的责任和义务，则关闭侨校是目前最重要的工作。相比之下，罗慕洛反对关闭侨校的声音，在狭隘的民族主义浪潮中越来越显得微弱了。

三　教育菲化政策的形成

1966年2月，菲律宾教育部颁发第二号通令，为进一步同化入籍华人子弟，要求各华侨学校自动改制，将中文课程改为选修科目。3月20日，菲司法部总检察官巴尼道也表示要菲化华侨学校，又提出入籍的外侨应脱离一切外侨社团的活动，否则就取消其入籍的资格。

当时华侨社会的领袖人物，如杨启泰、庄清泉和陈新智等人在报刊

① ［菲］《新闽日报》1963年1月7日。

② Jesus Perpinan, “New Controversy Over the Chinese Schools,” in *Examiner*, a Philippine Newsweekly, June 14, 1964, p. 12.

③ Pao Shih Tien, “Should the Chinese Schools be Abolished?” in Shubert S. C. Liao (ed.), *Chinese Participation in Philippine Culture and Economy*, Manila: Printed in the Philippines, 1964, pp. 342 – 343.

上被警告，如再参加华社活动就取消其菲籍。4 月 19 日，众院移民归化委员会主席巴里建议严禁华人拥有双重国籍，许多入籍华人仍送子女就读侨校，这显然有违同化政策。5 月 20 日，“校总”举行全体理事会议，力争化解菲政府对华侨社会的偏见，以稳定华侨学校的动荡，同时也郑重表明：侨校是文化交流和自然同化的平台，不仅为社会培养了大批人才，许多归化的华人对菲律宾贡献巨大，得到菲律宾朝野的尊重和认可。在入籍法未放宽以前，关闭侨校不但违反《中菲友好协定》，而且剥夺华侨子女接受中国基本教育的权利。5 月 30 日，众议员俞文也表示，若关闭侨校后不准 5 万余名侨生转入菲校就读，那就显然剥夺了他们学习的机会，这是宪法上所不允许的。所以，关闭侨校既不实际，又是对菲律宾有害的举动。[①] 华校是依据菲律宾的法规和条例建立的，并且是在菲律宾教育部私立学校教育局的严格督查下运作的。使用菲律宾的教材，聘请菲律宾老师，这样的教育使华校的中国学生了解菲律宾的生活方式，他们中的多数可能成为菲律宾公民。[②]

1968 年年初，《马尼拉时报》专栏作家描仑西亚指责侨校以设立分校的方式，使侨校的数量大增。[③] 于是，众议院教育委员会召开专题会议讨论侨校问题，并认为现行法律需要重新修改。邦加丝兰众议员渥描渊尼提议，此案应交由全国教育委员会商讨，以彻底修改侨校的教育管理体制。为此，台湾“驻菲大使”杭立武与菲方进行紧急磋商，说明侨校的性质和办学情况，并提出侨校现状和制度不宜轻易改变。6 月 1 日，马科斯总统命令教育部严查侨校增加的状况，代理教育部长柯布斯也下令私立教育局，停止批准新开办的侨校分校。为此，有 5 所华侨学校小学拟开办中学，另一所菲校拟开办中文班，都被否决。7 月 3 日，菲律宾《马尼拉时报》又指责华校不顾当局明令禁止开设新课程。[④] 12 日，私立教

① 鲍事天：《四十年前抗争菲化侨校的艰苦历程》，载鲍事天《养浩集》，马尼拉：中正学院诗田文教基金会，1996 年，第 73—76 页。

② Pao Shih Tien, “Should the Chinese Schools be Abolished?” in Shubert S. C. Liao (ed.), *Chinese Participation in Philippine Culture and Economy*, Manila: Printed in the Philippines, 1964, pp. 347 – 348.

③ Antonio Isidro, *Trend and Issues in Philippine Education*, Quezon City, Philippines: Alemar Publishers, 1968, p. 214.

④ Teodo'o Valencia, “Over a Cup of Coffee,” in *the Manila Times*, July 3, 1968.

育局又发布56号通令，要求各华校报告在校学生的国籍情况。10月间，新任私立教育局局长亚巴拉辛召集“校总”常务理事开会，讨论了侨校的相关问题，但在呈报教育部的报告中指出，“菲律宾教育体制中最引人诟病的，无疑是华侨学校的体系。”①

1969年，众议院有关“菲化外侨学校”议案指出，“菲化所有的华侨管理的私立学校，将可加速菲政府同化华侨政策的推行，进而解决菲律宾外侨问题。菲化外侨学校议案一旦获得通过，即可确保所有在菲律宾出生的子女，都可纳入菲人社会的洪流”②。1971年年初，有7所菲律宾华侨学校的行政部门和教职员已经按照政府的要求全部实行菲化。在一份关于华校问题的建议中，一位菲律宾学者也提道，“长期定居的华侨子女是中国公民，他们的父母通过华文学校来教育他们无可非议。菲化华校并不是消除他们的手段，越来越多的菲人也需要知晓汉语。否则，在处理华人问题时会变成瞎子和哑巴，对外国的文化遗产也是熟视无睹。”③ 事实上，菲律宾华侨学校同其他私立学校一样，是在政府监管下经营的，菲政府规定的课程对于华人族群加快融入主流社会是有促进作用的。因此说，侨校也是同化的一个重要平台，也有人提出通过华文教育保留华人族群文化特征。一位菲律宾著名的评论家指出，“实际上，大部分在菲律宾出生的华侨，都渴望归化取得菲籍，纳入菲律宾社会的洪流之中，但繁琐而苛刻的条件，使许多华侨无可奈何……他们只好放弃在菲立业的想法。他们被迫加强与祖国的联系，只得屈从为求生存所面临的冲击，他们送子女进入华侨学校，为的是有朝一日不能在菲永久居留回国有所倚靠……华侨送其子弟入侨校教育，是华侨要归化过于困难所造成的，而不是华侨难以同化的原因。”④

在菲律宾政府召开的制宪会议上，侨校问题是教育委员会最热门问

① Narciso Albarracin, “Foreign Students and Chinese Schools Division,” Annual Report of the Foreign Students and Chinese Schools for the Fiscal Period July 1, 1967 to June 30, 1968, p. 9.

② House of Representatives, Explanatory Note, 3rd. Session, 7th Congress, R. P. 1971.

③ Robert Tsai, Professor of Business Administration, University of the Philippines, “A Proposal to Solve Sino Schools Problem,” *The Manila Times*, May 16, 1972.

④ Jo Villarba, “Chinese Schools in the philippines,” *Examiner*, January 16, 1966, p. 28.

题，主要是为把华侨同化菲律宾人做准备。[①] 会议期间，代表安格拉致函中正学院院长鲍事天，征询对菲律宾教育制度改革的意见，并了解华侨学校的制度与现状。鲍事天当即复函："侨校均经教育部立案系合法学校，董事会组织60%以上为菲籍；各侨校均招收中菲学生，不分国籍或宗教信仰。中正学院学生中有30%以上为菲籍，外省侨校的菲籍学生在半数以上；侨校的英文课程均由教育部规定，与其他公私立菲校相同，中文科目是在英文课程之外加授。"[②] 但菲律宾教育委员会在阐述有关教育政策时提出："使这些华侨学校菲律宾化，就是要控制最重要的社会科学课程，否则他们可能会更加认同自己国家，这有悖于菲律宾自身的利益。"[③]

1972年年初，制宪会议教育委员会接受了教育与移民归化等委员会的建议，在新宪法规定，除由宗教与慈善组织外，所有教育机构由菲籍公民或菲人占有资本60%以上之公司或联合会所拥有。教育机构的管理与行政由菲籍公民主管，外侨学生在任何学校内不得占学生总数的1/3……[④]这是菲律宾侨校菲化最严重的议案，为同化华侨教育铺平了道路，造成了对华侨学校的致命伤。[⑤] 在1971—1972年，菲律宾修宪大会所提出的决议案中，有4项决议案提议关闭所有华侨学校，4项决议案提

---

① Gregorio C. Evargelista, "The Crucial Test of Filipino-Chinese Relationship," in *Commencement Address Delivered at the Philippine Chinese High School*, Manila, May 2, 1971. Quoted in Hsiao Shi-Ching, *Chinese-Philippine Diplomatic Relations, 1946 - 1975*, Quezon City: Bookman Printing House, 1975, p. 276.

② "DEC Readies Policy on Foreign Schools," *The Times Journal*, January 30, 1973; "Alien Schools: Only Three Years to Operate," *The Times Journal*, January 30, 1973. Quoted in Hsiao Shi-Ching, *Chinese-Philippine Diplomatic Relations, 1946 - 1975*, Quezon City: Bookman Printing House, 1975, pp. 290 - 291；鲍事天：《诗田言论选集》，马尼拉：中正学院诗田文教基金会，1991年，第151页。

③ Gregorio C. Evangelista, *Filipinization of Alien Schools: Its Implications to National Goals*, Official Document of Philippine Bureau of Private Schools, 1973, p. 4. Quoted in Hsiao Shi-Ching, *Chinese-Philippine Diplomatic Relations, 1946 - 1975*, Quezon City: Bookman Printing House, 1975, p. 291.

④ 颜长城、黄端铭：《菲律宾华文教育的演变》，载《菲律宾华文教育综合年鉴》，马尼拉：菲律宾华教中心，2008年，第118页。

⑤ Gregorio C. Evangelista, "The Crucial Test of Filipino-Chinese Relationship," *Commencement Address Delivered at the Philipin Chinese High School*, Manila on May 2, 1971.

议菲化所有华侨学校，2 项决议案提议所有私立学校国家化。[①] 教育菲化已处于风口浪尖的态势，也是修宪和国会的焦点问题。1972 年 3 月 2 日，菲教育部宣布已草拟一项菲化华侨学校、废止《中菲友好条约》法案，并向菲国会提出。5 月 9 日，在一次新闻发布会议上，菲外交部部长罗慕洛表示，菲人决心使全国所有学校菲律宾化，并尽全力达到这一目标，外交部将全力支持教育部的菲律宾化提议。[②] 而此前，罗慕洛作为教育部长曾极力反对教育菲化案。可见，教育菲化政策已酝酿成熟，无论是菲政府还是社会民众，对华侨学校实行菲化的意见是基本一致的。

1973 年 4 月 16 日，马科斯总统颁布了 176 号令，规定从 1976 学年开始，华侨学校必须履行新宪法条款，给予三年的调整转型期。[③] 随即，“校总”召开会议，组成了执行委员会来研究应对方案和措施，决定通过教育部向菲律宾总统申请将侨校转型期再延长 5 年。这期间侨校学制、行政管理和中文课程仍按旧制执行，5 年后逐渐改变为新的教育体制，最终菲教育部仍根据新宪法命令各华侨学校必须执行 176 号令。[④] 至此，菲律宾政府苦心孤诣争取菲化侨校终于如愿以偿，各侨校只有接受菲化法案。

四　教育菲化政策对华文教育的影响

教育菲化法案颁布后，马科斯政府随即又颁布了 1379 号新行政令，一反常态放宽华侨入籍条件，使许多华侨顺势加入了菲国籍，其子女也随父母转为菲籍。应该说 176 号令和 1379 号新行政令这一紧一松的“组合拳”对侨校的行政管理与学生人数没有形成太大的冲击，尤其是新行政令缓解了“菲化运动”关闭华校的危机，为加速华侨同化产生“恰到好处”的效果。菲政府的这一举措打消了华侨生存的顾虑，使久居菲岛饱受压抑的华侨有了归属感，华侨社会也从被边缘化的阶层逐级走向主

---

① “New Policy Affects Sino Schools,” in *the Manila Times*, September 16, 1971, p. 9, also, C. C. Cagahastian., “Sino Schools bow Out,” in *Philippine Herald*, April 8, 1972, p. 1.

② Office of Press and Public Affairs, RP DFA *Press Release*, Series E, No. 8/72, May 9, 1972.

③ Gregorio C. Evangelista, *Filipinization of Alien Schools: Its Implications to National Goals*, Official Document of Philippine Bureau of Private Schools, 1973, p. 4.

④ 鲍事天：《养浩集》，马尼拉：中正学院诗田文教基金会，1996 年，第 84 页。

流社会，这些因素促使教育菲化政策得以顺利实施，但对华文教育造成了极大的影响。

（一）华文课程大幅度减少

1956 年 5 月，菲律宾私立学校教育局向华侨学校发出“第三号通令”，要求从 1956—1957 年度开始，华侨中小学的中英文与菲文课程时数进行大规模调整，改变此前上午上中文，下午上英文的做法，实行中英文课程在上下午混合上课，并逐步减少华文课程。教育菲化法案实施后，按照教育部的规定，华文学校中小学的中文课程全取消，但各校可加授选修的中国语文第一、二册。过去中文课程的高中部自动撤销，学生的中文程度降低二年至三年。侨校的华文课程由主要课程变成次要的选修课程，同时华文课程的大幅度减少，无疑严重影响了华文教育的质量。

（二）华侨学校体制改变

1956 年中菲签订《侨校督察协定》作为教育菲化政策的前奏曲，菲律宾政府取得华侨学校的双督察权后，干预华校的聘用教师国籍，更以禁止华侨学校增校、增班的手段，限制华侨学校的发展。教育菲化法案实施后，各校的行政管理人员由菲籍人士担任，学校董事会、校长和各部主任等全为菲籍公民；各侨校外籍学生不得超过 1/3；各侨校纷纷将中华、中国和华侨等英文校名改变。华侨学校转变为教授华文课程为特色的私立学校，华校英文课程的教员应聘用菲人，而菲国公民、历史、社会、经济、政府等课程，则必须由土著菲人教师担任。[①] 中小学中文课程的减少与中学 6 年制缩短为 4 年，课程也只有文、史、数三门中文科目，华校学生学习中文的气氛完全改变，学生中文程度不断滑坡，华文教员也十分缺乏。[②] 这种情况，客观上造成了华文教育发展衰落的局面。

（三）华侨学校教育目标转轨

教育菲化前，华侨教育就是要避免华侨子弟数典忘祖，培养海外华侨青年成为具有中华文化特质的中国人。另外，有许多华侨与菲国女子

① 刘芝田：《中菲关系史》，台北：正中书局 1964 年版，第 866—870 页。

② 张存武、朱浤源、潘露莉：《菲律宾华侨华人访问记录》，台北：“中央研究院”近代史研究所，1996 年，第 196 页。

结婚所生的子女，虽然具有华人血统，但由于所受的菲律宾教育，也就变成地道的菲律宾人。因此，菲律宾华侨教育最初有三个目标：一是传播祖国文化。许多华侨青年在菲出生，不懂得中国语言文字，不知晓祖国历史文化和家乡的风土人情。因此，华侨青年必须接受中国教育，以发扬中华文化的传统精神。二是培养谋生技能。早期的华侨渡海南来，凭借勤俭劳碌，就可以立足菲岛。但随着社会的进步发展，华侨青年必须学习科学方法，尤其是掌握现代的生产技能以适社会的需要。三是促进文化交流。华侨子弟在菲岛长大，对当地的风土人情和语言文字娴熟，如肩负起中菲文化传播的桥梁，使菲人深入了解中国文化，则是利在千秋的事业。① 于是，战后华侨学校的课程以实现这样的目标制定。大批华侨选择归化入籍和教育全面菲化以后，由于教育的性质改变，教育的目的和教育对象也随之改变，以适应和融入菲律宾社会为目标，极大制约了华文教育的发展。华文教育内容与华人社会加速融入菲律宾大社会的现实脱节的情形日益突显出来，导致华裔学生学习华文兴趣不高，学生华文程度和水平逐渐低落。

（四）华侨学校性质转变

教育菲化政策同限制和排斥华侨的经济菲化案相比，教育菲化案是菲政府为加快民族融合进程出台的强制同化政策。通过华侨学校作为加快了华人族群走上同化道路的平台。菲律宾政府试图通过教育菲化在思想上达到同化华人，逐步使华人对中华文化的淡化。大批华侨加入菲律宾国籍后，华侨的政治认同转向当地。教育菲化后，华校的性质发生转变，入籍的华人成为菲律宾公民所接受的教育，包括以英语和当地语言为媒介的教育，而教育内容是本土化的文化和风俗习惯，还有政治效忠于当地的教育。按照菲政府的规定，改制后的华文学校必须向菲律宾政府注册备案，并严格接受菲律宾政府和教育法令的监督和管辖，而中国政府和教育法令已经不能涉及菲律宾华文学校的管辖权。同时，原本华侨学校的学生是华侨学生的身份，也因为华侨加入菲律宾国籍，华侨学

---

① 鲍事天：《菲律宾华侨教育概况》，载《菲华年鉴（1964—1965）》，马尼拉：菲华商联总会，1965 年，第 O—39 页。

生也得以随之成为菲公民身份的华裔学生。①

综上所述，教育菲化案作为文化层面的同化法案，是菲政府多年的策划酝酿，在“菲化运动”中出笼最迟，但执行最为彻底的菲化案，这也彰显出菲政府同化华侨的“坚定”决心。教育菲化后，华侨学校变成了华文学校，华侨教育也“顺理成章”地向华人教育转变，在诸多方面因素的影响下，造成了华文教育日渐式微的局面。可以毫不夸张地说，教育“菲化运动”对华文教育的打击是沉重的，对菲律宾华人文化的影响是深远的。

---

① 姜兴山：《教育“菲化运动”对菲律宾华文教育的影响》，载《南洋问题研究》2013年第1期。

第五章

华人宗教的融合变迁

早期移居菲律宾的华侨处境十分艰难，他们也多携带家乡宗教来到异域，以祈求神灵保佑太平和安康。西班牙殖民统治时期，极力利用天主教来辅助其殖民统治。在殖民者看来，坚船利炮只能征服当地人的躯体，而“十字架”才能控制他们的灵魂，殖民者把天主教视为辅助其统治的精神“武器”。于是，殖民当局制定居住、赋税和婚姻等优惠的宗教政策，鼓励当地人接受天主教的洗礼。然而，西班牙殖民者也把目标对准华侨，不仅希望华侨成为殖民统治的支持者，也把菲律宾作为桥头堡打开中国的大门，那么通过宗教信仰来“控制”华侨就显得“势在必行”。当然，在殖民者推动华侨天主教化过程中，当然不乏有真心实意的华侨虔诚教徒，也有因受洗能获得生存和发展便利的“投机者”。为此，萨拉萨尔主教严苛了华侨皈依条件，其中违背中国人习俗的做法，一定程度阻挠了华侨入教的进程。于是，殖民当局又采取温和的宗教政策，受洗的华侨天主教徒也不断增多。美国殖民统治菲律宾后，推行了去“西班牙化”的新教政策，但天主教在当地广泛传播已根深蒂固。菲律宾独立后，天主教成为当地社会的主流宗教。马科斯总统执政期间，为了推动国家的经济建设，设法加速华侨融入当地社会，使他们成为一个真正的“当地人”，以便充分利用华侨经验、资本和才能，促进菲律宾国家的经济建设。所以，放宽华侨入籍条件施行同化政策，华侨社会逐渐过渡到华人社会。在这当中，当地政府希望阻断华人与其乡土的宗亲纽带，通过立法抑制华文教育的发展，同化华人的文化特质。至此，华人在所在国政治及文化体系的冲击下，自身的文化不断进行调整与重构，宗教信仰也不可避免地发生着转变，以利于更好地融入主流社会当中。菲律宾华人宗教信仰的转变，有当地政府促使华人同化的考量，华人也有主动适应当地的一面。对于华侨族群来说，华人宗教文化中又增添了新的异质元素，是他们适应生活的一种必要选择。

第一节 天主教在菲律宾的传播

15 世纪后叶，许多欧洲的国家仍处在战乱和纷争之中，东罗马拜占庭被奥斯曼土耳其灭亡，也标志着存续一千多年的罗马帝国灭亡。而西班牙和葡萄牙完成了国家统一，国家的经济和军事实力都迅速上升。在欧亚陆路商道被土耳其人和阿拉伯人掌控的情况下，他们都把目光聚焦到了浩瀚的海洋，希望通过大帆船打开通向东方的大门。哥伦布发现美洲大陆之后，西班牙和葡萄牙两国更是对海外扩张趋之若鹜。1494 年 6 月，经过教皇亚历山大六世的协调，西班牙和葡萄牙签订了《托尔德西里亚斯条约》（Treaty of Tordesillas），这是两国瓜分新世界势力的协议。[①] 此后，非洲、美洲和亚洲广袤的土地和众多亟待救赎的灵魂，成为这两个伊比利亚半岛国家的“使命”，也翻开了世界历史的新篇章。

一 殖民当局传播天主教的目的

在历史上，西班牙是一个极端保守和极其狂热的宗教国家。西班牙就是“十字军”从北非穆斯林占领者手中夺回领土建立的基督教国家，史称“收复失地运动”。[②] 公元 8 世纪初，北非阿拉伯人武力侵占西班牙，当地人不甘心遭受异族的统治和奴役，在“百合花反对新月”的鼓舞下，中世纪的西班牙成为一个战斗的基督教国家。1492 年，费尔南多国王和

---

① 《托尔德西里亚斯条约》规定，西班牙和葡萄牙将共同垄断欧洲之外的世界，将位于佛得角群岛以西 300 里格，为两国的势力分界线。分界线以西归属西班牙，以东归属葡萄牙，这条分割线也被称为教皇子午线。1523 年，西葡重新谈判修订势力范围。1529 年，两国达成《萨拉戈萨条约》（Treaty of Saragossa），明确这一分割线在太平洋上的位置。分界线划在摩鹿加群岛以东，西班牙退出摩鹿加群岛，太平洋分界线以西的菲律宾则继续被西班牙统治。

② 伊曼纽尔·沃勒斯坦：《现代世界体系》第一卷，高等教育出版社 1988 年版，第 410 页。

伊莎贝尔王后率领南征大军攻占了格拉纳达，结束了摩尔人长达700多年的统治。而后，基督教便成为西班牙人殖民扩张的“利剑”。

（一）天主教辅助西班牙殖民扩张

西班牙完成了统一大业之后，对异教徒的迫害成为其政治生活的主旋律，拒绝皈依基督教者则会遭受排斥或驱逐。此后，大力传播天主教是西班牙历代国王孜孜以求的目标。从费迪南、查理五世到菲利普二世，在天主教辅佐下西班牙帝国不断扩张，而陆续传播至其海外殖民地。[①]

葡萄牙首先使马六甲成为其殖民地，西班牙远征军随后夺取了菲律宾的宿务，葡、西两国也成为欧洲海外扩张的先驱。伴随着西方殖民者隆隆的炮声，基督教也成为其海外侵略的特别武器。他们梦想建立以中国为基地的“东方天主教帝国”，菲律宾则被认为是最好的“跳板”。西班牙成为菲律宾的宗主国之后，使菲律宾居民成为天主教的信徒，是殖民者实现这一目标的首要任务。同样，当地的华侨不可避免被纳入“天主教化”之中。殖民者认为，华侨的天主教化就是西班牙化，接受了天主教就必然忠诚于西班牙国王，他们也就会成为殖民统治的支持者。据记载，教会经常保护和袒护菲律宾的华侨，包括天主教和非天主教的。[②]这也促使许多当地华侨，为了生命和财产安全而信奉天主教。

（二）天主教在菲律宾的传播

早在麦哲伦率领船队在宿务登陆后，便携带传教士诱使许多土著人皈依天主教。此后，西班牙远征队又多次入侵菲律宾，而每次东来传教士都是必不缺少的参与者。黎牙实比率领远征军侵占宿务，随队而来的乌尔达尼塔（Andreas de Urdaneta）等5名奥古斯汀会教士，开始了天主教在菲律宾的传播征程。1571年，西班牙殖民者攻占马尼拉并建立总督府，菲律宾沦为其海外扩张的殖民地。西班牙国王菲利普二世颁布法令，勒令菲律宾人必须皈依天主教，违者以异教徒论罪处死。此后，西班牙天主教会各大修会，如圣方济会、耶稣会、多明我会和沉思教派等传教士，在政府的鼓励下纷纷奔赴菲律宾，开展传播天主教的“神圣”使命。

---

① 施雪琴：《西班牙天主教语境下的宗教政策——16—18世纪菲律宾华侨皈依天主教研究》，载《华侨华人历史研究》2002年第1期。

② 陈衍德：《试析菲律宾华侨宗教信仰的经济动机》，载《南洋问题研究》1994年第1期。

可见，西班牙殖民者侵略和统治菲律宾的过程，也是天主教传入和发展的历史过程。①

殖民当局不仅在政策上支持传教活动，而且在经济上给予他们大力援助。在殖民者占领马尼拉之初，西班牙国王就实行赐封制，把在菲律宾征服的土地、居民和资源，赐给拓殖"有功"的官吏和教会，这种制度一直延续至19世纪。当时，马尼拉的大主教和各教区牧师，都可以从殖民政府领取不菲薪金，并给予教团和传教士物资奖励。应该说，这种措施很有成效，从而使传教士队伍不断壮大。1591年天主教传教士有140人，17世纪末达到了400人，1876年增至近2000人。② 西班牙政府支持教会的事业，推动了天主教在菲律宾的发展，而教会的强盛则巩固了殖民当局的政治地位。

此外，菲律宾天主教各派势力的竞争，也导致了天主教会的急剧扩张。最早到菲律宾的是奥古斯汀会，此后圣方济会、耶稣会、多明我会和沉思教派等各教派陆续来到这里。各教派为了扩展自己的势力，竞相采取多种办法和手段，积极从事传教活动并划分势力范围。奥古斯汀主要在伊洛戈、邦板牙、北布拉干和八打雁等地；圣方济会在内湖和比克尔半岛地区；耶稣会在棉兰老、东米沙鄢群岛和苏禄；多明我会在卡加延山谷和班丝兰部分地区；沉思教派在民都洛、三描礼士和西米沙鄢群岛及棉兰老东北部地区。③ 为了扩大各派的势力，天主教会各派纷纷派遣自己的传教士到这里传教。据统计，传教士人数共达1万人左右，其中人数最多的是奥古斯汀会的2368人、圣方济会2367、多明我会1755人、沉思教派1623人。④

二　殖民当局推行天主教的措施

西班牙殖民者入侵菲律宾前，这片群岛处在文化混沌和经济落后状

① 周益群：《试论天主教在菲律宾得以传播的原因》，载《东南亚研究》1989年第1期。

② Josef Schmitz, S. V. D., *The Abra Mission in Northern Luzon Philippines 1598 – 1955*, Manila, 1971, p. 79.

③ Jose S. Arcilla, S. J., *An Introduction to Philippine History*, Quezon City, 1984, p. 33.

④ ［菲］陈烈甫：《菲律宾的历史与中菲关系的过去与现在》，台北：中正书局1970年版，第70页。

态，有的岛屿甚至还没有文字，这为天主教传播提供了有利的客观条件。在传教士的宣传下，天主教作为无形的神秘力量，容易深入渗透到当地人的精神世界里，是殖民扩张过程中的重要手段。而殖民当局在菲律宾所采用的措施和政策，是当地人接受天主教的直接原因。主要包括以下几方面：

（一）用当地语言宣传天主教教义

殖民者传播天主教首先从最“接地气”的语言入手，他们十分重视学习当地的语言，以便广泛接触当地土著居民，增进相互之间的沟通和信任感，以便深入宣传天主教的教规教义。他们编出当地语言的语法书和天主教书籍，如多明我会传教士圣·何塞通晓他加禄语，1610 年他完成菲律宾历史上第一部他加禄语法书《他加禄的艺术和规则》。此后，其他教派的传教士也陆续编出伊洛科语法（1627），班乃——比萨扬语语法（1637）、邦板牙语法（1729）、宿务——比萨扬语语法（1711）等多种菲律宾方言的语法书籍，为加速传播天主教提供了必要工具。[①] 传教士谙熟当地语言和风土人情，容易与当地人民消除隔阂并产生亲近感。一名与当地人打成一片的神父，在一个月内就洗礼了 400 余人。[②] 可见，通过语言直接宣扬天主教的效果是显著的。

（二）创立宗教慈善机构

西班牙传教士每到一地，便利用政府发给的经费成立慈善机构，修道路、建桥梁、筑堤坝、设立孤儿院和兴办医院等。为了筹备更多的款项，传教士创立了慈善基金会，后称“善堂”（Obras Pias）。1594 年，他们建立了第一个慈善基金团体——“慈善兄弟会”（Hermanded de la Misericordia）。所有慈善基金均由宗教团体管理，并作为维持医院、救济贫民、孤儿教育及宗教活动的费用。1578 年，圣方济会传教士胡安·克莱曼在马尼拉建立了第一所教会医院。随后，1588 年，马尼拉出现了圣加布里尔医院；1612 年，马尼拉又建立了王家医院。各省地也设立医院，1602 年，建成了洛斯、巴诺斯的圣水医院；1641 年，甲米地落成了圣何

① G. F. Zaide, *The Republic of the Philippines*（*History*, *Government and Civilization*）, Manila, 1963, p. 152.

② Nicholas P. Cushner, S. J., *Spain in the Philippines*, Quezon City, 1971, p 89.

塞医院。[①] 天主教各教派为当地人民解除疾病的同时，积极宣传天主教的教规教义。在这种“境遇”下，来传播天主教是行之有效的办法。

（三）诱导部落酋长和贵族改宗

传教士注意到，为加速推动天主教在当地的传播，重视部族首领和上层人物的“引领”作用十分必要。为此，他们到达当地后首先劝诱他们皈依天主教，以此来带动平民百姓积极入教。麦哲伦船队登陆宿务岛后，就极力说服酋长夫妇皈依天主教，进而800多名岛民也随之受洗，而几周后接受洗礼的人数增加到2000多人。1568年，宿务酋长图帕斯（Tupas）接受洗礼，也带动了大批当地居民改变宗教信仰。[②] 上层人士大规模皈依天主教，对传播天主教产生了一个良好的氛围，甚至可以说天主教徒是一种身份的象征，于是普通民众试图通过受洗而获得某些慰藉和企盼。

（四）开办教会学校培养本土传教士

西班牙政府为了维护其殖民统治，十分重视本国教育文化的植入，在这过程中天主教会起到了引导作用。传教士把各级教育掌握在自己的手中，以便全面灌输天主教的思想和教义。天主教在各教区设有教会小学，对儿童进行潜移默化的启蒙教育，并鼓励学生带动父母皈依天主教。黎牙实比远征军在宿务登陆后，就立即在当地设立第一所教区小学。[③] 在中等教育方面，首先开设男子学校，开始把教育纳入维护殖民统治体系。1589年，耶稣会在马尼拉创办第一所男子学校，后更名为圣·伊格纳西奥学院。1681年，该校被教皇批准为一所正规大学，实施系统的西班牙化高等教育。此外，耶稣会又在宿务开办了圣·伊尔·德芳学院（1595），在马尼拉开办了圣·何塞学院（1601）。多明我会在马尼拉建立了念珠圣母学院（1611），后更名圣托马斯学院。1630年，他们又在马尼拉建立圣胡安·德·雷特朗学院。西班牙传教士还重视女子教育，开设与修道院有关的女子学校，在马尼拉就建有圣母波坦相纳学院（1589）、

---

① G. F. Zaide, *The Republic of the Philippines* (*History*, *Government and Civilization*), Manila, 1963, p. 150.

② Rev. Edward J. Macarthy, *Spanish Beginnings in Philippines*, *1564 – 1574*, Washington D. C. 1943, pp. 10 – 105.

③ D. G. E. Hall, *A History of South-East Asia*, London, 1968, p. 718.

圣母伊萨贝尔学院（1596）和耶稣会修女院（1694）。至1728年，仅在圣母伊萨贝尔学院接受过教育的女子就有1.3万多人。[①] 这些都成果极大推动了天主教在菲律宾的落地生根，天主教这只无形的手已覆盖群岛。而菲律宾妇女大量皈依天主教，对其子女的宗教信仰有直接的影响。各教派教会还挑选一些菲律宾青年，把他们培养成本土传教士，利用他们宣传所谓上帝的"福音"，这种措施较容易赢得当地居民的接受。

（五）出版书籍扩大天主教的影响

西班牙传教士始终认为，天主教要触手可及，没有看得见摸得着的书籍，推广天主教是很困难的事情。1593年，多明我会传教士在中国基督教徒的帮助下，在马尼拉建立第一所印刷局，开始大量印制天主教教规教义的书籍。1602年，圣方济会传教士圣·何塞和一名中国基督徒胡安·德·韦拉采用了活字印刷术，大大提高了出版物的印刷效率。[②] 随着印刷技术的进步，书籍的成本也越来越低，用菲律宾当地语言编写的《教义问答手册》能够广泛发行，为各教派宣传提供了便利。此后，采用比科尔（Bical）、伊巴纳（Ibanag）、邦板牙（Pampanga）、三描礼士（Zambal）和伊洛加诺（Ilocano）等地方语言写成的教义手册陆续出版，天主教活动成为日常生活中的主要元素，菲律宾天主教的影响而随之扩大。

三　天主教在殖民统治中的作用

16世纪后半叶，随着西班牙国内一再发生人民起义，"无敌舰队"又被英国海军打败，几乎全军覆没，西班牙的国力下滑，财政枯竭，国运衰落，其在亚洲的利益受到其他国家的挑战。先是葡萄牙的势力超越了西班牙，他不仅在印度建立了传教基地，而且在日本也拥有数十万教徒，还占据了中国的澳门，并以此为据点，伺机在中国继续扩张。荷兰崛起后，迅速成为西班牙海外扩张的强劲对手。荷兰是一个新教国家，在西

---

① Dolmacio Martin, *A Century of Education in the Philippines, 1861 - 1961*, Manila, 1890, p. 7.

② G. F. Zaide, *The Republic of the Philippines* (*History, Government and Civilization*), Manila, 1963, p. 152.

班牙人看来，与荷兰人的海外竞争，不仅是抢占殖民地的角力，而且还是对各自教会控制势力范围的竞争。只有经营好菲律宾群岛，做好对菲律宾土著的教化工作，才能巩固西班牙在亚太地区的利益。

菲利普二世说："朕是上帝的工具，重要问题是吕宋王国的皈依，而上帝已预先指定朕来实现这个目标。既然上帝把这个殊荣交给朕和朕的王国，朕将竭尽全力来完成这个光荣的使命。"① 如果说以总督为首的殖民当局，主要任务是在政治、军事和经济方面的话，教会的"责任"则在教化方面，即他们要垄断菲律宾的文化教育事业，向菲律宾进行基督教化、西班牙化教育。可见，西班牙殖民者在征服菲律宾的过程中，天主教传教士扮演了非常重要的角色。天主教传教士通过伪善的宣传与活动，使菲律宾接受洗礼的土著人不断增多，他们也成为殖民者的忠实拥护者。1600 年，西班牙驻扎在菲律宾的军队只有 470 人，到 1637 年，西班牙的军队人数也才增加到 1762 人。② 可见，通过传教士皈依更多的菲律宾人，对于西班牙维护殖民统治是非常重要的。

由于传教士的帮助，西班牙军队几乎兵不血刃，迅速占领了北部吕宋岛与中部米沙鄢群岛，天主教充分发挥了其社会控制功能。菲律宾天主教是宗主国天主教的海外延伸，它不仅握着神圣不可侵犯的神权，而且享有广泛的政治、司法、文化、教育、财政和经济等方面的权利，成为殖民统治机构中最重要的组成部分，也体现了其充当殖民工具与先锋队作用。由此我们看到，一方面是菲律宾的天主教化，即传教士通过宗教控制菲律宾人，建立了一个东方天主教国家；另一方面是天主教的菲律宾化，天主教逐渐与菲律宾传统宗教相调适与融合，成为菲律宾人的主要信仰。在西班牙殖民统治瓦解后，仍被菲律宾人留存下来，也说明天主教已深深植根于当地社会。③

总而言之，殖民者能在菲律宾站稳脚跟，离不开传教士的活动和当

---

① John R. M. Taylor, "The Philippine Insurrection Against the United State", *Pasay City*, Vol. 1, 1971, p. 9.

② Pablo Fernandez, O. P., *History of the Church in the Philippines*, *1521 - 1898*, Manila, 1979, pp. 435 -436.

③ 施雪琴：《菲律宾天主教研究：天主教在菲律宾的殖民扩张与文化调适（1565—1898）》，西南大学出版社 2007 年版，第 6—10 页。

地天主教徒的“配合”。假如传教士的热忱没有支持殖民者，没有帮他们巩固其殖民事业，那么黎牙实比率军战胜菲律宾人，而表现的勇气与坚贞就会大打折扣。可以说，传教士是真正的征服者。① 诚然，出于自身的利益的考虑，天主教会在菲律宾促进经济发展和文化进步做出了贡献。但值得注意的是，从表面上看菲律宾是天主教国家，但这并不意味自然宗教完全被天主教吸纳和取代。菲律宾人在日常生活中，许多方面仍反映了受泛灵论的制约。即便是皈依天主教的当地居民，在一定程度上保留着原始宗教的色彩。正如有学者指出，菲律宾人的宗教信仰从某种意义上说，是西班牙天主教与当地原始宗教的结合体。② 由此可见，天主教在菲律宾传播是十分“灵活”的。

第二节　华侨移民皈依天主教的动机

西班牙人初到菲律宾之时，并未特别重视向华侨的传教问题，原因是他们试图尽快打开中国的国门，再向中国派出传教士，以遂他们先行，舰队随后，征服中国的目的。但不久西班牙 5 名传教士从马尼拉抵达广州后，即被官府关押和审讯后驱逐到澳门。③ 传教士踏上中国领土就出师不利，引起了菲代理总督萨拉萨尔主教的担忧。随后，桑切斯神父两次作为总督的使者前往中国，就在福建设立贸易站进行谈判，最终也未能如愿地说服中国政府。西班牙人便转而重视对菲律宾华侨的传教活动，以图通过信仰基督教的华侨，把基督教带进中国去。

一　推动华侨皈依天主教的措施

在西班牙人眼里，华侨的商业和技能是维持其殖民统治的基础，他们是菲律宾社会不可缺少的成分。但日渐增多的华侨和带来的风俗习惯，成为殖民统治的隐患和传播天主教的最大障碍。④ 为此，一方面，华侨被

---

① G. F. Zaide, *The Republic of the Philippines* (*History*, *Government and Civilization*), Manila, 1963, p. 73.

② 周益群：《试论天主教在菲律宾得以传播的原因》，载《东南亚研究》1989 年第 1 期。

③ 黄滋生、何思兵：《菲律宾华侨史》，广东高等教育出版社 1987 年版，第 55 页。

④ H. de. la Costa, *The Jesuits in the Philippine 1581 – 1768*, Cambridge, Mass, 1961, p. 207.

殖民者视为上帝的罪人，对他们实行隔离和限制政策；另一方面，利用华侨的作用，诱使他们受洗皈依天主教。为了使土著始终保持基督教信仰，保住西班牙在菲律宾传播福音的成果，不但要尽量减少华侨对他们的影响，还要使华侨成为天主教的积极推动者。所以，华侨被视为需要亟待“拯救”的异教徒，最终成为忠实于殖民者的特殊阶层，并使受洗的华侨教徒能够利用他们与中国家乡的联系，成为到中国传播福音的“先驱”。①

（一）从语言教育宣传天主教

虽然西班牙殖民者一心想让华侨信奉基督教，但当时还未有专门向华侨传教的场所。1581 年，奥古斯丁教会在华侨聚居的顿多开设教堂，负责管理该处华侨的传教事务。宣教时所用的是他加洛语，而华侨对当地语言的掌握能力有限，教规教义又十分晦涩难懂，所以传教士取得的成果不大。1587 年，多明我会传教士来到菲律宾，在马尼拉的比农多和帕里安建立教堂，让传教士学习华语、华文，以便专门对华侨从事宣教活动。1588 年，胡安神甫来到菲律宾，他努力学习中文，很快就掌握了 3000 多个汉字，并且能用中文向华侨宣讲天主教教义。1593 年，他编写了中文版的《基督教教义》，由华侨教徒龚荣印刷出版。为了适应菲律宾华侨社会闽南人多的状况，该书用闽南话编写。②

（二）税收方面的优惠

西班牙殖民当局实施的华侨政策，最重要就是通过对他们的税收，作为维护其殖民统治的财政保障，为此殖民者对华侨征收各种苛捐杂税。而广大华侨不畏艰难险阻来此，也主要是获取财富。他们勤劳节俭，辛苦劳作，就是为了设法多挣些金钱，以回乡改善家庭生活的窘境。这两种“利益”的冲突，也导致了殖民者与华侨之间的矛盾。而殖民当局出台的天主教徒减免税收政策，对于华侨产生了极大的诱惑。1627 年，菲利普三世下令，“皈依天主教的华侨 10 年内免除所有额外税收，只需交

---

① 庄国土：《中国封建政府的华侨政策》，厦门大学出版社 1989 年版，第 102 页。

② Alber Chan，SJ.，“A note on the shih-lu of Juan Cobo”，in *Philippine Studies*（37），Manila，1989，pp. 481 – 482.

纳与土著一样的税收。"[①] 于是，有许多华侨接受了天主教的洗礼，纳入了菲律宾"天主教化"的洪流之中。

（三）放宽出境的限制

16 世纪末至 17 世纪中叶，西班牙殖民当局为了控制华侨的数量，对其中非天主教徒实行驱逐政策。1596 年，莫加总督下令驱逐了 1.2 万所谓的华侨异教徒。1606 年，菲利普三世下令，强调只允许 6000 名华侨留在菲律宾。1620 年、1632 年，又重申此令来严格限制华侨数量。[②] 这种情况下，天主教就成为保护华侨免遭驱逐的"保护伞"。在大驱逐期间华侨往往集体受洗，通过皈依天主教而继续留在菲律宾。同时，神甫们也积极为华侨施洗，当然也借此来获得不菲的"回报"。如在一次大驱逐的行动中，神甫们从中赚得了大量的财物，有两个神甫一天之内就为 400 名华侨施洗。[③] "教会的财富在给华侨受洗中急剧增长，他们不在乎那些华侨是不是真的接受天主教的信仰，而只是以此来作为永远留在菲岛的手段"。[④] 为此，总督安达在英西战争之后，下令驱逐在战争中曾帮助英军的华侨天主教徒，并谴责教会"应当受到与华侨同样的惩罚"。[⑤]

（四）选择居住地的自由

为保证在菲律宾的西班牙人安全，殖民当局禁止华侨与土著接触，而马尼拉的华侨只能居住在城外的帕里安，并在大炮的日夜监视之下。对于非天主教的华侨而言，他们只准在马尼拉附近从事商业及其他行业，而皈依天主教的华侨则被允许自由活动。17 世纪 20 年代始，西班牙殖民者把部分华侨驱赶至农村，帮助中吕宋地区发展农业。他们认为华侨在受洗之后更容易管理，这也促成了马尼拉以外各省华侨族群的稳定发展。18 世纪中叶，已有一部分华侨分散在岛上各省，中吕宋、班乃岛上、西班牙人聚居的宿务岛、纳牙、三宝颜，都出现了华侨的聚集区。华侨居

---

① E. H. Blair and J. H. Robertson, *The Philippine Islands, 1493 – 1898*, Cleveland: The Arthur H. Clark Co., 1903, Vol. 22, p. 158.

② Ibid., p. 157.

③ Shubert. S. C. Liao, *Chinese Participation in Philippine Culture and Economy*, Manila, 1964, p. 385.

④ Ibid., p. 385.

⑤ Alfonso Felix, Jr., The *Chinese in the Philippine, 1770 – 1898*, Vol. 1, Manila: Solidaridad Publishing House, 1966, pp. 1 – 2.

住区域的扩张，实际上是华侨天主教事业的延展。可以肯定地说，华侨天主教徒所享有的这种迁移自由，在很大程度上刺激了一些华侨皈依天主教。

（五）享有婚姻自由的权利

殖民当局希望华侨不仅笃信天主教，而且多多融入当地的血液和元素，成为较为“纯粹”的当地人。因此，华侨与土著之间的联姻，一直是西班牙殖民当局关心的大事。西班牙王室对华菲族群通婚表现出积极的态度，认为这是同化华侨的有效途径之一。1620 年，菲利普三世颁布敕令：“鉴于许多华侨皈依天主教且与土著妇女结婚，由于他们居住在城郊，应该给予他们土地，让其安居并形成一个村社，这样能使他们依赖土地稳定下来，而习惯于家庭生活。即使他们人口增加，也不会威胁到马尼拉的安全。”① 但是，允许华侨与土著之间的通婚，只限于皈依天主教的华侨。任何一个菲律宾人、西班牙人或者混血儿都不能与华侨结婚，除非后者成为一个天主教徒，并且保证成为一个守法的公民。②

二 华侨信仰天主教的目的

1587 年，当多明我会神甫萨拉萨尔主教来到马尼拉时，看到西班牙对华侨的传教工作并未取得多大进展。寻其原因，主要是入教受洗要求华侨剪辫剃发，这项规定与华侨的风俗相悖，从而妨碍了华侨皈依天主教。按照当时的宗教礼仪，受洗成为天主教徒必须剃掉辫子。这是华侨不能接受的粗暴侮辱，实际上也是一种民族歧视。由此有部分已倾向天主教的华侨，最后拒绝接受洗礼。“身体发肤、受之父母、不敢毁伤、孝之始也”，这是中国人的伦理和孝道传统，否则会被认为大逆不道。1617 年刊行的张燮《东西洋考》所说，华侨“间有削发长子孙者”。③ 既说明了天主教徒华侨削发和被禁止回国的事实，也说明愿意削发者之少。萨

---

① Alfonso Felix, Jr., *The Chinese in the Philippine, 1570 – 1770*, Vol. 1, Manila: Solidaridad Publishing House, 1966, p. 61.

② Alip, *Political and Culture History of the Philippines*, Vol. 1, Alip & Brion Publications, 1950, p. 299.

③ 张燮：《东西洋考·吕宋》，见《文津阁四库全书》第 197 册，商务印书馆 2005 年版，第 163 页。

拉萨尔是一名具有人文主义思想的宗教人士，他一向主张对华侨采取温和的统治手段。为了吸引更多华侨受洗入教，多明我会在华侨剪发问题上作出了让步。

菲利普二世为此事做了批示："剪掉华侨辫子这件事是不适宜的，这将阻止华侨皈依入教，并且致使他们不能返回祖国。如彼等所知，华侨留长发的这种风俗，是比殖民地的其他风俗更普遍，从来不被认为是不适宜的。主教应召集各修会的负责人，还有那些知识渊博且关心此事的人，共同商讨，寻求一个解决问题的好办法。"① 由此可见，华侨不愿剪掉辫子皈依天主教，成为西班牙当局十分重视的问题。同时，这也是中国传统文化与西方宗教文化的碰撞。西班牙国王和马尼拉殖民当局都认为，这是一件可以让步的小事。后来，萨拉萨尔主教表示放松对华侨剪辫子的要求，"华侨认为我们的宗教太严厉了，一旦入教就不能回国，就得抛弃父母妻儿和乡亲，他们请求受洗时不要剪掉辫子，不要阻止他们回国……如果上帝允许，我们可以为华侨施洗而不必剪掉他们的辫子。"② 由此可见，大多数华侨还是十分在乎和珍视传统习俗的，把自身的民族特性也看得及其重要，而有朝一日回归故里是永远的目标。

许多华侨都是现实主义者，他们并不希望寄托虚无缥缈的"来世"。诚如一位华侨所述："作为一个中国人，我不相信来世，但非常关心我的现实生活和幸福。对我来说，重要的是我的家庭和我的生意。"③ 的确，他们怀揣家人的期望历尽艰难险阻，远渡重洋来到蛮夷异域，以期获取财富回乡改善家人生活，或者说解救陷入绝境的亲人。然而，在汹涌激荡的商业社会中，功利之争不已，人心之浮动极矣，朝有富家翁，暮作沿门乞者有之。④ 这时，他们非常需要一个精神支柱，宗教就成为近在咫尺的灵光，求神保佑将使他们得到慰藉。于是，那种具有功利主义特征

---

① Alber Chan, SJ. , "A note on the shih-lu of Juan Cobo", in *Philippine Studies* (37), Manila, 1989, p. 92.

② Ibid. , pp. 231 - 238.

③ Marilies von Brevern, One *a Chinese*, *Always a Chinese*? *The Chinese of Manila-Tradition and Change*, Lyceum Press Inc. , Manila. p. 33.

④ 陈衍德：《试析菲律宾华侨宗教信仰的经济动机》，载《南洋问题研究》1994 年第 1 期。

的宗教信仰，便成为被菲华社会所普遍接受的精神食粮。菲华社会有人著文讽刺道："有人对神明有太多的要求，希望神明赐给他们许多财富。在神界里只好每日去制造金钱分发给世人享受，而大家岂非个个是富翁，哪里还有穷人的存在?"①

诚然，华侨天主教徒中有许多虔诚者，但也不乏追逐商业利益的投机者。当他们回到中国后，即把天主教忘得一干二净，甚至有的华侨在返回中国的船上，就把天主教的信物抛进海中。② 但是，华侨在菲律宾作为天主教徒，不仅享受居住地不受限制的自由，还可以得到减免经济税收的权利，而且其子女有进入教会学校的机会，本身也具有较高的社会地位。于是，有些华侨主动接受了天主教的洗礼，进入有优厚待遇的人群之中。此外，华侨皈依天主教还有一种动机，就是可以拜认洗礼的当地教父或教母。不论哪一种理由来此的华侨移民，假如找到一个有势力的当地人做靠山，扩大其个人关系，其飞黄腾达，也就指日可待。通过受洗容易实现的"公巴礼"（干亲制）关系，是华侨教徒梦寐以求的捷径，这种制度在当今的华侨社会依然盛行。③ 按照天主教的说法，一个人除了与自己的父母或子女存在血缘关系外，还要与其他特定之人保持灵修关系。在这些人的教导和协助之下，使自己的身心得到修持，进而达到终极圆满之境界。单就个人而言，能够帮助自己善度宗教生活的主要是教父和教母。所谓的"公巴礼"制，就是找一个显赫的西班牙人，来作为受洗华侨的教父或教母，亦即皈依天主教的见证人。通过这种"干亲"关系，两家可以建立稳固的关系，并确立"相得益彰"的利益链条。

不过，在天主教传播过程中，血亲与干亲关系在不同地区各异。在西方，婴儿出生就立即接受天主教的洗礼，受洗子女与教父母和亲生父母形成三角关系。在菲律宾，更重视的是两种"家长"的互动关系。教亲制所覆盖的网络不断扩大，收养教子的机会也比特兰特圣公会确定的频次多得多。诸如子女首次剃发、新房的竣工都可以成为收养教子的契

---

① 夏影：《谈信仰》，载《联合日报》（马尼拉）1993 年 1 月 24 日。

② ［菲］吴文焕：《从华人的天主教化说起》，载《卧薪集》，马尼拉：菲律宾华裔青年联合会，2001 年。

③ Edgar Wickberg, *The Chinese in Philippine Life*, *1850 - 1898*, New Haven & London: Yale University Press, 1965, p. 193.

机，而菲律宾父母更倾向于拥有较高社会地位的教父。[①] 他们通过结亲，建立超乎寻常的功能性社会关系。华侨在日常生活中遇到麻烦，教父母则出面疏通并予以庇护。教父母利用自身影响和势力，为他们商业竞争提供便利条件，而华侨为其输送不菲的经济利益。然而，有地位的教父数量相对来说是有限的，也就出现了有的教父拥有许多教子的情况。据记载，在帕里安华侨区中，一名教父竟拥有141名教子，另外3名教父拥有超过50名教子，其余22名教父拥有10多名的教子。[②] 可见，华侨皈依天主教的目的并不是“单纯”的。

三　天主教对华侨社会的影响

西班牙殖民者针对华侨的文化传统，除了在传教方式采取适当的方式外，传教士还专门为华侨兴办一些慈善事业。如设立医院以解决华侨的生老病死问题，这在当时医疗物资极为贫乏的年代，的确是一项笼络人心的举措。多明我会的神甫们赢得了众多华侨的信赖，几乎很少有人在垂死之际不要求受洗的。[③] 显然，华侨社会信奉皈依天主教已经被普遍接受。

从16世纪末起，马尼拉华侨和全菲华侨的宗教事务由多明我会掌管，他们在马尼拉华侨居住地建立了两座教堂；一座是帕里安的“三圣堂”；另一座是岷伦洛的“三圣堂”。从多明我会的帕里安华侨受洗档案可以看出，17世纪华侨天主教徒的一些情况。如计顺市圣多明我修道院关于华侨受洗的记录显示，从1618—1619年，有155名华侨受洗，最年轻的19岁，最年长的99岁。其中，20—39岁者占一半以上有87人；40—99岁者有36人，但没有女人和婴儿的受洗记录。1627年的5—9月间，有100名华侨受洗。其中，20—39岁者有66人，40—70岁有24人，也没有女人和婴儿受洗的记录。从1618—1628年，有1330名华侨在帕里

---

① John Leddy Phelan, *The Hispanization of the Philippines: Spanish Aims and Flipino Responses, 1565 - 1700*, Madison, Milwaukee: The University of Wisconsin Press, 1967, p. 77.

② Joshua Kueh, “Adaptive Strategies of Paran Chinese: Fictive Kinship and Credit in Seventeenth-Century Manila”, *Philippine Studies*, Vol. 61, No. 3, 2013.

③ E. H. Blair and J. H. Robertson, *The Philippine Islands, 1493 - 1898*, Cleveland: The Arthur H. Clark Co., 1903, Vol. 32, p. 11.

安的“三圣堂”受洗，且全部是成年男子。从这个记录可以看出，当时受洗的华侨均为成年男子，并且多在适婚年龄，其受洗主要可能就是为了成为天主教徒，而达到与菲律宾女子结婚的目的。

从1629年开始，婴儿受洗的记录逐渐多了起来，他们几乎都是华侨与菲女的混血儿。从帕里安和岷伦洛多明我会教会记录来看，大部分华侨成为天主教徒并与菲女组成了混血儿家庭。[①] 可以看出，华侨被指皈依天主教是为与菲女成婚获得便利，还是有一定依据的。正如莫加所说："他们皈依天主教并不是为了灵魂的救赎，而是为了获得基督徒所得到的优惠。"[②] 教会也认识到多数华侨皈依天主教的世俗动机，所以对华菲通婚的条件要求越来越严格。1849年，西班牙王室下令，华侨若与菲律宾女子结婚，必须向政府提供下列材料：天主教受洗证明；教父或未婚妻的保证书；成为天主教徒2年的时限。同时，必须在菲律宾生活达6年，并且期间品行良好，无犯罪记录，教区神甫还需出示为其宣讲教义的证明。如果结婚后本人要回中国，需得到其妻子的允许。[③] 条件如此苛刻，程序如此烦琐，放缓了许多华侨皈依天主教的步伐。

的确，一些华侨皈依天主教是动机不纯，如许多华侨天主教徒在英军攻占马尼拉时倒戈，随后华侨天主教徒的优惠待遇被逐渐取消。在西班牙殖民者看来，同化华侨的政策在一定程度上失败了，因为他们没有造就出一批忠诚天主教和西班牙的华侨教徒。但从另一个角度而言又是成功的，通过华侨天主教徒与土著人的通婚，却造就了一批在宗教上笃信天主教，在文化上西班牙化的华菲混血儿。他们秉承了华侨祖先的经商才能，在经济上迅速崛起，成为菲律宾民族资产阶级的中坚力量。但他们在政治上不倾向于中国，多数倾向于西班牙或菲律宾，并成为菲律宾民族独立运动的先锋和骨干。19世纪后期，他们既是西班牙殖民统治的掘墓人，又是后来排华运动的参与者。[④] 尤其是在菲律宾出生的华侨后

---

① Alfonso Felix, Jr., *The Chinese in the Philippine, 1770 - 1898*, Vol. 1, Manila: Solidaridad Publishing House, 1966, pp. 53 - 57.

② E. H. Blair and J. H. Robertson, *The Philippine Islands, 1493 - 1898*, Cleveland: The Arthur H. Clark Co., 1903, Vol. 22, p. 196.

③ 陈台民：《中菲关系与菲律宾华侨》，香港：朝阳出版社1985年版，第245页。

④ 庄国土、陈华岳：《菲律宾华侨通史》，厦门大学出版社2012年版，第236—242页。

裔，他们生长在这片土地上，受到当地的教育，浸润在社会多元文化之中。很多华裔青年在国家认同变迁的前提下，也加入西方文化的大潮中，成为地道的菲律宾人。同样，从整体上讲，华侨社会的语言、艺术、伦理、思维方式、价值取向、宗教信仰和审美情趣等都受到了主流社会的影响，在无声无息中发生着变化。

第三节　华人族群的宗教变化

早期移居菲律宾的华侨或为避难谋生，或为经商谋利。不管华侨出于何种目的来到这里，他们都渴望健康、平安与成功。特别是在没有中国政府保护的情况下，殖民者肆意对中国人进行迫害。加之当地医疗条件和技术的落后，华侨只好祈求神灵的庇护与保佑。因此，传播中国民间信仰就成为他们生活中的一部分。随着华侨与土著人共同开发和建设菲律宾国家，华侨必然会受到当地风俗文化的影响，特别是天主教对华侨文化的植入，从而使菲华民间信仰表现出某些融合的形态。

一　华侨宗教的历史渊源

菲律宾华侨移民带来的祖籍地文化，可视为闽粤文化在当地的发展，尤其是闽南文化在当地成为华侨社会的主流。作为古代闽南文化中心的泉州，素有“世界宗教博物馆”之称，具有多元宗教的特征，如佛教、伊斯兰教、基督教、天主教、印度教、摩尼教和道教，都曾在这里传播和发展，各种宗教的兼容并存，必然相互渗透和影响。近代福建是天主教和基督教势力较为强大的省份，而这些教徒许多是半信上帝半信菩萨的状态。亦即无法完全摆脱传统宗教信仰，专一信奉西方传入的宗教。①

值得一提的是，西班牙殖民者把天主教传到菲律宾以后，与福建天主教的传播产生了种种的联系。17 世纪，马尼拉之西班牙多明我会士颇

① 陈支平、李少明：《基督教与福建民间社会》，厦门大学出版社 1992 年版，第 18—51 页。

多闽浙者。[①] 1638 年，福建的天主教教徒罗文藻，还进入马尼拉圣托马斯学院学习，后返回到福建进行传教活动。1654 年，他回到马尼拉被晋升神甫，翌年再次返回福建，协同多明我会传教士在厦门沿海一带传教。[②]

清朝初期，朝廷为了阻止宗教势力推翻其政权，颁布法令规定外来宗教禁止在国内传播。但天主教在闽南地区却无法杜绝。清政府把闽南向菲律宾移民归咎于天主教的传播，虽无十足的道理，但两地在宗教文化上的联系，却是不争的事实。但是，华侨为适应移居地的生态和社会环境，对原有文化也会进行调整与改造。华菲族群之间的互动、交流与共处，促进了两种不同文化的接触和交融，这就使得华侨移民原有的文化，特别是宗教信仰发生异化。早期的华侨社会中，除了部分菲妻所生子女完全融入当地社会，成为虔诚的天主教徒之外，许多华侨并非信奉一种宗教，甚至有些仍执着于祖先崇拜。传统宗教与西方基督教并存于一身，难免有两种信仰杂糅混合的现象。

美国取代西班牙成为菲律宾新的殖民宗主国后，基督教新教也随其带入菲律宾群岛，打破了天主教一统“天下”的局面。1903 年 11 月，马尼拉华侨圣公会得到美国圣公会的帮助，进行了第一次的华侨礼拜聚会，标志着基督教在华侨社会中的传播，华侨有机会接触新的宗教。而在此过程中，闽南人又率先成为引领者。第一位到菲律宾担任华侨圣公会的牧师施和力，是来自闽南的归正教会。[③] 佛教和道教也一改以前的流俗状况，进入有组织的推广和发展阶段。1937 年，闽南高僧性愿法师来到菲岛，在马尼拉的信愿寺任住持，意味着菲律宾华侨佛教发展步入一个新的时期。与此同时，以妈祖、关公和本头公等民间诸神为崇拜对象的道教，也在菲律宾华侨社会更加流行起来。这样，在华侨接受外来宗教的同时，对乡土传统信仰也顺势兴旺起来。

菲律宾华侨社会演变为华人社会后，多种宗教并存的局面是当地宗教发展的主要特征。广大华人在以宽广的胸怀接受外来宗教时，也念念

---

① 方豪：《中国天主教史人物传》中册，《祝石传》，转引陈衍德《现代中的传统——菲律宾华人社会研究》，厦门大学出版社 1998 年版，第 217 页。

② 陈支平、李少明：《基督教与福建民间社会》，厦门大学出版社 1992 年版，第 13 页。

③ 陈衍德：《现代中的传统——菲律宾华人社会研究》，厦门大学出版社 1998 年版，第 218 页。

不忘自身的传统文化，并有机地把他们融汇在一起。另外，华人将中华文化携带至菲岛，意识上也具有无私性，从不吝啬地传播给需要的当地人。劝人向善、赐予幸福是各种宗教的共同点。基于此，华人社会各种宗教信徒，得以彼此包容和友善。同时，各种宗教思想相互融汇、相安无事，为华人社会的宗教融合提供了可能性。

二　华人宗教的融合表象

菲律宾华人社会的宗教融合，主要表现在功利主义的动机和教人行善。从某种意义上说，菲律宾华社信奉的神只有财神爷。[①] 一位佛教僧侣以自己的亲身经历指出："世界上最大的宗教是'钱教'，只要有钱可赚，什么都可以信。"[②] 而劝人行善、教人行善、导人行善是各种宗教教义的共同点，也是它们在传播过程中的表现形式。虽然各种宗教都各有其侧重点，但千流归宗都归结于"行善"。这一点为人们所认识，就有可能成为宗教融合的思想起点。为此，各种宗教在菲律宾华人社会显示出融汇于合流的趋势。

（一）家族内部宗教并存现象

许多华人家庭成员的宗教信仰各不相同，这在菲律宾华社是常有的现象。老一辈华人多数信佛教，而年轻一代多数接受天主教和基督教的洗礼。与此同时，祖先崇拜仍比较普遍存在于华人社会之中。有一位华人女教师这样描述："我的丈夫是一位基督教浸礼会教徒，我的孩子是天主教徒，我是一个无神论者……我的父亲经常对来自家乡的神明顶礼膜拜，其中主要是关公。当我的母亲来到马尼拉时，我也偶尔陪她去仙沓古律士的教堂。但是，我不喜欢蜡烛的气味，然而当我们纪念祖父的生辰与忌日时，我不得不点燃蜡烛，他已去世多年了。"[③] 这是一个很经典的华人家庭的故事，足见华人社会宗教信仰的复杂。

许多年轻人虽然信奉了天主教，由于家庭传统文化的氛围或长辈的

---

① ［菲］洪玉华：《宗教的融合》，载《融合：菲律宾华人》，马尼拉：菲律宾华裔青年联合会，1990年，第240页。

② 陈衍德：《访谈信愿寺释妙戒谈话记录》，1992年5月8日，马尼拉。

③ 陈衍德：《现代中的传统——菲律宾华人社会研究》，厦门大学出版社1998年版，第218页。

影响，他们只好在二者之间调和与游走。一位华人寡妇在回忆青少年时代时这样说："我是家里唯一的天主教徒，我也是在天主教学校里读书的。然而，当我还是一个小姑娘的时候，我曾陪母亲到寺庙去，每逢（阴历）初一、十五，我母亲便要吃素，我不明白其中含义，就也与她一起吃素。在家里我们有一个祭坛，摆着土地公的塑像和祖先的照片。我的父亲在其前面焚香并供奉食物和鲜花。"① 这种家庭影响是如此根深蒂固，以致改信天主教的年轻人难于脱胎换骨。有一位华人妇女，丈夫突发急病去世。她的母亲告诉她，这是由于她和丈夫生肖相克的缘由，所以婚姻不能长久。她还说："作为一个天主教徒，我本不该相信这些，但是我的内心像我父母那样，依然是个佛教徒。"②

可见，在菲律宾华人社会中，信仰不同的家庭成员能彼此包容，和谐共处。一位华人妇女说："尽管我们家庭中每个人信仰不同，但相互之间并未发生矛盾。长辈对晚辈宗教信仰持鼓励的态度，他们认为不管哪种宗教都是教人们向善的。"③ 除了上述年轻人受长辈的影响外，也有长辈受年轻人影响的情况。有一位年过 70 岁的华人妇女描述："我过去是一个虔诚的佛教徒，信到心不离佛、佛不离心。以前我非常反感基督教，甚至讨厌任何人传递'福音'给我……信主的起因是我患了一场病。我的两个女儿都是基督教徒，当得知我生病时，他们立即跪在主的脚前祈祷，也要我和她们一起祷告，从此我相信主了，感谢主……让我很快康复。"④ 但是，在她的家中仍摆着弥勒佛的塑像。

还有一种情况，由于家庭中存在多种宗教，他们相互渗透影响，便出现了一个人有几种宗教信仰的现象。一位佛教僧侣说："基督教徒和天主教徒都来到佛教寺庙顶礼膜拜，是人尽皆知的事实。"⑤ 而基督教徒和天主教徒在家里祭祀祖先、烧香磕头，就不足为奇了。另外，信奉传统

---

① Marilies von Brevern，One *a Chinese*，*Always a Chinese*? *The Chinese of Manila-Tradition and Change*，Lyceum Press，Inc，Manila. pp. 33 – 54.

② 陈衍德：《现代中的传统——菲律宾华人社会研究》，厦门大学出版社 1998 年版，第 220 页。

③ 陈衍德：《访问郑丽真谈话记录》，1992 年 4 月 20 日，计顺。

④ 陈衍德：《访问陈淑仪谈话记录》，1992 年 5 月 31 日，马尼拉。

⑤ Marilies von Brevern，One *a Chinese*，*Always a Chinese*? *The Chinese of Manila-Tradition and Change*，Lyceum Press，Inc，Manila. p. 71.

宗教的华人也崇拜西方宗教的神明。有一位在菲岛移居多年的华人写道："在菲律宾马尼拉的溪亚婆街，我亲眼看到圣母玛利亚出巡的盛况……善男信女把整条街挤得水泄不通，其中有不少本人所认识的华人，知道这些人不但到佛寺行香，也到关帝庙膜拜，而今却又极其虔诚地向圣母祈祷。"①

综上所述，华人家庭内部多种宗教融合的现象，正是菲律宾华人社会的具体表象。笔者由于工作的缘由，经常前往菲律宾华文教育界，发现华人社会宗教信仰呈现一种趋势，那就是年轻人几乎都信奉天主教和基督教。他们无论在饮食、服饰、礼仪和结婚仪式上，都更加倾向西方文化的特点。甚至皈依西方宗教是一种"入流"的表现，而传统宗教敬香的烟雾缭绕和跪拜，他们直言不讳地表示不愿接受。中老年华人群体存在混合宗教信仰的情况，他们既信奉西方宗教，也时常膜拜传统宗教的神灵。当遇到重大事情需要祷告时，他们还是偏重祈求西方宗教"上帝"。每当拜访菲律宾中正学院，每次见到前董事长章肇宁先生，他都会赠我《圣经》，并虔诚向我传达天主的善意。我也了解到，在华人社会中信奉基督教和天主教已成为主流。② 老年的华人比较笃信佛教和家乡的地方神教，他们认为能幸福安康是佛祖和先祖的保佑，依然深深怀念祖籍国和故土。

菲律宾描东岸妈祖宫负责人林本宗先生曾说，地上尽管有各种各样的宗教，如释迦牟尼、耶稣和穆罕默德等各种神像，但在天上，真正的神却只有一个。他说，天上的神在地上有千万个化身。各种宗教，千流归宗都是教人行善。③

（二）社会中各种宗教渗透的特点

马尼拉南部描东岸（Batangas）市的妈祖天后宫，神龛正中供奉的却是一尊身着天主教服饰的神像。④ 这尊神像是描东岸省沓亚（Taal）社天主教堂神像的仿制品。据说这座神像是1603年沓亚社渔民在打鱼时捞到

① 庄为玠：《关羽崇拜在国内外》，载《泉州鲤城文史资料》6、7合辑1991年1月。

② 姜兴山：《访问章肇宁谈话记录》，2017年5月19日，马尼拉。

③ ［菲］洪玉华：《宗教的融合——描东岸妈祖和KAYSASAY》，载《融合：菲律宾华侨》，菲律宾华裔青年联合会，1990年，第240页。

④ 李天锡：《华侨华人民间信仰研究》，中国文联出版社2001年版，第198页。

的，而且传说她真的曾经显灵，当地人民遂为她建造教堂，把她供奉起来，称她为“BirgenI Kaysasay”，因为与这个神像一起被打捞上来的还有一只叫作“Kaysasay”的鸟。可是，当年描东岸省华侨却认为这个打捞上来的神像是中国的妈祖，便即刻把她作为妈祖来膜拜。20 世纪 70 年代后期，描东岸省市的华人在当地建起了一座中国式的宫庙，称“妈祖天后宫”，把沓亚社天主教堂神像的仿制品供奉在里面。于是，便出现了同一尊神像，菲律宾人把她作为天主教神像来膜拜，而华侨却把她当作妈祖奉祀的奇特现象。值得注意的是，沓亚社曾经发生过残害华侨的流血事件，如今这里没有一家华人，可体现在妈祖身上的宗教融合却达到如此高度。

更有趣的是，每年 11 月，描东岸庆祝妈祖诞辰的各种宗教仪式，既有烧香点烛、抽签问卦和祭祀烧金，又请天主教神父支持弥撒；既向妈祖连敬 3 天传统中国戏，又在庆典的最后一晚，举行天主教式的花车巡游；宫中丝竹之乐悠扬，花车西乐队开路；善男信女在宫中敬香烛钱，神父弥撒也收教会的弥撒钱；签书写的是华文，而神父讲的是他加禄语和英语等。可以看出，宗教仪式在菲律宾是受到尊重的活动，也俨然成为另一种形式的节日，祭祀仪式和生活习俗方面混合交融，也将成为极为普遍的情景。妈祖在菲律宾的香火是很盛的，妈祖圣诞之时，总有数以千计的四方香客，专程汇集描东岸参加庆典。20 世纪 80 年代，马尼拉以北 200 多公里的拉允隆，也从描东岸请去一尊妈祖神像，建了一座更加堂皇的妈祖宫。

如果说描东岸沓亚神像是由于传说偶然造成的交叉信奉的话，那么菲华社会各地寺庙中普遍供奉多种宗教神像，则应该是理性的选择了。如在大千寺中同时供奉着基督教的耶稣、伊斯兰教的穆罕默德和佛教的观音等，还有关帝、玉皇大帝、玄天上帝和包公王等，共计 65 尊神明。此外，在绝大部分华人所建的其他宫庙中也都或多或少供奉着与各种宗教有关的神明。其中，一尊最为常见被称为“山道妮妞”的孩子神，据称是发源于宿务。尽管这尊孩子神源自于本地，但很多华侨的商店、企业和住宅都供奉着该神。如今菲华社会的大银行、大工厂和大公司，在大门上挂贴符和八卦，屋内供土地公、财神爷比比皆是。这里的股东、主管或者高级经理，多是天主教信徒，但只要有人说灵，有助于赚钱发财，或避难消灾、逢凶化吉，也就宁可信其有了。多花那么一点钱，除去心结，又算得了什么？反之，这一点钱都舍不得花，如果她真的有灵，岂不是吃大亏！①

其他宫庙中也有类似“多元宗教文化”的现象，而在日常生活中这种文化多元化的表现形式更是屡见不鲜。华人除了保留着择偶看生辰八字、择日查凶吉和建房看风水等习俗外，也接受了当地一些天主教的风俗习惯。如孩子必须进教堂洗礼，结婚也必须在教堂由神父主持婚礼，盖房落成或店铺开张又必须请神父来祝福。还有比较有趣的现象是，许多信奉天主教的菲律宾人，如今在结婚或盖房子前，竟也相信生辰八字和风水之易经术了。不少菲人也跑到佛寺道庙，烧香拜佛、抽签问卦，则良辰吉日，尽管他们本人实质上仍然是天主教徒。甚至总统、副总统和一些政要也参加华侨的宗教活动，前总统阿罗约就多次在春节凌晨到马尼拉信愿寺拈香祷告。② 当然，菲律宾人热衷华人的抽签问卦和风水，主要是看中华人善经商、多发财的神秘感。在他们看来，许多华人之所以发财致富，很可能就是因为搞这些玩意。

神是人类创造的，神的融合是族群融合的缩影，族群融合是神的融合的前提。在漫长的历史发展进程中，华人与菲律宾人民和睦相处，相互学习，共同劳作，一起建设菲律宾家园，积极主动地融入当地社会。菲华社会供奉“山道妮妞”等多种宗教神明的事实，即表明菲律宾华人已理性地吸收了当地的宗教文化，来重塑本民族的信仰，这也就是他们与当地社会发生的，渐进融合在文化上的一种体现。③ 宗教文化的融合是双向的，是两种文化相互碰撞、相互吸引、相互影响和相互渗透的结果，华人与菲律宾人信仰的相互借鉴与融合，正是这一观点的充分证明。在华人社会供奉居住地的宗教神明的同时，当地居民也到华人宫庙中求神拜佛、抽签问卜。有些不懂汉语的当地人，便请华人为其当翻译。他们对此深信不疑，即使是一些天主教徒也莫不如是。

---

① ［菲］洪玉华：《宗教的融合：描东岸妈祖和 KAYSASAY》，载《融合：菲律宾华侨》，菲律宾华裔青年联合会，1990 年，第 235—240 页。

② 庄国土、陈跃华：《菲律宾华侨通史》，厦门大学出版社 2012 年版，第 777 页。

③ 李天锡：《华侨华人民间信仰研究》，中国文联出版社 2001 年版，第 199 页。

（三）华侨华人宗教信仰的动机

菲律宾华人多来自闽南的晋江。清代中叶，那里的情况是“富者上吴下粤，舟车所至，皆可裕生涯。贫者背负肩挑，里巷遍招，亦堪贸易。而屯籴稻谷，鬻贩鱼盐，种种有之。濒海之民，又复高帆健橹，疾榜击汰，出没于雾涛风浪中，习而安之，不惧也。趋利之多，自昔为然。”[①]受重利思想的影响，闽南人“惟利是趋”“趋利喜作”。他们“舍祖宗之丘墓、族党之团圆，隔重洋之渡险，窜处于天尽海飞之地”。他们冒险南渡菲岛，实为“趋利”使然，诚如文献记载，“沿海地方，人趋重利……漳泉为甚。”[②]

由于唯利是图有抛弃传统束缚的特征，闽南人移居菲律宾后，促进了当地商业贸易的快速发展。在西班牙殖民统治时期，就形成了华侨商业网络。美国统治时期，由于限制华工入境，在菲的中国农民、技工也都涌向商业领域，追逐财富已蔚然成风。菲律宾华侨社会彰显出移民和商业性质，这其中就充满了许多的变幻莫测，也为种种的信仰和崇拜提供了沃土。宁可信其有，不可信其无，是华人社会普遍存在的信条。只要灵就可以信，这不是一个遥远的目标和很难的问题。根据这一理论，一个人信奉宗教，甚至多种宗教就不足为奇了。

许多华人都是现实主义者，他们并不希望寄托虚无缥缈的“来世”。诚如一位华人所述：“作为一个中国人，我不相信来世，但非常关心我的现实生活和幸福。对我来说，重要的是我的家庭和我的生意。”[③] 的确，他们冒险历尽艰难险阻，远渡重洋来到蛮夷异域，以期获取财富回乡改变家人窘境。然而，在汹涌激荡的商业社会中，功利之争不已，人心之浮动极矣，朝有富家翁，暮作沿门乞者有之。[④] 这时，他们非常需要一个精神支柱，宗教就成为近在咫尺的灵光，求神保佑将使他们得到慰藉。于是，那种具有功利主义特征的宗教信仰，便成为被菲华社会所普遍接

---

① 《道光晋江县志》卷七十二《风俗志》。

② 《筹海图编》卷四《福建事宜》，转引陈衍德《试析菲律宾华人宗教信仰的经济动机》，载《南洋问题研究》1994 年第 1 期。

③ Marilies von Brevern, *One a Chinese*, *Always a Chinese*? *The Chinese of Manila-Tradition and Change*, Lyceum Press Inc. , Manila. p. 33.

④ 陈衍德：《试析菲律宾华人宗教信仰的经济动机》，载《南洋问题研究》1994 年第 1 期。

受的精神食粮。

菲律宾华人宗教信仰的经济动机，从其对民间诸神的偏好就得到明显的反映。在华侨从中国带来的膜拜的神明中，最著名的是观音、妈祖、土地公和关公，他们也被认为是财富之神。土地公又称福德正神，专司地方民众福祉及住户行为的监督；关公是战神和守护神；观音乃佛教中的广化众生之神；妈祖又叫天上圣母，乃海上保护神。这些神明无一不是与利益有关，反映出华侨寓居菲岛的明确愿望。马尼拉王彬街与知彬彬街的十字路口，有座基督教十字架的小神龛“戈律公”，被华人作为佛教的神祇供奉。这里香火十分旺盛，每当神诞日时，华人信众更是蜂拥而至。华人商店一般也都是土地公、关帝爷和圣婴并排供奉。华人对信奉对象的选择表面上是随波逐流，实际上却有一个原则支配，即唯“灵”是从的实用主义。而神祇的灵验与否是由庙宇内供奉物相关，越是庙大像高，香火旺盛的神祇就越灵验。如嘉牙渊省（Cagayan）有一座历史悠久的威明宫，供奉广泽尊王香火颇旺。当地华人吉凶时事，均取决于广泽尊王灵威之圣意。

随着华人在菲岛事业的发展，自然要求妈祖这位女神的庇佑范围扩大。由于妈祖灵验，华人便没有理由不把这位海上保护神当作财神来崇拜。华人在“庆祝天上圣母圣诞千秋启事”中写道：“虔诚祷告，祈求平安，消灾纳福，如意吉祥，福寿康宁。”① 可以看出，华人崇拜妈祖的动机发生变化，从原来的祈求平安已演变为祈盼福祉为主了。

历史上并不乏依靠宗教信仰，来获取某种政治或经济利益的事例。菲律宾华人社会的特征是宗教的世俗化、世俗的宗教化。那么，宗教生活服从于对商业利益的追求，便是势所必然的。华人热衷于参与宗教活动，大张旗鼓地举行宗教仪式，已成为华人生活中的一部分。人们有宗教信仰，更注重其形式而非内容。因为从实用的、功利的文化取向出发，这种宗教的义理信条如何，已无关宏旨，重要的是信仰宗教能在经济上获得更多的利益和更高的地位。

---

① 陈衍德：《现代中的传统——菲律宾华人社会研究》，厦门大学出版社 1999 年版，第 208 页。

第四节 华人的宗教组织及特点

宗教信仰既是精神现象也是群体活动，宗教组织既是信徒的结合体，又是宗教行为赖以展开的社会实体。二者的相关性，体现在人们从思想上的纽带发展到组织上的关联，而组织上依赖又巩固了精神上的信仰。菲律宾华人族群是一个宗教氛围浓厚的社会，宗教组织有一定的势力和影响。这些组织的形式和其他团体有相似性，亦即最初都是人群自然的结合，此后为了持续发展和增进凝聚力，每一个个体应尽义务和权利，逐渐形成了各种各样的群体组织。

一 菲律宾华人宗教现状

菲律宾华人是一个宗教氛围浓厚的族群，应该说人们的信仰多种多样，宗教团体机构占据了菲华社团的一定比例。这些组织和其他社团形式有相似性，亦即最初都是人群“自然的结合并无团体的形式，日子久了人数渐多，为了保持纪律，同时规定每一份子应尽的义务与权利，乃逐渐组成各种各样的会社。”① 其独特性在于，它们是按照一定的宗教目的和任务整合起来的。

（一）民间宗教

菲律宾华人社会的民间宗教，主要指源于故乡的各种地方神祇崇拜。与此相关的宗教组织，便是民间神祇庙宇和地方神庙。他们遍布菲岛各华人聚居区，而且有相当多的数量。早期中国人南迁菲律宾闯荡，由于是自发的民间行为，华侨居住分散且无组织联络，呈现一片散沙的状态。他们在经济有所起色后便兴建庙宇，一是用作祈祷之地；二是作为进行各种活动的中心。故乡庙宇中奉祀的各种守护神，便成为漂泊异域的华侨的精神支柱。于是，在华侨家乡族人的帮助下，把这些守护神“分灵”至其移居地，设庙奉祀进而组织团体扩大影响。这方面最典型的例子就是妈祖庙移植到菲律宾群岛。

---

① 王国栋：《我们的使命》，载《菲律宾忠义堂总堂金禧纪念特刊（1932—1982）》，1982年，第87页。

20世纪60年代，菲律宾华侨华人奉祀的小规模天后圣母庙或妈祖庙有100多家。这大概都是庙主从祖国礼拜后，随身烧着香保护着请到菲律宾的。后来越来越多的华侨前来参拜，逐渐发展成修建庙宇供奉起来。①沓亚社起初位于描东岸，后来移居到该省首府的天上圣母宫。有关该宫的起源和变迁，华人历史学者陈笑予在所著《菲律宾与华侨事迹大观》有如下记载：沓亚社……为该省之一重要社镇……社中有天上圣母宫在焉。此宫建于何时……当远在公元1572年，我国商船数艘，在菲律宾之岷罗洛岛（Mindoro），遇到舟坏，舟人及搭客等，当时或遇救抵达马尼拉市，或就近驶往沓亚社登岸，因而舟人护驾抵此供奉……盖沓亚社与岷罗洛岛相对面，且仅一衣带水之距离耳。陈笑予又记载了，1951年华侨善信人士将天上圣母迎驾移居描东牙示市，并发宣言及组成理事会之情形。该理事会乃有“各设遴选代表，选出职员”，并“着手筹备建设庙宇。”② 这样一个由个别人供奉神明，到有组织的社会群体建造庙宇奉祀的过程，可以说就是菲华寺庙的发轫和发展过程。有的庙宇从建筑之初就与社团维持着特殊的关系，其源起和发展又有特殊性。这种庙宇可分为几种：与会党或党派有特殊关系的；与宗亲会或同乡会有特殊关系的。

加牙鄢省亚巴黎社（Aparri Cagayan）的威明宫，是一所建于19世纪末的庙宇，供奉着来自福建南安的广泽尊王。该社是吕宋岛北部的重要商埠，闽南籍华侨大多是在此登陆，当然许多反清志士也多在这里避难。“三合会”成员受清廷追捕，相偕亡命海外，首抵亚巴黎社，并恭迎圣驾（圣王公）南来供奉，借用神力召集同胞，以待时机从事反清复明义举。尤可借以团结侨胞，联络感情，威明宫因而建立起来。③

大马尼拉地区加洛干市（Caloocan Metro Manila）的通淮庙，则是一个自始至终与党派有关的宗教组织。该庙奉祀的关圣帝君，早年由华侨善信从泉州通淮关帝庙分香而来，后又由数位华人将其侍奉于加洛干市。1985年，以菲律宾洪门致公党党员为主的一批华人，集资将加洛干市黎

① 刘芝田：《中菲关系史》，台北：中正书局1964年版，第254页。

② 陈笑予：《描东牙示省附述达社（达亚社）天上圣母近况》，载《菲律宾华侨事迹大观》第二集，马尼拉，1951年。

③ 陈衍德：《现代中的传统——菲律宾华人社会研究》，厦门大学出版社1998年版，第230页。

刹大街的居民楼改造为庙宇，迎奉上述关帝塑像于此，称为菲华通淮庙。这种宗教组织与党派组织紧密结合的情况，自然是继承了早期庙宇与会党相互促成的传统。

马尼拉的青阳石鼓庙是与宗亲会密切相关的宗教组织，它是在菲华锦绣庄氏宗亲会直接参与建立起来的。该庙奉祀的“大王公”乃是晋江青阳的地方神，相传郑和下西洋时将其香火带至菲岛。20 世纪 70 年代，旅菲的青阳乡人拟在马尼拉设庙宇祭之，于是即着手筹资购地建庙。由于祖籍青阳的华人乃以庄姓为主，因此庄氏宗亲会出面捐资，积极响应者多是青阳庄氏族人。1978 年，在亚拉尼沓街（Araneta Street）购得一块地皮来兴建庙社大楼。因经费不敷，大楼历时 10 年才竣工。石鼓庙与庄氏宗亲会虽然关系密切，但尚未达到紧密结合的程度。庄氏宗亲会大多数是以个人名义参与石鼓庙各项事务，考虑到该庙的捐建者、主神的崇拜者，该庙董事会的成员均有外乡或外姓人，这样有利于该庙明神信仰圈的延展。

马尼拉的镇海宫则是一个与同乡会密切相关的宗教组织。该宫奉祀的“新代巡圣驾”是晋江华峰乡的乡土神。《镇海宫建筑缘起暨诸善信乐捐芳名志》碑铭曰：

> 一九六一年辛丑之岁，新代巡泽被南洋。庇佑侨民，四季安泰。本董事会同仁为崇敬其神灵。民有定所，朝夕以焚香，乃联合华峰同乡会，组建斯宫于岷市未示利戈惹街。

又据《旅菲晋江华峰同乡会、镇海宫大厦碑记》，1971 年华峰同乡会于镇海宫联合兴建大厦，次年竣工。查该大厦的捐建者大多数为华峰乡人，尤以施姓居多，可见华峰同乡会在这当中所起的作用。而这两个组织的密切结合也就不言而喻了。

上述实例表明，作为宗教组织的庙宇，一旦与作为世俗组织的社会团体发生联系，在后者的促进下，其发展便更快地从自发阶段进入自觉阶段，虽然这样未免是信仰带上世俗的目的，但庙宇本身却因机构的趋于完善、人员组织性的加强而获得较完备的形态。

（二）道教

如果把道教分为民众道教和教团形式的道教，那么民间宗教大体上属于前者。教团的道教亦即以道观、道坛为组织形式的道教。据统计，菲律宾有道观、道坛 58 座。[①] 菲律宾大马尼拉地区是华人最多的地区，也是道教团体机构最集中的地区。该地区最大的三座道观是：加洛干市（Caloocan City）的大道玄坛、马尼拉市（City of Manila）的九霄大道观和巴西市（Pasay City）的九八凌霄宝殿。

20 世纪 50 年代，大道玄坛首先创立。60 年代中期，部分道士从大道玄坛分离出来，另外组建九霄大道观。80 年代初，部分道士又从九霄大道观分离出来，另再组建九八凌霄宝殿。九霄大道观内设有菲华道教促进会，九八凌霄宝殿内则设有菲律宾中国道教总会。道教团体机构这种分蘖并生的情况，固然受菲华社团因内部矛盾权力再分配而不断增殖的规律所支配，但客观上却促进了道教组织的蔓生与扩张。大马尼拉地区以这三大道观为轴心，分布着许多中小型的道观、道坛，如三清坛玉皇宫、泰玄都、清净道坛等。这些道观和道坛内有的也设有相应的团体，如清净道坛设有道群春晖社。

菲律宾中南部的道教中心则是宿务市，该市最大的道观是定光宝殿。该殿于 1959 年阴历正月十五日正式成立，原址在宿务市的雷翁凯拉特街（Leon Kilat Street）。1965 年，定光宝殿董事会开始在贝维尔里山麓（Beverly Hills）购地兴建新殿。1967 年，供奉九重天老祖的主殿堂落成，1971 年年底又建成供奉玉皇大帝的凌霄宝殿。这个庞大的建筑群还包括了后来陆续兴建的妈祖庙、土地公庙、观音妈亭等。[②] 菲律宾华人宫观寺庙的兴建是以雄厚的华商资本为后盾的，有人认为它们实际上是富裕华商的纪念碑，华商在生意上成功而实现向神明许下的诺言，即兴建宫观寺庙来酬谢神恩。这一点在宿务定光宝殿的兴建上表现得很明显，据介绍，华商为该殿的兴建慷慨捐资，少则数十万，多则上百万。

（三）佛教

许多闽南华侨移居菲律宾，把平时供奉在家中的佛像携至所居之地。

---

① 《吾道五斗米贯之——六十五代天师张继禹嗣教录》，《商报》1992 年 9 月 25 日。

② 陈衍德：《现代中的传统——菲律宾华人社会研究》，厦门大学出版社 1998 年版，第 233 页。

最初只是家中私下礼拜，偶尔也有邻居亲友前来烧香，某些地方渐渐演变成华侨的香火中心。19 世纪末的马尼拉市怡干洛街的观音堂、路夏义街的南海佛祖，三宝颜市的福泉寺，都是这样逐渐发展和形成的。此三庙乃华人佛教信徒最早的崇拜礼佛之地。但当时这些寺庙尚没有专职僧人住持，亦无佛教仪式和经文义理，仅是民间的流俗信仰而已。

20 世纪 30 年代初，常有一班正信有识之士，借马尼拉观音堂之地聚会，时常研讨佛理。1931 年，正式成立旅菲中华佛学研究会，这是菲岛佛教的第一个组织机构。该会成立后，会员即着手集资购地建寺。1936 年在马尼拉市那拉街（Narra Street）开始兴建大乘信愿寺，由于信徒踊跃支持次年便落成。佛学研究会同人又聘请闽南名僧性愿法师赴菲住持信愿寺，塑佛请经，宣讲佛法，领众薰修。至此，菲岛第一所正统佛寺便告成立。从观音寺到中华佛学研究会，再到大乘信愿寺，其间一脉相承的足迹，展示了菲岛佛教从无组织的自发信仰，到有组织的自觉信仰之发展脉络。

迄今为止，菲律宾共有佛教寺院 27 所，其中大马尼拉地区 18 所，各省市 9 所。大马尼拉地区的 18 所寺院中，由比丘主持的 6 所，由比丘尼主持的 2 所，由清姑修士主持的 8 所，由在家信众私建的 2 所。分别各省市的佛寺计有：碧瑶市（Baguio）1 所、宿务市（Cebu）2 所、纳卯市（Davao）1 所、三宝颜市（Zamboanga）2 所、描戈律市（Bacolod）1 所、独鲁曼市（Tacloban）1 所、甲万那端市（Cabanatuan）1 所。1953 年世界佛教徒友谊会菲律宾分会成立，会址设在信愿寺内，被认为是全菲佛教组织上最高的领导象征。还有设在马尼拉市怡干洛街的居士林，由正信佛教的信徒组成。此外，还有一系列属于佛教组织范畴的弘法、教育和慈善团体机构。

（四）基督教

基督教是随美国人进入菲律宾的，对华人来说是外来的宗教。但是华人基督教徒全部是闽南人，而闽南的传教活动早已有之，故华人对基督教并不陌生。

1903 年美国圣公会在马尼拉设立华侨圣公会，此乃华侨基督教会之始。但此间华侨教会系受美国教会的支持，经济及人事均有赖于后者，因此，华侨教会实际上处于依附从属的地位。1929 年，一部分华侨信徒脱离华侨圣公会，另起炉灶，组织旅菲中华基督教会。次年，另一部分华侨信徒又组织基督教联合会。这两个教会初始规模虽小，却是独立的华侨教会。它们本着自立、自养和自传的精神，努力进取，发展很快。旅菲中华基督教会后改称菲律宾中华基督教会；基督教联合会后改称福音堂，再改称基督徒聚会所。此后，其他华人基督教会，如华人浸信会等，也纷纷建立。

马科斯执政菲律宾期间，允许华人教会设立各级组织机构，使华人基督教会有了很大的发展。马尼拉各华人基督教教派都在新居民区建立了新的教堂及其下属机构。阿基诺夫人执政后仍实行宽松政策，华人教会纷纷大兴土木兴建教堂楼宇，耗资巨万。如 1967 年竣工的马尼拉菲律宾中华基督教会金禧楼即耗资 4000 万元。除大马尼拉地区外，各省市也有一些华人基督教会，它们分布在宿务、纳卯、三宝颜、描戈律、那牙（Naga）、黎牙实比（Legaspi）、仙道斯将军（General Santos）和巴拉望（Palawan）等省市。其中有些教会组织也颇有历史，且是独立的教会，如宿务华侨基督教会。战前即由信徒自行组织，借用菲人礼拜堂聚会，然财政和行政均自立自理。1947 年该会自行建筑的礼拜堂落成，遂有了自己的聚会场所。①

（五）天主教

西班牙殖民统治菲律宾时期，天主教作为唯一合法的宗教，在菲律宾迅速传播，而在其结束殖民统治结束后，使菲律宾成为天主教徒占绝大多数的国家。华侨华人深受天主教的影响，信教者颇众。西治时期的华侨社会在推行甲必丹制度以前，曾在西班牙人的监督管理下成立政教合一的社区组织，如 1687 年岷伦洛（Binondo）的华侨和华菲混血儿联合组成“岷伦洛华人公会”。这是一个兼有宗教和行政事务性质的社区机构。1741 年华菲混血儿脱离该会另组自己的公会。1800 年前后西班牙殖民政府推行甲必丹制度，组织“华人公会”以管理马尼拉地区的华侨，原先的“岷伦洛华人公会”虽继续存在，但已失去行政事务的性质，而成为华侨天主教徒的宗教组织。美国统治时期，仅在马尼拉市岷伦洛区

---

① 孙细羔：《宿务基督教会与建基学校》，载《菲律宾华侨史略》，马尼拉：菲律宾公惠出版社 1949 年版，第 152 页。

的唐人街有一个华人天主教区。战后，特别是到了20世纪50年代，由于华人人口增加以及居住地向该市边沿郊区扩展，三个新的华人天主教区建立起来了，它们都在岷伦洛区及马尼拉老城之外。①

综上所述，华人民间神庙、道观、佛寺以及华人基督教会和天主教会，都属宗教组织范畴。前三者为华人传统宗教组织，其形成乃是传统宗教自故土传入菲岛的结果。后二者为西方式宗教组织，其形成乃是西方宗教为华人所接受的结果。若就上述各种宗教组织形成过程的异同而言，我们可以看到，民间宗教因其信仰的多元化和组织的非规范性，往往需借助于社区的、党派的力量，或宗亲会、同乡会的现成组织，来使崇拜某一神明的信徒聚合成团体。道教、佛教则有比较明确的教义，又有源于故土的组织模式可遵循。因此，一般无须借助外力即可使信徒聚合成团体。天主教和基督教是在两个不同的殖民统治时期为菲律宾华人所接受的，华人信徒聚合成相关的团体，虽然不能说毫无信仰感召力的作用，但其中带有政治色彩是不言而喻的。所以，这两种宗教组织的形成莫不掺有外力的因素，只是由于时代的变迁，这种外力因素在其后来的发展过程中才逐渐趋于消失。可以说，菲律宾华人信仰的宗教是华人文化和当地文化相互作用的产物，菲华宗教组织则是适应当地社会环境的华人信徒的组合形式。

二 华人宗教的组织特点

菲律宾华人宗教组织的演化，就其由来与发展而言，它们产生的时间一般都较早，而发展演进过程也比较漫长。它们的组织开始都很不完备，大多是在分散的移民中自发形成的，或是为适应当地社会文化环境而渐次衍生的。其后在多方面因素的作用下，这些组织不断滋长、壮大，机构的独立性也逐渐完善。就其结构与功能而看，它们的结构兼有中国传统社会组织和现代社会自愿性组织的要素，只是各组织有不同的侧重而已；它们的功能除了宗教传播和训导之外，还有加强华人族群的联系，从事教育、慈善活动或事业等。

---

① Edgar Wickberg：“Chinese Organizations in Philippine Citiessince World War Ⅱ：The Case of Manila”，*Asian Culture*，No. 17，1993. 6，Singapore.

宗教信仰的主体包括个人与团体，从这些主体的行为中可以找到其社会文化的特色。从宗教的历史发展过程来看，有时更有意义的是宗教团体所表现出来的行为。[①] 菲律宾华人的宗教组织可以分为传统式组织和西方式组织两大类，信奉民间宗教和道、佛教的组织属前者，信奉基督教和天主教的组织属后者。二者虽同为华人组织，但所受社会文化的熏陶不同。因而表现出不同的特色：

第一，西方式组织的正式成员与非正式成员之间有严格的区别，正式成员必须是履行过洗礼入教仪式，从而被正式接纳的信徒；传统式组织除任职者外，一般信徒并无须经特别批准。西方式组织的正式成员从理论上讲不再信仰其他宗教，而传统式组织的成员则无此限制。

第二，西方式组织拥有以专职神职人员为领导、以从事世俗职业的非神职人员为辅佐的发挥实效的人员构成，如牧师、长老、执事、传道。而传统式组织虽然常拥有阵容庞大的职员，但起实质性作用的并不多，除了佛教僧侣之外，鲜有专职的神职人员。

第三，西方式组织形成了一个隶属关系明确、层次分明的体系，如堂会—支会—布道所—福音站。而传统式组织一般比较松散，组织与组织之间可以正式联合，也可以结成某种非正式的关系。从内部结构来看，西方式组织较为精干，责权较为明确；传统式组织则大多较臃肿，责权亦常有重叠交叉。

第四，西方式组织在维护宗教的纯洁方面表现较为突出，其功能亦含有较多的精神追求的成分。传统式组织的世俗化倾向较为明显，其功能亦含有较多的实用、功利的成分。[②]

应该说，这两种宗教组织虽都具有统合社会群体的功能，但前者意在以社群的统合使中华文化在海外得以形塑和建构。后者则意在以社群的统合使华人在不抛弃故有文化所含的常识（Common Sense）与惯行（Practice）之同时，接纳西方的意识形态（Ideology）。前者往往借助于非

---

① 郎友兴：《宗教社会学：研究取向、对象和学科性质》，载《浙江社会科学》1993 年第 1 期。

② 陈衍德：《现代中的传统——菲律宾华人社会研究》，厦门大学出版社 1998 年版，第 245 页。

宗教的关系来增强自身的凝聚力，后者则主要靠比较正式的宗教关系、比较规范的团体机构来维系自身并使其发挥功效。由于传统式组织在文化背景和组织形式上与大部分华人社团更为接近，所以它更易于整合进华人社会。西方式组织则倾向于游离出华人社会，而融进当地的主流社会中。

第六章

华人参政文化的进程

西班牙殖民统治菲律宾前期，中国人来此的目的多是获取经济利益，在积聚一定财富之后便衣锦还乡，他们也没有把当地作为久留之地。因而，他们对当地的政治缺乏兴趣。然而华侨越是不关心政治，政治反而总是来找他们的麻烦。无端的杀戮、排斥、歧视和限制，使华侨游离在当地社会的边缘。他们既不认同菲律宾，也不被菲律宾人所认同。殖民当局施行华侨“甲必丹制”以后，也造就了早期在菲岛异域的华人官吏，但未深入到当地主流社会政治体系中。美国成为菲律宾新的殖民宗主国后，移植歧视华侨法案招致中华总商会抵制，华侨表现出集体朦胧的参政力量。菲律宾独立后，政府依然对华人族群政治“歧视”。排华法案层出不穷，广大华侨遂与之进行长久而顽强地抗争，他们虽在经济上有斐然的成就，但政治地位还是十分卑微的。中国与菲律宾建交前夕，菲政府放宽外侨入籍条件，许多华侨纷纷入籍成为当地公民。对于华人来说，他们在异域窒息的颠沛流离终被接纳，也满怀归属之念愿意承担社会责任。在经济实力改善的条件下，华人一改过去不关心、不介入当地政治的传统，参与当地政治的热情持续高涨。越来越多的华人摒弃漠视政治的想法，积极参与菲律宾政治而“兼济”社会。涌现出了许多著名的华裔政治家，有官至市长、部长甚至到总统的华人精英，形成了华人参政的良好局面。从历史上看，早期的菲律宾华人参政，一直致力于华人社会的稳定和发展。随着菲律宾华人真正融入主流社会中，华人参政文化也逐步发生变化，他们把所在国的利益放在中心位置。然而，不管出于何种初衷，积极参政对于华人族群的生存和发展是极其有利的。

第一节　华人参政意识的转变

古代中国是以传统农耕文明为主的社会，他们世代对土地饱有深厚的感情。所谓“故土难离”和“落叶归根”成为中国人的一贯心理定势。[①] 这使中国人对家乡的依恋之情尤为浓烈，特别是那些为了生存而背井离乡、漂泊异域的中国移民，即便拥有了十分富足的物质生活，也难以改变对故土的思念和眷恋。因此，他们在当地寻找机会赚钱，并没有参与这里政治的意念。然而，当面对排斥和歧视的因素不断袭扰时，华侨联合起来予以顽强的抗争，却被动不自觉地参与了当地政治。当然，在名利面前时，他们也非常热衷于取得两全其美的成就。随着华人逐渐融入了菲律宾社会，华人的参政意识也发生了根本的转变。

一　早期菲岛华侨对政治的态度

在中国传统的人格意识中，“忍”也是可以转危为安和转祸为福的。这使华侨表现出忍辱负重的精神品格，也彰显出他们顽强的生命力，但同时也限制了华侨改造环境的主动性。因此，只要具备起码的生存条件，即使生活在“艰难竭蹶”之中，他们也不会向环境作斗争，去触动章程和观念等一切历来如此的东西。[②] 这种被动的生存之道，也体现在华侨参与政治的意识中。

（一）西班牙殖民统治时期

由于西班牙殖民者的残酷剥削和压迫，早期移居菲律宾的华侨生存环境异常恶劣。从1603年至1764年，殖民当局对华侨进行了五次屠杀，之后又采取一系列限制政策。这时是中国明末和清朝时期，朝廷把自行远离“天朝上国”，前往“蛮夷之地”捞金或避难的中国人，视作“莠民”或“弃民”不予理睬。所以，海外华侨时常遭受迫害的厄运，朝廷最多是“口诛笔伐”而已。但他们并没有消沉和萎靡，却练就了在夹缝中生存的本领。

---

① 钟名善、朱正威：《中国传统文化精议》，西安交通大学出版社2001年版，第112页。

② 张荣明：《道佛儒思想与中国传统文化》，上海人民出版社1994年版，第283页。

在西班牙殖民统治菲律宾的前期，贪婪的欲望和对华侨文化的偏见，导致华侨成为殖民者勒索和践踏的对象。在那样恶劣的环境中，生命可能随时戛然而止，生意也可能一夜付之东流，华侨没有任何政治保障而言。他们十分谨小慎微，很少对当地政治发表意见，显然更不要说主动参与当地政治了。华侨在经济领域越是表现突出，在政治上就越难融入主流社会，这个障碍又促使华侨更多关注经济而疏离政治。① 虽然忍无可忍的华侨被迫掀起几次较大规模的起义，但都以凄惨的失败而告终。此外，华侨也积极参加菲律宾人民的反殖斗争。一位西班牙人曾记载道："无论什么时候西班牙人同菲律宾人作战，在战场上都可以发现许多华侨的尸体，因为华侨充当了菲律宾起义者的辅助部队。"② 其中也涌现出刘亨赙这样的华侨将军，阿吉纳尔多评价他有无私的英雄气度，菲律宾应视其为自己的英勇子孙。③ 应该说，菲律宾华侨的抗暴和与当地人反殖"配合"，构成了该时期华人政治活动的主要内容。

随着西班牙在菲岛统治的不断深入，殖民者逐渐意识到，华侨已成为当地不可或缺的部分，也深知徒用武力不能降服华侨，而必须采取与他们"合作"的方式，才能有效发挥本地中国人的作用。1825 年，菲律宾殖民当局总督李凯福在西班牙国王的准许下，实行了"以华治华"的华侨"甲必丹制"。即在殖民当局的"监督"下，在华侨社会选举出其首领甲必丹，以代替殖民者管理华侨和征收赋税。甲必丹也许是菲律宾华人史上最早的官吏，也是最早参与"政治"的雏形。甲必丹拥有负责日常税收和惩戒权力，在华侨社会享有最高政治权利。华侨甲必丹由于工作的原因，时常与殖民当局交涉和谈判，一定程度上也是一种参政的形式。如马尼拉最后一任甲必丹陈谦善在任时，与社会名流和王室关系甚笃，也令驻菲律宾殖民总督对他敬畏三分。西班牙凡有涉及华侨的法令，

---

① 曹云华、许梅、邓仕超：《东南亚华人的政治参与》，中国华侨出版社 2004 年版，第 158 页。

② 黄滋生、何思兵：《菲律宾华侨史》，广东高等教育出版社 1987 年版，第 141 页。

③ 埃米利奥·阿吉纳尔多，菲律宾第一共和国总统，曾在"美菲战争"中率领菲律宾人民抗击侵略者，后被美军俘获宣布投降，从此菲律宾成为美国殖民地。转引黄滋生、何思兵《菲律宾华侨史》，广东高等教育出版社 1987 年版，第 308 页。

在审议颁布前必先与其商议。[①] 可见，陈谦善在当时菲律宾社会的影响力。同时，华侨甲必丹其本身就是生意人，这个职位可以增加其商业影响力，同样是获取经济利益的一种手段，也引发了华人族群有识之士的青睐。此后，殖民当局增设的雷珍兰（Luitenant，甲必丹助手）、甲首（Wijkmeester，华人街长）和武直迷（Boedelmeeter，管理华人遗产与华人医院、孤儿院）等华人官吏，这些职位都是华侨趋之若鹜的。从此，菲律宾华侨的参政意识有所改观，他们不仅关注华侨社会的职位，而且请求华侨官吏去为他们争取权益。

（二）美国殖民统治和日本占领时期

美国殖民统治菲律宾时期，当局虽对华侨制定较为宽松的政策，但其中也不乏许多歧视的法令。同时，为了转移菲律宾人的反美情绪，殖民者时常把矛头转嫁给当地的华侨。为此，华侨掀起了几次抗议浪潮。如 1905 年、1909 年和 1910 年，主要都是抗议殖民当局针对华人颁布的限制移民法案。1934 年 7 月，菲律宾召开制宪大会除了制定出自治时期的宪法、刑法等国家法律外，还在许多法律条款中涉及菲化案，而针对的对象主要是华侨。其中包括：自然资源、土地与公共企业等菲化案。[②] 在华侨社会的强烈呼吁下，零售业、劳工、米黍与西文簿记菲化案的提议虽没有被通过，这对华侨社会的参政影响是深远的。第二次世界大战以前，菲律宾华侨的政治活动，主要表现为与当地人民共同反抗殖民统治的斗争。另外，菲律宾华侨针对殖民当局的排斥，所进行的政治抗争，也构成了该时期华人政治活动的一部分。

1942 年，日本占领菲律宾后，当地华侨也积极参与抗日斗争之中，抗日游击支队（简称“华支”）就是其中战功卓著的一支武装力量。他们与菲律宾人民并肩作战、同甘共苦，转战马尼拉和吕宋岛 14 个省，经历了 260 多次战斗，歼敌 2000 多人，甚至许多为菲律宾的反法西斯战争献出了生命。[③] 类似这样的华侨抗日力量，在菲律宾还有不少。他们有为了

---

① 姜兴山：《战后菲律宾华文教育研究（1945—1976）》，暨南大学出版社 2013 年版，第 24 页。

② 刘家驹：《菲律宾菲化运动之研究》，香港：学津出版社 1983 年版，第 29 页。

③ 黄滋生、何思兵：《菲律宾华侨史》，广东高等教育出版社 1987 年版，第 482 页。

自身在菲岛的生存缘由，也有从民族感情出发的因素，积极响应中国国内的爱国运动。从这一行为来看，这时华侨的政治觉悟已经有了很大的提升。

（三）菲律宾独立初期

菲律宾独立后，狭隘的国家民族主义喧嚣乍起，国会中菲化提案更是层出不穷。为迎合部分菲化主义者的“民意”，巩固其新生政权的稳定，提升菲人的经济地位，罗哈斯总统签署了一系列经济领域的菲化法案，如公共菜市摊位菲化案、银行与专门职业之菲化案、零售商业菲化案。每逢菲化法案出台，一方面通过菲华商联总会出面斡旋，同时加强与菲律宾政要沟通，开展“民间外交”活动；另一方面，根据菲律宾政治文化中重人情的特点，采取华人传统的“花钱免灾”的方式，通过各种渠道层层疏通，以寻求菲律宾政府的支持。此后，他们更加关注主流社会的动向，有意扶助公益事业和参与地方选举等活动，经济融入当地主流社会。如果只从投票选举这一层面来看，则菲律宾华人参政可以说是在20世纪50年代已经开始。当时，已经获得菲律宾国籍的华人有选举权，同时他们也担心没有行使选举权，会导致被剥夺菲律宾公民身份。[①]因此，华人表现出积极的投票态度。当时华侨具有盲目的从众心理，所谓对政治的介入是被动的行为，同时他们在人数上还是非常有限的。

二　华侨入籍后的参政姿态

殖民统治菲律宾时期的华侨，很少为自身的政治权益去主动争取，除非生存遭受威胁的时候他们才去奋力抗争。另外，华侨传统的实用主义观念，也对他们的政治意识产生消极影响。换句话说，华侨对政治的漠不关心，在一定程度上是由于相对经济利益而言，政治是间接的、无形的和难以把握的。倘若费尽心机地去参与深不可测的政治，弄不好还会招致麻烦，莫不如皈依某种宗教去虔诚祷告。按照马斯洛的理论，入籍后的华人在生活有了保障后，他们便深刻意识到参政的责任和意义。

① ［菲］洪玉华：《菲律宾华人的参政、融合和认同》，载《融合：菲律宾华人》，马尼拉：菲律宾华裔青年联合会，1997年，第76页。

（一）入籍华人的急剧增加

1975年4月，为解决华侨国籍问题，菲律宾政府颁布了第270号总统法令。该法令一改之前冗长的程序，且要花费大量金钱的做法，规定当地华侨无论男女老幼均可简化办理入籍手续。华侨终于走出长期被歧视的梦魇，获得了应有的公民权利。致使他们历经漫长的几个世纪，才完成了法理上从侨民到公民，由“寓者”向“主人”身份的转变。对于华人来说，阻碍他们进入主流社会的绊脚石被搬开了，对菲律宾的忠诚誓言是发自心底的。[①] 西班牙、美国殖民统治菲律宾时期，奉行歧视华侨的政策，华侨被污蔑成邪恶的异教徒、贪得无厌的剥削者。马科斯通过立法手段接纳华侨，并给予入籍后的华人信任，华人满怀归宿感投身到新家园建设之中，这也奠定了华人参政的坚实基础。1976—1979年间，由菲律宾总统批准入籍的华人近3万人。[②] 1979—1986年间，已有近20万华侨加入菲律宾国籍，是菲律宾华侨史上华人入籍最多的阶段时期。据统计，从20世纪70年代起的30多年间，在泰国担任部长级以上的官员，华裔就有28人。[③] 受到东南亚其他国家华人参政的影响，菲律宾华人渴望享有政治权利，便开始跃身于各个阶层的政治舞台。

1988年5月，阿基诺夫人当选总统后签署了“非法外侨合法化”的第324号总统令，解决了政府多年的非法华侨滞留问题，菲律宾华人数量又迅速猛增。华人感念政府接纳他们的同时，也积极融入社会之中，主动承担社会的责任和义务。作为总统的科拉松·阿基诺夫人，还亲自回到中国祖籍地漳州龙海市角美镇鸿渐村寻亲祭祖，展示了她鲜明和坚定的华人意识和态度。[④] 更多华人不再是“在商言商、不问政治”，华人社会逐渐增强了其政治取向的表达。一位新闻评论员这样说道：“华人参加选举在性质上不同，从而有程度上的不同。我们这里讲的程度，是指华人关心菲律宾社会，积极参与菲律宾事务程度。也就是说，通过积极参

---

① Teresita Ang See, “Changing Views and Perceptions of the Chinese in the Philippines: Some Observations”, in Teresita Ang See, *Chinese in the Philippines: Problems and Perspectives*, Vol. 1, Manila: Kaisa Para Sa Kaunlaran, Inc., 1997, p. 112.

② ［菲］陈烈甫：《东南亚洲的华侨华人与华裔》，台北：正中书局1983年版，第248页。

③ ［菲］冯子平：《论华人参政》油印本，马尼拉，1991年7月1日。

④ 《菲总统阿基诺三世漳州鸿渐村寻根谒祖》，东南网，2011年9月5日。

与选举，华人也更进一步关心、参与菲律宾社会事务了。不像以往那样，是以一种局外人的态度被动地参与其事，而是以某种局中人的身份，比较有意识主动地，在行使一个菲律宾公民的权利与义务。”[①] 因此，华人不再满足于政坛中的配角地位，开始从幕后勇敢地走向前台，并表现出极高的参政议政热情。

（二）华社极力支持华人参政

早期有许多华人和华裔参加政治选举的例子，但他们几乎都是“全然”菲化的地道菲律宾人，他们完全以菲人的身份竞选参政。如前总统奥斯敏纳、马科斯、科拉松·阿基诺夫人，以及许多政界人物和政府官员都“拥有”华人血统。菲律宾独立前期，即便有极少数华人参政，但由于自身的力量十分微弱，也不敢公然质疑和反对菲化案的提出，更不用说维护华人的权益了。更令人遗憾的是，菲律宾国会中，有些菲华混血儿米斯蒂佐或华裔，就是某些菲化案的始作俑者。他们由于缺乏中华文化的熏陶，成为十足的菲律宾人，最终站在了当地中国人的对立面。应该说，菲律宾华人真正意义上的参政，是始于他们国籍问题解决之后。

1986 年 2 月，在菲律宾总统大选中，为了争取华人的选票和资金支持，马科斯和阿基诺夫人开展了激烈的争夺。马科斯当选总统后一向对华人友好，他利用电视和广播媒体不断造势，并希望广大华人“一如既往”地支持他。阿基诺夫人则在华文报纸上刊登《致华菲选民公开信》，坦诚地宣称自己是第四代华裔，指出她受华裔祖先遗训影响至深，号召华人为她投上支持的一票。[②] 同时，她也真诚地表示若竞选成功，将积极邀请菲华社会的贤达，来协助政府处理国家事务，参与建立稳定繁荣国家之宏图。在这场关乎国家前途及命运的选举中，阿基诺夫人以华裔身份参选总统，得到了华人前所未有的关注，这不但表现在当时华人的选票是有史以来最多的，更表现在华人从来没有如此关心菲律宾的国家大事，华人参政文化意识开始萌生。在随后发生的“二月革命”中，众多的华裔青年和菲律宾民众一起走上街头，并以各种方式支援游行的民众，

① 《菲律宾华人问题文集》，世界日报华人天地编辑部，1985 年，第 161 页。

② 曹云华、许梅、邓仕超：《东南亚华人的政治参与》，中国华侨出版社 2004 年版，第 153 页。

这无疑是一种实质性的参政行为。①

人们普遍认为，马科斯与阿基诺夫人的总统竞争，是菲律宾华人社会的转折点。华人不再把目光专注在经济领域，华人社会形成了浓厚的政治氛围。在1987年国会选举前夕，《世界日报》《菲华时报》《商报》等五大菲律宾华文报纸，专门组织了马尼拉华文记者会，用大篇幅连续报道华人、华裔参加选举的情况，还详细介绍了这些候选人的身世、事迹和竞选纲领等。与此同时，组织多人撰写文章，为华人参政呐喊助威，号召华人“怀着作为一个堂堂正正的菲律宾公民的自豪感，投身到这场标志着我们华人参政成熟的重大标志的选举中去”②。呼吁华人不应自立于政府工作之外，而应该参与，诚恳地关心菲律宾的利益，协助发展菲律宾经济。华文报纸的集中宣传和报道，在华人社会中有效地传播了参政文化，而且凝聚了华人社会支持华人参政的意志，也标志着华人参政文化的趋向成熟。

虽然华人对参政意识有了很大的改观，但是由于种种原因，参政的华人数量仍然是非常渺小的。以1982年马尼拉市各描笼涯的主席为例，整个马尼拉共有905位描笼涯主席，其中带有华人姓氏的占41位，占总数的4.5%。③ 1986年以后，在华人社会的有力支持下，越来越多华人直接投票参加选举，或加入某个政党，或以独立候选人的身份竞选公职。菲律宾国会两院选举中，有3名华裔进入总统阿基诺夫人提名的24位参议员候选人名单，有71名华裔名列众议员候选人中。在这次选举中，最终有2名华裔当选参议员，12名华裔当选众议员。可以说，从间接到直接，从自发到自主，菲律宾华人在参政道路上前进了一大步，也开启了菲律宾政坛华裔参政的新篇章。

当时，菲律宾政坛活跃着许多华人、华裔，如财政部部长王彬、工商部部长康习商、农业部部长王海棉、总务部部长锡牙、教育部部长郭

① 林云、曾少聪：《族群认同：菲律宾华人认同的变迁》，《当代亚太》2006年第6期。

② 贾益民、张禹东、庄国土、游国龙：《华侨华人蓝皮书：华侨华人研究报告（2014）》，社会科学文献出版社2014年版，第17页。

③ 黄明滢：《从侨民到公民：战后菲律宾华人社会地位的提升》，《东南学术》2003年第2期。

顺敏、最高法院首席法官郑建祥以及菲律宾最有影响力的大主教辛海棉等。[①] 担任武装部队总参谋长、外交部次长的甄万雷，驻外大使杨应琳、周清琦，马尼拉市市长林斐洛，又都是华人或华裔。[②] 还有能讲一口流利中文的许弥绮女参议员、洪于柏众议员、依沙未拉省长豹斯珍诺·李和马尼拉市议员未尔·洪等。[③] 可以看出，华人参政开始在菲律宾国家发展与政坛中发挥重要角色。在1992年的大选中，华人参政有了进一步的发展，参加各级议会选举的华人华裔不断增多，比如有10位华人华裔当选国会众议院众议员，4位当选马尼拉第三区（6席市议员席位）议员。[④] 菲律宾总统杜特尔特聘请菲律宾长江集团董事长杨鸿明先生，为菲律宾首任经济事务特别顾问。特别值得一提的是，杨鸿明也是菲律宾有史以来第一位中国籍的特别顾问，他将继续为今后中菲两国间关系改善，尤其是经贸领域的交流合作发挥重要作用。

（三）华人对政坛潜力股的资金“支持”

菲律宾华人仅占当地总人口的1.5%左右，是绝对的少数民族。而众所周知，华人拥有的资金总量却远高于人口比例。对大多数华人而言，他们参政主要是通过“投票”的方式，来履行菲籍公民参政议政的义务。由于华人数量有限，与华人的经济力量相比，菲华社会的政治影响力实在是不相称的。因此，鉴于华人社会的选票力量薄弱，没有把握能成功推举自己的候选人，他们只好采取“押宝”的方式，支持有潜力的候选人。也就是说，华人用雄厚的经济实力，来弥补自身政治之弱势。一旦受资助的候选人竞选成功，会在一定程度上兑现诺言。尤其是富商巨贾热衷于向高层官员候选人，或是政府特别职位的候选人，以及总统候选人提供资金，试图通过这种投注的方式来获得强大的政治靠山。据统计，政客们从工商界募集的经费，很大部分来自华人社会的支持。

无论是在马科斯总统时期，还是在科拉松·阿基诺总统、拉莫斯总

---

① 许梅：《菲律宾华人参政的历史演变与发展》，《八桂侨刊》2001年第9期。

② 张存武：《菲律宾华侨华人访问记录》，台北：“中央研究院”近代史所，1996年，第332页。

③ ［菲］一同：《珍惜来之不易的成果》，载《菲律宾华人参政文集》，马尼拉：世界日报社，2006年，第193页。

④ 庄国土：《菲律宾华人政治地位的变化》，《当代亚太》2004年第2期。

统时代，华人富商都向自己支持的政治家提供了大量的经费，助推他们参加选举。当然，在所支持的候选人当选后，他们作为“有功”人员，会得到相应的政治或经济利益回报。据菲华商总李永年说，科拉松·阿基诺夫人在竞选总统筹措经费期间，他亲自开车送科拉松到当时的商总理事长庄清泉家，收取商总提供的竞选资金。① 很多华人大班与历任总统都有良好的私交关系，如菲华商联总会名誉理事长李永年与阿基诺夫人交情深厚，这在菲律宾已是公开的“秘密”，作为回报的最直接表现方式，就是历届菲律宾总统都会任命一些华人，作为总统咨询顾问和中国事务特使等，以这种直接方式享有政治头衔。1992 年，菲律宾有 7 名总统候选人，都在不同的场合表达了对华人的善意，希望得到他们的大力“支持”。近年来，大多数较有影响的政界人士都用不同的方式，寻求华人社会的帮助。

三　华人参政角色的改变

中国人向来有重视教育的传统，海外华人把这种美德带到居住地。老一代华侨哪怕节衣缩食，也设法要让子女接受最好的教育。父辈的期望加上华人子弟本身的刻苦勤勉，使许多年轻一代华人学有所成。这一批华人拥有较高学历，而且公民意识明显提高，也更加关注当地社会的政治问题。需要指出的是，菲律宾华人参政环境改善以后，许多华人、华裔不再隐埋身份去竞选，是华人族群参政的最主要特点。

（一）华人参政目的之延展

在 1986 年大选期间，菲律宾华人、华裔踊跃跻身政坛，主动地参加国会参众两院的竞选活动，且毫不讳忌地公开承认自己的华人血统和华人背景。② 随着土生华人数的不断增加，青年人的参政意识日渐强烈。而越来越多的华人打破种族壁垒，他们投票的准则不再仅限于华人利益，而是基于整个社会为出发点，表现出强烈的政治“责任感”。他们认识到，身为菲律宾的公民，华人理应参与政治事务，与菲律宾人同呼吸、

---

① 张存武、王国璋：《菲华商联总会致兴衰和演变：1954—1998》，台北：“中央研究院”亚太研究计划论文系列第 58 号，2002 年 9 月，第 79 页。

② 许梅：《菲律宾华人参政的历史演变与发展》，《八桂侨刊》2001 年第 9 期。

共命运，共同肩负起国家兴衰的责任。有些新一代青年人建立起自己的新型组织，宣传和鼓励华人主动融入主流社会的政治、经济和文化生活，多与政府沟通、交流与合作，通过各种渠道献计献策，从而更加有效维护华人的正当权益。他们正在逐步摒弃华社的传统陋习，开始了“从金钱交往进入法理交往的开端”。[①] 在这些组织中，菲律宾华裔青年联合会就是其中的代表。

1987 年成立的菲律宾华裔青年联合会，可以说是新时期菲华青年的代表。这些年轻的华裔们大都受过高等教育，他们认同菲律宾为自己国家的同时，也肯定自己的华裔身份，他们认为参政是华人作为菲律宾公民的权利和义务，华人应当通过自己的努力，去争取自身的平等合法的地位与正当权利。[②] “菲华青联”成立后，参政献策成为其重要工作之一。他们与菲律宾政府和国会均保持着经常性的联系与交往，凡是涉及菲华社会以及整个菲律宾社会利益的重大决策，他们都坦陈自己的看法和意见，充分展示了新一代菲律宾华人主动融入主流社会，积极参政议政的新形象。

（二）华人参政身份的转换

随着菲律宾华人逐渐融入当地社会，很多华人、华裔在参与政治选举中，都是以当地人的角色参与政治选举。如大马尼拉区法仁瑞拉市（Valenzuela）华裔众议员张侨伦（Rex Gatchalian）强调，他非常希望被作为菲律宾众议员看待，而不是华裔众议员，因为他是由菲律宾人选出来的。他认为，他代表的是其选区内的所有人，不管他们的种族和宗教背景为何。[③] 所以，不能强调他们的华人血统，而是突出自身参选的主张，即兼顾华族和整个国家的利益。华族作为菲律宾的一个少数民族，就像回族教徒或其他少数民族那样，有着独特的处境和诉求，特别是在反对歧视和不平等待遇方面。但是，这绝不应该成为华人候选人只代表华族的利益，不但会招致狭隘民族主义者和别有用心的政客非议，而且

---

① ［菲］《世界日报》1988 年 8 月 28 日。

② ［菲］梅楠：《沉思的一代——记菲律宾华裔青年联合会》，载《华人月刊》（香港），1987 年第 10 期。

③ 《越来越多华裔从政，菲律宾华裔成功融入主流社会》，http：//www. 2ai2. net/wenzhai/wenzhai. asp？ id = 154.

不利于争取菲律宾民众的选票。[①] 周南京就指出，在选举中过于突出华人因素，对华人政治家是十分不利的，因为你的选民必须大大超过华人选民才能当选。随着民族融合进程的持续和加深，中菲两种文化在深度碰撞后抵达一个平衡点时。华人参政后对中华文化、华人身份和对祖籍国利益的认同，也将自然而然地日趋消融，而与国家主流日趋一致，这种融合必将以牺牲或淡化华人一直所秉持的中华文化特质为代价。

（三）华人参政与国家关系

越来越多的菲律宾华人参政，在一定程度上会对华人社会带来一定的益处，可以在劝阻排华势力上有所作为，可以将华人的声音带到政府层面，可以享受春节为国家法定公共假日等。阿罗约执政时代是中菲关系的黄金时期，但在2012年4月10日黄岩岛事件发生后，中菲关系急剧恶化。但作为华裔后代的阿基诺三世总统不断挑起事端，把黄岩岛事件演化为国际事件，搅浑南海问题，多次在东盟峰会中拉帮结派攻击中国，使中菲两国关系跌到了历史上的冰点。2012年7月4日，菲律宾总统府发言人华裔官员陈显达，在回答记者提问时居然用汉语警告中国“小心一点”。[②] 随后菲律宾移民局对在菲务工的中国人大打出手，而移民局长也同样有华人血统。2013年10月4日，移民局在八打雁省一座建筑工地，抓扣了138名中国工人。[③] 2013年12月11日，移民局在位于马尼拉市唐人街的168商场、999商场以非法滞留为由抓扣78名中国公民。[④] 2014年1月15日，移民局在计顺市、马拉汶市的建筑工地抓扣26个华人。当日下午在巴兰玉计市墨拉兰多个商场，抓扣28名华人。[⑤] 2014年5月6日，菲律宾海警扣押一艘中国渔船及11名渔民，其中有9人被关

---

① ［菲］吴文焕：《不同意义和不同层次的参政》，载《卧薪集》，马尼拉：菲律宾华裔青年联合会，2001年，第17页。

② 新华网：菲总统府发言人警告中国“小心一点”，2012年7月7日。http://news.xinhuanet.com/video/2012-07/07/c_123383351.htm.

③ 中国新闻网：菲律宾移民局抓扣至少138名中国工人，2013年10月4日。http://www.chinanews.com/gj/2013/10-04/5345069.shtml.

④ 中国驻菲律宾大使馆：驻菲使馆积极对被扣中国公民进行领事保护，2013年12月12日。http://www.fmprc.gov.cn/ce/ceph/chn/xnyfgk/t1108138.htm.

⑤ 新华网：菲律宾移民局抓扣54名中国人 中使馆提出交涉，2014年8月20日。http://news.xinhuanet.com/yzyd/overseas/20140820/c_1112150800.htm.

押起来。[①] 2015 年 2 月 26 日，菲律宾能源部以“国家安全的担忧”为由，将不再向 16 名为菲律宾国家电网工作的中国人发放签证，将只有两名中国人继续留在菲律宾国家电网担任董事。[②] 这与 2007 年中国企业参与竞标，获得菲律宾国家输电网 25 年特许经营权的协议严重违背。如菲律宾厘务局在华人洪卿卿主政后，加大了对华人商业偷税漏税的查处力度。2011 年 1 月 18 日，厘务局在马尼拉华人区开展行动，查封了 475 家华人商店，开创了厘务局历史上单日查封最多商店的纪录。并指控这些商店未进行商业注册、不开具发票和没有缴纳增值税。厘务局还对菲华商联总会的所有会员的纳税情况进行了详细统计，并将报告上报给总统。[③] 2013 年 3 月 22 日晚，阿基诺三世在出席商总第 29 次全菲代表大会开幕典礼时，用刚学来的闽南话呼吁在场华商“烦请缴纳正确的税款”，并表示对商总会员的纳税情况表示震惊。[④] 菲华商联总会作为菲华社的最高机构，总统的此番话反映了主流社会对华人的不满情绪。综上所述，华人参政并不一定能够完全维护华人的利益。而在国家关系面前，无论是何人执政，都把自己国家利益放在首要位置。

第二节　制约华人参政的瓶颈

从 20 世纪 70 年代至今，菲律宾华人参政发生了质的变化。华人以主人翁的姿态参与当地政治，担负起社会公民应尽的责任。菲律宾华人有 80% 以上来自中国的闽南地区，闽南人传统的区域文化弊端和局限，造成了华人社会内部的凝聚力不足。各宗派势力缺乏协作意识，甚至还衍生出许多矛盾和纷争，不同程度影响了华人的参政。同时，菲律宾主流社会对华人仍存排斥的汩汩暗流，不时制造事端阻挠华人进入政坛。总

---

① 中国新闻网：菲律宾承认在南沙半月礁抓扣中国渔船及 11 名渔民，2014 年 5 月 7 日。http：//www. chinanews. com/gj/2014/05 －07/6145624. shtml.

② 央视网：菲律宾电网结束与中方技术合作称技术已学到，2015 年 2 月 26 日。http：//news. cntv. cn/2015/02/26/ARTI1424913863495357. shtml.

③ 中国新闻网：菲律宾官方查封马尼拉市华人区 475 家违规商店，2011 年 1 月 19 日。ht-tp：//www. chinanews. com/hr/2011/01 －19/2796386. shtml.

④ 新华网：菲律宾总统用闽南话催华商缴税，政府拟严打偷税漏税，2013 年 3 月 25 日。http：//news. xinhuanet. com/world/2013 －03/25/c_ 115139657. htm.

的来说，当前仍有诸多制约着华人参与政治的因素。

一 华社矛盾阻碍了政治路径

在菲律宾政府放宽外侨入籍条件后，华侨社会逐渐转变成华人社会。华人满怀强烈的社会责任感融入当地社会，他们获得平等的公民权利，许多华人积极参与当地政治，华人社会彰显出良好的发展态势。然而，以闽南人为主的菲华社会，他们重商趋利且缺乏大局意识，某种程度制约了华人的政治道路。

（一）闽南文化的局限

秦汉以降，中国作为集权帝国和东亚商贸文化中心，其凝聚力和向心力不在于武力的支撑，而是中国发展出“一种类似民族主义的文化精神”。[①] 然而，这种主流文化在幅员辽阔的中华大地，其渗透和延展状况呈现了一定的差异性。中原文化在传播过程中，必然受到异质文化的侵蚀，或因地理、人文环境的影响而变迁，从而形成有别于“雅文化”“俗文化”及“大传统”而具有区域特色的地方文化。其中，闽南文化就是较具特色的区域文化。在政治上，闽南人从未产生叱咤政坛的人物。经济上，除传统的海洋贸易外，闽南的经济向来不被中央政权所重视。军事上，除郑成功武装集团外，征服闽南地区的多是外来者。文化上，闽南文化从未引领中国社会的潮流。[②] 这种状况的产生，既源于闽南处于中国的边缘地带，也在于中原文化在传播过程中的异化。毋庸置疑，闽南文化的主体仍是儒法学说，但融入了一定区域元素成为混合型文化。

换句话说，闽南文化实质上是一种移民文化，它是在颠沛流离的环境中成长的。原有的观念、伦理和习俗，亦因新环境的挑战而调整和扬弃。闽南原为百越之地，虽然其本来的文化被中原移民带来的文化所征服，但当中原移民迁徙到一个陌生、好斗和敬祀鬼神的蛮夷之地后，也会产生一定的入乡随俗心理。百越人的部分习俗也被中原移民所接受，

---

① John K. Fairbank, “Tributary Trade and China's Relations with the West”, in *Far Eastern Quarterly*, Vol. 1, 1942, p. 130.

② 庄国土、刘文正：《东亚华人社会的形成和发展——华商网络、移民与一体化趋势》，厦门大学出版社 2009 年版，第 25 页。

成为闽南文化形态的组成部分。闽南人少有循规蹈矩，更具蔑视权威、敢于离经叛道的独立自主精神。如今，《爱拼才会赢》成为闽南人家喻户晓的歌曲，一定程度上反映了闽南人勇于冒险和拼搏精神。

然而，闽南人在政治理念上的摇摆和务实，却常受世人所诟病。与政治和文化人才凤毛麟角相反，闽南籍富商巨贾辈出，如菲律宾的李清泉、陈永栽和施至诚等。但就多数中小商人而言，其行为多为短期功利，缺乏远见卓识，尤其是政治理念的长远目标。闽南人鲜为一定的理念或共同利益而凝聚集体力量，凡追求大目标和大建树，大团队精神尤为必要。在取得公民权之前，菲律宾大多数华人都对政治很冷淡，他们不参加选举，对政治问题不发表任何意见和评论，他们不参加华人社区以外的政治活动。遇到问题则由华人社团的领袖们出面用金钱来疏通，以社团的名义发挥政治影响力。[①] 看来，早期菲律宾华人潜意识中对政治的漠视和逃避态度，以及在参政活动中表现出的被动与消极的行为特征，一定程度上是来自传统文化的遗风。

（二）经济成就的“制约”

由于移民传统的影响和生存环境的恶劣，闽南人的生活价值观更侧重物质利益。相对“万般皆下品，惟有读书高”的儒家信条，闽南人更有强烈的务实逐利心态。他们崇尚工商的习俗始于宋元时期，形成于明清封建王朝推行的“重农抑商”的国策之时。闽南地瘠民稠，戴云山东南至东海，多为丘陵山地，除漳州平原外，多为赤土黄沙。严酷的自然环境，居民的生存意识，孕育了闽南文化的务实精神，他们被迫以海为田，赁海为市。于是，闽南人世代浮瀚海、同异域，也培养了他们的经商传统。历史上闽南人就以敢做“杀头生意”著称于世，可见他们在通商逐利时无所畏惧，也造就了许多富甲一方的豪商。

如今，菲律宾华人的财富和商业地位，是他们几代先辈打拼积累而来。华人第一代、第二代和第三代通过辛勤劳动和付出，逐渐在各行各业中站稳脚跟。菲律宾独立后，许多华人在政府的改革中获得商机，商业平台不断壮大，财富积累快速增长。家庭事业的成功带动了家族商业

---

① 曹云华、许梅、邓仕超：《东南亚华人的政治参与》，中国华侨出版社2004年版，第178页。

的发展，通过宗亲血缘关系将商业平台扩大到其他行业和地区，不断壮大的商业地位，最终形成了以血脉关系为网络的商业特有领域优势。仍然有更多华人以商业上的成功作为人生价值的标准，取得辉煌的业绩后，他们并没有停下前进的步伐，将更多远在中国的乡亲，又成功带入菲律宾的商业链中。即便是第二代、三代华人，对菲律宾已有了稳固的政治认同，但传统的家庭教育观念仍以经济取向为主，价值核心依然是追求经济成就，忽视政治上的需求。赴菲从商的华人不断增多，而且从商华人年龄结构越加年轻化。久而久之，这种华人从商的模式无形中成了传统。华人重商轻学、轻政的思想，在一代一代的华人商业传承过程中，也逐渐自然和固化起来，最终变成了一种在菲律宾的生活文化传统。那就是，他们可以放弃求学的愿望，而去接管家族兴盛的传统产业。从而影响了华人从政的意志，从主观上放弃了对政治的热度和敏感性，直接阻断了华人参政的路径，在一定程度上也影响了菲华融合与发展。

（三）团队精神的缺失

中国历史上影响力较大的事件，其区域文化中的政治、经济和军事实力，无不彰显出团队精神。如晚清以来的湘军、淮军、山西票号、粤军、江浙帮、桂系、奉系和川系军阀等，无不具有以区域力量逐鹿中原之势，能在一面旗帜下聚合区域资源，明显呈现出大团队精神。菲律宾华人族群是一个分裂的社会，尤其是华人社会主体是闽南人，他们的宗派和小团体意识历来比较浓厚，不容易搞好内部团结。正如一位对闽南人有研究的学者所说："闽南俗语有泉州人个个生猛，意为泉州人都自命不凡，菲岛华人喜欢三五成群，纠合旧好新知，组织小团体。因此，侨团林立已经成为华人社会公认的弊病。我们不能不承认闽南乡间对立的传统，多少影响菲华社会的行为。"① 只有约 100 万人口的菲华社会，却有 1000 多个团体和组织，这本身就足以说明菲华社会的不团结。② 目前，菲华社会有 5 家华文报刊，都各自代表特殊的派别和利益，相互之间还

① 李亦园：《东南亚华人社会研究》（上），台北：正中书局 1985 年版，第 110—111 页。

② ［加］魏安国：《二战后菲律宾的华人组织：以马尼拉为例》，郑月裡译，载《思与言》（台北）第 31 卷第 3 期，1993 年 9 月，第 99 页。

常常因政见不同而唇枪舌剑。[①] 菲律宾华人社会内部的恩恩怨怨、沽名钓誉，也是由来已久。芝麻大的事情也见诸报端来“理论”，这种狭隘的纷争实在令华人痛心疾首，也给菲律宾人留下谈资和笑柄。

与东南亚其他国家的华人地缘组织不同，菲律宾华侨是成清一色的宗族成员组成的组织。究其根源，就是早期菲律宾华人具有的小农意识及划地为王、各自为政的传统陋习，造成了华人之间门户之见严重，彼此缺乏信任和相互排斥的现象严重。闽南人生性敢于冒险，但多为个人逐利动机所驱使，也就缺少大局意识与气势。有个人勇气和义气当先，少有民族大义和团队整合的理念。在民风上即所谓“勇于私斗，怯于公战”，至多是同族、同乡和同郡聚众械斗，凭借血缘、地缘形成一股集团势力，以相互帮助与共同发展。菲律宾华人社会长期社团林立、帮派丛多、菲化华裔和新客华人隔阂、老华侨和新移民冲突等，都是菲律宾华人社会内部的症结。华人的主要精力都消耗在内部不同政见、不同派别间的矛盾与争斗中去了。当需要华人社会采取一致行动时，整个华人社会却群龙无首。即使在选举活动中，华人也经常因各执己见而导致选票分散。华人在生命和财产遭到直接威胁的紧急情况下，却不能团结起来。这种在毫无意义的争吵和谩骂中终结的严重对立，最终使华人社区能够运用的政治影响力丧失殆尽。[②] 试想，如果能步调一致、协作共举，华人的选票可以更受土著政治家的重视，华人支持候选人也更具竞争实力。我们衡量今日侨胞的处境与艰厄，认为要争取生存，必须组织，必须行动，必须有组织的行动，我们要求筹组统一领导的全侨最高机构，以破除内在的隔阂，以加强对外的一致。[③]

二　当地政治生态环境的恶化

菲律宾传统政治文化是“以准封建式的社会结构为基础，以家族主义和主从关系为核心”，具有“父权式的领导和政府行政的高度人格化”

---

① 曹云华：《试论菲律宾华人与当地民族的关系》，载《东南亚研究》2001 年第 5 期。

② ［菲］德雷西塔·昂·西：《华人在菲律宾的政治地位》，载《南洋问题译丛》，厦门大学南洋研究所，1994 年第 1—2 期，第 93 页。

③ ［菲］蔡光曼、黄世耀：《菲华商联总会成立经过》，载《菲华年鉴（1964—1965）》，马尼拉：菲律宾菲华商联总会，1965 年，第 A—5 页。

特征的典型的封建政治文化，这一特有的政治文化形态深深影响着菲律宾社会政治系统的建立和运行。这一社会政治系统的最显著的表现特点，就是政治选举暴力冲突不断，选举充斥血腥暴力，造成重大人员死伤。政治生态环境的恶化，无疑大大增加了华人参政的难度。

（一）针对华人的绑架案

菲律宾作为所谓“西方民主的橱窗”，只是表面上的体制“拷贝”，实际上这种民主是大打折扣的。国内贪污腐败盛行，政党斗争白热化，未建立公平、民主的完整制度，政局动荡不安。① 而针对华人日渐盛行的绑架文化，在很大程度上阻碍了华人的政治融合。一位资深的专栏作家指出，菲律宾自由观念泛滥、盲目崇拜草莽英雄的普遍心态，严重的贫富分化和警匪一家，是导致绑架文化滋生的主要根源。绑架的动机主要是获取钱财，但在政局混乱时又常常被赋予政治色彩。于是，华人经常成为被施暴的目标。有时一周就发生两三次绑架案，往往需要交付成百上千万比索赎金解救人质。更令人瞠目结舌的是，有的绑匪与警察暗中勾结，警察实际上就是绑架案的幕后策划者与操纵者。所以，华人族群都不敢相信警察，惧怕绑匪撕票也就不敢报案。

菲律宾军警绑架勒索华人至少有30年历史。在拉莫斯任期的6年中，华社惶惶不可终日，被疯狂的绑架搞得鸡犬不宁。据说，就连直接指挥解救行动的情报局长本人也曾参与过绑架活动。可见，绑架文化已成为菲律宾民主政治发展的毒瘤。政府对此却软弱无能，除了让华人拿出更多赎金解救人质，再也难以有更多的作为。菲律宾华人问题学者洪玉华女士不无忧虑地指出：“华人对在菲律宾的未来缺乏信心，必然会导致对国家的承诺有所折扣，从而延缓其融合的进程。”② 埃斯特拉达执政的31个月中，绑架华人的顽疾有所改观，虽然因“花档门”事件爆发后，他深陷政治危机面临弹劾的窘境，但华社依然支持其继续执政，而只好采

① ［菲］《世界日报》编：《菲华人参政文集》，马尼拉：世界日报社2006年版，第137页。

② ［菲］德雷西塔·昂·西：《华人在菲律宾的政治地位》，载《南洋资料译丛》1994年1—2期。

取保持缄默的态度。[①] 2002 年 7 月，阿罗约总统任命 1 名熟悉华人事务的高官，为国家警察总监，并誓言在一年内铲除全国性的绑架勒索风潮。同时，成立反绑架别动队，连续破获几宗影响恶劣的案件，绑匪猖狂行为暂时有所收敛。2003 年，绑架分子又活跃起来，尤其是大选临近，当地接连发生的未遂兵变大多与政客间的相互倾轧有关。菲律宾军队和警察表现得十分被动，一些政客为了筹措大选所需巨额资金，不惜雇佣亡命之徒铤而走险进行敲诈勒索。据统计，当年菲律宾共发生 127 件绑架案，受害人数 188 人，所付赎金近 2 亿比索。其中 8 月 3 日至 9 月 3 日就发生 17 宗案件，受害者几乎都是当地华人，数额最大的一笔赎金多达 4000 万比索。[②] 当时，马尼拉的华人区成为绑架案频发地，警察忠告当地华商提防“家贼”，因为被绑人质家雇佣的司机、佣人和园丁，往往充当了匪徒的眼线和卧底。

从 2004 年，阿罗约总统成功连任后，绑架案有所收敛。但阿基诺三世就任总统后，绑架案又死灰复燃。如 2010 年 8 月 23 日，菲律宾 1 名被革职的警官门多萨，在首都马尼拉的阅兵广场挟持了一辆香港观光巴士。车上共有 22 名香港游客和 3 名菲律宾人。这一起公共安全事件以香港 8 名游客被害和多人受伤结束。[③] 在马尼拉发生的挟持香港游客的事件中，可以看到绑匪十分嚣张，说明菲律宾社会华人族群依然是绑架的受害主体。而警方在处理这起突发事件中，表现非专业的素养受到各方的质疑。对警方处理这起公共安全危机的全过程分析发现，其履行责任的能力不足，才导致了灾难性后果的发生。我们可以从这类危机事件的处理中推断，政府处理危机的主体作用的缺失。

（二）利用暴力干涉政治

菲律宾的政治环境极其恶劣，他们为竞选不择手段排挤对手。更有甚者，有些政治势力达不到既定目标，就利用暴力残害无辜生命。如，2001 年选举中发生的暴力事件造成 83 人丧生。2004 年总统选举期间，暴力事件致使 148

---

① ［菲］吴文焕：《摆正华社的地位和角色》，载《卧薪集》，马尼拉：菲律宾华裔青年联合会，2001 年，第 9 页。

② Philippine center for investigative journalism，Kidnap incidents up in 2005，dailypcij. http：//www. pcij. org/blog/？ p = 558. CAAC – MRPO.

③ 《新民周刊》，2010 年 9 月 1 日。http：//www. sina. com. cn.

人丧生。2007年选举中有121人丧生。2009年11月23日，菲律宾南部棉兰老岛马京达瑙省，发生的政治屠杀案有57人惨遭斩首，其中31名为记者，令世界震惊。2012年发生的与选举有关的暴力事件共造成21人死亡。[①] 为此，在菲律宾流传着“选举季，杀人时”“赢不了就买，买不了就杀”的说法，真实表现了菲律宾“病态”的政治选举生态。

尽管菲律宾华人与主流社会的融合程度相当高，当地人对华人的偏见仍然存在。尤其是在大选时，这些偏见就会被媒体热炒，试图煽动极端民族主义情绪。“华人有钱”“华人愿意拿钱巴结政界高官”“华人愿意拿钱消灾”等观念，在菲律宾人心目中根深蒂固。一些暴力事件时刻直接指向华人，如：2008年10月9日，武端市审计署华人官员被伏击受伤。[②] 2009年6月28日，菲律宾移民局一华裔官员在家门口被杀害；[③] 2011年2月17日，安智保洛市税务局华裔官员被杀害；2012年8月2日，一旅游部华裔官员被杀害；[④] 2013年5月12日，计顺市两社区华裔官员在选举前遭泼油漆和送花圈威胁；2015年8月3日，菲律宾一男子舞蹈团的一名华裔成员被杀。[⑤] 复杂的政治生态和血腥暴力直接影响了华人通过选举参政的意愿，严重打击了华人参政的热情，是华人参政进程中最大的障碍。然而，绑架问题也让更多华人意识到，逃避不是解决问题的办法，如要改变这一恶劣的环境，唯一的出路就是积极参政议政，提高全体华人的政治意识，只有自身的政治地位提高了，华人的权益才有可能得到切实有效的保障。[⑥] 虽然这条路任重道远，但是也可能是菲律宾参政问题的终极解药。

---

① 中国新闻网：菲律宾中期选举所引发暴力事件已致21人死亡，2012年12月18日。http://www.chinanews.com/gj/2012/12-18/4418419.shtml.

② 《商报》(菲律宾)，2008年10月12日。

③ 新浪网新闻中心：菲律宾移民局华裔官员遭枪杀凶手逃走，2009年6月28日。http://news.sina.com.cn/w/2009-06-28/135718109944.shtml.

④ 中国新闻网：菲律宾一华裔厘务局官员遭枪杀，2011年4月25日。http://www.chinanews.com/hr/2011/04-25/2994432.shtml.

⑤ 中国新闻网：菲律宾一华裔男舞者惨遭枪杀 警方调查被害人背景，2015年8月。http://www.taiwan.cn/xwzx/gj/201508/t20150803_10388106.htm.

⑥ 曹云华、许梅、邓仕超：《东南亚华人的政治参与》，中国华侨出版社2004年版，第185页。

（三）政坛贪腐之风盛行

长久以来，菲律宾“政治贪腐”似乎与政治冲突画上等号，以成为当地政局的常态。从1946年独立至今，历任总统涉嫌贪腐问题上“无一幸免”，而且都不同程度受到“损伤”。当中，最受外界瞩目的是马科斯“人民力量革命”和埃斯特拉达的“第二次人民力量革命”，两位总统为此均遭下台的结果。菲律宾各界曾一致呼吁要断绝“贪腐”，可类似的丑闻还是不断在这个岛国显现。

过去有学者将导致贪腐问题归结为“家族政治”“朋党主义”或“寡头政治”所致。但这些说法，仍然无法对后马科斯时代的社会政治乱象做出合理的解释。因为，1986年执政的阿基诺夫人总统虽然号称已经完成“重回民主”的壮举，但接踵而来的动乱和冲突，又使这个岛国陷入动荡不安的局面。从1986年至1990年的7次军事政变、1991年的“支持美军基地续留菲律宾”大游行、1994年天主教的抗争行动、1996年至1997年“修宪争议”、2003年的“马卡迪军事政变”等，这些事件似乎都与贪腐有关。[①] 此后，政治贪腐事件也时常袭扰菲律宾社会，人们深恶痛绝这种社会顽疾，但都无法找到解决问题的良药，甚至有愈演愈烈之势。其中，规模最大的一次反腐抗议游就是“白衫军”大游行。

2013年8月26日，菲律宾爆发的数十万“白衫军”反腐败抗议集会，抗议该国“猪肉桶”制度。“猪肉桶”即优先发展援助经费，是菲政府拨给国会议员推动和援助地方发展的经费。据悉，菲参议员每人每年可取得2亿比索（约合455万美元）经费，众议员每人每年则有7000万比索。有人揭露该国女商人纳波里斯通过给参议员、众议员以及政府官员回扣的方式，将大约100亿比索的“优先发展援助经费”，以各种名目拨给“空头”非政府组织牟取私利。有报道称，近200名国会议员和多名政府官员涉案其中，最高层可能牵涉总统府。《菲律宾每日问讯者报》报道称，因涉案人员众多且金额庞大，此次贪腐丑闻在菲律宾国内外引发极大震动。

在马尼拉举行“废除猪肉桶”、要求透明与问责的“百万人大游行”，以表达对当局的强烈不满，当地许多商人、宗教人士、社会活动家等都

---

① 翁俊桔、林金朝：《菲律宾政治贪腐的根源：恶性循环的制度结构》，载《稻江学报》2008年第3卷第3期，第86—89页。

对民众的抗议声浪表示支持。菲律宾一些退役军人在声明中称，“这些议员、官员毫无羞耻心，令我们感到震惊与愤怒”，“我们无法容忍这种行为的继续”。民众从四面八方聚到马尼拉黎刹公园，他们大多身穿白衣，高举“废除猪肉桶制度”“惩治腐败”“改变政治赞助文化”等标语，号称“白衫军”。一名示威者称，这象征纯洁与圣洁，与政府及国会内部的腐败与黑暗形成鲜明对比。据菲律宾 GMA 新闻网称，当天，数十万人的抗议集会与事先宣扬的“百万人游行”规模相差甚远，但这一规模已是阿基诺三世执政以来，面临的最大规模示威活动。除马尼拉外，宿务、阿克兰等其他城市也有小规模抗议活动。菲经济近期发展势头强劲，但腐败问题仍是阻碍菲发展的顽疾。阿基诺三世以承诺“善政廉政”上台执政，民众支持率一直超过 70%，但菲律宾现在仍然是东南亚最腐败的国家之一。分析认为，由于缺乏有效的透明度和监督，类似优先发展援助经费等拨款极易滋生贪腐问题，被一些官员中饱私囊。①

菲律宾政坛贪腐泛滥，下至普通官员上至总统高官皆泥足深陷，其严重程度可见一斑。华人参与政治的初衷并不是为了攫取钱财，而是为维护自身的权益和推进社会的公平正义。但面对如此猖獗的政治乱象，很多有识之士开始对菲律宾政坛失去信心，对政治不抱乐观态度，也就逐渐失去了参政的兴趣。

三　排华暗流仍被菲政客煽惑

菲律宾自古就有排华的传统，土著居民多是身处社会贫困阶级，主要以佣人、苦力或服务工作为生，与华人的经济实力有天壤之别，极易受到反华人士的鼓动和挑唆。因此，菲律宾社会仍然存在一股强大的排华暗流，抨击华人的舆论时常出现，对华人的“仇富”心态较为普遍。每当菲律宾社会动荡和经济危机时，极端民族主义者就乘机抨击华人，政府也放任排华言行以转引社会不满情绪。

（一）经济上的排华借口

尽管华人早已成为菲律宾公民，但菲律宾的某些政客们依然喜欢拿华人经济来做文章，任何经济问题都有可能上升到政治高度。特别是在

---

① 国际在线新闻，2013 年 8 月 27 日。http：//gb. cri. cn/42071/2013/08/27/6871s4232507. htm.

菲律宾经济遇到困难的时候，华人首当其冲地成为攻击和指责的对象。菲律宾人中仍然有些偏信“海登神话”，无知地认为菲律宾经济被华人掌控。有学者指出，在菲律宾人眼中，“华人全是经济动物”。[①] 不难理解，华人总是成为社会恶势力牺牲品的悲哀。如果说华人族群取得了斐然的经济成就，那是经过几代人一点点积累起来的。中国有句俗话是“不怕贼偷、就怕贼惦记”，倘若华人财富总是被作为菲人贫困的“根源”，华人的政治生活状况可想而知。也有学者对华裔与土著之间的族群关系进行研究后指出，“大多数族群之间的人际交往未必会造成冲突，发生族群冲突的主要原因在于经济资源的竞争，以及在种族性思想与政治主导下制定的方针政策。”[②] 还有学者认为，菲律宾华人经济发展中的政治困境，实际上反映了华人经济发展与政治发展的不平衡问题。[③] 可以说，这既是历史遗留问题，也是现实的民族政治问题。

1995 年，菲律宾受自然灾害粮食短缺，排华势力乘机委过于华人，作为不投票给华裔候选人的理由。拉莫斯时代的总统顾问公开声称，菲律宾华人富商的巨款如果是通过菲人可以接受的方式取得的，则没有问题，否则要他们在社会承担更多的责任。[④] 华人族群的突出经济表现，抑或阻挠了其在政治上融入主流社会，而政治上的障碍又使华人更多地关注经济，这样便陷入恶性循环的悖论。

从整体上说，华人与土著在经济地位上存在差距，但要理性分析这种差距的原因，而不要只看结果而不去重视其过程，那对菲律宾来说是极其悲哀的。别有用心的种族主义者借机煽动的反华情绪，只能加深社会的动荡和不安，无助于菲律宾贫富差距的解决。因此，菲律宾华人要敢于在政治上公开表明，对参选总统候选人的态度和支持华裔候选人，发展到能够协调地推出代表华人族群和社区利益的政治代表，进而享受一份受法律和公正社会氛围，以充分保护华人的政治权利。这样，华人社会就能在当地有话语权，也就能够找到发出公正声音的机会。

---

① 庄国土、陈华岳：《菲律宾华人通史》，厦门大学出版社 2012 年版，第 568 页。

② 曾少聪：《东南亚华人与土著民族的族群关系研究》，载《世界民族》2002 年第 2 期。

③ 曹云华、许梅、邓仕超：《东南亚华人的政治参与》，中国华侨出版社 2004 年版，第 158 页。

④ Teresita Ang See，“The Ethnic Chinese as Filipinos”，pp. 171 – 172.

（二）种族偏见依然存在

1989年10月22日，菲律宾前总统发言人特奥多罗·洛克辛，在《环球日报》发表的一篇专栏文章中说："如果你想具有高超的经营手腕，你去请教华人。要是你想得到可靠的投资，你去求助华人，因为他们真真正正有钱，而不像那些仅靠政府借贷才能投资的冒牌菲律宾人企业家。你若想获得捐款，就去找华人。我们首都警察部队满街飞驰的新巡逻车，大部分是华人社区的赠品。倘若是一个政府官员，想物色敲诈对象，那就去找华人；若你是菲律宾武装力量的一名军官，想为退休后确定一个有油水的绑架目标，那么你就翻到电话号码本中C字头部，找Chan、Cheng。"① 菲律宾华人问题学者洪玉华指出，文章体现了把华人看作富商、驯服的奶牛和替罪羊的典型观点。除了"真理电台"在评论中说"华人控制菲律宾经济"之外，经常有人指责华人操纵物价，囤积居奇。这些流言蜚语得以流行，是政客、媒介人和消费者使然。

菲律宾前总统埃斯特拉达遭到弹劾期间，由于案件涉及数名华商。于是，对华人偏见的舆论充斥各类媒体，直接伤害了菲律宾华人的整体形象。这件事并非偶然，菲人对华人的偏见，源于西班牙殖民统治时期播下的种子。随着基督教化发展的文化优越感，潜移默化地影响好几代菲人，令他们滋生出针对华人的优越感。这些舆论引起了华社的重视，不少华人知识分子在中文、英语和菲语报纸上发表反击言论，华人政治家也撰文旗帜鲜明地驳斥对华人的歧视与偏见。

另外，菲律宾社会还有一种说法，那就是华人集中于商业主要是为了"捞钱"，然后再想方设法带回他们的"老家"，而非真正建设菲律宾国家，这纯属无稽之谈。实际上，从西班牙统治时期开始，华人就一直被禁止拥有土地。因此，他们不能像东南亚其他地方，如马来西亚和印尼那样（那里的橡胶种植园吸引了大批中国农民），可以从事农业生产。美国殖民统治菲岛后，将加利福尼亚排华法案移植到这里，只准中国商人及其家属入境。同时，没有公民权也妨碍了华人

① ［菲］洪玉华：《菲律宾华人的形象》，载黄滋生《菲华问题论辩》，菲律宾华裔青年联合会，1999年，第264页。

从事专门的职业，使他们不得不成群结队地涌向商业。华人不但帮助国家充盈了国库，还回馈社会，建立起大量的公益和慈善机构，推动了当地经济的发展，创造了更多的就业机会，使人们生活水平得以改善和提高。

（三）华人参政被政客所诟病

20世纪90年代初，一些菲律宾政客利用土著对华人的传统偏见，攻击华人参政是对菲律宾土著的威胁。1995年选举中，由于华裔参选者众多，一些人专门成立了反对华人参政的组织，在大马尼拉区公开悬挂丑化华人的大标语，并游行抗议，呼吁菲律宾人拒绝华人候选人。他们认为，华人已经在经济领域取得突出成就，一旦在政治上居于统治地位，就会成为有一个所谓“小中国”。所以，他们设法阻挠华人参与当地政治。然而，类似这种华人“控制”菲律宾的危言耸听言论，最终的受害者还是菲律宾人民。

华人参政也涉及此类问题，黄严辉祖籍福建晋江安海金厝，是菲律宾第四代华人。他从马尼拉阿坦纽大学获得经济管理学士和法律博士学位后，便开始帮父亲黄年荣幸经营涂料公司及DHY房地产开发公司。在阿罗约成功连任总统后，被任命菲律宾国家粮食署署长、农业部副部长。此后，黄严辉又在新一届政府中担任农业部长。[①] 2005年6月29日，黄严辉因被税务局控告漏税丑闻被迫辞职，后又于当年12月16日被阿罗约委任为总统就业顾问，职位等同内阁部长。[②] 虽然黄严辉的职务已经被调整，但是由于他的华人身份，最后还是遭到了众多官员的非议和批评，还曾被投“手榴弹”。众议院农业委员会主席马卡南文说“对他获任命的批评都是想阻止他上任”。[③] 2005年12月23日，曾是菲律宾国会中最年轻的众议员陈丽安，在菲律宾《世界日报》上撰文指出，作为华裔政治人物往往会成为政敌的攻击目标。由于政敌知道她们是华人裔候选人，便利用种族问题进行攻击。她说，她的母亲陈米拉格罗萨每次在选举中

---

① https://baike.so.com/doc/7974795-8268860.html.

② 泉州晚报网：阿罗约接受农业部长辞职，2005年7月1日。http://www.qzwb.com/gb/content/2005-07/01/content_1703418.htm.

③ ［菲］阿得：《个人参政好》，载《菲律宾华人参政文集》，马尼拉：世界日报社2006年版，第189页。

都会遭到对手带有种族歧视色彩言论的攻击，她们的对手呼吁选民不要选中国人，而应把她们赶回中国去。选举中菲政客总是拿对手的华人的身份开刀，很容易在选民中产生负面作用，严重影响了华人参政的公平性。①

另外，华人远离政治，缺乏社会基层从政经验，对政治的陌生感如同他们参政的经验一样清白。目前，菲律宾华人参政的途径之一就是通过对总统候选人的支持，在总统上任后获得委任，在政府内阁中担任要职。但是由于华人在被委任前没有参加过政治选举，也没当过各级议会的议员等，缺乏社会基层的政治历练，即使获得总统任命也很难在国会的听证会表决中顺利通过。

第三节　华人参政的现状分析

20 世纪 70 年代后，菲律宾大多华侨加入了菲律宾国籍成为当地华人，他们开始享有与土著人平等的政治权利，并积极主动的参与国家政治活动，有许多华人开始步入国家政治的舞台。进入 21 世纪后，随着国际政治的变化和世界华人参政热的影响，菲律宾华人参政的情况也出现了新的变化，主要表现在以下几个方面。

一　菲律宾华人参政的表象

菲律宾独立后初期，华人主要通过“投票”履行菲籍公民的参政义务。总体上说，这时华人社会的政治地位不高，他们参与所谓政治是被动的选择。随着华人数量的大幅增多，他们意识到政治势力对华人族群的重要性。在缺乏领军人物的情况下，他们只好向总统候选人提供“献金”，来求得获得政治资格的捷径。

（一）从提供资金支持到投身政治选举

每次竞选，政客们从工商界募集的经费，很大部分来自华人社会。华人社会向候选人提供经费，与政治人物结成私人情谊也是华人参政的

① 中国侨网：越来越多华裔从政　菲律宾华裔成功融入主流社会，2008 年 12 月 14 日。http：//www. chinaqw. com/hqhr/hrdt/200812/14/142156. shtml .

一种方式。这一情况由来已久，无论是在马科斯总统时期，还是在科拉松·阿基诺夫人总统、拉莫斯总统时代，华人都向参选的政治家提供了大量的竞选经费。麦格赛赛总统，也曾通过朋友找过商总助选。菲律宾历届总统都有侨领挚友，不少华人领袖参与国家事务。如李永年曾获阿基诺夫人总统委任为大使，黄呈辉、蔡聪妙、蔡其仁、施恭旗、李逢梧等人，曾获阿罗约总统委任为特使。①

（二）华人在各地主政情况

近年来，菲律宾华人更加热衷于投身于从地方到中央各个层级的政治选举且获得了巨大成功。以2014年菲律宾全国华人省长和副省长的选举结果为例：

表6－1　　2014年菲律宾全国华人省长和副省长地区分布表②

地区	参政人数	省长人数	副省长人数	主政省份量	省份数量	比例
大马尼拉	不设省					
吕宋岛	13	9	4	12	38	31.6%
米沙鄢群岛	9	5	4	7	16	43.8%
棉兰老岛	10	6	4	9	27	33.3%

从表6－1可以看出，全菲律宾三大岛都涌现出了一批华人参与省长和副省长领导职务的竞选。在吕宋岛共有13位华人省长（9正4副）在12个省份主政，占吕宋岛38个省份的31.6%。在米沙鄢群岛共有9个华人省长（5正4副）在7个省份主政，占该群岛16个省份的43.8%。在菲律宾南部的棉兰老岛，有10位华人省长（6正4副）在9个省份主政，占该地区27个省份的33.3%。2014年，全菲律宾各地区还有众多的华人华裔参与了市长和镇长的竞选，当年各地区具体分布情况可见表6－2：

① 庄国土、陈华岳：《菲律宾华人通史》，厦门大学出版社2012年版，第572页。

② 2014年菲华商联总会《菲律宾华裔参政人员名册》，第1—13页。

表6－2 2014年菲律宾全国华人正副市/镇长主政地区分布统计表①

地区	参政人数	主政城市	城市总数	比例	主政城镇	城镇总数	比例
大马尼拉	3	3	17	17.6%	0	0	0
吕宋	97	11	71	15.5%	74	703	10.5%
米沙鄢	95	11	39	28.2%	68	369	18.4%
棉兰老	69	7	33	21.2%	53	422	12.6%

表6－2展示了2014年菲律宾全国华人华裔正副市/镇长主政地区分布情况。透过数据可以看出，全菲律宾各地区都有较多的华人华裔参与市长和镇长的竞选。在大马尼拉地区17个城市中，有3位华人市长在3个城市执政，占城市总数的17.6%。在吕宋岛共有97位华人参政，其中有11个城市主政，占城市总数的15.5%；有86位正副镇长在74个城镇执政，占该地区总城镇数的10.5%。在米沙鄢群岛共有95个华人参政，有11个主政城市，占该群岛39个城市总数的28.2%；而在城镇方面，华人华裔任正副镇长分布于68个不同城镇，占该地区城镇总数的18.4%。在棉兰老岛，共有69个华人华裔参政，有7个主政城市，占地区总城市数量的21.2%；另外有华人正副镇长任职于53个城镇，占地区总城镇数的12.6%。②

从以上数据可以看出，目前菲律宾华人的参政文化已经从务虚到务实方向发生重构，参政的态度更加鲜明，更加积极的直接投入政治选举，逐渐摆脱了以前只单纯为候选人政客提供财政支持的局限性。

（三）华人族群参政意识达到新高度

世界华人圈的参政浪潮也影响到了菲律宾，当地华人华裔参政的热情也逐渐展现出来。华人参政不仅是自身的权利和义务，而且是华人在政治上认同和融合与菲律宾主流社会的具体表现。单凭一般的社会慈善工作，华人是难以取得菲律宾社会政治认同和社会接受的。庄国土教授指出，菲律宾之前的参政华裔，是以混血者居多，即除了拥有华人血统外，其余与

① 2014年菲华商联总会《菲律宾华裔参政人员名册》，第1—13页。

② 赖林冬：《菲律宾华人参政文化的重构》，载《沈阳大学学报（社会科学版）》2017年第19卷第1期。

本土菲律宾人一样：没有接受过华文教育、不会说华语。在近些年的参选过程中不难发现，会说闽南语、汉语普通话的华裔人数有所增加。如在菲律宾2001年中期选举中，至少有5名能讲闽南话的华裔当选众议员、2人当选省长、1人当选市长，还有大约20人当选省市议员。①

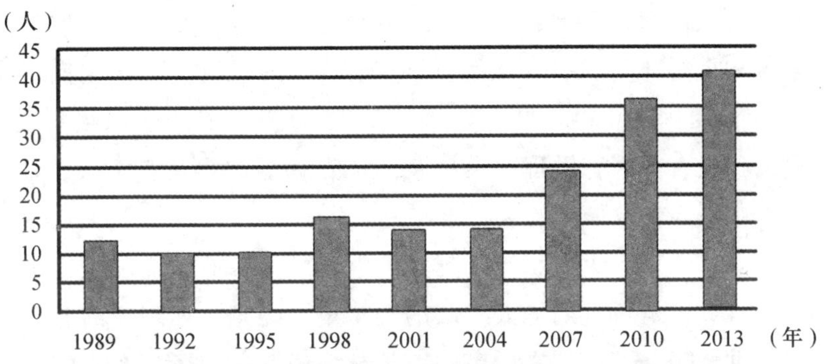

图6－1　第8—16届菲律宾众议院华人议员人数增长示意图

从图6－1，我们可以看出从2001年至2013年（第12—13届），菲律宾众议院华人议员的人数逐年递增，到2013年达到了历史最高的41人。

从2001年至2013年间的五届议会，菲律宾众议院华人众议员的人数出现了急剧的增长（图6－1），从14名众议员发展到如今的41名，几乎翻了两倍。华人市长、华人省长和华人部长的人数也逐年递增，这充分说明了菲律宾华人参政的意识日趋强烈。更可喜的是，2012年9月10日，菲律宾华人公会（简称菲华公会）在马尼拉正式宣告成立，这是菲律宾第一家以参政为宗旨的华人团体。该社团是一个民间组织，其成员主要为菲律宾华裔。成立公会是为了团结菲律宾广大华人群众，保护华人及其他少数族裔在菲律宾的合法权益。在菲律宾拥有华人血统的菲律宾人不计其数，但是却没有一个华人政党。菲华公会是第一家明确提出以参政为目的的华人团体，目标是吸引更多拥有华人血统的菲律宾人加

① 中国新闻网：专家详解菲律宾华人参政："纯正"华人从政趋增，2013年8月25日。http：//www. chinanews. com/hr/2013/08－25/5203204. shtml.

入该会，以达到菲政府关于组建政党最低人数的要求，从而更好地在政治舞台上为华人等菲律宾少数族裔争取权益。①

通过总统任免进入政府内阁主政是华人菲律宾华人参政一个非常重要的方式。这种方式是华人参与国家政治、经济、文化与外交建设的最直接和快捷的路径，也避免了卷入选举而遭受意外，所以这是菲律宾华人乐衷于参政的最理想模式。进入 21 世纪后，华人参政的人数迅速增长，职务和重要部门的占有比例也迅速扩大。在总统阿基诺三世（2014 年）22 个政府内阁中共有华人（裔）人数 33 人，其中正部级官员有 7 人，副部长级有 5 人，助理部长 3 人，局长 10 人，副局长 7 人，是历届内阁政府中华人参政最多的一届。②

值得欣慰的是，菲律宾越来越多的女性华人参政，涌现出了很多出名的女性官员，是新时期华人参政的一个重要亮点。如现任的菲律宾税务局局长洪卿卿女士，拉古坂市副市长林瑛瑛女士，还有在不同省份主政的六个女省长。2009 年 11 月，菲律宾南部发生震惊世界的暴力选举事件，这并没有减弱华人参政的势头。2010 年 3 月，菲律宾大班陈永栽的女儿陈怡娜（Vivienne Tan），宣布参加当年的全国大选，与政治世家维森特·克里索罗哥竞选马尼拉国会下议院议员，而后者以“臭名昭著”的暴力手段竞选而闻名。③ 菲律宾女性华人参政顺应了社会的发展，其优势也日益凸显。

通过对 2014 年菲律宾全国女性华人官员进行统计，发现共有 104 位女性官员分布在全菲各级政府部门中，占全菲华人官员总数的 27.2%。在政府内阁中有 9 位女性官员，占内阁华人官员的 27.3%；在司法部中，有 3 位女性官员，占该部门华人官员总数的 50%；在国会两院中共有 16 位女性官员，占国会华人官员总数的 51.6%；在全菲 32 名华人省长中，有 7 名女性省长（6 正 1 副），占总华人省长的 21.9%；在全菲 32 名华人市长中，有 11 位女性市长（10 正 1 副），占华人市长总数的 34.4%；而在镇长级别

① 新华网：菲律宾华人公会宣告成立，2012 年 9 月 10 日。http://news.xinhuanet.com/world/2012-09/10/c_113026961.htm.

② 2014 年菲华商联总会《菲律宾华裔参政人员名册》，第 1—13 页。

③ 中国新闻网：华裔富家女勇闯菲律宾血腥政坛 否认为家族谋利，2010 年 3 月 3 日。http://www.chinanews.com/hr/hr-yzhrxw/news/2010/03-03/2148863.shtml.

系列中，共有58名女性镇长（36正22副），占华人镇长总数的24.3%。

表6-3　　2014年菲律宾全国华人女官员主政地区分布统计表①

性别＼部门	政府内阁	司法部	上议院	众议院	正副省长	正副市长	正副镇长
男性官员	24	3	5	26	25	21	181
女性官员	9	3	1	15	7	11	58
比例	27.3%	50%	16.7%	36.6%	21.9%	34.4%	24.3%

可见，菲律宾华人女性参政的积极性越来越高，职务也越来越高，她们任职于菲律宾各个层次的政府重要部门中，女性华人参政将在菲律宾华人参政活动中发挥重要的作用。

第四节　华人参政的未来趋势

菲律宾华人参政文化随社会发展而变化。华人已经意识到，参政与经济利益关系密切相关，单纯在经济上求发展而失去政治权利，那仅仅是靠一条腿走路，最终会落得经济权益也无法保障。因此，越来越多的华人积极主动地参政，这是菲律宾政治进步的良好趋势，也是经济发展的有效推动力。但是，我们需要以平常心来思考华人参政文化问题。

一　华社成为各政党争相拉拢的对象

2000年以后，菲律宾的华人企业慢慢从亚洲金融危机中复苏，经济状况逐步好转，华人经济实力持续上升，华人社会引起了菲律宾各大政党的重视。2006年8月31日，菲华商联总会设宴招待华文媒体从业人员，时任理事长蔡聪妙先生在致辞中指出，“阿罗约总统所在的执政党——力量党（LAKAS）拟邀请商总加入该党，而菲律宾第二大党人民

① 2014年菲华商联总会《菲律宾华裔参政人员名册》，第1—13页。

联盟（NPC）则聘请商总为顾问”。[①] 此消息一经透露便引起了华人社会的关注和热烈讨论，商总该不该加入政党参政一时成为华人社会热议的话题。于是，菲律宾《世界日报》与商总联合举办了“华人参政，商总是否应该加入菲政党”的征文活动，时间从2006年9月4日至9月16日。此次征文反响热烈，《世界日报》共刊登了43篇文章，有39位作者参与了讨论，是《世界日报》“世界广场”历年来征文活动最为踊跃的一次。[②] 2006年10月11日，商总召开了“华人参政，商总应否参加菲政党”座谈会。该座谈会是征文活动的延续，是一场关于华人参政问题的大讨论。执政党和在野党同时向商总伸出橄榄枝，可以说是华人社会地位提升的重要标志，也说明华人已经是菲律宾政治活动中一支不可忽视的力量。

二　对于华人参政问题的思考

随着新一代华裔的不断成长，他们参政的主体意识已经并正在发生着变化。与老一辈华人相比，他们更加理性和务实。从上几代人艰辛的历程中，他们已经认识到，菲华族群的融合是趋势，华人参与当地政治是必然，因而开始积极主动地而有计划、有目标地投身到菲律宾的政治生活中去，他们是菲律宾华人的希望，也是菲律宾国家的未来。但是，华人参政的一些相关问题是不可忽视的。

（一）提高华人自身的素质

具有“菲律宾国父之称”的黎刹拥有华人血统，是一位才华横溢的医学博士和诗人。同样拥有华人血统的马科斯总统，大学时期是法律专业的高材生，毕业后成为一名著名律师。

过去，菲律宾华人十有八九都是从事商业活动，华人社会整体文化水平不高，拥有高学历的人才更是凤毛麟角，第二代、第三代，甚至第四代华人依旧如此。这些华人子弟一般读到中学便不再继续求学，转而进入父母或家族企业从事商业经营管理。他们虽然精通菲语，但是大多

---

① ［菲］嘉嘉：《商总可使“两手抓策略”》，《菲律宾华人参政文集》，马尼拉：世界日报社2006年版，第117页。

② ［菲］乔辉：《求同存异，一起向前看》，《菲律宾华人参政文集》，马尼拉：世界日报社2006年版，第177页。

数人的英文水平相当有限，能流利使用英语会话的很少，更别说用英文书写官方文件或法律文书之类的能力了。这些华人往往认为，只要会说闽南话便可以在菲律宾的商业活动中如鱼得水，只要能说菲语便可以管理好企业中的工人。所以，即便英语水平低下，也丝毫不影响取得商业成就。然而，英语作为菲律宾官方语言，是国家政治中不可缺少的工作语言，华人文化水平的高低则直接影响他们参政的成败。如从 2011 年 5 月起，阿基诺总统曾三次向国会提名华人李永年出任驻华大使，但一经提名就争议不断，该任命一直被国会刁难未获批准。原因是，在菲律宾国会任命委员会召开的听证会上，李永年在回答提问时被议员嘲笑“英语太差”“最好再回家做做功课”，为此被否决通过该任命。① 后来，李永年也主动提交辞呈放弃驻华大使一职。②

现如今，菲律宾华人普遍接受高等教育，很多想在政坛上实现远大抱负者，也积极活跃在各自的事业舞台上。尤其是有些华人继承家族产业，在商业领域利益取得了瞩目的成就。但是若要参与当地政治最好是放弃商业，专心致志地跨入政坛。否则，一边经商、一边参政，难免会落下“参政是为商业服务”的口实。但不管怎么说，菲律宾华人从间接到直接，从自发到自主、自为，在参政的路途上已经向前迈出了一大步。

（二）华人社会要改善对外的形象

早期的许多调查显示：华人被菲律宾人看作“不可同化的”“宗派主义”严重的、拒绝与菲律宾人通婚的肮脏喧闹种族，以及诸如此类的其他负面印象。“生为中国人，死亦中国鬼”的神话，仍然是一种流行的看法。格雷戈里奥·F. 赛德在其著作《菲律宾政治文化史》中，以这样的话概括这种排华情绪：“华人是可憎的，因为他们是经济上的支配者；华人是古怪的，因为他们是文化上的异己者；华人是讨厌的，因为他们在文化上方面是宗派主义者；华人是不忠诚的，因为他们在政治上是不可

① 环球网：菲国会第 3 次推迟驻华大使任命　称其应“再回家做功课”，2012 年 3 月 16 日。http://world.huanqiu.com/roll/2012-03/2529130.html.

② 新华网：菲律宾总统为两位中国事务特使就职监誓，2012 年 5 月 24 日。http://news.xinhuanet.com/world/2012-05/24/c_123182480.htm.

靠的。"① 可见，华人在菲人心目中的坏印象是有历史的。菲律宾华商联合总会成立后，宣告华侨社会进入了一个新的历史阶段，华社内部矛盾趋于缓和，实现了华社各方力量的调整与整合，华社呈现出团结和协调的良好态势。商总对内开展禁赌活动、倡导移风易俗的节俭之风；对外华社开始转向社会关注的慈善事业，诸如放弃利润抑制自然灾害时的米价，对于防治传染病、消防救灾、农村校舍、风灾水灾、火山喷发等灾害的捐助和救助，极大缓解了菲律宾人对华人嫉妒和偏见，使菲律宾社会逐渐接纳了华人族群。华人义诊中心接触菲广大平民百姓，为他们雪中送炭，有效地缩小了菲华民族融合，拉近两族人民的感情，为华人参政创造了良好的条件。②

消除菲律宾华人控制当地经济70%—80%的"海登神话"谬论，尤其是来自中国的此种盲目"声音"。笔者经常听到，涉及菲律宾华人经济时，有人就"夸夸其谈"，说什么菲律宾的闽南人富有，当地绝大部分的经济总量在他们手上。这种"骄傲"的成就不是真实的，以讹传讹会加重菲律宾土著人对华人的误解，会进一步激起他们对华人"仇富"的情绪，甚至会把菲律宾华人置于死地。其实，菲律宾华人人口在当地占有比例只有1.5%，华人还远没有掌控当地经济的能力。据统计，21世纪初，菲律宾华人从企业数计算华人资本比例占30%，而从销售额计算华人资本比例为22%。这与泰国的40%和31%、印尼的30%和30%两种占资相比，比例还是较低的。③ 洪玉华就曾指出，"在台湾的8万菲律宾工人中，有60%是年轻的华裔菲律宾人。在马尼拉较为著名的华校灵惠中学，一个15岁的男孩因贫穷而自杀。一个60岁的老人由于失业，加上业主卖掉了他居住的公寓，只是他流离失所而自缢身亡。"④ 这些事例足以说明，菲律宾华人并非人人富有。

---

① ［菲］洪玉华：《菲律宾华人的形象》，载黄滋生《菲华问题论辩》，菲律宾华裔青年联合会，1999年，第268页。

② 沈红芳：《菲律宾华人义诊中心的兴起背景及其影响》，载《南洋问题研究》1996年第4期。

③ 方金英：《东南亚"华人问题"的形成与发展》，时事出版社2001年版，第105页。

④ ［菲］洪玉华：《菲律宾华人的形象》，载黄滋生《菲华问题论辩》，菲律宾华裔青年联合会，1999年，第265页。

另外，自20世纪70年代末开始，大量中国人以探亲和旅游为由前往菲律宾，他们之中有相当一部分人打算移民此地。但由于菲律宾移民法非常严格，这些人只好选择逾期非法在此居留。菲律宾前移民局局长阿尔莫罗（Atty. Roy M. Almoro）曾在接受采访时透露，逾期居留的外国人估计多达10万人，其中70%—80%是中国国民。加上合法居留者，生活在菲律宾的华侨估计达10万人。1999年，菲律宾参议院国防委员会主席表示，多达12万的中国人可能通过非法途径入境菲律宾，对菲律宾的国家安全和经济造成风险。尤其是一小撮新移民涉足贩毒走私等犯罪活动，严重影响了菲律宾华人社会的形象。轰动一时的华人内斗、火拼对华侨华人社会造成恶劣的影响，吴业昌枪杀蔡以伦，在被判入狱后逃脱；李万球妻子因与之不和谎报被绑架，结果闹出儿子动武中弹遇害的血案；3名华裔少年合伙抢劫的士，并开枪打死的士司机的恶性案件。[①] 这些接二连三的事件，无疑对华侨华人社会造成严重的负面影响。在菲律宾法庭检控的贩毒案件中，有近90%涉及中国人。菲律宾国家情报协助局甚至还撰写一份《中国的无武器之战》，声称非法贩毒是中国蓄意破坏其他国家的阴谋。[②] 被捕逾期居留者常常花钱消灾，令这种抓捕行动成为贪腐官员的一门"生意"。新侨与移民局特工、警察、执法人员和其他政府机构官员之间形成非法利益输送链条，也侵蚀了菲律宾的社会公德。虽然这并非新侨一方的责任，但很容易给菲人造成"华人贪腐"的不良印象，也增加了种族矛盾。

（三）华人要深度融入当地社会

菲律宾华人社会有商会、联谊会、宗亲会、同业公会、同乡会等上千个华人社团组织，每个社团都代表着自己的利益。这种方式组成的是一个以维护部分华人利益为目的的阵营。这种模式在维续华人商业发展中起到了积极作用，但在营造华人群体间的合作方面却适得其反，无形中催生了华人社会中的利益派系，使华人之间存在较为复杂的、无法化解的利益矛盾冲突，造就了现在"华人社会很小，但是水深不可测"的

① ［菲］陈维：《华人的形象》，载《融合：菲律宾华人》（第二集），马尼拉：菲律宾华裔青年联合会，1997年，第125页。

② 庄国土、陈华岳：《菲律宾华人通史》，厦门大学出版社2012年版，第569页。

现象。派系间的利益冲突不仅影响华人参政，也阻碍了华人族群快速融入当地社会。这可能造成由某个社团扶持而上台的华人官员，在主政后仍然会受到其所在社团的影响，或者说会更多代表着他的社团的利益，这样既得不到华人社会的信赖，更不能赢得主流社会的信任。换句话说，菲律宾人认为，华人参政后更多偏袒华人，而不是服务于菲律宾全社会。因此，华人需要明确自身的位置和角色，不能把自己作为“外人”，也不能对菲律宾事务漠不关心。或者说，对菲律宾政府总是唯唯诺诺，俯首帖耳。[①] 如果华人置身局外，明哲保身，袖手旁观，又怎能向菲律宾人民表明，华人已把菲律宾当作自己的国家来关心和爱护呢?[②]

菲律宾甲美地曾出版了两本历史名人书籍，一本是《菲律宾历史上的显赫甲美地人》，另一本是《一些著名甲美地人》，它们都把刘亨赙将军列入其中。其实，刘亨赙并不是甲美地人，而是移居这里的中国人，他的祖籍在福建南安刘林，1890 年来到菲律宾甲美地。他参加了反抗西班牙殖民统治的活动，并取得显赫功绩，被阿吉纳尔多总统授予将军，当地人引以为荣地把他视为自己人。1926 年，刘亨赙将军去世时，灵柩上覆盖菲律宾国旗，上下院议员全部前来送殡，500 余名军警宪兵护卫。事实证明，只要我们华人能真心实意地，特别是像刘亨赙将军那样，不惜以自己的鲜血和生命与菲人共同战斗，与菲人民打成一片、不分彼此，达到华菲融合是不难做到的。[③] 马尼拉的中国城王彬街，也是纪念华侨印刷工王彬在反抗西班牙的斗争中立下了汗马功劳而命名。如今，王彬街的中央广场还矗立着王彬的全身铜像。

菲华商联总会名誉理事长黄呈辉，曾在阿罗约执政时任总统中国事务特使。他在接受凤凰卫视采访时说：“作为菲籍华人，菲律宾是我们安身立命之地，中国是我们的祖籍国与故乡，我们希望祖籍国与菲律宾永远和好，万一不幸双方发生战争，华人必须表态，在无所选择之时我们

---

① ［菲］吴文焕：《摆正华社的地位和角色》，载《卧薪集》，马尼拉：菲律宾华裔青年联合会，2001 年，第 10 页。

② ［菲］吴文焕：《不同意义和不同层次的参政》，载《卧薪集》，马尼拉：菲律宾华裔青年联合会，2001 年，第 16 页。

③ ［菲］吴文焕：《被当作甲美地人的华人革命将军刘亨赙》，载《融合：菲律宾华人》（第二集），马尼拉：菲律宾华裔青年联合会，1997 年，第 2 页。

只好站在菲律宾这边。”[①] 作为华人领袖的黄呈辉先生，此番话语让我们乍听起来不甚舒服。但试想，他已经加入菲国籍并在当地安身立业，他希望中菲永远友好和相安无事，且没有过多指责和诋毁祖籍国中国，这种虚拟和无奈的表态，说明他复杂和痛苦的心情。我们认为他还是有良知的海外华人，可以作为中菲和平友好的“使者”。事实上，黄呈辉多年在福建家乡投资建厂，积极推动中菲两国的交流与合作。从另一个角度也说明，他们已经走出了中菲族群的隔阂，也走出了对祖籍国的“膜拜”，更加明确地将自身与菲国家视为命运共同体。所以，才能得到阿罗约总统的信任，也反映了菲律宾社会对他们的接受。

当然，我们鼓励海外华人融入当地社会，但绝不希望成为反华的势力。令人遗憾的是，确有华裔不断制造对华矛盾，甚至成为反华“先锋”。虽然，菲律宾华人已经是当地公民，中国作为菲律宾华人的祖籍国，理应不再干涉他们的行为。然而，他们毕竟是中华民族的一支血脉，如果能受到传统伦理和文化的熏陶，必将产生中华民族意识，甚至成为中菲友好的桥梁和纽带。[②] 笔者认为，中国综合国力逐步提升，应加强国策和文化的海外宣传。尤其是，促进与海外华人的沟通与联系，传播中国“好声音”，传颂中国“好故事”，使他们感受到作为中华民族的自豪感。同时，大力支持中国的社会经济建设，促进所在国与祖籍国的友好，助力中国提升在世界上的话语权。

---

① 新华网：菲200万华人扎根主流社会靠参政济贫稳固根基，2012年5月29日。http://news.xinhuanet.com/world/2012-05/29/c_123206868.htm.

② 姜兴山：《试析菲律宾“戒严政府”时期华侨社会的演化》，载《世界民族》2016年第2期。

第七章

华文报刊的历史流变

早期移居菲律宾谋生的中国人，在与当地异文化的接触和碰撞中，始终对家乡文化习俗怀有深深的依恋。也许是“残缺化”的乡土启蒙教育，也形成了他们对民族文化的强烈认同，使他们感受到作为中国人的自豪。因此，一些华侨在经济条件改善的情况下，还是想方设法传承中华文化，延续中华民族的“根”。他们也认识到，由于西班牙殖民当局的抑制，兴办华文学校并非易事，而华文报纸可以一定程度满足华侨的文化诉求。于是，在19世纪末华侨社会稳步发展之时，华文报纸开始陆续问世。华文报纸的诞生，起到了文化传承、启迪民智和凝聚族群意识的作用，同时传递着中国的各种信息，也是沟通海外游子的最佳纽带。在马科斯执政初期，政府利用华侨的“力量”推动社会经济，华侨社会否极泰来，也迎来了快速发展的“春天”，华文报纸发展也随之达到顶峰。但随着“戒严政府”对新闻的严格控制，华文报纸的刊行也陷入低谷。菲政府对新闻媒体的解冻后，华文报纸复苏并奠定现在之格局。报刊是海外华侨社会的“三宝”之一，是承续中华文化的主要媒介，也是观察海外华社的重要窗口。通过这个窗口，我们可以看到华人族群的文化气息和价值取向。同时，华文报刊对构建民族文化维度，推进华文教育起到了积极的作用。报刊一定程度是社会动态的晴雨表，它对社会信息的嗅觉特别敏感。展开华文报纸的历史画卷，在为华人顽强的生命力所震撼的同时，也触摸到他们不屈的脉搏声，看到了华人在异域文化语境中，所呈现的疏离、彷徨与苦涩的复杂心情，彰显出他们在融合进程中的文化演绎与变迁。

第一节　华文报的诞生与发展

西班牙殖民统治菲律宾时期，中国人开始大规模移居菲岛谋生。此时华侨虽然以商人、农民和手工业为主，文化程度相对较低，但依然对传承中华文化有热切的期盼，总是想方设法创办华文教育。他们深知，报刊是传承中华文化、保留中华民族特征的重要媒介。而在当时的艰苦条件下，报纸就成了触摸华文教育的最佳切入点。事实证明，华文报纸是华侨社会的重要元素，同华侨社团、华文学校之间联系密切，是推动华文教育的有效手段。[①] 可以说，在辅助社会文化教育方面，华文报刊的作用十分重要。

一　华文报纸的应运而生

19 世纪初期，菲律宾有了殖民当局印刷品《最高政府》（*Del Superior Gobierno*），它是发布西班牙国家政治与外交的报纸，主要阐述面对法国拿破仑的侵略，西班牙与菲律宾殖民地的立场。后又利用来自欧洲的新闻讯息，当局又发行了《公共消息》（*Aviso ai Publico*），其内容包括西班牙与法国的战事，等。1821 年，菲律宾出现了报道西班牙宫廷之事的《爱国丛报》（*Ramillete Patriotico*）、《菲律宾新闻报》（*El Filantropia*）等，这些报纸发行的持续时间都不长。此后，殖民当局又“前赴后继”创办了 16 种报纸，它们也随着西班牙统治的落幕而“寿终正寝”。[②] 1825 年，华侨“甲必丹制”在菲律宾设立，他们利用在管理上相对独立，按照中国传统文化结成命运共同体，也为华文报纸的发轫奠定了坚实基础。

（一）首份华文报纸问世

随着菲律宾华侨经济的稳固发展，他们进而寻求基本权益和保障。此后出现的华侨社团组织，则显示加强内部凝聚力的愿望。然而，华侨社会深刻意识到，中华文化是华侨社团的根基，也是维系华侨社会和强化民族意识的纽带。为此，华社不遗余力推动华文教育事业，极力营造

---

① ［菲］陈烈甫：《菲律宾华侨教育》，台北：海外出版社 1958 年版，第 223 页。

② 赵振祥：《菲律宾华文报史稿》，世界知识出版社 2006 年版，第 24 页。

中华传统文化的氛围。

1888年，菲华史上的第一份中文报纸——《华报》，在华侨甲必丹陈谦善的倡议下创办的。《华报》比现在继续发行的马尼拉英文《武力镇报》（*Manila Daily Bulletin*）还要早12年。[①] 可以说，菲律宾华文报纸的创刊，对于提升华侨的民族意识起到积极作用。

《华报》由陈谦善秘书兼外交主管杨维洪负责开办的。杨维洪贯通中西、学识极其渊博，他深知报纸传媒对于开启华侨民智的重要性，也感触菲岛华侨虽有数万之众，却没有一家舆论的营地和平台，来对内加强团结、号召同胞，对外争取权益的尊重和保障。为此，他极力倡议华社创办报馆，以开菲律宾华文报纸之先河。[②] 杨维洪的愿望得到了陈谦善的肯定，于是在他的鼎力支持和协助下，《华报》最终在马尼拉问世。菲律宾侨界是以农、工、商人为主的族群，文化教育程度普遍偏低，能识文断字阅读报纸的为数不多。为此，《华报》的发行数量十分有限，以至于办报经费入不敷出，创办一年多后该报便被迫停刊。但为满足马尼拉华侨的需求，《华报》更名为《岷报》，主要是针对马尼拉华侨而发行。然而《岷报》的发行同样举步维艰，几个月后又不得不再次停刊。我们不得不遗憾地看到，早期菲律宾华文报业的发展，还是阻力重重接连受挫。其根本原因在于，那时的华侨界还是一个相对封闭、松散和蒙昧的社会，华侨的教育和文化素养相对较低，对报刊的需求还是有限的。华文报纸对于满足读者"口味"上，也并未完全能够"接地气"。另外，华侨经济尚未高度发达，对于报业的支持比较乏力，从一个侧面也体现了华侨社会还没有完全觉醒。

（二）政治推力孕育的华文报刊

菲律宾华文报纸的市场化道路难行，在没有吸引到足够的华侨读者的情况下，只得依靠政治作为推动力量。一方面，政治组织有人力和物力来经营报业，也有足够的热情、策略和办法，希望借助报纸达到宣传鼓动的目的。另外，政治话题是极为敏感的舆论焦点，从而能快速拉动

---

① ［菲］刘郎：《菲华新闻出版社事业的今昔》，载《菲华年鉴（1964—1965）》，马尼拉：菲华商联总会，1965年，第O—55页。

② 赵振祥：《菲律宾华文报史稿》，世界知识出版社2006年版，第36页。

报纸的发行量。

1899 年，潘庶藩在马尼拉创办了《益友新报》，该报是维新派宣传康、梁政治主张的报刊。该报接受梁启超的办报思想，旨在“去塞求通”，“故交换智识，实惟人生第一要件，而报馆之天职，则取万国之新思想以贡于其同胞者也。”[①]《益友新报》吸取了许多办报的经验，其发行规模、篇幅版面、内容风格与前两份报纸相比都大为改观，深受华侨读者的欢迎和喜爱。经过一段时间的发行，《益友新报》因无法满足全菲华侨的需求，便更名为《岷益报》，又把读者群改变为以马尼拉为主。可惜数月后《岷益报》因维新人士离开菲律宾而无法运行，不得不于翌年停刊。当时，马尼拉有一句刻薄的话来评价华文报：“有对年，无三载”，不幸都被言中了。[②] 究其原因，梁启超式的启蒙为鹄的办报理念，难以融入普通华侨的日常生活。

1907 年，清政府的“海圻”号和“海容”号战舰游历南洋，雄壮威武的两艘铁甲军舰，让久居菲律宾华侨倍感振奋，一时间民族自豪感高涨。但马尼拉的西班牙语报纸《商报》（*El Comercio*）却嘲讽中国战舰似玩具，华侨觉得受到了莫大侮辱，纷纷以退订该报表示抗议。而此时，华侨痛感需要一份自己的报纸，来表达情感和沟通华侨社会。[③]

1908 年，小吕宋中华商务总会开办了《警铎新闻》，报刊以商业化方式运作经营，比此前发行的华文报纸内容更加丰富，同样因华侨社会教育文化水平低，再次出现卖报款入不敷出的情况，被迫于 1910 年停刊。这个时期的报刊大多数经营时间不长，报刊的政治目的十分明确，主要宣传清政府腐败无能，国家日渐贫弱，已经到了岌岌可危的地步。他们希望借助报刊舆论，激发振奋华侨的爱国情怀，关注祖国的前途和未来。华侨领袖陈笑予就曾感慨：“查其发刊之动机，殆半激于清时国势垂危，思藉报端宣传，以振奋人心，及感于全菲华侨数万，并无一代表舆论机

---

① 梁启超：《清议报——百册祝辞并论报馆之责任及本馆之经历》，载《饮冰室文集点校》第二集，云南教育出版社 2001 年版，第 753 页。

② 刘芝田：《菲律宾华文报业史》，载张稀哲《华侨史论集》，台北：中正书局 1997 年版，第 111 页。

③ 赵振祥：《菲律宾华文报史稿》，世界知识出版社 2006 年版，第 39 页。

关之缺憾而创设。"①

1911年，冯自由、宋震、胡汉民等同盟会成员，被孙中山先生派往菲律宾宣传革命，并组织了"普智阅书报社"来灌输民族和民权思想。深受革命启蒙思想影响的菲律宾华侨社会十分关切国内时局，而当时只能依靠香港的《中国日报》、东京的《民报周刊》、上海的《天锋日报》和《民立日报》等外地报纸作为消息来源。由于外地报刊邮递到菲律宾已经失去新闻的时效，对于大多数华侨来说外文报又存在语言障碍。因此，"普智阅书报社"决定出版小型报，并定名为《公理报》。1912年《公理报》正式出版发行，由于刊载大量的政治和文化信息，深受华侨读者的欢迎。

（三）华社进步对华文报纸的促动

中华民国成立后，在华侨社会进步的推动下，华侨教育水平不断提高，关心祖国的政局发展，阅报风气日益盛行，华侨对新闻事业萌发浓厚兴趣。1914年，菲律宾华侨商会集资创设《中华日报》作为行业喉舌，由侨领倪祖硕和王子敬共同负责。翌年，《中华日报》更名为《新福建报》，意在宣传和建设新福建作为新中国的起点。然而《新福建报》的办报理念较为单纯，经营方式也无起色，勉强维持了几个月后便停刊。1914年，中国国民党驻菲律宾第二支部创办了《民号报》，该报以"代表菲岛的粤籍华侨利益"为号召，成为沟通和联络地缘情结的纽带。1932年，《民号报》改组为《新中国报》，太平洋战争爆发后停刊。1919年，菲华侨工党创办《平民日报》，开办两年后由于缺乏有效组织领导，招致债主强行封闭。② 1922年，在马尼拉中华商会会长李清泉的倡导下，创办了《华侨商报》，作为华侨商人的信息平台。此外，陆续创办的华文报纸还有：1922年为抗争西文簿记法创办的《华侨公报》；1923年，菲律宾华侨深受"五四运动"鼓舞，筹组《救国日报》；1925年，以反抗恶势力为号召，创办《新闽日报》；1928年的《中西日报》；1930年的《侨声日报》；1932年的《新中国报》；1933年的《前驱日报》；1934年

① ［菲］陈笑予：《菲律宾华侨新闻事业概述》，载《菲律宾与华侨事迹大观》，第二集，马尼拉：菲律宾华侨事迹大观出版社1951年版，第3页。

② 萧曦清：《中菲外交关系史》，台北：正中书局1995年版，第583页。

的《华侨日报》；1938 年的《国民日报》和 1941 年的《中山日报》等，这些报刊都是在问世后不久就相继停刊。① 太平洋战争后，马尼拉沦陷，所有华文报纸全部停办。

早期创办华侨报纸的有识之士，一类是怀抱救国救民理念的文化人，另一类是华侨社会的领袖。凝聚华侨力量和启蒙华侨理想，使这些有识之士产生更高的追求。而直接刺激他们兴办华文报纸的，则是西方报纸在传播知识、促进社会进步等领域，所发挥出的“利器”作用。然而，草创时期的菲律宾华文报纸之所以命运多舛，除了与他们艰难的生存环境有关外，自身生存能力的不足也是重要原因。政治家和教育家办报与企业家办报的最大区别在于，前者出于理想之目的，着眼于教育受众；而后者则出于赢利之目的，着眼于服务受众。办报初期以启蒙、革命为号召，在短时间内确实有效，但长久以往，难免脱离受众的实际情况，发行量会逐渐减少，财政陷入困境。但创办者的坚韧毅力和满腔热忱，为华人族群的发展和进步，奠定了坚实的物质和精神基础。

二　华文报纸的复苏

1941 年 12 月 8 日，太平洋战争爆发后，日军迅速占领菲律宾群岛。华侨社会受到严重冲击，许多华文教育遭受破坏，华文报纸被迫停刊。这也是华文报刊最黑暗的时期。1945 年 8 月，日军被盟军击败并被赶出马尼拉，广大华侨既为菲律宾摆脱法西斯奴役欢欣鼓舞，也为祖国抗战胜利后的美好前景充满信心。华侨的民族自豪心理重新燃起，爱国热情再度高涨，他们关注政治，极其渴望祖国的复兴和强盛，也把自己和祖国命运紧紧联在一起。

（一）华文报纸的复刊

马尼拉光复后，战前的《公理》《新闻》《商报》三家华文报社，共

① ［菲］刘郎：《菲华新闻出版社事业的今昔》，载《菲华年鉴（1964—1965）》，马尼拉：菲华商联总会，1965 年，第 O—58 页。

同借用战争中未被焚毁的印务馆机器，率先复刊发行。[①] 此后，菲律宾华文报社竞相启动，拉开了华文报纸复刊的帷幕。

这时菲律宾华文报刊主要分为三大类：一是战时地下油印的反抗日本法西斯统治的舆论报刊转为公开出版物，如《华侨导报》《前锋日报》《华商公报》《大华日报》《重庆日报》等。此类报刊旨在激励、动员华侨与日本侵略者进行坚决的斗争，同时整合华侨力量积极支援中国的抗日烽火。二是战时被迫停刊的报纸在战后复刊，如《华侨商报》《公理报》《新闽日报》等。这些报刊战前具有一定的读者基础，复刊可重新恢复其舆论影响。三是衍生出的新报纸，如《民族日报》《中正日报》《大汉魂月刊》等。此外，还有各大报纸的副刊和期刊杂志，如《新中国周报》《粤声周刊》《良友画报》，等，以及多日报纸，如《照妖镜》《X光小报》《公道话》《铁扫帚》《警报》等。

（二）华文报纸的发展

日军侵占马尼拉后，《华侨商报》创办人于以同被日寇杀害，该报也被迫停刊。马尼拉光复后，于以同的三个儿子于长城、于长庚、于长籁，决心继承父亲未尽的事业，继续开办《华侨商报》。为此，三兄弟四处奔走为该报复刊请求援助。[②] 于长城的夫人杨绫瑞变卖了首饰，作为《华侨商报》复刊的资本。1946 年 4 月 15 日，即于以同就义纪念日这一天，《华侨商报》重新向社会发行。刚复刊的《华侨商报》财力捉襟见肘，前两三年里发行量只有几百份，资金周转十分艰难，日常开支费用全靠大嫂变卖嫁妆来维持。[③] 面对当时中国政局，于长城选择了中国民主同盟的政治主张，经常撰稿的有张东荪、梁漱溟、马寅初等著名人士。[④] 在于长城兄弟的苦心经营下，《华侨商报》成为菲律宾华文报业史上发行量最大的报刊。

---

① ［菲］刘郎：《菲华新闻出版社事业的今昔》，载《菲华年鉴（1964—1965）》，马尼拉：菲华商联总会，1965 年，第 0—59 页。

② 《于长庚先生访谈录》，载张存武、朱浤源、潘露莉《菲律宾华侨华人访问记录》，台北："中央研究院" 近代史研究所，1996 年，第 324 页。

③ 《商报创办八十二周年暨复刊十五周年纪念特刊》，马尼拉：菲律宾《商报》编辑社，2001 年，第 60 页。

④ ［菲］于长庚：《于长城——海外华裔典范》，马尼拉：于以同基金会，1997 年，第 13 页。

《前锋日报》是战前国民党所创办的报纸，前身为菲律宾华侨青年特别工作总队宣传组，在战时发行的抗日油印小报——《前锋报》。1945 年 2 月，《前锋日报》公开出版发行，早期报纸的发行任务全由大队队员承担，直至正式营业才雇用报童卖报。《前锋日报》初期日发行量 3000 份，后来应读者需求，逐渐增至 4000—5000 份。此后，日发行量始终维持在 6500—7000 份。最终由于报社收支不平衡，经济上难以维持运行，1946 年底该报停刊。①

20 世纪 50 年代，菲律宾民族思潮高涨，排斥外侨情绪激化，旨在排斥华侨经济的系列菲化案不断涌现，许多华侨无奈之下纷纷转离传统的行业。然而华侨还是凭着坚忍不拔的顽强精神，在这个岛国继续生存下来。《华侨商报》《新闽日报》《大中华日报》和《公理报》四家报刊，作为华侨社会的喉舌，在抗争菲化案中发挥了舆论阵地的作用，也提升华侨社会的形象和凝聚力。

《华侨商报》为了提高该报的层次和质量，引进了中国大批青年才俊，如林适然、陈振贤、薛约翰、杨炜华、陈华岳、洪树民等。②《新闽日报》是中华商会出版的报纸，这家报纸宗教色彩极浓。由于报主吴半生信仰基督教，每天该报都刊登基督教的消息。于是，该报也成为在基督教圈子内极有影响力的报刊。《大中华日报》是国民党势力的报刊，其政治色彩浓厚，而菲华社会又有远离政治的倾向，所以销路不是很好，必须靠台湾当局在经济上扶持。但该报在国民党的帮助下，汇集了各方面人物，负责党务和宣传，俨然是中国国民党在菲律宾的宣传机构。《公理报》在四家中文报纸中历史最为悠久，最初是孙中山为宣传革命思想而创办的，后来成为国民党的党报。

（三）华文报纸步入辉煌

到了 20 世纪 60 年代，由于华侨社会的进步发展，华文报纸的质量也随之提高，无论内容还是版面都比以前有了很大提高。《华侨商报》增加了新的刊载内容，并开始出版《岷里拉华侨工商名录》，这是一本记录首

① 《中国魂——菲律宾华侨青年战时特别工作总队地下抗日工作史》，马尼拉：菲华青年战时特工总队同志会编印，1990 年，第 206—211 页。

② 赵振祥：《菲律宾华文报史稿》，世界知识出版社 2006 年版，第 168 页。

都地区和近郊华侨工商业机构的名录，对促进工商业活动起了一定的作用。同时，还陆续刊发主张华侨争取菲律宾公民权，走同化道路的多篇文章。《大中华日报》从台湾请来原来在上海的“江南才子”邢光祖，还有专搞党务的柯叔宝和文艺界的施颖洲。[①] 但是由于路线和政策方针不为华侨大众所接受，结果该报发行量没有多少进展。《公理报》为了竞争的需要，在庄铭渊的主持下，引进一批文化人加入，包括刘芝田和蔡景福，还开辟了一个“菲岛风光”的专栏，撰写一些风花雪月的文章吸引读者，成为该报的特色和“亮点”。

20 世纪 70 年代后，《华侨商报》《新闽日报》《大中华日报》和《公理报》四家报纸在内容上都有长足的发展。《华侨商报》发行量仍然在中文报纸中排在首位。它长期以来与国民党“较劲”，不受台湾势力控制，一直强调自己是当地的中文报纸，与其他政党报纸迥然不同，这是该报的立场与风格。《新闽日报》还是居于第二位，该报除了具有宗教色彩外，与菲主流社会较为接近，每年出版的《年鉴》都是用英文撰写的。因此，该报与华侨社会关系不深，主要是在教会里有一定影响力。《大中华日报》和《公理报》都是国民党的报纸，前者开辟文艺专栏，在华侨青年学生有一定读者；后者一直在中文报业处于“跟跑”的地位。[②]

三 华文报刊的抑扬

1970 年 3 月 23 日，菲律宾移民局在海外记者会上拘捕了于长城，又在《华侨商报》报社拘捕了于长庚，并以“煽动罪”和“违法汇率罪”的罪名指控两兄弟，华文报纸开始受到冲击，也致使菲律宾华文报纸全面被审查，华侨的言论自由受到“打压”。尤其是“戒严政府”期间，菲政府全面控制舆论工具，菲律宾华文报纸首当其冲，所有报社均被关闭，经调整后只有两家报纸“有条件”发刊。可以说，此时的华文报纸实际上是被禁锢的。

（一）华文报纸的暗淡

《华侨商报》事件的起因是，该报报道菲青年学生运动时曾做出以下

---

① 赵振祥：《菲律宾华文报史稿》，世界知识出版社 2006 年版，第 197 页。

② 姜兴山：《战后菲律宾华文教育研究（1945—1976）》，暨南大学出版社 2013 年版，第 119 页。

述评："菲青年学生们有着敢于斗争……是天不怕、总统不怕……广大菲民众（特别是青年）已日益从宗教羁绊下解放出来，他们再也不信上帝耶稣。他们只相信民众团结起来的无穷尽的威力。"① 结果《华侨商报》的对手把这段中文述评翻译成英文，交给《马尼拉时报》后，该报马上将此文转给马科斯总统，并诬告《华侨商报》支持煽动学潮和工潮，企图推翻他的政权。马科斯能容忍主流报刊对他的抨击，但决不能容忍"寄人篱下"的华侨对他政权的指责。于是，马科斯下令移民局局长雷耶斯与军方情报处人员查办这件事。最终，《华侨商报》被定性为共产党报，于氏兄弟也被强行遣送到台北。在国际舆论压力下，兄弟两人分别被判两年半监禁和三年半徒刑。获释后，于长城到美国定居，于长庚则赴加拿大寄居。于氏兄弟的遭遇得到广大华侨的同情和支持，《华侨商报》不但没有关闭，而且发行量不降反升，达到 1.7 万余份，这是菲律宾百年来中文报纸发行量的最高纪录。② "第二次《华侨商报》案"发生后，《大中华日报》没有得到任何好处。相反，由于他们在这次遣送于氏兄弟的事件中扮演了不光彩的角色，在侨社受到千夫所指，报格荡然无存。1972 年 9 月，菲律宾"戒严法政府"实施后，四家中文报刊均被查封。1973 年 2 月 1 日，《大中华日报》和《公理报》合并，并更名为《世界日报》。在"戒严法政府"军事管制两周年前夕，一家名为《东方日报》的中文报创刊。至此，马科斯政府军事管制近 20 年期间，菲律宾只有这两家报刊，这是华文报业最为暗淡的时期。

（二）华文报纸的复苏

1981 年 1 月，随着马科斯总统解除"戒严法政府"，华文报业也逐渐复苏，相继有 4 家报纸陆续发行，分别是 1981 年创办的《世界日报》、1983 年创办的《菲华时报》、1986 年创办的《环球日报》与 1987 年复办的《商报》。《世界日报》除了报道中国新闻的国际版和文艺副刊之外，还辟有《华人天地》和《十方》这两个颇为读者重视的副刊。另外，在头版还增设了"特稿"栏目，以及国际版的"国际评论"专栏。

① ［菲］《华侨商报》，1970 年 2 月 21 日第 7 版。

② ［菲］于长庚：《论华文报沧桑》，载《渊泽永怀》，马尼拉：庄渊文教基金会，2004 年，第 140 页。

20 世纪 90 年代初，《世界日报》本岛新闻版开辟“看时局”栏目。随后，《世界日报》与香港《大公报》合作创办了《大公报》菲律宾版，随报赠阅。其后，《世界日报》也代理印发《福建侨报》。1994 年，《世界日报》社开始聘请在菲律宾调研的中国学者做兼职编辑、中国大陆退休的专业翻译人员担任翻译等。1998 年，在副总编辑侯培水的策划下，《世界日报》开辟了“世界广场”言论版，建立发放稿酬制度，邀请数位作者定期撰写专栏。除栏目特色外，《世界日报》首创华报 4 版彩色印刷，领华文报纸之先，也因此更吸引读者。整体上看，《世界日报》的发行量和影响力长期居华文报纸首位。

1983 年 3 月 23 日，《菲华时报》创刊。《菲华时报》原本是马科斯总统妻弟罗穆亚里德斯主办的《时代日报》（*Times Journal*）报系下的华文报纸，社长叶双珠是总统夫人伊梅尔达的私人秘书。《菲华时报》虽然是马科斯政府对华社的宣传工具，却曾因敢言、直言，消息灵通而受到华人社会的支持。《菲华时报》同时站在菲律宾华人的立场，鼓励华人热爱菲律宾，积极融入本地社会。马科斯下台后，华商李南文和佘明培入主《菲华时报》，保持了正视社会、敢于发声的特点，且对台湾当局干预菲华社会进行了尖锐的批评。这一时期，《菲华时报》仍因其中立的立场以及敢言的特性而拥有一大批读者。1987 年，李南文和佘明培相继去世。1988 年，郑周敏的台湾寰亚集团接手《菲华时报》，该报的政治立场虽仍维持中立，但《菲华时报》既为寰亚集团所有，有些报道便不自觉地为其财团做宣传，这份报纸带给读者的感觉已大不如从前，其影响力也逐渐滑坡。1998 年年底，郑周敏集团把《菲华时报》给了叶建勋等人组成的公司 1999 年 3 月 1 日易名为《菲华日报》，但仍难以摆脱困境，无法恢复李南文和佘明培时期的影响力。[①]

1986 年 7 月 2 日，《环球日报》创办，并与《联合日报》一样持有亲台立场。设有名为《文艺沙龙》的文艺副刊，每周二、四、六出版，经常介绍中国台湾和菲律宾名家作品，同时还有每周一、三、五出版的综合性的《环球副刊》，内容有山川人物、古代诗词和历史故事等。由于当时亲台势力在菲律宾华人社会仍有较大影响力，《联合日报》仍保持较

① 赵振祥：《菲律宾华文报史稿》，世界知识出版社 2006 年版，第 336 页。

强的竞争实力和市场份额。刚创刊时，《环球日报》报份为5000份（包括赠阅），但到1986年年底跌落为2000余份。90年代中期后，随着华人社会对中国大陆越来越关注，这份亲台政治色彩浓厚的报纸渐渐失去了读者，后又因失去台湾津贴难以支撑，转售给了郑周敏集团。经过改组，该报易名为《环球晚报》，并设有国际新闻、菲国新闻、经济新闻、华社新闻、工商版、体育版等之外，并设有"嬉笑怒骂"和"环球论坛"。因读者不多，该报在1999年即宣告停业。

1986年6月12日，在军事管制中被关闭的《商报》复刊，它是期间4家华文报纸中唯一复刊的报纸。其前身是创办于1919年的《华侨商报》，是菲律宾华人社会历史最悠久的一家报纸。1986年2月的不流血革命推翻了马克斯政府，《华侨商报》于氏兄弟闻讯后，马上返回菲律宾，准备《华侨商报》的第二次复刊。《世界日报》的陈华岳和吴永源建议，用于氏兄弟《世界日报》合办一家《世界商报》，但双方因对合作条件的要求差距甚大，合办《世界商报》计划落空。复刊后的《商报》除了继续保持原来的风格外，恢复了"社会政治生活"栏，译载菲律宾主流社会报纸的专栏文章；增设《时事述评》，并以宽松的尺度开辟"大论坛"园地，使华社各种不同意见都得以发表。1988年，《商报》大董事会，增募资金，充实了先进的机器设备。由于依然坚持独立的办报理念，又有悠久的历史和影响力，《商报》仍拥有相当多数量的读者。但因华文媒体之间的市场竞争日趋激烈，《商报》已不再拥有管制前的优势地位。经过10余年的市场竞争，到90年代末期，《环球日报》已被淘汰出局，《世界日报》呈上升趋势，《商报》仍能维持相当影响力，《菲华日报》《联合日报》则呈下滑趋势。

（三）华文报纸的现状

进入21世纪，在菲律宾出版的主要华文报纸有《世界日报》《商报》《菲华日报》《联合日报》和《菲律宾华报》，被视为菲岛华文报业的"五朵金花"。《世界日报》的发行量稳步上升，遥遥领先于其他华文报纸。据有关人士透露，该报经营状况良好，完全改变了靠赞助才能维持的经营局面。《世界日报》有一支高效专业的经营管理团队，其办报特色显著。陈华岳社长具有律师的敏感和精明，又有年轻时期养成的职业报人的素养。他坚持报纸需有特色的理念，称《世界日报》不管在什么样的条件下都要坚持自身特色。正是这种理念，《世界日报》有了吸引读者的“社论”“独家专访”；有了在华社享有盛名的副刊《世界广场》；有了香港《大公报》的菲律宾版；有了设计精美的彩版印刷等。

新世纪的《商报》坚持“服务当地华侨华人，以媒体为工具维护他们的利益”这一办报宗旨。其主要内容面向当地华人，关注他们所关注的问题，在对中国的经济报道方面有突出的优势。从1997年《商报》代理印行《泉州晚报》海外葳开始，《商报》陆续与中国媒体如《文汇报》《侨乡科技报》《新民晚报》等合作，出版该刊物的菲律宾版，为当地读者提供更多元化的资讯。

20世纪90年代末，《菲华时报》改组易名为《菲华日报》后，经营并无起色，继续走下坡路。2001年，《菲华日报》获得交通银行股东雷金元和建南银行股东吴沛然的资金股，但仍无较大起色。[①] 近几年，《菲华日报》经营常出现问题，时而有增资或出售的传闻。社长叶建勋在《菲华日报》头版头条发文《凄风苦雨十一年，华文报史撕一页，留待有缘续接棒》，宣布《菲华日报》停刊，岂料事情在一个半月之后出现了戏剧性的转折。[②] 7月8日，《菲华日报》又突然宣布复刊。[③]

《联合日报》随着台湾政局的变化，其立场开始转变，已经从当初的国民党政治色彩较浓的报纸转向为面向菲律宾华人的媒体，并拥护“一个中国”的政策，不时在报纸上选编一些揭发或声讨“台独”的文章。随着菲律宾与中国大陆的经济往来越来越密切，《联合日报》在中国新闻报道方面的力度也越来越大。难能可贵的是，在注重经济效益的今天，《联合日报》依然坚持执行当年扶持菲华文艺的方针政策，借版给菲华文艺团体作为创作园地。

《菲律宾华报》创刊于2007年9月，当时主要股东为华商蔡友铁、施恭旗和三位新移民。其定位为一份以新移民为主要读者群、力图与世界接轨的华文报纸，创刊初以中文简体印刷，后改为繁体。该报创刊时就提出要主打经济牌，并且通过发放中文简繁体对照词典等方式，在菲

① 赵振祥：《菲律宾华文报史稿》，世界知识出版社2006年版，第371页。

② ［菲］《菲华日报》2009年5月21日第3版。

③ ［菲］《菲华日报》2009年7月8日第2版。

华社会引起了广泛关注。《菲律宾华报》在报纸网络化建设上走在前列，在网站的栏目设计、内容编排等方面都已颇具规模。①

由此可见，菲律宾华文报刊走过了不平凡的历程。首先是华侨民族意识的觉醒为创办华文报刊提供了前提，而经济实力和华文教育是华文报刊发展的关键因素。其次，作为华侨的舆论阵地和沟通华侨情感的桥梁，华文报刊同样成为国共势力争夺的焦点，而国民党借助菲政府反共的“有利”条件，对华侨进步人士进行无情的打击。

第二节　华文报的文化导向功能

族群文化是一个民族的重要特质和标识。在华侨社会的发展中，华文报纸是传承中华文化的重要媒介。但“一份报纸是社会良心的表现”，报纸也要承担起应尽的社会责任。华文报刊的发展历程表明，华侨虽身在异域他乡，不仅时刻关注祖国命运，也难忘自己的民族特性。华文报纸是他们不可缺少的精神“补剂”，也成为华人族群的政治文化中心。

一　文化传播的载体

在近两个世纪的历史沧桑中，华文报纸都无法抹去“血统”痕迹。我们依然可以从华文报纸中看到移居菲岛先民的身影。语言、文字、习俗和观念等中华民族的传统，在菲律宾华人社会中仍然留存。当我们中国大陆的炎黄子孙，开始逐渐褪去传统文化的面纱，越来越不断演绎“西方化”，不懂得保护本民族特色的时候，东南亚华人却在固守传统观念。

（一）文化救赎意识

华文报纸研究学者彭伟步认为，媒介的文化救赎以及价值观的维护和塑造功能中发挥了重大作用。正是它们的文化救赎和传播，才在很大程度上继承和重现昔日华人的光辉历史，继续传承着优秀和根深蒂固的民族自豪感。媒介内在的文化宣传和教育功能，成全了海外华文报纸执着的中华文化观。它们所发挥的文化使者作用，正指引着海外华人延伸

---

① 庄国土、陈华岳：《菲律宾华人通史》，厦门大学出版社2012年版，第790页。

中华文化之旅。①

我们试想，在菲律宾华人社会中，一代又一代新老移民，如果没有一份华文报纸、一个华人熟悉的声音、一个展现华人精神面貌的报纸，没有任何新闻手段作为舆论喉舌。华人族群就可能被封闭在一个狭小的空间，也最终会被淹没在大社会之中。换句话说，他们将与主流社会渐行渐远，成为没有什么影响和力量的民族。中国人在西班牙殖民统治时期，大规模踏上这片“蒙昧”的土地开始，就把在母国悠久的文化，带到这个浓郁宗教色彩的国度，把两种文化进行比较和交融。在这里的无奈、痛苦和迷茫，流露出他们漂泊异域他乡凄惘的感情。现如今不禁有人要问，华文报纸在行使桥梁作用时，在以互联网为时代浪潮的历史台阶，眺望着一波又一波的世界一体化浪潮，在西方文化与中华文化碰撞、交融的文化背景中，菲律宾华文报纸将以何种面貌出现在世人面前，并继续担负起教育后一代和进行文化传播的角色，推动华人争取民族权益的政治运动呢？答案还是不言自明，与时俱进地承载文化传播的功能，继续履行它原本无可替代的角色。

菲律宾有华人100多万，是东南亚国家中华人较少的国家。华人能够把传统文化保留得较为完整，族群关心也维系得非常和睦，并非易事。菲华族群在双方的了解、理解与接纳中，完成了历史性的融合与变迁。但是，民族的融合并不意味着文化的消失，华人族群应带着灿烂的中华文化，加入当地的多元文化之中，使之更加绚烂多彩。这其中，华文报纸就起到了不可替代的作用。在欧洲、美洲和大洋洲等地，由于华人文化处于明显弱势，很快就被当地文化同化了，有的除了显有华人的面孔和血统外，找不到一丝华人文化的痕迹。但菲律宾华人文化历经数百年的演化，虽然融入一定程度的本土文化，但中华文化的精髓和衣钵仍然还在。这就为我们研究海外华人提供了一个非常好的窗口。

（二）华文报纸的文化传承

文化是一个民族的根基，丧失了民族文化，便丢失了民族特性。早期移居菲律宾的华人先民，他们怀着对家乡的浓浓情怀，设法在子孙后代保存中华文化的印记。为此，他们不遗余力地创办华文教育，甚至一

---

① 彭伟步：《东南亚华文报纸研究》，社会科学文献出版社2005年版，第197页。

代一代维护着这样的事业。如日军侵占马尼拉后，《华侨商报》总编辑于以同宣传抗日，被日寇残忍杀害。第二次世界大战结束后，在菲岛沦陷喋血停刊的《华侨商报》，在于以同的三个儿子于长城、于长庚、于长籁的合力下，决心继承父亲的办报事业，继续复办停刊的《华侨商报》。三兄弟为筹集资金四处化缘，请求华社有识之士支援复刊，最终《华侨商报》得以重新发行，并成为菲律宾华文报业影响最大的报纸。华文报纸为华人学习掌握中文，了解中华文化提供了良好渠道，也为维系华人族群提供了条件。

然而，中华文化在异域的传播过程中，必然要与当地文化进程接触与交融，这是很自然的过程，也是适应所在地的正常现象。否则，也不能体现中华文化的博大精深。在菲律宾的华文新闻从业者，把祖籍地的母体文化经过移植，在他乡成为一种客体文化，同当地主体文化共谋发展。与此同时，主流文化以居高临下地位"俯视"华人族群，甚至歧视华侨，也造成了华文报纸在当地运作困难。而菲政府也竭力通过各种举措，使华人融入当地社会。由此，华文报纸在寻找出路的过程中，为了生存几乎都选中了与本土文化融合的道路。

华文报纸与当地文化相融合的同时，还受两个殖民宗主国文化的侵蚀。因此，华人的文化呈现出相当复杂的结构。面对华人族群与异文化融合，价值观日益西化而造成的意识膨胀，传统的家庭观念也随之淡化，社会伦理道德与中国传统文化背道而驰。华文报纸看到了这种严重的问题，深刻认识到报纸所肩负的重任。于是，华文报纸开辟了文艺专栏、副刊，用优秀的作品感染当地华人读者。同时，广播电视播放宣扬中华文化传统，向华人推介"正能量"的文化影视，重塑文化价值观。在东南亚的其他国家也经常播放，中国大陆和港澳台地区的电视节目。① 笔者访问印尼和菲律宾，在与当地华人接触和交流时，很多人在热议湖南卫视曾播出的电视剧《人民的名义》，也赞扬中国政府的反腐决心。过去，也有许多电视剧受到他们的欢迎，如《西游记》《雍正王朝》《琅琊榜》《舌尖上的中国》和《民族音乐》等。② 而报纸则发挥了文学表达，形象

① 彭伟步：《东南亚华文报纸研究》，社会科学文献出版社2005年版，第199页。

② 姜兴山：《访谈林作虞先生》，雅加达，2017年5月16日。

刻画与构造的艺术优势。

菲律宾《世界日报》开辟了知识性与趣味性的副刊，内容有华语影视节目的介绍、本地专栏、特写、漫画、小说、艺术、幽默等，特别是还设有华语学习园地，为当地华人学习中华文化提供了平台。这些反映当代人生活为主题的文章，似曾相识的华语声音，承载了中华文化与异文化交流的历史和现状，也表现出海外华人文化独特的主体性。这种文化体现在精神上和心理构成上，成为华人的主体意识和独立存在的基础。从这一方面说，华文报纸呈现出的强烈的文化认同感，是联系海外各国华人精神的纽带，也体现了华文报纸存在的价值所在。

华文报纸的出版各发行，为海外华人学习华文提供了一个良好的环境，也为维系华人族群提供了条件。在复杂的社会历史背景下，在当地土著人主宰的政治背景下，华文报纸犹如一根倔强的小草，在恶劣的环境中顽强地传递着中华文化，使之与当地多元文化相容共处。华文报人不遗余力地传承中华文化，实际上是一种生存意志的体现，是在异质文化环境里消除陌生感、不安全感而努力建构自己的精神家园。由此可见，华文报纸对于华人族群来说，是一种寄托，也是一种希望。当华人时常手捧华文报纸，饱览中华民族文化食粮时，也是极大的享受与满足。

（三）促进华文教育事业

在菲律宾社会华人数量较少，如果忽略华文教育无以谈报业的发展。有人形象地把华文教育与华文报纸描述为“一根藤上的两条苦瓜”。他们是荣辱与共、休戚相关。因而，华文报纸必须肩负起推动华文教育，推广中华文化的重任。自 1976 年开始，菲律宾华文学校的体制转轨，成为有华文选修课的私立学校。教育体系、培养目标、课程类别、教学时数、教师国籍和学生种类等，都发生了根本性改变。华文教育日渐式微的情况下，使华文报业后继乏人，华文报纸读者“丢失”问题严重。华文报纸应发挥大众媒介的教育功能，来弥补华文教育的不足和缺陷，减少政府出台限制华文教育的负面影响。

华文报纸可以充分发挥其印刷媒体的优势，利用发行区域广和对象广等特点，加强华文知识的普及和宣传。华文报纸与华校建立教育目标和课程等联系，发挥各自优势，弥补自身的缺点，共同促进华文教育事业的发展。比如，华文学校的华语课时有限，老师不可能过多在课堂讲解历史课程，那么华文报纸根据教学要求，每天编排学生在家里应补习的内容，这样就可以解决课时量不足的问题。再有，可以在华文报纸副刊上，以征文和竞赛的形式，组织学生踊跃参与文化知识竞答。

随着菲律宾华文教育的持续升温，加上中国国家汉办与菲华商联总会合作，推出国际汉语教师志愿者项目。华人社会有识之士认识到，“注音符号和繁体字的应用面越来越狭窄。眺望未来，教育下一代，我们再也不能抱残守缺，应当向前看，勇敢地赶上潮流。”① 而志愿者在教学实践中，看到简体字和汉语拼音在当地推行的困难和阻碍，遂萌发与历史悠久的华文报纸《商报》合作。2004 年 9 月《商报》配合中国汉语教学志愿者，出版了菲律宾第一份简体华文报——《汉语学习报》周刊。这份报纸设有栏目有：“菲华教育动向”“汉语知识”“成语故事和诗词”“中华文化介绍”“学生习作”“志愿者老师教学心得”等。特别是成语故事和诗词部分，配以英文注释、汉语拼音和图示，适合各种汉语水平的读者阅读和理解，有助于华文教育的广泛普及。

传播中华文化亦是华文教育一个非常重要的内容。著名学者刘伯骥先生曾说过：“舍文化不足以言华侨，舍文化因素，更无法认识华侨之本质。”② 可以说，中华文化是华文报纸和华文教育的血脉，为其发展提供了源源不断的能量与养分。没有中华文化的传承，海外华文媒体必定慢慢消失。华文报纸支持华文教育，也等于支持自己。只有大力发展本地华文教育，培养华文读者和从业人才，才能缓解华文媒体的危机和窘境，这是华文报纸必须参与的“自救”，也是需要各方合力推进的艰难事业。③ 总而言之，华文报纸能充分挖掘自身长处，与华文教育同步实施教育任务，完全可以提高华文教育水平。如果没有华文教育，华文报纸便会失去根基。而没有一份用来传递华人各方面信息的报纸，也不利于华文教育水平的提高。华文报纸与华文教育之间是一种相辅相成、相互促进、相互提高的关系。④ 作为相互协作推动华侨社会的教育支柱，华文报刊和

---

① 赵振祥：《菲律宾华文报史稿》，世界知识出版社 2006 年版，第 365 页。

② 涂孝忠：《华侨、华人社会的形成及其走向》，载《文史杂志》1995 年第 5 期。

③ 黄海珠：《泰国华文纸媒研究》，中国社会科学出版社 2013 年版，第 249 页。

④ 彭伟步：《东南亚华文报纸研究》，社会科学文献出版社 2005 年版，第 400 页。

华文教育都是传承和捍卫中华文化的重要手段，华文报刊是华校之外的一种教育形式。华文教育的发展推动了华文报刊的繁荣，而华文报刊的繁荣提升了华侨的教育文化修养，一定程度上促进华文教育的发展。华文报刊的萎缩，表明华侨社会融合进程的加速，华文教育为华文报刊提供了读者，而华文报刊可提高华文教育的水平。华文教育走向低谷而日渐式微，无疑对华文报刊的生存产生重大的影响。

二 华报传递华社的心声

无论是西班牙，还是美国殖民统治菲律宾时期，当地的华侨都没有正当的权益。他们常常是受歧视、被压迫的受害者。菲律宾独立后，这种消极遗产仍然被“继承”下来。自从华文报纸发端起，就把维护华人族群的权利为己任。哪怕是华侨华人社会底层人士，在受人欺凌遭受不公正待遇时，华文报纸也竞相为其鸣不平。展开华文报纸的历史画卷，从中看到了华人披星戴月，为当地的经济、文化和社会发展做出了巨大贡献，也呈现出勇于争取自身权益的顽强精神。

（一）敢于报道不平事

菲律宾《世界日报》总编辑侯培水就曾说过：“从报纸的定位来说，华文报纸既是一家华人的报纸，也是一家菲律宾报纸。华报首先应为华人社会服务，站在华人的立场，作为他们忠实代表与喉舌。如果离开了华人群体，离开了华人社会，那就不能成为一家华文报纸，当然也就不会得到他们的支持与爱护。换句话说，华文报纸的生存就成为问题了。众所周知，报纸既是一个新闻单位，也是一个言论机构，只有忠实地为读者服务，报道他们喜闻乐见的新闻，作为他们的喉舌，讲出他们的心里话，为他们的疾苦奔走，才能得到广大读者的支持。”① 纵观华文报纸的发展历程可以看出，菲律宾华文报纸从诞生之日起，维护华人的利益就是其重要职责。如：1925 年《新闽日报》刚刚创刊不久，华侨社会就发生了“华婢事件”。有当地人买了一名华人婢女，该女受到主人非人的对待和虐待。《新闽日报》和《华侨商报》对此事进行了报道，结果被婢女主人以诽谤罪告上法庭。1929 年，吴半生主编被判两个月徒刑和 300

---

① 彭伟步：《东南亚华文报纸研究》，社会科学文献出版社 2005 年版，第 204 页。

比索罚款，他上诉最高法院，幸亏首席法官美国人马尔科吉姆基于新闻自由原则，吴半生才免受牢狱之苦。

1998 年，印尼排华暴行事件发生后，《世界日报》国际新闻版与其他菲律宾华文报纸，对印尼的反暴行华裔人士向国际求援，给予了及时的报道，菲律宾华人激于义愤，纷纷疾声谴责。① 2002 年 6 月 3 日，《商报》对于华人屡遭绑架的案件不断发生，发表评论："绑匪把华人当作唐僧肉、奶牛，政府有必要保护华人的安全，这既是保护华人是生命财产，也是维护菲经济的重要手段。如果政府不严厉重点打击绑匪，绑架恶性案就会愈演愈烈，而尝到甜头的绑架行为就会形成示范作用，'激励'后来者从事绑架职业，华人为保护自己的生命财产，可能就不愿在菲律宾投资，而外资也会鉴于菲律宾的形势，不肯进来投资，菲律宾的经济就很难发展。"② 与此同时，《菲华日报》也向政府强烈呼吁，打击绑架迫在眉睫。

对于日益严重的绑架案件，阿罗约总统要求国家警察局总长埃丹尼，在一年内消灭绑架勒索事件。同时，菲律宾政府向华社保证，将增派警察保护全国 126 所华校，确保华裔学生不会沦为绑匪的目标。随后《商报》发表董事柯芳楠的采访称："阿罗约总统把扑灭犯罪列为最迫切的改革是明智的，因为这将扭转菲律宾过去在国际上不堪入目的形象，进而刺激外来投资和旅游业。他比较说，旅客到上海、北京和新加坡观光，晚上都能轻松自如地在街上闲逛，没有心理负担。他希望有朝一日，不论是外国旅客还是当地居民，即使在深夜都可以放心在马尼拉街上行走。"③

（二）敢于反映华人的诉求

1946 年 7 月，菲律宾独立后民族主义高涨，排斥外侨的声音甚嚣尘上，试图排斥外侨（主要是针对华侨）经济，就能完成国家经济的"独立"。于是，政府的"菲化法案"层出不穷。许多华侨被迫转行或"逃离"菲岛。《华侨商报》《新闽日报》《大中华日报》和《公理报》四家

① 赵振祥：《菲律宾华文报史稿》，世界知识出版社 2006 年版，第 324 页。

② ［菲］《商报》2002 年 6 月 3 日第 5 版。

③ ［菲］《商报》2002 年 7 月 24 日第 6 版。

报刊，作为维护华侨利益的舆论喉舌，在抵制菲化案中发挥了重要的作用。在华文报纸的呐喊声中，华侨社会也团结起来，齐心协力与菲政府进行了顽强的抗争。这其中，华文报纸凝结华社的智慧和力量，冲在了抗议浪潮的最前沿，强烈反映华人族群的诉求，起到了积极和不可替代的作用。

应该说，华文报纸在维护华人利益方面竭尽全力，敢于直面政府发表言论，坚持真理不畏权势。2000 年 5 月 11 日，约有 25 名华人青年在雅加达总统府前示威，要求政府审讯前总统苏哈托等人，并为在过去多次骚乱中华人所受到的迫害负责。这次示威在印尼来说只能算是小规模，但对当地华人来说，却迈出了一大步，意味着华人敢于公开表达自己的声音。[①] 这次事件首先是在《南洋商报》见诸报端，反映了华文报纸不畏政府的压力，敢于表达华人的勇气和决心。此后，东南亚各国华文报纸争先转载此事，并纷纷发表评论，都肯定这是一个相当大的进步。

为了能够更好维护华人的利益，除了利用一般性的新闻报道手段外，华文报纸还采用评论体裁，对所发生的事件进行深入分析，以学术的标准论证梳理，尤其是对后果采取演绎推理，然后呼吁政府应正视华人利益，提出“在多元民族和多元文化的国度里，各国政府应该奉行多元文化共存政策，不回避不同种族存在的事实。根据尊重人权的原则，各国政府应让每个人保留自己民族的语言、文化和宗教特征，在此基础上让各民族自由接触，相互交流，彼此融洽，逐渐形成更高层次的国家文化，从而实现民族一体化目标。”[②] 正是华文报纸与华人血肉相连，与他们同甘共苦，喊出他们的心声，表达他们的心愿，传达他们的思想，维护他们的利益，才是华文报纸的安身立命之本，也是体现存在的价值之处。如果抛弃了这个原则，华文报纸也就不会再为华人所信任。

三 奏响族群融合的音符

作为菲律宾的华文报纸，首先是立足于当地社会，然后为华人社会服务。这其中，除了报纸的文化传承作用外，也是沟通华人族群与当地

---

① 《印尼华人首次示威》，载《南洋商报》2000 年 5 月 13 日。

② 方金英：《东南亚“华人问题”的形成与发展》，时事出版社 2001 年版，第 158 页。

社会，联络祖籍国与世界的重要纽带。华文报纸对于增进菲华民族的了解，促进中菲两国的睦邻友好。因此，华文报纸在发挥文化功能和争取权益时，都十分注意舆论的宣传和导向作用，以增加民族之间的理解与和睦。

（一）以促进民族和睦为己任

由于菲律宾国家民族众多，又具有浓厚的殖民历史背景，其独特的文化习俗和宗教信仰，具有强烈的种族偏见和歧视的元素。一旦文化问题没有得到正确解决，民族之间缺乏了解、理解和谅解，就会造成文化的冲突，甚至引发种族的矛盾。所以，华文报纸不刊登煽动民族情绪，导致社会混乱的新闻及言论。华文报纸在传承中华文化的过程中，刻意保持与政府言论的一致性，也是迫于生存和争取权益的压力。三个多世纪前就有中国人移居菲岛，由于文化的差异还是受到土著人的疑忌，为此他们总是从各种途径阻碍华人参政。所以，华文报纸除了传承中华文化，努力争取华人享有同等的社会权利，还喊出民族和解、共同发展、平等相待、相互理解和缔造新国家的口号。如：菲律宾 5 家华文报纸的办报口号或宗旨分别为：《华侨商报》是秉承不偏不倚、立论公正的完整，坚持报道客观，促进华侨和菲律宾人民的感情；《商报》即菲律宾是我们的唯一家乡，鼓励菲华参政，反映菲华社会；《世界日报》是联系菲中，促进华人与当地人关系，反映华人疾苦；《菲华日报》是推动和加速菲华融合、华人团结和菲国繁荣做出贡献；《环球日报》是力求翔实公正，鼓吹菲华两民族的合作与和谐。①

可以看出，菲律宾的华文报纸办报主旨，都涉及促进民族和睦的理念。也深刻意识到，如果不融入当地主流社会，不实现菲华民族的和解，华人永远都会是边缘少数民族，备受反华、排华的威胁。所以，华文报纸既批评华人不愿融入当地社会的行为，同时也抨击原住民敌视华人的态度。传媒是社会矛盾的加速器，也是社会民族矛盾的缓和剂。秉承客观、理性和务实的办报方针，在民族之间充当润滑剂和调解人，正是现如今华文报纸肩负的使命。

① 彭伟步：《东南亚华文报纸研究》，社会科学文献出版社 2005 年版，第 215 页。

（二）鼓励华人参与公益事业

菲律宾华侨华人社会历来有支持公益事业的传统。如 1967 年 3 月，菲律宾遭受农业自然灾害，粮食减产造成米价上涨。高祖儒召集华侨米业经营者商议，决定放弃自己的利润来平抑米价，帮助政府维护社会稳定，此举得到马科斯总统的赞许。① 1970 年，菲律宾银行实行浮动汇率制，致使许多商品的生产成本增加，引起物价快速上涨。为此商总再次出面协调，建议华商尽其所能帮助政府平抑物价，并得到华商的响应。商总还积极支持总统的增税政策和节约运动等，这些积极的行动都受到马科斯的赞扬和嘉奖。② 从 1972 年 10 月到 1974 年 3 月底，华人捐建的校舍就达 88 座，缓解了菲律宾基础教育的燃眉之急。③ 自 1961—1975 年，商总先后捐款 800 万比索来建学校。④ 此后，菲律宾华人社会捐助慈善和公益事业已成为常态。

自 1998 年爆发亚洲金融风暴以来，菲律宾的经济一直不景气，失业人数进一步增多，高达 380 万人。菲国内的贫富差距也相当悬殊，加上政府平定南部阿布沙耶夫武装组织不力，致使菲律宾社会动荡不安，政府官员腐败丑闻不断曝光，人民群众对社会的不满情绪持续升温。在某些排华势力的蛊惑之下，把造成贫富悬殊的矛头指向华人族群，喊出了“反对被奴役”的口号，并以各种形式表达对富有阶层华人的不满。由于菲政府无法建立社会保障体系，许多贫困的菲人家庭更是雪上加霜。于是，很多失业者对华人产生仇视心理，甚至有人煽动是华人“掠夺”了财富，造成自己在生活贫困线上挣扎。为此，有人走上了绑架华人的犯罪道路。

《世界日报》对绑架众多的客观现实评论说，多数绑匪就是为了勒索钱，没有更多的其他目的，那些小贼是食不果腹才走上这条路，华人社

---

① *Daily Exoress*, February 26, 1974, p. 4.

② “Traders to Stabilize Prices”, in *Daily Express*, February 26, 1974, p. 1.

③ ［菲］邓英达：《我在商总三十年》，马尼拉：菲华商联总会，1988 年，第 58—59 页。

④ “More Barrios Now Have Schoolhouses,” in *Blletin Today*, November 12, 1974. Also see Antonio Roxas Chua, speech delivered at Luta del Sur, Malvar, Batangas, the Philippes of November 10, 1974.

会要正视诱发犯罪的问题。[①] 在菲律宾，许多华人雇主漠视菲人员工利益，过度剥削工人是常有的事。由于找到一份工作并非易事，很多雇员也只好忍气吞声，但这已经引起社会下层阶级的颇多怨言。作为华人喉舌的华文报纸，有责任去消除社会的不和谐声音，履行族群间的缓和剂和黏合剂的作用。由此，《世界日报》《菲华日报》《商报》等华文报纸，都呼吁华人去帮助生活贫困的人们。力所能及地参与公益事业，友爱互助实现各民族的共同发展。

（三）指引族群融合路向

20 世纪 50 年代初，在“菲化运动”的冲击下，菲律宾华侨正是走投无路，最苦闷、忧郁和绝望的年代。各行各业排斥华侨的法案层出不穷，而华侨要想加入菲国籍比“登天”还难。就在这个时候，《华侨商报》喊出了“是蜕变的时候了”！要求华侨“认识菲律宾，了解菲律宾”，准备融入、同化到菲律宾主流社会。[②] 随后，吴永源以“西宁”为笔名在《华侨商报》上发表“华侨社会的路向”一文，指出“以商业为中心的华侨社会将慢慢褪色，未来的华侨社会将是以文化为中心，以技术为生产手段，以服务的人生观为路向。”[③] 他提出华侨要学技术，当工人，扩大生产，来满足菲律宾民族主义的需要：“我们将以一个具有中国血统、中国文化的菲律宾居民，来充实发扬菲律宾的民族运动。”[④] 紧接着，《菲律宾自由周报》社长撰文，以菲律宾国父扶西·黎刹为例，阐述解决华人问题的根本途径：“如果他们不再认为自己是外人，是一个不同的社群，如果他们不再认为自己是华侨，而开设认为他们自己是华人——他们许多人在这里毕竟已经够久了——如果他们像黎刹那样，将会是很好的。这一夜之间就会解决问题。”[⑤]

作为菲华社会最有影响力的舆论阵地，《华侨商报》成为推动华侨“转籍”的主阵地。它倡导华侨要做“具有中国血统、中国文化的菲律宾

---

① 彭伟步：《东南亚华文报纸研究》，社会科学文献出版社 2005 年版，第 217 页。

② ［菲］庄文成：《我们携手走过 95 年》，载《菲律宾商报创刊 95 周年纪念特刊》，马尼拉：于以同出版公司，2014 年，第 18 页。

③ ［菲］《华侨商报》1952 年 6 月 15 日第 2 版。

④ ［菲］吴永源：《华侨社会的路向》，马尼拉：于以同出版公司，1952 年，第 49 页。

⑤ ［菲］赵多洛·辘辛：《华人问题》，载《菲律宾自由周报》1952 年 7 月 12 日第 3 版。

居民”，提出华侨蜕变这一定位，这在当时国民党主导的菲华社会，无疑是石破天惊。“商报这项主张立刻遭到当地中国国民党派报纸的猛烈抨击，说是‘舍本忘宗’，是‘卖大丁’的做法。”① 与此同时，一些部分守旧的华侨也接受不了。但是，于家三兄弟毫不动摇，继续以《华侨商报》和《华侨周刊》为阵地，与以邢光祖为总主笔的台湾派《大中华日报》和《公理报》展开了激烈的论战，继续号召华侨集体转籍，争取公民权以融入菲律宾社会。

1960 年 11 月 27 日，于长庚在《华侨周刊》上再次发表长文《是蜕变的时候了》，多角度论述蜕变的必要性。他说：“华侨已临到一个蜕变的边缘，如果我们打算好好在菲律宾定居下来，那么便应当考虑到客观与历史的现实。订出一个华侨社会总路向，为华侨找一个出路，为菲律宾社会指出一个处理华侨问题的路标。”他还认为：“华侨如果要在菲律宾定居下来，那么唯一的出路是争取平等的公民权。这样既消除民族间的摩擦，而且增加了新的血液和新的细胞，对菲律宾建设国家与建立民族文化，必将起到积极作用。”于家兄弟提倡的华侨“蜕变”而同化入菲律宾社会，比之前宣扬的“转籍”又晋升了层次。于长庚在文章中阐释其“蜕变”的含义，即不主张华侨转籍后保留一个少数民族集团，保全一切中华文化习俗，我们认为转籍后的新公民，应当以当地语言为主，汉字作为次要地位。只有这样，新公民才不会局限华侨社会小天地，而真正与菲律宾大社会打成一片。②

1961 年 2 月 26 日，于长庚再次以“超森”的笔名，再次发表《转籍，抗争与华侨社会》一文，以化蛹为蝶阐释蜕变，强调是以一种新的形式延续生命。③ 客观地说，于家兄弟的融合主张是对的，否则华人族群永远游离在社会的边缘。但是，他们的“彻底”同化也走到了一个极端。此后，在华侨社会的抨击下，于家兄弟又提出“混化”理论，即“菲律宾如果要重建民族文化，对中华文化选择吸收是对的，而华裔公民应当

① ［菲］庄文成：《我们携手走过 95 年》，载《菲律宾商报创刊 95 周年纪念特刊》，马尼拉：于以同出版公司，2014 年，第 18 页。

② ［菲］于以同：《是蜕变的时候了!》，载《菲律宾商报创刊 95 周年纪念特刊》，马尼拉：于以同出版公司，2014 年，第 167—170 页。

③ ［菲］于以同：《转籍，抗争与华侨社会》，载《华侨周刊》1961 年 2 月 26 日第 3 版。

是最好的桥梁。所以，菲律宾对转籍华人的处理应该是混化路线，而不是单方面的同化。"[①] 于长庚又加表述："华裔脱离中华文化接受完全同化，不仅是融化大社会的华裔个人损失，泯失固有中华传统智慧与美德，更可惜的，对于塑造重建的菲律宾民族本位之独特文化，不能做出相应的贡献，才是莫大悲哀。"[②] 应该说，这是理性而正确的路线，华人固有文化若消失还何谈融入的意义。每个民族都有其独特的文化和特点，如果都融化成单一民族，更不用说多元文化的绚丽多彩了。

第三节　华文报副刊的文化使命

菲律宾华文报纸诞生之后，根据读者的需求开辟了副刊，从此它就与中华文化有了不解之缘。华文报纸以新闻、政治和经贸为主，而副刊办得相当有中华文化气息。尤其是副刊登载的散文、小说、诗歌、寓言和其他形式的文学作品，为不同年龄和不同层次的读者，提供雅俗共赏的精神食粮。[③] 华文报纸的副刊从报纸版面的"补白性文字"，到随报附送的"副刊"，最后成为报纸上有刊名和有固定版面的曲折过程，也体现了华文报纸的文化传播价值。华文报纸副刊与"主刊"相互呼应和配合，可起到深化报纸的报道作用，使其更加接近生活、贴近读者。它除了对故国梓里旧闻轶事的描述外，一定程度反映了菲华社会的现实生活，逐渐创造了根植于定居地的菲律宾华文新文学。应该说，报纸副刊已成为撒播华文新文学的主要媒介。

一　华文新文学运动之嬗变

菲律宾华文新文学是中菲文化交流与融合的结晶。移居菲律宾的华侨为了更好地立足于菲岛这块土地，一方面，必须更好地保持自己的民族文化，使中华文化薪火相传，以便同祖国维系骨肉情缘；另一方面，

---

① ［菲］于以同：《混化而不是同化》，载《华侨周刊》1961 年 3 月 12 日第 3 版。

② 赵振祥、姬金凤：《菲华社会的"路向之争"与反思》，载《厦门大学学报》（哲学社会科学版）2016 年第 5 期。

③ 高平：《论副刊的"副"与"不副"》，http：//www. gs. xinhuanet. com/cmpd/2003 – 06/24/content_ 639263. htm。

要吸取菲律宾土著民族文化的精华，凝结成独特的多元文化来适应当地的发展。因此，菲华社会为了守望民族精神家园，产生了保持和发扬中华文化的独特方式：先后发展华文教育、华文报刊和华文文学成为菲华文化的三大支柱，然后三者相互支持，共同促进菲华教育和文化的进步。①

（一）华文新文学的形成

早期的菲律宾华文教育，为华文新文学的产生提供了土壤，特别是华文教育在薪传中华文化的同时，也在培养潜在的华文新文学读者。华文教育对促进华文新文学的形成起到了重要的作用，同样华文新文学的进步也促进了华文教育的发展。

20世纪20年代初，菲律宾华文报刊已开辟文学副刊版，并相继出版了《小说丛刊》② 和《艺术月报》③ 等期刊。这些华文报刊所登载的作品，除了转载中国小说等文艺作品外，绝大多数是言情小说和“风花雪月”之类的旧体诗词，《艺术月刊》还登载了一些五四运动前后的新剧等文艺作品。迈进30年代之后，一些辟有文艺副刊的华文报纸，或专门登载华文新文学的杂志，为华文新文学的成长和发展提供了平台。登载的新文学作品的内容、文体、语言等均在不同程度上受到了中国文化和新文学潮流的影响。

“七七事变”爆发后，中国人民艰苦卓绝的抗日战争，成为推动华文新文学发展的有利因素。菲律宾的广大华侨与祖国人民一起同仇敌忾，掀起了声势浩大的抗日救国运动。菲华文艺工作者更是励精图治、奋勇当先，在马尼拉就有嘤鸣社、国防剧社、八一三话剧社和前进剧社等文化和文艺机构，经常组织抗战题材的宣传演出，目的是动员侨胞发扬爱国精神，筹集资金支援祖国抗日。这些文艺宣传演出很好地带动了菲华文艺，对华文新文学的形成起到了促进作用，也提升了华侨社会的文化氛围。

太平洋战争中，菲律宾遭受日军空前浩劫，菲华社会也受到重创。华文教育几乎停滞，华文报刊被禁止发行，处于萌芽状态的华文新文学也遭受摧残，菲华文坛一片沉寂和荒凉。但是，菲华抗日地下组织创办

① 庄钟庆：《东南亚华文新文学史》，人民文学出版社2007年版，第503页。

② 1922年发刊，陈菊依、林籁余主编。

③ 1926年发刊，新剧研究社杨华魂编。

的报刊却非常活跃，这些报刊都是以宣传抗战为主，同时也发表了部分以非抗战为主题的文学作品。激发华侨爱国热情，关注抗战时局的同时，以文学作品提升读者的教育文化修养。[①] 施颖洲的《海外的卖报童》、白刃的《问明月》《灵魂的呻吟》都是以新诗的形式表现了菲华侨胞对祖国抗战的支持和同胞命运的关心。[②] 同时，还出现许多民族抗战内容的戏剧演出，这些戏剧也同样表现了华文新文学与社会现实生活的紧密相连。华文新文学在兴起过程中的进步性，除了体现在思想上之外，还体现在形式内容上，出现了现代小说、散文、新诗、话剧等新体裁。语言也从文言文、半文言文逐步发展为白话文。在艺术上，给人淳朴、友善、引人入胜的感觉，并且富有南洋特色，特别是拥有吕宋风情。突显出华侨华人无论是民族意识上，还是教育文化上都有很大的提高。

（二）华文新文学的发展

第二次世界大战后，菲华社会百废待兴，因战争被关闭的华校逐步开始复课，华侨社会经济的崛起为创办华校提供了保障，推动了华文教育的发展，华文新文学也在苦难中复苏，并得到新的发展契机。所有被迫停刊报纸先后复刊，继而又有《大中华日报》《民族日报》等九家华文报纸相继创办。这些报纸都先后开设了文艺副刊来扶植文艺创作，组织文艺活动。这些有影响的副刊主要有《公理报·晨光》副刊、《前锋日报·北望》副刊、《华侨导报·笔部队》副刊、《大中华日报·长城》副刊和《中正日报·文艺工场》副刊等。战后菲律宾华文教育异常繁荣，致使菲华新文学出现新的景象。

1946 年，施颖洲主编的《文艺年选》出版，这是菲华第一本文艺选集。1949 年，《公理报·晨光》副刊发表的新诗篇幅简短，富有创造的意味，深受菲华青年的青睐。1950 年 5 月，《大中华日报·长城》副刊主编柯叔宝邀请文艺工作者举行夏季交谊会，会中决定组织菲华文艺工作者

---

① 如菲律宾华侨青年战时特别工作总队的《前锋报》、血干团的《导火线》、华侨抗日义勇军的《大汉魂》、抗日锄奸拍击团的《扫荡报》、华侨文艺青年抗日反奸同盟的《野草》《燎原》《黎明》《野火》、妇抗的《地下火》和学抗的《铁流》等刊物，均在菲律宾各地广为流传。

② 如司马文森的《归来》、李成之的《碧瑶集中营》、潘葵邨的《达忍三年》、吴重生的《出生入死》、洪学深的《菲律宾逃难》、桂华山的《菲律宾狱中回忆录》等。

联合会（简称“文联”）。[①]“文联”以联合华侨文艺同工，发挥集体创作精神，推进华侨文艺运动，谋求同工福利为宗旨。为此，“文联”发起《菲律宾的一日》的征文活动，以推动华文新文学创作的开展。[②]巧合的是，先前无意中被确定的这天（2月5日）正好是中国传统佳节的农历除夕。除夕生活的题材引起了菲律宾各地华侨的极大兴趣。投稿者通过除夕这天亲身所感，反映了菲律宾各地华侨华人丰富多彩、酸甜苦辣的生活感受，取得了意想不到的效果，由此华文新文学引起了华侨社会的广泛关注。这次征文活动无疑是对菲华文坛的绝好宣传，对于正在复苏中的华文新文学起到了鼓舞作用。1953年至1960年，文联先后举办三期青年文艺讲习班，主要聘请本地富有创作经验的作家担任讲师。自1961年起，不少台湾的知名作家、诗人和文艺理论家应邀在讲习班上讲学，如王蓝、余光中、覃子豪、纪弦、谢冰莹和尹雪曼等。讲习班以促进文艺创作为主旨，培养了一批像李惠秀、林泥水、姚冷、施约翰和张灿昭这样的优秀学员，成为菲华文坛的生力军，这些活动对于华文新文学的发展奠定了基础。

这一时期出版的个人文学作品集仅有庄顺昭的散文集《平屋存邮》（1956）、许冬桥的新诗《船》（1957）、许希哲的《骆峰集》（1958）和《心旅集》等。其他形式的文学作品集，有王罗绮的译著《现代寓言》（1958）和云鹤的新诗集《忧郁的五线谱》（1959）等。[③]以文学团体专集或综合集为主体的作品有《大中华日报·长城》副刊出版的《钩梦集》《海》《芳草梦》三部作品集等。菲华文联的《文联季刊》前后出版了十二期，其中最多的是诗歌，还有短篇小说、文学评论和文艺创作等体裁。“商报丛书”是《华侨商报》从1954年到1957年刊登在《新潮》和《华侨周刊》上的短、中篇小说优秀作品集。而这些作品大多以华侨社会现实生活为题材，因此除了其本身的文学价值以外，这些作品还能够帮

---

① 庄钟庆：《东南亚华文新文学史》，人民文学出版社2007年版，第516页。

② ［菲］施颖洲：《菲律宾的一日》，载《编辑的经过》，马尼拉：菲律宾华侨文艺工作者联合会，1951年，第1页。

③ 云鹤12岁时就在菲华诗坛崭露头角。17岁就由菲律宾以同出版社付梓新诗集《忧郁的五线谱》（1959），继后的三年时间里又由以同出版社先后推出三部诗集，即《秋天里的春天》（1960）、《盗虹的人》（1961）和《蓝尘》。

助读者了解华侨社会的实况，以及华社今后所面对的问题。① 50年代的作品内容丰富而深刻，体现了华文新文学“百花齐放的蓬勃时期”的成就。

（三）华文新文学的动荡

20世纪60年代以来，菲律宾政府推行排斥华侨的“菲化运动”，那些成长中的华裔青年作家，受此影响而产生的融合倾向，创作思想也发生新的变化。1972年9月，马科斯总统宣布成立“戒严法政府”，施行军事管制，禁止言论自由，封杀所有民间新闻媒体，华文报纸也在劫难逃。随后，菲政府对162所华校施行菲化，严格控制华文教育的内容。这种釜底抽薪的措施，使正在成长的菲化新文学遭遇挫折，尤其是在“戒严法”期间对华文新文学的禁锢，破坏了其发展的连续性，由此造成的无形的损失是难以弥合的。

在“菲化运动”的冲击下，华侨社会处于梦魇般的动荡中。马科斯政府放宽入籍条件后，广大华侨如释重负，但有些华侨仍然难以摆脱入籍后的困惑。由于对祖国故土和家乡有难以割舍的情怀，相当数量的华侨心理充满矛盾，特别是青年一代由于成长经历的不同，他们的心理矛盾更显尖锐，而这种心理状况自然而然地在当时的文学作品中得到了表现。因此，这一时期文学创作的内容与题材有了新的变化，华侨作家们一方面在现实中发掘华侨胼手胝足、筚路蓝缕的奋斗生涯，寄托思乡之情；另一方面前面所述的那种复杂心理使他们采取了更加多样的创作形式和方法，他们广泛地吸收西方现代思想和文化，来表现旅菲华侨的心态和扭曲的形象。②

旅菲华侨受菲化浪潮影响处境艰难，乡愁乡思的表现仍是这时文学作品的重要主题，但出现了两种不同的侧面，即移民思乡情怀的倾诉和华裔后代寻觅故土的情感。③ 不可忽视的是，菲华文坛新生代华人作家正

---

① ［菲］云鹤：《菲律宾华文文学的回顾与前瞻》，载《东南亚华文文学与中国现代文学》，厦门大学出版社1991年版，第27页。

② 庄钟庆：《东南亚华文新文学史》，人民文学出版社2007年版，第528页。

③ 如林涛的散文《龙眼》以故乡的龙眼树为素材，写出由龙眼串拾而成的童年故事。吴澈云的《故乡的回忆》是以常年如夏的岛国，想到四季分明的故国秋天的可爱，并且在对故国秋天的种种令人赏心悦目、心旷神怡的自然景色的描写中注入了浓浓的乡思。还有蔡剪荒的《围湾渔火》、庄垂明的《唐人街》《宠物店》《拱门下》，描述了华人在海外的处境与心态，他们对中国几千年的古老文化有着优美的记忆，但现实让他们感到无奈和沉重。青年一代的作家，则是从长辈怀念的中华文化中寻找寄托，寻找逝去的那份感情，抒发热爱祖籍国，怀念故土的情感。如施柳莺的《机房往事》、蓝菱的《碎石路上的烟尘》等。

在崛起，他们不同程度受到了中国文化的濡染。

20 世纪 50 年代，他们在华侨学校受到了良好的华文教育；60 年代，他们参加文艺讲习班学习；70 年代，他们经历了华文教育菲化蜕变过程。宗亲意识与生存环境的矛盾，传统文化与严峻现实的矛盾是这一代作家面临的问题，他们在抉择和扬弃中成长变化，他们的作品更多的是内心的苦楚和彷徨，是极端的不平衡和无定向的渺茫。作为在菲律宾当地生长的新诗人代表，云鹤的经历就可窥见当时菲华文坛的状况。这位年轻的诗人以他卓著的创作实绩和独特的诗风，奠定了他在菲华诗坛的重要地位。而此时，正是现代主义文学诗歌风行台湾的时期，当时台湾与菲华文坛关系比较密切，台湾现实主义文学思潮也对菲华文坛产生了深刻的影响，特别是菲华文联相继邀请台湾著名作家、诗人和文艺理论家到讲习班讲学。菲华文坛也因此被染上现代主义的流行色。在这样的时代背景和文学氛围中，云鹤自觉选择了现代主义诗歌的创作，从而使他在这一时期的诗歌创作，从内容到形式上都蒙上一层浓厚的现代派色彩，有些作品随处可见的是，冷寂凄凉的景物和忧郁悲伤的情绪。[①] 后来，由于菲律宾政治形势日益严峻，华文教育菲化案风起云涌，受此影响菲华文学陷入低谷，也严重挫伤了年轻诗人的激情，与许多文豪一样，云鹤等诗人被迫离开钟爱的诗坛。

纵观华文新文学的产生、发展和变迁，不难看出，华文新文学的根基是华文教育，而华文教育的蜕化导致华文作家的匮乏和文学读者群的萎缩。可以说，华文教育的不断衰落，是造成华文文学后继乏人的根本原因。华文教育的式微是对华文新文学的挑战，加上热浪滚滚蜂拥而至的西方文化，更使华文新文学步履艰难。菲华文艺界充分认识到了处境的危机，力图在创作中坚持自己的民族风格，立足于本土化的融合态势，努力寻找文化共性方向，保持菲华新文学的生存和发展。以华文文艺辅助华文教育，开放文艺园地，鼓励菲华新生代从事写作。同时，以华文教育推动华文文艺的进步，培养不同群体的作者和读者。有学者认为，以华文文学的传播功能代替华文教育的培育功能，也只是权宜之计，不

① 如《沉默》《疯》《秋夜》《枯叶》《剑的悲哀》《我有忧悒》《伤感》《冷漠》《孤独》《落枫》《落云》《沉舟》《秋烬》《尸》《夜虹》等。

能从文化环境和社会意识层面根本解决华文文学未来发展的问题。菲华新文学是从侨民文学或华侨文学发展到本土文学，只要不过分强调华文文学的本源意识，不断消除政治观点的对立与分歧，发扬中华文化精神，保持华文教育的持续性，华文新文学完全有可能有新的发展。不同文学派别共同发展，着眼于华文新文学的本土化融合，就有可能使华文新文学在当地多元文化中，占据属于自己发展的空间。①

第四节 华文报刊的困境与挑战

进入21世纪，海外华人社会从特色走向多元，从动荡进入安定的大趋势。然而，华人族群良好的生存和发展条件，并未给华文报纸带来文化“牛市”。相反，华文报纸却受到互联网的严重冲击，面临逐步萎缩的尴尬境地。为此，华文报纸必须顺应时代潮流，乘势而上紧抓机遇，迎接纷呈复杂的媒体挑战。同时，深入研究多层华人读者的阅读取向，提升华文报纸的影响力及话语权，更好地发挥华文报纸的信息纽带，以及文化传播的独特功能。抓住华文报纸与华人利益的连接体，赢得华人的充分信任和竭力支持，华文报纸才能有安身立命之本。

一 华文报纸的状况分析

一般而言，华文报纸相对于当地官方媒体，是属于弱势“群体”。其主要面对的是小众市场，受环境影响较大，抗风险能力差。一旦有风浪袭来，便很可能沉船海底，远不如铁索连舟的大型报业集团，有强大的人力和财力做后盾。由此，对于菲律宾华文报纸的存在形式，我们要需要全面深入的剖析，有助于更加客观地认识其现实处境，居安思危、未雨绸缪。总体来说，现在菲律宾华文报纸的内容，包括社会生活的各领域，用繁体字印刷，发行量不大，盈利能力有限。

（一）主要报道内容

菲律宾华文报纸的主要内容主要包括：菲律宾新闻、国际新闻、华人社区新闻、中国大陆新闻、台湾新闻、香港新闻及言论、副刊和广告

① 庄钟庆：《东南亚华文新文学史》，人民文学出版社2007年版，第561页。

等。其中，“华人社区新闻”主要刊登当地华人商会、团体新近举办的一些活动。稿件来源方面，除了本报记者采写的稿件外，其他新闻则主要来自于通讯社的稿件，如中国的新华社、中新社、香港的中通社、中评社、台湾的“中央社”及其他通讯社。也有一些稿件摘编自其他国内外报刊和网络。“菲律宾华文报纸有个很显著的特点，就是华侨华人的家事广告特别多。华人族群家中凡有红白事以及生日、毕业、教堂洗礼、出国留学归来、各种比赛得奖等，这些事情在报纸上是无所不登。这既反映了菲律宾华人的生活习惯，在一定程度上也反映了华人爱斗阔摆富的不良习气。”①

（二）对华报道和舆论倾向

菲律宾华文报纸对中国的报道，主要涉及政治、经济、文化、体育和娱乐等方面。中国新闻在菲律宾华文报纸占的比重较大，一般情况下仅次于报道菲律宾本地的新闻。长期以来，菲华社会分为亲中国台北与亲中国大陆两个阵营，菲律宾的华文报纸在舆论上也有所偏向。传统上《世界日报》《菲华日报》《商报》和《菲律宾华报》对中国大陆较为友好，《联合日报》的政治立场则倾向台湾地区。不过，近年来因为两岸关系的改善，意识形态逐渐淡化，华文报纸基本上摆脱了两岸政治斗争的影响而趋于中立。华文报纸走去两岸“政治化”道路，对于吸引华人读者是有益处的，因为他们不愿看到两岸的对峙与纷争。

（三）华文报纸的版式

菲律宾5家主要华文报纸中，《世界日报》的信息量最大，版面数最多，平均日出30多版，其他几份华文报纸日出版数大约在10—20版之间。各报刊都采用繁体字排版，《菲律宾华报》创刊时曾一度用简体汉字排版，后改用繁体字。报纸标题大多纵横交错，正文则横排竖排都有。1995年《世界日报》开始实行彩色印刷，是菲律宾第一家彩印的华文报纸。总体而言，除了《世界日报》外，其他几份华文报纸的版面编排一般，不是特别考究，报纸大多只重内容，轻视形式，缺少报纸形式的创新与突破。由于经济条件和其他因素的限制，要想改善版面设计与印刷质量，需要巨额的资金投入，这对华文报纸来说很难做到，只能采取循

① 彭伟步：《东南亚华文报纸研究》，社会科学文献出版社2005年版，第83页。

序渐进的方式逐步提高。①

（四）报纸的发行量

菲律宾5份主要的华文报纸中，《世界日报》年销售量约有3万份，在菲律宾华文报纸中居首位，其他几份报纸的发行量多为2万份。《世界日报》的社长陈华岳先生坦言，正是有了新移民才有今天的业绩。②《世界日报》的绝对优势地位，短期内其他华文报纸是无法撼动的。《商报》基本上保持平稳发展，保住华文报纸的次席地位不成问题。《联合日报》虽然不断改进，淡化政治色彩，还是呈显下滑趋势。《菲律宾华报》瞄准新移民，有经济实力较强的人物支撑，但要想“成气候”也并非易事。《菲华日报》长期经营不善，虽有富商大佬支持也难有作为。③ 这几份华文报纸的定价均10比索（折合人民币约1.5元）。从发行范围来看，由于菲律宾的华人主要集中在首都马尼拉，华文报纸的读者群也大多集中在这一带。首都之外的地区虽然有通过商家代理方式发行，但是受市场限制，规模都不是很大。

（五）报纸的经营

各家报社在经营上都具有自己的特点，非常注重拓展广告业务。其中，《世界日报》在菲律宾华文报纸中称得上是一枝独秀，其他几份华文报纸的经营状况则不甚理想。华文报纸的另一个经济来源是“红白喜事”广告，特别是“红版”，这是一种在报纸上开辟专门的版面刊登各种贺词的版面，由于版面采用套红印刷，故此得名。当地华人之间每逢社团成立、人事更迭或亲朋好友有什么喜事，都习惯在“红版”上刊登些广告，以示祝贺或慰问。靠这些“红版”的支撑，个别日子里的报纸版面可达好几十版甚至上百版。

二　华文报纸面临的挑战

由于世界经济一体化的加剧以及华人融入当地社会，海外华文报纸面临着生存困境。如菲律宾的《世界日报》都是一些老报人在主持运作，

---

① 李仕生：《菲律宾华文报纸论析》，载《东南亚纵横》2010年第10期。

② 朱东芹：《菲律宾华文报业的历史、现状与前景分析》，载《世界民族》2011年第1期。

③ 朱东芹：《菲律宾华文报刊现状》，载《国际新闻界》2010年5月，第117页。

而很少看到年轻人的身影。这些老报人秉承着对华人族群的强烈认同，在孤独中默默地诠释和承传着中华文化。在新的历史条件下，华文报纸遭遇前所未有的诸多挑战。《世界日报》总主笔侯培水在一篇文章提到，“由于菲律宾政府对华文教育和华文报业的限制，目前的华文报业大不如前，无论是读者市场还是发行量，与20世纪中期的高峰时期简直不能同日而语。”① 菲律宾华文报纸目前面临的挑战大体上包括以下几个方面：

（一）读者大量减少

菲律宾华文报纸的读者的数量偏少，这是因为华人的出生率越来越低。据统计，“东南亚各国除了少数几个国家外，其余国家的华人在该国人口比率都出现下降趋势……菲律宾是一个人口比重与数量同时下降的国家……”② 另外，长期以来，菲律宾对外国移民推行同化政策，“其中一项是使华校菲化，限制华校的课程、课本与教学媒介语，企图通过教育改变华人子弟的思想。……很多年轻的华人子弟，无论在生活习惯、语言文化及思想行为上，已经全然菲化，不再保留中国人的痕迹了。”③ 华人要融入当地的主流社会，也不得不融入当地文化，到了第二代、第三代，许多华人后裔就不在通晓华语了。还有，由于网络媒体等新媒体的出现，使许多华文报纸的读者被分流，导致华文报纸的读者日益减少。也就是说，传统文化的传承手段受冲击，尤其是华人社会在萎缩，华文报纸受到影响是很自然的事情。菲律宾《商报》71周年庆典时，报社社长于长庚讲道：“在本报71年的发展道路上，我们离不开华社。71年来，我们与华社一同呼吸，我们与华社一起悲歌和欢笑，我们与华社一道前进和发展。换句话说，没有华社，本报根本不能成长，更不必说壮大了。”④

（二）办报资金短缺

海外华文报纸都有类似的“先天缺陷”，那就是大多在资金不足的情况下起步的，菲律宾华文报纸也是如此。报刊创办人出于传承中华文化

---

① 侯培水：《金融危机下的菲律宾华文报业》，中新网，2009年9月7日。http：//www.chinanew8. com. cn/cul/new8/2009/09 - 07/1854367. shtml.

② 彭伟步：《海外华文传媒研究》，暨南大学出版社2007年版，第298页。

③ 崔贵强：《东南亚华文日报现状之研究》，新加坡：南洋学会，2002年，第269页。

④ 彭伟步：《东南亚华文报纸研究》，社会科学文献出版社2005年版，第205页。

的责任心，或社会责任感以及对报业的喜爱，而筹措资金、召集人马，开始创办华文报纸。除了《世界日报》经济状况稍好之外，其他 4 家华文报纸的经济实力都十分有限。1983 年创刊的《菲华日报》曾于 2009 年 5 月因债务问题宣布暂时停刊，而 2007 年创刊的《菲律宾华报》创刊仅两年却已几易其手，后来经过大规模改组和调整后，才避免了关门倒闭的厄运。据菲律宾《潮流》杂志董事长庄文成坦言，"目前支持华文报纸的广告商，大多是在生意上有所成就，又热心推广华文教育的华侨华人，他们中大多投身制造业、矿业、贸易、交通、电讯或银行金融业，每年公司都有固定在华文报纸上投放广告的预算。但在他们生意遇到困难的时候，为减少公司运营成本往往削减广告开支。缺少了广告商的资金投入，华文媒体的生存空间就自然受到很大的影响。"①

（三）报业人才匮乏

现在菲律宾华文报纸的采编人员，还是来自中国的老一辈教育工作者作为主力。虽然他们当中有些人接受过高等教育，但现如今大都在五六十岁，知识结构过于陈腐老化，在科教快速发展的时代没有"与时俱进"。由于华文报纸长期处于艰难维持的状态，报刊工作人员工资薪金低下，无力聘请优秀的专业人才。导致现在华文报刊从业人员青黄不接，不得不雇请从中国大陆来的新移民。而有的新移民并不把报社工作当作自己的长远事业，只当权宜之计，作为接触菲律宾社会的一个"跳板"而缺乏敬业精神。华文报纸贵在创新，缺乏专业知识分子，显然其发展动力明显不足。华文报纸质量不高，读者数量就会减少，又导致经济效益不佳，更谈不上通过高报酬吸引优秀人才。这种恶性循环造成了华文报纸只能小本经营，而无法进行企业化发展。因此，即便是报纸经营者有思想有抱负，也经常是巧媳妇难为无米之炊。

（四）报刊质量有待提升

菲律宾华人社会有 100 多万人口，华文报纸市场相对是有限的。但是，如果华文报纸能够提高内涵质量，打造自己的特色品牌，还是可以争取到足够的读者客户。华文报纸的质量是生命线，若内容不能紧扣社

---

①［菲］庄文成：《风雨过后是彩虹——浅谈金融危机下菲律宾华文报业的生存和发展》，中新网，2009 年 9 月 7 日。http：//www. chinanew8. com. cn/cul/new8/2009/09 －07/1854392. shtml.

会发展的脉搏，报道读者希望了解的信息，那样早晚都将面临被抛弃的命运。报纸的职能是克尽言责，除了报道读者们喜闻乐见的新闻外，还应该关心他们的疾苦，反映他们的愿望与心声。作为一家舆论机构，应立场公正敢于抨击恶势力，揭露社会黑暗面，为维护社会的团结而努力。华文报纸应该站在华人的立场，为维护同胞的利益服务，才能得到华人读者的支持和信赖。另外，华文报纸自身还有精益求精。由于工作的原因，笔者多次前往菲律宾华文教育界及高校，经常阅读华文报纸。总体感受就是版面呆板、广告太多，有深度的文章、报道和评论寥寥无几。有些新闻只局限于华社内部，有的报道还有语句不通和标点符号错用的情况，华文报纸的质量亟待提升。

三　华文报纸的未来的发展路径

20 世纪 60 年代，菲律宾华文报纸进入黄金发展时期，大量报纸纷纷问世精彩纷呈。现如今，菲律宾华文报纸面临生存问题，可谓今非昔比。然而，华文报纸尽管面临着诸多困难，但并不意味着这些报纸束手无策，只能被动地坐以待毙。其实，华文报纸只要充分认清自我，而且锐意改革不断推陈出新，不仅而言化腐朽为神奇，还可以利用自身的有利条件，若能巧妙地依托新形势下的外部环境，其未来的发展完全大有作为。

（一）搭建信息互信平台

华人读者是华文报纸的上帝，华文报纸又为华人读者提供“营养品”。两者相辅相成、不可分离，这是一个极为简单的逻辑。我们不难发现，作为互通信息的华文报纸，是沟通华人族群情感与文化的平台。为此，华文报纸要为华人读者提供“合民意”的食粮，而不是空洞和虚无缥缈的理论。当然，理论必不可缺少，对于社会中“热点”“焦点”问题，但要深入浅出与实际结合。这样，读者就能从中有所感悟和解除困惑。反过来，华社必须维护华报的声誉，专家和学者要为华报输送佳作，读者为华报的发展多献计献策。华文报纸是菲多元文化的“朵朵浪花”，她必须根植于当地土壤，得到菲律宾政府的保护和支持，华文报纸也有义务为当地社会服务。另外，华文报纸在国际化的道路上，要处理好祖国与祖籍国的关系。古语云：“木秀于林，风必摧之；

堆出于岸，流必湍之；行高于人，众必非之。”[①] 中国自改革开放以来，社会各领域均取得了巨大成就，国家综合实力显著提升。尤其是经济长期保持平稳的发展势头，已经成为世界经济重要的助推器。伴随着祖籍国的崛起，一些西方国家别有用心地散布“中国威胁论”“中国经济崩溃论”，抹杀中国的贡献、抹黑中国的国际形象。面对这种情况，华文报纸具备公信力的“民间身份”，畅通的传播渠道和华人独特的视角，能及时对主流社会舆论做出反应，责无旁贷地担负起化解误解与分歧的角色。促进中菲两国之间的友好往来，就是开辟华文报纸美好前景的基础。

（二）合理调整报刊定位

菲律宾5份华文报纸的读者和内容定位高度重合，大家都挤在一块地盘上“抢食”。报刊所选的新闻大同小异，个性特色并不鲜明。甚至出现庸俗化倾向，原创稿件较少，报道内容以转载为主十分贫乏。报纸是社会的良心，内容是报纸的灵魂。以媚俗取悦读者，终会降低报纸的形象与品位，损害报纸的权威性和影响力。尤其是，在当今影视和网络媒体的冲击下，毫无个性的报纸没有任何出路。要改变这种状况，报纸的定位必须有所区隔，不必像现在这样每份报纸都办成综合性报纸。如《商报》应突出其在经济报道方面的独特优势，加大经济报道和经济评论的分量，力争使报纸成为菲律宾华商了解经济信息、把握经济动态的首选媒体。另外，经营不甚理想的华文报纸也可考虑走社区报的办报路子，把原有报纸办成完全的华人社区报。“立足社区，贴近社区，服务社区”，扩大社区版面，增加社区生活、社区服务的内容，让读者真正感受到这就是自己的报纸。

（三）加强国家与地区合作

目前，有的华文报纸与中国大陆或香港的华文报纸有合作关系，如1993年《世界日报》与中国香港《大公报》合作创办《大公报》菲律宾版随报赠阅；2007年10月9日，中国人民日报社和菲律宾华报联合创办《人民日报》（海外版）《菲律宾版》，该版每天从《人民日报》（海外版）精选内容，编辑成两个版面，随当日《菲律宾华报》一起发行；

---

① 李康：《命运论》，http：//wenda. so. com/q/1377878876069534。

1997年9月8日，《商报》与福建《泉州晚报》合作，在菲律宾同步印刷发行《泉州晚报》（海外版），2008年9月23日，《商报》又与福建《晋江经济报》合作出版《商报·晋江经济报·菲律宾版》。这些合作目前都取得了一定的成效，今后可以进一步提高合作的深度和广度。[①] 加强同其他国家和地区华文媒体的合作，有助于提高华文报纸的专业水平和国际影响力，并为当地读者提供更多元化、更准确的资讯服务。

（四）多种经营提高盈利能力

要把报业做大做强，提高盈利能力，华文报纸除了要做好传统的广告业务外，应该考虑在现有条件下逐步扩大自身的经营规模，如开发多种媒体形态，依托报纸的资源，提升报纸网络版的知名度和影响力，通过吸纳网络广告提高营运收益；创办中文期刊，把新闻资源用足用尽；在当地法律许可的范围内开设中文电视台。此外，开办华文学校、华文补习班也是一个不错的选择。总之，充分利用报社的资源和人才优势，一方面可以增加报纸的收入；另一方面也是宣传报纸品牌，发展新读者的一种有效途径。

（五）紧抓报刊发展的新机遇

“中华文化载体的华文，其母语国家中国的经济社会发展状况如何，不仅影响到其在国际经济政治舞台上的定位和作用，而且自20世纪90年代以来也影响到其语言汉语华文在世界语言中的地位和作用，同时也影响到采用汉语华文的海外报业的发展前景。”[②] 随着中国的崛起，其在国际舞台上扮演举足轻重的角色，已经提升了华文的国际影响力，改变了海外华人乃至一些外国政府对华文和中华文化的态度，相应的也提高了华文报章的地位，为华文媒体催生了另一部分读者群，菲律宾也不例外。如今，中国与东盟建立了自由贸易区，中国经济的迅猛发展，将使东南亚国家更加认识到华文人才的重要性。菲律宾已出台更加宽松的华文教育政策，把汉语列为高考中的一门外语。这就为华文报纸读者群的扩大提供了有利的条件。菲律宾华文报纸如能抓住这些新的发展机遇，必将迎来一个光明的前景。另外，大量新移民涌入菲律宾，有很多讯息

---

① 李仕生：《菲律宾华文报纸论析》，载《东南亚纵横》2010年第10期。

② 赵振祥：《菲律宾华文报史稿》，世界知识出版社2006年版，第390页。

需要从华文报纸中汲取。特别是，现在新侨在国内受教育程度普遍比过去高，阅读华文报纸更有条件，他们是推动菲律宾华文报刊永续发展的生力军。

第八章

华人社团的发展演化

菲律宾华人社团的建立，源于中国移民在异国他乡的相互守望。为了谋生便利和互通乡情，在基于中国宗亲文化的“约束”下，华侨彼此结成了友善互助的团体，这就是菲岛华侨社团的雏形。应该说，早期下南洋的沿海居民多为生活所迫，他们观念上“只知有家、不知有国”。所以，草创的社团多为血缘联结的宗亲会，次之是地缘为纽带的同乡会和业缘会等，这些团体都具有强烈的地方性色彩。清朝末期，因西方列强的侵略，中国掀起了自强不息的民族运动。受此影响，菲律宾华侨社会以提升华埠民族意识、维护权益的新型社团不断涌现。然而，由于菲律宾华侨多为闽南人，而其文化中爱拼敢赢和离经叛道的精神，也造就了菲律宾成为华人社团最多的国家。虽然各种社团种类繁多，但不乏投身当地的公益和慈善社团，也涌现诸多行业社团组织。华侨社团可谓菲律宾一道独到的“风景”。难能可贵的是，华社虽在私利上难免产生分歧，但在大是大非面前能够保持一致。菲律宾独立后，许多当地华侨受到“菲化政策”的冲击，面临失去商业领地导致的生存危机。在菲律宾华侨的强烈要求下，华商联合总会随之呼之欲出。作为华人族群的最高机构，华商总会带领华侨对内整肃形象，对外团结力量积极争取权益，尤其是与菲化案进行了顽强的抗争。马卡帕加尔就任总统后，华侨政策大幅改善，生存处境也否极泰来。为了适应在菲律宾社会的发展，华商总会调整了自身的功能和宗旨，服务对象不仅囿于维护华侨社会，进而扩展至菲律宾大社会。为此，菲律宾华商联合总会更名转向，标志着华人族群的政治认同倾向于当地。马科斯总统放宽入籍条件后，大量华侨加入菲国籍，华侨社团逐渐转化为华人社团。

第一节　文化承袭下的宗亲社团

下南洋的中国人比西班牙殖民者更早“发现”菲律宾群岛。这些老华侨多是迫于生活的贫困，而冒险出走海外淘金，并没有其他的政治目的。但殖民者还是出于安全考虑，严禁华侨集会结社。此时，华侨在国内受惯了封建传统的压制，缺乏民治的意识，在争取权利的观念上十分淡漠，这就是菲律宾华侨长期无政治社团组织的缘由。直到西班牙统治末期，对华人族群的约束才有所松动。华侨社区内的宗亲性质社团陆续出现，宗亲会组织旨在增进宗亲成员感情，团结族人共谋发展，弘扬中华文化，推动社会公益事业等。因而，宗亲会成为海外最具中国特色的华人社团，也历来被视为维持中国文化的核心组织。

一　宗亲组织的历史渊源

早期移居菲岛的华侨站稳脚跟后，便牵引亲朋挚友和乡里族人到这里。此后，又连锁式相继有新人加入移民浪潮。所以，以血缘为基础的宗亲会、以地域为依托的同乡会，是菲律宾华人社会最普遍的社团。由于当地的华侨以闽南人为主，而闽南地区以单姓居多，同乡会因而兼有地缘和血缘两种特性。同一地区又存在密切的宗支关系，同乡会之间也产生了一种亲情特殊关系。[①] 非互助无以自存，宗亲会组织在联络情感、扶弱济贫和凝聚力量等方面，为华人社会发展树立了典范。

（一）早期的华侨宗亲会

19 世纪 40 年代初，菲律宾华侨约为 5700 人。随后西方列强洞开中国的国门，中国被迫沦为半殖民地半封建社会。大量农民和手工业者的产业链遭到破坏，沿海居民形成一股下南洋的移民潮。1886 年，根据西班牙殖民当局的人口普查，当时菲律宾华侨人口为 93567 人。1899 年，清政府驻菲律宾总领事陈谦善呈报，菲律宾华侨有 4 万人，其中有 2. 3 万

---

① ［菲］施振民：《菲律宾华人文化的持续》，载《东南亚华人社会研究》（上册），台北：正中书局 1985 年版，第 117 页。

人在马尼拉。[①] 1903 年，美国殖民当局进行的人口普查，华侨有 41035 人。[②] 向菲律宾移民主要有两种方式，一是西班牙殖民时的契约劳工；二是通过在菲亲属或同乡的相助移民，菲律宾的华侨绝大部分属于后者。有些中国人只身前往菲岛创业，在颇有收益之后，就源源不断帮扶族亲戚友来此。在南安丰山《陈氏族谱》中有这样的记载："乡之族人……纷赴小吕宋各埠，亲属介绍接踵而行，甚有举家而往者。"[③] 在福建泉州亭店乡，流传着杨嘉种下南洋的故事。他在菲发迹后，其轮船不定期地往来于厦门和马尼拉之间，把家乡杨氏宗亲大量运往菲岛，安顿到他的商行中工作，建立以自己为中心的杨氏商业网。第一次世界大战期间，通过杨嘉种和其他宗亲的相互协助，亭店乡来到菲律宾的移民达到 600 多人。[④]

由于这种原因，华侨居住区形成了以血缘和区域划分的群帮，这是菲律宾华侨社会较为明显的特征。[⑤] 1877—1879 年，福建人的宗亲会"四知堂"成立。据文献史料考证，这是菲律宾华人最早的宗亲会。由当时的华人甲必丹杨尊亲和杨瑞霞等人组织发起，1915 年改为"弘农俱乐部"。1884 年粤侨宗亲会成立"龙岗公所"，对于广东人来说，宗亲会与生活关系较为密切，这可能是广东人宗亲会较为稳定的原因。

（二）宗亲会的蓬勃发展

1898 年，美国成为菲律宾新的殖民宗主国后，政治环境比西班牙统治时宽松和自由，华侨的生存环境也大为改善。虽然华侨"甲必丹制"被取消，但它的影响依然存在。依靠传统中华文化的感召，华人族群需要集体维护利益，宗亲会就成为最为信赖的社团。让德堂、伍胥山堂、陇西堂、延陵堂、有妫堂、西河堂、风采堂、江夏堂、三省堂等一批宗亲会陆续成立。此后，又有一批宗亲会陆续成立。到 20 世纪 90 年代，菲

---

① 另一种说法是，此时菲律宾的中国人约有 10 万人。参见 G. William Skinner，Report on the Chinese in Southeast Asia，Ithaca，Cornell University，1951，p. 79.

② 黄滋生、何思兵：《菲律宾华侨史》，广东高等教育出版社 2009 年版，第 361 页。

③ 林金枝：《福建侨乡族谱有关南洋华侨史的若干问题》，载《南洋问题》1982 年第 4 期。

④ 庄为玑：《泉州旅印（尼）菲侨村的调查研究》，载《泉州华侨史料》第一辑，泉州市归国华侨联合会，1984 年，第 10 页。

⑤ 黄滋生、何思兵：《菲律宾华侨史》，广东高等教育出版社 1987 年版，第 266 页。

律宾宗亲会已达122个。[①] 在这其中，宗亲会总会有59个、分会63个。59个总会中闽籍42个，占71%；粤籍17个，占29%。若将总会和分会合并统计，战后40余年有76个宗亲会产生，占全部宗亲会总数的64%。到本世纪初，菲律宾宗亲会总会有65个，其中闽籍有38个，粤籍有27个。[②] 由此可见，战后是华人宗亲会的主要发展时期。

为了达到吸引青年宗亲子弟入会的目的，宗亲会采取了许多措施：在宗亲会理事会下增设了青运组或青年组，专门负责中青年的事务。大力开展青年人所喜爱的文化活动，如组织篮球赛和象棋赛，以及组织各宗亲会之间的娱乐比赛。菲华较大规模的宗亲会均组织男女篮球队、舞蹈队和歌咏队等文体组织。提拔一些中青年进入宗亲会领导层，如菲律宾陇西李氏宗亲会，将一些40岁左右的年青人吸纳到理事会中，并让他们负责青年组的事务。[③] 菲律宾宗亲会组织还有一个重要变化，是它向菲岛各地和国外扩展组织。具体表现为，在当地分设机构吸纳众多会员，并与世界各地同姓宗亲会联合。

菲律宾华人宗亲会广泛设立分会，如1948年让德吴氏宗亲会成立礼智三描后，1950年再设南岛宿务分会，1968年又在纳卯设立分会。进入70年代则陆续成立了三宝颜、怡朗、描戈律、树里肴等分会。此外，还在拉古板社联络处。至80年代已经拥有9处分会。宗亲会在广设分会的同时，也吸纳同姓的同乡会加盟，也被称其为“会中会”现象。如让德堂吴氏宗亲总会属下有18个同乡会，六桂堂属下有12个同乡会，董杨宗亲总会有13个同乡会，而柯蔡宗亲会属下则多达29个同乡会。[④]

设立分会和吸纳同乡会，使华人宗亲会网络大为扩展，组织结构也发生了较大的变化。如柯蔡宗亲会为了平衡各同乡会的利益，其章程中规定各同乡会的保障名额，并规定同一乡籍不能同时担任正、副理事长。

---

① 宋平：《承继与嬗变——当代菲律宾华人社团比较研究》，厦门大学出版社1995年版，第20页。

② 《菲律宾济阳柯蔡宗亲总会庆祝90周年纪念特刊》，菲律宾济阳柯蔡宗亲总会，1999年，第175页。

③ 《菲律宾陇西李氏宗亲总会金禧纪念特刊》，菲律宾马尼拉陇西李氏宗亲总会，1982年，第35页。

④ 宋平：《承继与嬗变——当代菲律宾华人社团比较研究》，厦门大学出版社1995年版，第33页。

此外，为了适应宗亲会国内发展的需要，该会还增设了组织和联络组，负责协助促进各分会的组织事宜，联络各分会和同乡会等。同时，柯蔡宗亲会设立了“埠际基金”，为维系柯蔡宗亲网络提供了物质保障。① 宗亲总会还向海外谋求与各地宗亲会联合，如1953年10月，柯蔡宗亲会组团赴台湾，促成台中、嘉义、台北和高雄等地宗亲会相继成立。1955年、1956年，该会又推动设立香港济阳宗亲会，帮助马来亚、新加坡和印尼等地宗亲会扩大组织。1958年，该会再次前往台湾地区，竭力呼吁未设立宗亲会的城市，促成了新竹、基隆等处宗亲会的相继设立。在此基础上，1978年成立了世界柯蔡宗亲总会，成员包括：菲律宾、新加坡、泰国、马来西亚、缅甸、日本以及中国香港和台湾地区的同姓宗亲会。柯蔡宗亲会曾两度组织举办了世界恳亲大会。② 1984年柯蔡宗亲会还与让德吴氏宗亲会，联合举办了世界至德宗亲第五届恳亲大会。③

除了菲律宾柯蔡宗亲会之外，还有许多宗亲会加入世界性宗亲会组织，如菲律宾江夏黄氏宗亲会加入世界黄氏宗亲总会；菲律宾陇西李氏宗亲总会参加世界李氏宗亲总会；菲律宾让德吴氏宗亲总会参加世界至德宗亲总会；菲律宾太原王氏宗亲总会参加世界王氏宗亲总会等。菲华宗亲会与世界各地宗亲会的联合，充分表现出宗亲会与时俱进的能力，构成了宗亲会一个极其重要的变化趋势。

（三）宗亲会的形成原因

第二次世界大战前，菲律宾华侨有80%来自福建的晋江、同安、龙溪和南安，其中晋江华侨占闽籍华侨的50%，按照人数计算，主要的姓氏依次为陈、黄、施、林、蔡、王、李、吴、许、杨、叶、郭12个。④ 而广东籍华侨的比例相对较少，仅占当地华侨人口的5%。由于方言不同，他们与闽侨来往不甚密切，但也没有较大的利害冲突。菲律宾华侨

---

① 《菲律宾济阳柯蔡宗亲总会庆祝80周年纪念特刊》，菲律宾济阳柯蔡宗亲总会，1989年，第86—181页。

② 《世界柯蔡宗亲》第34期，第15—24页。

③ 宋平：《承继与嬗变——当代菲律宾华人社团比较研究》，厦门大学出版社1995年版，第35页。

④ Wickberg, *The Chinese in Philippine Life, 1850 - 1898*, New Haven and London, Yale University Press, 1965, p. 174.

人口构成的特点，使地缘组织从大地域各会馆，转化为小地域以乡村为单位的同乡会。地域组织也失去其重要性，血缘组织的宗亲会地位无形提高。台湾学者戴炎辉指出，同庄之人，一方面同居在一块土地上，朝夕相见，自有亲近的感情；另一方面，人们对土地抱有相依为命的感情，同庄人出入为友、守望相助。此共属意识发于近邻，而及于一庄，再扩及一里、堡、县等。此外，中国人又有同血共属之意识，而此同血（同宗）扩及同姓。①

菲律宾华人问题学者施振民先生认为，从“文化内衍”的角度加以解释，是菲华社会面对日益加深的文化危机，寻求自我调适的产物。② 加拿大华人问题学者魏安国先生则主张，要从华人适应菲律宾环境、在当地谋生的机会、与主流社会的关系以及与中国的关系，四个方面加以解释。③ 中国华人问题学者宋平先生认为，从根本上说，战后菲华宗亲会的兴盛，是与这一时期菲华社会从移民社会，向定局社会的转化密切相关的，是华人在社会转型中寻找社会定位，即寻求一个与自己的能力、财力相适应的社会位置的产物。④ 应该说，这些分析都在对战后宗亲会大量产生的原因作了阐述。但笔者认为，菲律宾利用国家机器实行的“菲化运动”，对华侨社会造成了严重的冲击，广大华侨游走在社会的边缘。宗亲会的互助功能对华侨来说，某种程度上就是“氧气瓶”的作用。转型成功或有实力的华侨企业，帮扶濒临倒闭和破产的企业，收留大量失业的华工。这也是华侨企业一次特别形式的重组，以宗亲关系凝结成的企业，更有强烈的生存、忧患和创新意识。所以，在这种情况下，他们愿意“抱团取暖”，结成这种患难与共的亲情团体。

另一方面，战后菲律宾经济的发展，促成了一批拥有一定实力的华人企业家。他们设法寻求表现和稳固自己的地位，其经济为这种需求提

---

① 戴炎辉：《清代台湾之乡治》，台北：联经出版事业公司，1992 年，第 331 页。

② ［菲］施振民：《菲律宾华人文化的持续》，载《东南亚华人社会研究》（上册），台北：正中书局 1985 年版，第 164—172 页。

③ E. Wickberg, “Some Comparative Perspectives on Contemporary Chinese Ethicity in the Philippines”, *Asiar Culture*, No. 14, pp. 23 – 37.

④ 宋平：《承继与嬗变——当代菲律宾华人社团比较研究》，厦门大学出版社 1995 年版，第 28 页。

供了保证。同时，面对战后菲律宾政府出台的菲化政策，中菲两国还尚未建立外交关系，许多华人产生了归属无着的恐慌感，他们也急于在华社内部寻求保护和安抚。宗亲会作为脱胎于中国传统文化的一种社会组织，满足了华人的孤单与需求。当然，菲律宾华社人口的增长，新移民的不断涌入，闽南人的特殊性格以及文化冲击等，都对这种“定位”需求产生了影响，从而对宗亲会的产生起到了促进作用。

二 宗亲会社团的功能演化

宗亲会旨在以“敦宗睦族，团结互助，共谋福利”，其主要组织功能实为社会功能，而其社会功能则是联络族人的感情，发扬中国宗族主义帮扶传统。这也是海外华侨，在异国他乡生存最重要的需求。他们初来乍到两眼一片“漆黑”，如果有宗亲的无私与真诚扶助，将很快有生活来源和立足之地。

（一）宗亲会创立初的活动

最早菲律宾宗亲会的创办，主要是考虑乡亲来到陌生的地方，没有生活依靠，宗亲会就是内部“自救”组织。早期宗亲会一般采取总理制或委员制，及至第二次世界大战后，无论是原有的宗亲会，或是新成立的宗亲会，均纷纷采用理监事制。其基本内容是，会员大会为最高权力机构，负责历届理监事的选举，处理宗亲会的一切事务。其功能主要是，会员面临绝境之时，给予他们雪中送炭的救助，体现以下几个方面：

第一，提供经济援助。会员遇到贫苦与疾病有经济告急，其家属按照条例可向宗亲会申请，由董事会调查和审核后，根据其实际情况资助药费或送其返乡。

第二，张罗红白喜事。会员家有喜事，由宗亲会出面发布讯息，成员之间有相关资源以提供便利，并帮助筹备迎来送往的具体事宜。会员在去世时，其家属则通知宗亲会发布讣告，以便族人前来执绋送殡，并由宗亲会发布奠仪。若死难者孤身一人而没有家属，其丧事的料理则由宗亲会派员解决。

第三，协助推荐工作。有新来移民或会员失业者，在生活遇到困境和没有来源的时候，可向宗亲会申请，由宗亲会出面号召发动“亲友圈”，来寻找适合他们的工作。生存的第一要义是有经济来源，所以说介绍工作对于宗亲会成员来说是十分重要的职能。

第四，调解会员纠纷。会员之间因生意摩擦和观点不同，常发生分歧和争吵之事。他们可向宗亲会陈述原委，由理事会出面进行调解。如果会员与外界发生矛盾，也可向宗亲会报告，由宗亲会派人出面干预解决，避免遭受他族人的欺凌，以“维护”本族人的社会声望和影响。

（二）战后宗亲会的进步

第二次世界大战后，菲律宾华侨社会发生了深刻的变化，其中包括“菲化运动”对华社的冲击；国共两方在华社的角力；华侨社会的内外冲突；教育菲化与华校危机；华侨社会转化为华人社会等。其中，宗亲会组织功能也发生了一系列变化：

第一，营造和睦氛围。宗亲会虽然保持着传统的互助功能，但实施的出发点发生了根本性变化，如宗亲会从原来偏袒本会利益，转化为顾全整个华社的安定团结。学者宋平曾讲述一则故事，一家吴姓宗亲与蔡姓、杨姓华人联合成立建筑公司，而后由于发生股东纠纷，他们诉诸各自的宗亲会协调。于是，三家宗亲会各派代表进行调解，结果是蔡、杨退出公司以化解矛盾。不料，吴姓三兄弟依靠与政要建立良好的关系，有恃无恐，与蔡姓当事人发生口角并失手打死对方。眼见闹出人命，吴姓三兄弟希望宗亲会劝阻受害方诉诸法律。但吴氏宗亲会认为三兄弟仗势欺人，便态度鲜明地拒绝了他们的要求。①

宗亲会袒护族人作风的改变，体现了他们不再坚持“自家人总是没错的，不对的是别姓人”的传统信条，也彰显了华人社会的进步。特别是，菲律宾各宗亲会联合会（简称菲宗联）成立后，规定每月举行一次宗亲联谊餐会，由各宗亲会领导层轮流坐庄主持，在各宗亲组织之间营造了融洽的氛围，对于调解华人社会内部纠纷效果甚佳。

第二，推动经济合作。宗亲会虽仍以社会功能为主，但随着华人社会经济的发展，宗亲会的经济功能也有明显的增强。20 世纪 60 年代以来，宗亲会成员利用菲宗联活动，作为开展经济洽谈的好时机。而且宗亲会成员利用世界各地的宗亲网络，推动世界性的经济合作行动，如吴

---

① 宋平：《承继与嬗变——当代菲律宾华人社团比较研究》，厦门大学出版社 1995 年版，第 37 页。

氏宗亲会理事会与各地分会时有联络，会庆80周年时，邀请各国各地吴氏宗亲前来联谊，香港、泰国、槟榔屿、马六甲、印尼、台中、高雄、基隆等地吴氏宗亲均组团来到马尼拉，会上叙情谊、会下做生意。通过这种联谊活动，促成了宗亲之间的经济合作，如台湾宗亲会与马尼拉宗亲会合作经营椰干，印尼宗亲会则提出合作从事渔业捕捞等。① 因此说，菲律宾华人宗亲会在当地经济国际化的浪潮中，充当了一个极其重要的角色。

（三）参与公益事业的形式

华人宗亲会的福利工作，原以宗亲会成员为对象，只涉及宗亲内部的互联互助。随着华人与主流社会关系的紧密，他们越来越感到奉献社会，扶弱济贫是改善与当地民众的最佳途径。而且贫困地区更是缺医少药，许多患者十分无助和痛苦。为此，宗亲会的福利也开始向菲社会融入。

第一，开展义诊活动。1986年，柯蔡宗亲会创办“济阳义诊医室”，这是一项新兴社会福利事业，旨在向全社会扩展医疗义诊服务。其基金来源于宗亲会领袖人物的捐献，以副理事中蔡永亮宗长慨捐50万元为首倡。② 由柯、蔡两姓医生每周六免费为患者义诊，并免费赠送病人所需药品。服务对象为菲律宾民众和贫穷华人，有的宗亲会做法稍有不同，如英林宗亲总会聘请了中国大陆中医，每日上午在会馆楼上义诊。③ 虽然举行义诊的宗亲会是凤毛麟角，但是更多的宗亲会常参加由菲宗联或商总举办的街头或流动义诊队，如加洛干地区的宗亲会联合其他数个华人社团，举办星期日义诊队，足迹遍及14个省，有时仅一上午就接待患者900多人。④

第二，捐资兴办校舍。1961年，菲华商联总会发起“献捐农村校舍运动”，许多菲律宾华人宗亲会纷纷响应。至20世纪90年代末，规模较

① 宋平：《对吴氏宗亲会访谈记录》，马尼拉，1992年11月8日。

② 《菲律宾济阳柯蔡宗亲总会庆祝80周年纪念特刊》，菲律宾济阳柯蔡宗亲总会，1989年，第189页。

③ 宋平：《对英林宗亲总会访谈记录》，马尼拉，1992年9月30日。

④ 宋平：《承继与嬗变——当代菲律宾华人社团比较研究》，厦门大学出版社1995年版，第39页。

大的宗亲会均已捐资兴建了3—4座农村校舍，而规模较小的宗亲会也捐献1座。①

除此之外，战后菲华宗亲会还积极设置奖学金和助学金，奖励优秀华人子弟学生的同时，也解决了贫困学生的燃眉之急，保障他们继续完成学业。甚至还有宗亲会把奖助学金延展至全菲社会的情况，这是菲律宾华侨在设立善举公所和华侨防火会之后，又增设的慈善公益项目，得到了主流社会所广泛赞誉，对于华人族群融入当地起到了积极的作用。

三　华人宗亲会的助学制度

20世纪40年代后期，“菲化运动”给华侨社会带来严重的影响，许多华侨家庭生活十分窘迫，无力支付孩子求学所需的费用。为此，有的宗亲会组织会员，筹集资金设立奖助学金，帮助家境贫困而又品学兼优的学生，在人生最宝贵的时光完成学业。应该说，这种做法不仅给贫寒学生“雪中送炭”，弘扬了中华民族的传统美德，并使华文教育事业形成了良好的风气。

（一）奖助学金的酝酿产生

1947年，华侨陇西李氏宗亲会创立了“族生清寒补助金”，开启了宗亲会资助贫寒子弟求学的先河。② 翌年，华侨太原堂王氏宗亲也设立奖学金，鼓励优秀“族生”勤奋学习。20世纪50年代，在华侨社会集体意识增强的推动下，菲律宾华侨宗亲会进入发展高潮期，相当数量的宗亲会相继成立。与此同时，在华侨社会进步的影响下，为宗亲会奖助学制度提供了前提。于是，许多宗亲会相继设立资助华校学生的措施，积极鼓励他们学习中华文化，促进华文教育事业的发展。至70年代，奖助学金制度的运作已趋于成熟，在华侨社会中产生良好的示范效应。奖助学制度主要有如下方式：

第一，奖助学金的种类。移居海外的华侨大多文化程度不高，他们主要是通过勤劳和坚韧的意志而积攒起家业。在经济上取得成就后，他

① ［菲］邓英达：《我在商总三十年》，马尼拉：菲华商联总会，1988年，第65页。

② 《菲律宾陇西李氏宗亲会金禧纪念特刊》，马尼拉：陇西李氏宗亲会，1982年，第140页。

们深感教育和文化的不足。于是，就把这份期望寄托在族人或孩子身上，想方设法激励孩子们刻苦学习，特别是以设立宗亲奖助学金的方式。菲律宾华侨宗亲会设立的奖助学金，通常分为奖学金和助学金两大类。奖学金是在每学期期末，奖励各华侨学校考试名列前三名本族优秀学生；而助学金则是帮助家境贫寒的本族学生顺利完成学业。[①] 出台奖助金的各宗亲会，根据自身经济实力和规模条件，有不同的奖助机制和奖励金额。例如，针对资助对象居住地的不同来源，有的宗亲会对学生的地域性要求很严格，规定必须是在大马尼拉学校就读的本族学生，才有资格获得他们设立的奖助金。也有的宗亲会成员覆盖面较大，则规定在马尼拉以及邻省就读的族生都有资格申请奖学金。更有规模较大的宗亲会覆盖全菲，宗亲会奖助的学生也就扩展至菲律宾全岛的族生。关于奖学金被辐射的学校类型也很多，有的宗亲会民族观念和中华文化情结浓厚，规定奖助学金只授予在华侨学校就读的本族生。有的宗亲会则考虑到家族适应本地生活，规定只要是本族生，无论其就读华侨学校还是菲律宾主流社会学校，均可申请本族宗亲会的奖助学金。奖助学生的种类也较复杂，有的宗亲会明确规定，只是奖助在中小学读书的优秀学生。而有的宗亲会为了使本族孩子从小就对读书有荣誉感，甚至将受惠对象范围辐射至幼儿园生。[②]

宗亲会出于不同的资助目的，对于奖助学金对象和范围也不尽相同。规模较大型的宗亲会组织，其本族成员的学生人数甚多，申请奖助学金的本族学生数量也就相对增多。因此，有的宗亲会为减轻负担，在奖助金条例中缩小了区域范围。有的宗亲会，其本族会员的学生数量较少，为造声势和扩大规模，便把邻省的本族学生也囊括进来，给人以本宗亲会境况殷实和乐善好施的印象。一些宗亲会明文规定，宗亲会资助对象只能是华校就读的华裔学生，而且学习成绩优异，甚至要求成绩必须是名列前三名的学生，目的就是鼓励族生学习华文的积极性，以薪传中华

---

① 姜兴山：《战后菲律宾华文教育研究（1945—1976）》，暨南大学出版社 2013 年版，第 107 页。

② 宋平：《试论菲律宾华人宗亲会的奖助学金制度》，载《华侨华人历史研究》1994 年第 3 期。

文化。有的宗亲会规定，全非社会学校就读的族生都可以申请奖助金，希望本族子弟的中、英文同样优秀，成为适应社会需要的有用人才。由此可见，各宗亲会奖助学生制度的不同，也体现了华人社会立足当地发展的倾向，促进本族学生学习中华文化的愿望，推动华文教育进步的信念，以及从移民社会向定居社会转变的趋势。

第二，奖助学金的评定。华侨宗亲会的奖助学金制度的演变，其发展大致经历了三个不同时期。20 世纪 50 年代，是宗亲会奖助学制度的初创时期，这时的评审制度并不完善，奖助学金大多都采取临时性措施，由宗亲会理监事主要成员承担部分资金，其他部分由会员筹集，按照奖励办法发放给奖助对象。60 年代是奖助学金制度发展的时期。恰逢此时，菲律宾华侨社会提倡节约风气，有人提议将婚寿喜庆或丧葬礼仪所收的礼金，捐给宗亲会作为其福利开支。此建议得到宗亲会的广泛响应，而大部分的捐款用作奖助学金使用。70 年代以后则是宗亲会奖助学制度的成熟时期。这时大部分宗亲会都制定了相应奖助学金制度，奖助学金数目不断增加，资助范围也不断扩大。这些奖助基金部分，是由宗亲会每年从福利基金中划拨固定款项，另一部分是华人个人所设的专项基金补充。

对于宗亲会奖助学金的评审和颁发，各宗亲会基本上大同小异。即由学校报送学生考试成绩单，宗亲会组织审核及评定，每学期期末举行一次隆重的奖助学金颁发大会，以激发学生勤学态度。以让德堂吴氏宗亲会为例，在每学年即将结束时，各华侨学校把吴姓前三名的优秀生名单报给宗亲会，宗亲会评审后召开颁发奖学金大会。参加大会者包括获奖学生、学生家长、全体理事以及邀请的吴氏宗亲。仪式上当场颁给获奖学生以奖金、奖状和奖品，并准备计算器、手表和玩具等奖品抽奖来营造气氛。助学金通常由族生家长向宗亲会提出申请，理事会依据该族生家境情况，以及学生的学业成绩来确定是否资助。奖助金颁发仪式，一般在秋季祭祖后举行。① 这种场合是鼓励宗亲子弟努力学习，并培养年

---

① 《让德堂吴氏宗亲会七十周年纪念特刊》，马尼拉：菲律宾让德堂吴氏宗亲会，1979 年，第 204 页。

青一代对宗亲会认同感的绝好时机。[①]

（二）奖助学金结构的转变

20 世纪 70 年代以后，菲律宾华侨社会处境大为好转，华文教育如火如荼，华人子弟勤奋好学蔚然成风，奖助学金制度在华社已成常态。为了进一步发挥宗亲会社团的作用，扩大华社奖助学金的社会影响，有些宗亲会的奖助学金制度发生结构性的变化。主要体现在以下几个方面：

第一，大专奖助学金的设立。随着华人子弟接受教育程度的提高，宗亲会奖助学金的范围也逐渐扩大。为了培养具有更高学历的学生，有的宗亲会设立了大专生奖助学金。以让德堂为例：1971 年，让德堂首次设立吴祖合大专奖学金，奖励在大学成绩前三名的族生。奖金分别是：第一名 500 元，第二名 400 元，第三名 300 元。这一年共奖励优秀族生 10 人，金额总计 4000 元。1972 年，吴氏宗亲会又设立吴绵婆大专助学金，金额为每人 200 元。该年共有 21 人受资助，总计 4200 元。1975 年，吴绵婆大专助学金有所扩大，另外两位宗亲的捐献，成为绵婆、世霖、尊茂大专助学金。当年此助学金共资助 58 人，平均每人 180 元，总计 10440 元。[②]

此后，各宗亲会的大专奖助学金大幅度增长，如 20 世纪 80 年代以来，济阳堂柯蔡宗亲会奖助学金已达 73 种。其中，普通大专奖助学金有 62 种、医学本科 7 种，包含 3 种大专学生的基金。[③] 这样的奖助学基金结构，不能不给人一个强烈的印象，即宗亲会奖助学的重点对象，已从以往的中小学生，完全转移至大专学生。

第二，奖学金与助学金比例的变化。20 世纪 70 年代以前，菲律宾宗亲会奖助学制度一般以奖学为主，助学为辅。根据施振民先生调查指出："目前差不多每一宗亲会都有奖学金的设立，多数是奖励成绩优异的学

---

① 宋平：《试论菲律宾华人宗亲会的奖助学金制度》，载《华侨华人历史研究》1994 年第 3 期。

② 宋平：《承继与嬗变——当代菲律宾华人社团比较研究》，厦门大学出版社 1995 年版，第 43 页。

③ 《菲律宾济阳柯蔡宗亲总会庆祝 80 周年纪念特刊》，菲律宾济阳柯蔡宗亲总会，1989 年，第 181 页。

生，数目多少有时是看每年特捐收入情况，较大的宗亲会财源充裕才能够设立助学金。"[①] 1955 年至 1965 年，陇西堂为 1445 名族生奖励了 19932 比索优秀族生奖学金，为 1983 名族生颁发了 75260 比索清寒学生助学金。1966 年至 1968 年，吴氏让德堂为 828 名族生颁发了 22430 比索优秀族生奖学金，并发放了 36920 比索清寒学生助学金。1970 年，王氏太原堂为 303 名族生颁发了 8765 比索的优秀族生奖学金，为 121 人颁发了 17320 比索清寒学生助学金。[②] 宗亲会的奖助学金对推动华文教育和鼓励子弟好学方面，有不可磨灭的贡献。

此后，这一情况逐渐改变，越来越多的宗亲会设置了助学金项目。据菲华宗亲会联合总会的统计，在 15 个宗亲会中，已有 14 个设置了助学基金，而且助学金数额迅速增长，并且在比重上超过奖学金。据学者宋平统计，1980—1989 年，柯蔡宗亲会奖学金共 315140 元，受奖人数为 2876 人，人均 110 元。助学金则为 3753860 元，受惠人数 3635 人，人均 1033 元。奖学金为总额的 8%，助学金则为 92%。[③] 由此可见，菲律宾华人社会已经由精英教育，向普通大众教育形式转化。2010 年，菲律宾太原王氏宗亲总会举行了年度奖励优秀族生颁奖典礼，该会主席王志鹏在致词中表示，很高兴看到优秀族生和家长济济一堂，他向全体优秀族生致以热烈祝贺，对宗长族亲以及华文教师和家长的支持协助表达谢意。他鼓励同学们要努力学习，英汉并进。他特别强调了华文教育的重要性，希望大家重视汉语学习。呼吁族中热心文教事业的人士，以及有识之士继续支持捐献，让奖学助学奖教工作能做得更好。[④] 据笔者调查，现如今菲律宾助学金覆盖面更大，菲律宾中正学院的华文教育专业学生，每年都获得校友会资助到中国学习。[⑤]

---

① ［菲］施振民：《菲律宾华人文化的持续》，载《东南亚华人社会研究》（上册），台北：正中书局 1985 年版，第 129 页。

② 赖林冬：《试论菲律宾华人宗亲会发展华文教育的功能及影响——以菲律宾济阳柯蔡宗亲会总会为例》，载《海外华文教育》2012 年第 1 期，第 100 页。

③ 宋平：《承继与嬗变——当代菲律宾华人社团比较研究》，厦门大学出版社 1995 年版，第 46—47 页。

④ http：//news. 163. com/10/0623/11/69S2CS2R000146BD. html.

⑤ 姜兴山：《与菲律宾中正学院潘璐莉访谈记录》，马尼拉，2017 年 5 月 17 日。

（三）奖助学金的社会意义

菲律宾华侨宗亲会奖助学制度的形成，无疑是与菲华社会的一项重要内容。受到资助的华侨学生学有所成后，回报宗亲或社会，对华侨社会的发展有十分重要的意义。它也从一个侧面反映出菲华社会的某些特征，充分体现了菲华社会的变迁过程。应该说，奖助学金对于华人社会进步是功不可没的。

首先，宗亲会奖助学金制度，使中国文化得以传播和发展。宗族组织自古以来希望本族后生发达以光宗耀祖，宗亲会作为中国家族组织的延伸，它继承和发扬了传统道德文化，也继承了这种“助学情结”。第二次世界大战后，菲华社会由移民社会向定居社会转变。华侨华人一改把子女送回中国家乡读书的做法，而是为子女在菲律宾求学努力创造条件。可见，菲律宾华人宗亲会奖助学金制度，是适应菲华社会的变迁形成的，对于当地华裔传承民族文化起到了重要作用。

其次，宗亲会奖助学金制度，使华裔青年刻苦学习形成风尚，提升了华侨华人的文化素养，同时推动了华侨华人社会的进步，为华文教育的发展起到了重要的作用。菲华宗亲会奖助学制度的结构变化，也反映了菲华社会发展取向转变。尤其是，奖助学金结构的变化与华文教育危机密切相关，老一辈华侨试图通过设立奖助学金，来鼓励年青一代学习华文，保持中华文化的永续传承与发展。

第三，菲华宗亲会奖助学金制度，揭示了华人社会发展的新动向。有些奖助学金只向族生发放，逐渐扩展为华人社会的贫寒学生，甚至扩大为全菲社会的贫困生。这种不分姓氏，普遍助学的做法，无疑是菲律宾华人宗亲会的创举。也体现了华人族群胸怀全社会，主动融入主流社会的意愿。曾任菲华商联总会理事长的郑龙溪，在为其母庆祝寿时拿出100万元，设立郑永同夫人张安女士慈善基金会。由郑氏宗亲会主持，将每年利息分赠给慈善教育公益机构，资助对象是学校而不是学生，这也是超越姓氏的新型助学方式。①

综上所述，菲律宾华人宗亲会通过设立奖助学金，资助优秀和贫寒

① 宋平：《承继与嬗变——当代菲律宾华人社团比较研究》，厦门大学出版社 1995 年版，第 51 页。

青年学生，对于华社树立勤学重教风尚，起到了表率作用。同时，自觉主动在社会中有所作为，彰显出华社的进步和远见。这不仅提升了华人族群的形象，也提高了自身的教育素养和层次。少数民族不是孤立存在社会之中的，应以实际行动证明“存在感”，才能得到主流社会的承认。反过来，主流社会也应看到华人族群的贡献，接纳并给予他们应有的权利和义务，这样才能使华人真正融入当地社会。

第二节　投身公益:华人社团的功能延展

公益慈善是古老而普遍的社会行为，它以救助社会弱势群体为出发点，帮助需要帮助的贫困人们谋福祉。西班牙殖民统治菲律宾时，作为异教徒华侨的“生老病死”，都与天主教的教规格格不入。华侨慈善机构的应运而生，为移居当地的中国人解决了难题。菲律宾独立后，政府出台的菲化法案风起云涌，华侨生存环境不断恶化，慈善功能对于族群“自救”就显得更为重要。

一　华侨慈善公益组织先驱

“慈善”在《辞源》中的解释是“仁慈善良”，语出《魏书·崔光传》，“光宽和慈善，不逆于物，进退沉浮，自得而已”。《汉语大词典》中将慈善解析为“仁慈，富有同情心”。可见，“慈善”一词与人们的高尚道德有关，是对优良品行的高度评价。中国的慈善事业有悠久的传统，老子在《道德经》中说：“上善若水，水利万物而不争。”慈善是爱，是有同情心人之间的互助。西班牙殖民统治菲律宾前期，大量东南沿海的中国人涌入当地谋生。然而，艰苦的条件使有些华侨陷入困境，华侨慈善机构的出现帮助他们渡过难关。

（一）善举公所的成立

1825年，菲律宾殖民总督李凯福特，经奏请西班牙国王准许，在菲律宾实行“以华治华”和“以华养菲”的“甲必丹制”。甲必丹出于华侨对其拥护的考量，就把扶弱济贫和构建公益作为工作范畴。尤其是，“西领时期，疫疠猖獗，西班牙为一个信奉天主教之国家，对于外邦人士，一概视为非教徒，不准华人埋葬同一公塚，必须另开坟地，以资区别。"① 1870 年，侨领林旺就任甲必丹后，鉴于华侨有如此后顾之忧，遂向广大华侨社会呼吁，购土地作为华侨的墓地，让逝者有入土为安之地。于是，他在巴石河以北的拉洛马购置土地，这就是华侨义山墓地。当时凡任甲必丹者，西班牙政府规定必须受天主教洗礼。所谓洗礼，华侨通称为"沾水"，故旧义山称为"沾水地"，此乃义山之始，也是菲律宾华侨慈善机构的雏形。

1873 年，甲必丹林旺设立了华人公社，这是华侨慈善、商务及教育机构，主要处理华侨社会内部事务。1877 年，该机构成为专门管理慈善事业的善举公所。公所成立后，资助华侨社会各阶层的公益事业，为促进华侨社会发展殚精竭虑，也深受殖民当局的重视。1893 年，善举公所对外称为"菲律宾中华总会善举公所"，以"Comuunidad de Chinos"名义注册，其下辖华侨义山和崇仁医院。1898 年，美国取代西班牙成为菲律宾新的宗主国。殖民当局废除甲必丹制，善举公所所辖机构交由代理总领事陈谦善管理。1899 年，中国新任驻菲总领事黎荣耀，鉴于义山和崇仁医院没有专门机构负责，有碍其开展工作，便倡议重组善举公所。于是，以中文名"小吕宋华侨善举公所闽粤总会"，英文名"Chinese Community"，从此该公所才成为正式合法的组织，并由领事馆直接管理。

1904 年，小吕宋中华商局从善举公所脱离，善举公所专门致力于福利和慈善事业。1906 年，中国驻菲第七任总领事苏锐钊，又将善举公所改组。董事会人数由 24 人减为 15 人，不再隶属于中国领事馆管辖。1907 年，善举公所、崇仁医院和华侨义山，一起向美国殖民当局注册备案。公所组织性质属于非股份公司。1914 年，马尼拉华侨教育会改组，公所成为纯粹的慈善团体。1932 年，"小吕宋华侨善举公所闽粤总会"更名为"菲律宾华侨善举公所"。②

（二）善举公所的组织机构

菲律宾华侨善举公所从诞生之日起，就成为华侨社会有影响的社

---

① 《菲律宾华侨善举公所百年大庆纪念刊》，马尼拉：菲律宾华侨善举公所，1977 年，第 1 页。

② 同上书，第 2—3 页。

团。为了更好发挥服务华侨社会的功能，善举公所的组织机构和管理体制也不断完善。1870 年，善举公所采取董事会制度，约有 20 名董事成员，董事选举每年举行一次，公所事务最高决策权由华侨甲必丹掌握。1893 年，华侨义山及崇仁医院成立董事会，每两年举行一次董事会选举活动。公选出最热心公益事业者为主席，其他人则为董事成员。董事中选出一人担任该任期内秘书，负责处理华侨义山、崇仁医院的日常事务。

1906 年，华侨善举公所改组后，12 名闽籍董事由各商号票选，3 名粤籍董事则由广大会馆委派。其组织机构及其管理体制如下：

（1）设会员大会为最高权力机构，其中会员分为两种，一种是经常会员，另一种是名誉会员。前者有选举和被选举董事之权，并享有公所规定的各项权利。（2）公所设董事部为管理中枢，该董事部由 15 名董事组成，均由会员大会选举产生。董事没有任何薪水，任期为 1 年。（3）董事部内实行总理制，设总理 1 人、副总理 1 人、书记 1 人、副书记 1 人、会计或司库 1 人。总理代表董事部，用命令方法执行各项议案。（4）会员大会有经常大会和特别大会两类，经常大会每年召开 1 次，选举董事，讨论公所各项事务。特别大会的召开或由董事部决定，或由三分之一会员联合函请召开。（5）申请入会须由会员推荐，经董事部秘密表决，最后提请会员大会通过。（6）会员除名亦需由会员提议，董事部表决，并最后经会员大会认可。被除名的会员可再申请入会。

至 1934 年，华侨善举公所的组织和管理发生了重大变化，善举公所进行重新定位与改革。调整后的组织机构，更加体现了民主和集体决策的特点，充分发挥成员的主观能动性，尤其是董事会制度集思广益、奖罚分明，进一步推动了善举公所的发展，主要表现以下几个方面：

第一，建立周密完整、职权分明的组织系统。这一组织系统的最高权力机构为会员大会，下设董事会，董事会下分设司库、秘书和外务。为使各系统分工合作便利，分设审计股、公所股、医院股、义山股、实业股和收容股等对口专门机构。在各股与各运作实体，即义山、崇仁医院、护士学院、收容所和施诊处之间，设置总办事处，作为协调中枢指导各部工作。①

第二，改总理制为董事长制，即以董事会为公所的最高管理机构。董事会由大会选举产生出的15名董事组成，内设正副董事长各1名，并聘请一些华社贤达、元老为顾问，协助董事会处理日常事务，董事任期是1年，并以连任2年为限，每年改选董事会的半数成员。通常董事会每月召开一次例会，如遇到特殊问题的情况下，可临时召开特别工作会议。董事负责制定公所的各项规章制度，保管各项产业实体，指导各职能部门的运作，并掌管各部门人员的聘用、奖惩和解雇等人事权力。

1957年，善举公所重新登记注册，并以"菲律宾华侨善举公所新订章程"的形式确定下来。② 需要指出的是，善举公所在实际运行当中，为了加强对所属各部门组织的管理，还制定了一系列针对性的条例和细则。如《善举公所书记条规》《善举公所收管经费工役条规》《善举公所门丁条规》《崇仁医院各部人员办事细则》《增订义山给地章程》《善举公所义山葬照条例》等。

综上所述，善举公所在百余年的发展历程中，逐渐形成了较为完善的组织系统，并建立了一套自己的管理体制，保证了公所的正常运作和功能发挥。但作为一个传统型华人社团，菲华善举公所还存在一些明显的弊端，主要有以下两方面：

其一，组织系统的封闭性和管理缺乏透明度。长期以来，公所严格限制个人会员和团体会员入会。因此，一大批个人和团体无法进入该组织。而公所作为菲华社会规模最大、活动范围最广的一个慈善社团，宣扬以全社会服务为口号，但采取封闭性政策显然是自相矛盾。与此同时，善举公所在管理上，尤其是财务管理上缺乏透明度。战后公所拥有的实业资产迅速膨胀后，这一问题显得十分引人注目。于是，在20世纪80年代末，它终于成为商总对善举公所攻击的理由。

其二，善举公所虽有各种管理制度，但执行力度欠佳，有徒见形式之虞。如对义山开辟之初，就对死者安葬穴位的大小、多寡有明文规定。

① 《菲律宾华侨善举公所九十年纪念特刊》，马尼拉：菲律宾华侨善举公所，1968年，丙，第6—12页。

② 菲华善举公所档案：《菲律宾华侨善举公所新订章程》，1957年6月。

1907 年的“增订章程”重申了这一条例，1926 年再度重申了葬照条例。至 1967 年更制定了《华侨义山模范坟场划一墓层建筑办法》。实际上，义山的坟墓极为夸张地表现出，菲律宾部分华人炫耀财富和争强好胜的恶习。尤其是，一些墓园豪华程度令人咋舌，有古色古香的宫殿式建筑，有气势非凡的宝塔式建筑，有优雅别致的别墅式建筑，也有中西合璧的庭院式建筑。这与义山附近菲人的破旧房屋形成了鲜明的对比，足以证明善举公所在管理上的乏力。[①]

（三）善举公所的社会功能

在海外华人社团诸多功能当中，其社会功能极为重要。善举公所作为一个慈善社团，具有帮扶救济的功能。创办之初，这种慈善救济的对象主要是菲华社会的全体同胞。1907 年，公所注册章程中规定：善举公所的目的在于裨益本公司会员，进而扩展至菲律宾华侨或华人子孙。[②] 善举公所具有广泛服务华侨社会的功能，其主要功能体现在治病救人、扶危济困、捐助灾民和扶助教育等活动上。

第一，创办崇仁医院。救死扶伤、治病救人，这是善举公所的基本功能。1891 年公所创办崇仁医院以后，救助了大量的华人和菲人患者。现已经发展成为设备先进、科类全面的大医院，堪称菲律宾第一流医院。20 世纪 50 年代后期，它每年诊治的病人有 6000 人。至 1965 年已突破万人大关达到 10086 人。80 年代后期则突破 20000 人大关。2008 年 8 月，崇仁医院有医师 650 名，员工 1500 名，每天诊疗的患者就有 200 名。[③]

崇仁医院坐落在拉洛马华较偏地区，为了方便患者，医院在市中心设立了施诊处。最先是 1921 年设立的中医施诊处，义务施医施药。战后由于中医缺乏，改为西医施诊处，附设于公所内，所有医药均免费，贫困求医者络绎不绝。至 60 年代中期，施诊处扩大规模，每年接纳病人达 5000 余人。80 年代初，为满足患者的需求，施诊处再度扩建，每年求诊

---

① 宋平：《承继与嬗变——当代菲律宾华人社团比较研究》，厦门大学出版社 1995 年版，第 69 页。

② 《小吕宋华侨善举公所总会章程》，载《菲律宾华侨善举公所百年大庆纪念刊》，马尼拉：菲律宾华侨善举公所，1977 年，公，第 5 页。

③ http：//www. jiaoyou8. com/friends_ diary/french9549/0_ 0_ 0/view_ 00590621_ no_ 0_ 0. html.

病人增加到7000—8000人。①

为了提高医院的服务质量，1921年公所还创办了一所护士学校，附设于崇仁医院。办学初期，每年仅培养20—30名护士。第二次世界大战后，在校生数迅速增加，至20世纪70年代末，在校生人数达400余人，每年培养近百名合格的护士人才。②

第二，设立华侨义山。义山是菲律宾华人的公共坟地，这是西班牙殖民统治菲律宾时期，对华侨实行的民族歧视政策，即不准华侨逝者安葬于天主教公墓的历史产物。在管理上，善举公所对义山采取自费与免费的两种办法。最初，规定每位死者只准给1个墓穴，并对规格严格限制。如嫌狭窄可申请增加1个穴位，由于华侨富有者不在少数，费用逐年提高。此外，善举公所在义山还留有大片免费地，那些无亲戚朋友的贫苦华侨死后，由善举公所免费为其安葬。③

第三，创办收容所。鳏寡孤独、无依无靠是人生最大的凄苦。1950年，善举公所特建造慧贤堂，作为老无所养的贫苦华侨栖身之所，每年收容百余名老弱病残的无依无靠者。1960年，公所又耗资40余万元，再建三层大楼收容所大楼。楼内设有书报杂志，举办各种康乐活动，为被收留的老人提供文体娱乐。④

第四，扶助教育事业。1949年4月，马尼拉华侨中学遭到火灾，所有的校舍均遭焚毁，而秋季开学在即，公所董事会研究有关事项，决定将公所在民那未礼示街新购的大厦，借给华侨中学作为临时校舍。又如公所为帮助培植医学界人才，奖励优秀学生，并为增进中菲人民的友谊，捐赠菲圣托马斯大学医学奖学金，捐助该医学院1名优秀学生，每年奖学金2000比索，连续捐赠5年。⑤

第五，服务菲律宾主流社会。第二次世界大战后，大量菲人前往崇

---

① ［菲］陈成国：《华侨善举公所1983年业务汇报》，载《世界日报》1984年2月3日。

② ［菲］陈成国：《华侨善举公所1979年业务汇报》，载《世界日报》1980年2月10日。

③ 菲华善举公所档案：《新仙山条规章程》（1879年4月27日）；《华侨义山葬地修改章程》（1926年5月）。

④ 《菲律宾华侨善举公所九十年纪念特刊》，马尼拉：菲律宾华侨善举公所，1968年，“收容所”，第89页。

⑤ 《菲律宾华侨善举公所九十年纪念特刊》，马尼拉：菲律宾华侨善举公所，1968年，丙，第26页。

仁医院求医问药。20世纪50年代，菲人与华人求医人数大体相当；60年代起，菲人求医人数大大超过华人；70年代后，这一发展趋势更加明显；至80年代初，菲人与华人病人的比例达到15：1左右。另外，善举公所救灾对象也扩展至菲社会。如1964年岷伦洛区大火，善举公所捐献5万元赈灾。此后，又连续捐助9万余元。70年代后，善举公所捐助菲律宾慈善事业，如菲预防盲眼基金会、菲红十字会、菲防痨协会、菲防癌协会等。①

第六，援助中国建设和灾民。善举公所还具有延续乡情、援助祖国的功能，主要表现在支持中国国家建设，主要事迹有：1912年4月30日，孙中山先生请求菲华侨代销国债，善举公所董事会决定接受办理。1913年4月26日，孙中山先生派代表赴马尼拉召集股本，善举公所协助举行演说会。1938年2月17日，善举公所分三期购买中国救国国债。1940年5月4日，中国银行复函善举公所，收到10万元救济军民捐款。此外，善举公华侨所还向中国家乡救济灾民6批次。②

综上所述，作为菲律宾华社的慈善机构，善举公所功能取向的转变。善举公所作为华侨社团的形象代表，以经济手段回馈社会，反映了华人族群主动融入当地社会中。这与华侨社会的变迁是一致的，也表现了他们存在于社会的姿态。同时，善举公所服务扩展至全菲社会，增进了菲人对华人的理解，也是自身慈善定位的升华，也赢得了原住民的认可与肯定。华侨社团凝结了华人的力量，其功能的转换也体现了华人族群发展的动向。

二　华人社团对公益事业的投入

菲律宾华人与原住民间的经济差距，历来被极端民族主义者视为排华的借口。尽管在菲政府“菲化政策”的庇护下，既得利益集团主要是西裔菲人与原住民财团，而非华人企业资本家。但作为历史上贫困的外

---

① 宋平：《承继与嬗变——当代菲律宾华人社团比较研究》，厦门大学出版社1995年版，第74—75页。

② 《菲律宾华侨善举公所百年大庆纪念刊》，马尼拉：菲律宾华侨善举公所，1977年，记，第2—20页。

来移民，他们的成功却显得格外引人注目，抨击华人的谬论和谣言不绝于耳。华人社会有识之士已经意识到，经济差距背后所隐藏的诸多危险“问题”。为此，华人社团发起了纯属奉献的公益活动，反哺社会、增进理解、加深友谊，拉近菲华两族人民的距离。

（一）菲华防火会

菲律宾的房屋多为木质结构，每当盛夏来临，炎热干燥气候非常容易引发火灾。而且极易迅速蔓延引发大火，造成的损失十分严重。因而，火灾也成为菲律宾最常发生、影响最严重的灾害之一。据官方统计，战后菲律宾仅马尼拉市，每年就发生火灾约100起，造成的直接经济损失约200万—300万元（菲币，下同）。20世纪50年代末，则上升到每年600万—700万元。至60年代初，火灾情形更为严重。仅1961年，火灾造成的经济损失高达8550万元，可谓火患猛于虎。1962年，也有5300万元，至于伤亡的人员损失，尚未计算在内。①

为了防治火灾，菲律宾政府采取了一系列措施，如在马尼拉设立消防局（Manila Fire Department），管辖12个救火站，但仍然无法应付频发的火灾。令人气愤的是，每当华人店铺或住宅发生火灾，常有不法之徒趁机偷盗以至哄抢财物。更为可恶的是，华人房屋遭受火灾时，消防队员也常有趁火打劫行为发生，甚至进行勒索，若不给他们送钱“进贡”，消防队员便袖手旁观。为此，有些华人不得不定期给消防局行贿，以防有火灾时减少些损失。② 如1961年5月，马尼拉中路依莱耶发生大火灾，殃及整个杨戈布市场，又蔓延至范伦那街，大火整整持续了12个小时。其间一些当地人抢劫华人财物，甚至刺伤阻挠其行为的华人灾民，维持秩序的警察也熟视无睹，造成华商的损失高达数百万元。③

由于加西亚政府实行的“菲人第一”民族政策，菲律宾华人与当地人矛盾加剧。火灾过后有些菲人把火灾责任强加在华人的头上，常是引发排华风潮的导火索。一些别有用心政客趁势煽风点火、推波助澜，煽

---

① ［菲］陈杰：《华侨与菲律宾》，香港：大中华出版社1965年版，第90页。

② Marilies von Brevern, *Once A Chinese, Always A Chinese*? Berlin 1988, pp. 14 – 15.

③ ［菲］朱炳泉：《商总25年的工作概述》，载《菲华商联总会银禧纪念特刊》，马尼拉：菲华商联总会，1988年，第294页。

动排华情绪，可谓祸不单行、雪上加霜。[①] 如 1960 年 6 月，甲美地市连续发生两次大火，菲华商人不仅蒙受重大损失，还被诬陷故意纵火，引起当地居民的排华情绪，市政府更拒绝发给菲华商人复业许可证。[②]

应该说，类似的事件屡屡发生，促成了菲华防火会产生的根本原因也正因为如此，防火会建立时就以“团结自救”为宗旨。但必须指出的是，菲华防火会的适时出现，还与华侨社会本身的发展密切相关。这一时期，广大华侨虽然经历“菲化运动”的冲击，但经济上凭借已有的积淀仍稳步发展。据 1956 年的统计，华侨在各经济部门的投资总额高达 1521 百万美元。[③] 1964—1965 年的《菲华年鉴》显示，菲律宾华侨企业的投资占菲全国投资的 2.18%。[④] 但考虑华侨人口数量比例因素，加上入籍华人的大力支持，菲华绝对资金总量还是非常高的。这为菲华防火会的成立提供了物质基础。菲律宾华商联合总会成立后，带领华社内提华侨素养、外树华侨形象，积极倡导华侨参与公益事业，为防火会的成立奠定了组织保障。另外，这时华侨在生活心态上，也由暂短寓居型转为长久定居型，强烈寻求自我保护能力，这是菲华防火会产生的心理因素。

1965 年 5 月 7 日，罗申那社发生火灾，全社付之一炬，商业区精华悉数毁于大火。排华政客又把责任推到华侨身上，社政府和议会决定将这里的华侨赶出市区，检察官还拒发受灾清单为华商理赔。在此情况下，台湾当局派驻菲律宾“大使”杭立武召集华社共商对策，决定由商总牵头成立菲华防火协会，这是菲华社会主要社团通力合作的典范。防火协会成立后，一方面与政府沟通争取大力支持；另一方面敦促各地商会采取防火措施。在此基础上，马尼拉市所辖区纷纷成立防火分会。至 20 世纪 80 年代末，菲华防火会所属分会已有 60 余个，其中在马尼拉区就有 30 多个，这些防火会均购置了消防车，志愿消防队员总数达 2000—3000 人。[⑤] 现在，菲华防火队发展成 37 个志愿防火队，5500 多名志愿消防队

---

① ［菲］庄文成：《菲律宾华人》，马尼拉：菲华时报社，1988 年，第 51 页。

② ［菲］邓英达：《我在商总三十年》，马尼拉：菲华商联总会，1988 年，第 73 页。

③ 吴元黎、吴春熙：《海外华人与东南亚的经济发展》，台北：正中书局 1985 年版，第 89 页。

④ 范如松：《东南亚华侨华人》，世界知识出版社 1999 年版，第 136 页。

⑤ ［菲］庄文成：《菲律宾华人》，马尼拉：菲华时报社，1988 年，第 52 页。

员，已经成为菲律宾国家消防的一支重要力量。以菲律宾首都马尼拉市为例，菲华消防队队员已达2000多人，远远超出政府部门的专职消防队力量。[①] 菲华消防队不仅保障了居民的财产，也树立了华侨的良好形象。

（二）捐建校舍

在“菲化运动”的冲击下，华侨被推到了与菲人对立的前台。华社为改善与主流社会的关系，商总成立以后，积极帮助贫困地区解决校舍缺少问题。据菲律宾教育部门统计，1958年年初，贫苦地区缺少校舍3万栋；1961年年初，由于适龄学童数量的增加，菲律宾缺少校舍4万栋。[②] 为协助政府减缓农村地区校舍不足困境，提高菲律宾普通民众的教育程度，商总倡议华人社团开展捐献农村校舍的运动。商总秘书长邓英达在回忆录中写道：“报载教育部消息，菲国及龄学童日益增加，政府因无足够教室，造成校舍荒芜现象。我忽然灵机一动，认为推行献捐校舍，赞助教育计划，何等冠冕堂皇。但再一想，建筑一座校舍，10余万元，我们华侨学校，许多需要重建，筹款尚非容易。何来这些资金，捐助菲人？但左思右想，并无一其他方案，较为声色。或者从小入手，避重就轻，则事有可为。”[③] 于是，邓英达向商总提议此案，华社也有人表示怀疑。

1960年，商总通过了捐建农村校舍的决议案。次年，正式启动“捐建农村校舍运动”。商总根据菲律宾教育部的统计，首先在53省划出最需要校舍的53个农村，教育部长罗西斯对商总“行动”大加赞赏。但由于菲化风潮还在继续蔓延，华社精力都放在抗争菲化案上，华侨经济处在低迷状态，加之华侨对当地社会未完全认同，以至捐建农村校舍效果不太明显。

马卡帕加尔就任总统后，利用华侨推动菲经济发展，“菲化运动”趋于平缓。在华侨经济有所改善后，商总加大了此项工作的力度。1966年8月，商总第6次代表大会，马科斯总统应邀出席开幕式，秘书长邓英达

---

① http://news.163.com/07/0213/07/376Q9BAE000120GU.html.

② 商总福利委员会：《捐献农村校舍运动》，载《菲华商联总会捐献农村校舍运动》，第七届福利委员会编印，1968年。

③ ［菲］邓英达：《我在商总三十年》，马尼拉：菲华商联总会，1988年，第56页。

汇报了捐建校舍成果，并宣布在马尼拉新建马科斯校舍，作为献给总统的生日礼物，由此引发华社的强烈反响。会议期间，各地代表积极认捐17座校舍。鉴于捐献校舍得到总统认可，又深得菲律宾民众的赞许，对促进菲华友谊有显著成效。所以，在此次大会上通过了《继续捐献农村校舍运动》的决议，新议案对捐建数量做了具体的规划，使捐建工作有了计划性和可操作性。

这次代表大会以后，“农村校舍运动”得到华社的倾力支持。1970年以后，由于响应马科斯总统推行的“新社会运动”，华社工作中心有所转移，华社经济转型尚未完成，经济状况处于低水平徘徊，也导致捐献校舍能力不足。1974年3月，商总全体理事会上，理事长蔡文华建议扩建，在全菲76省各捐献一座校舍。20世纪80年代以后，捐建农村校舍的数量快速增长。进入90年代，商总更是把捐建校舍列为重点工作，作为支持当地繁荣的工程和突破口。董尚真、杨海章、陈永栽、蔡清洁和黄呈辉等几届理事长在任期间，商总捐建校舍的数目急剧增长。1994—2004年11年间已逾1700座，超过过去33年的总和。1999—2001年陈永栽担任理事长期间，就捐献467间校舍，创下了一位理事长任期内捐献校舍纪录。到2004年，商总捐建校舍数量超过3000座。[①]

（三）社会义诊

20世纪20年代开始，崇仁医院就开展义诊服务，使用中药免费给贫困的患者医治，随着菲人求医者越来越多，崇仁医院逐渐成为菲律宾最大的慈善诊治中心。至70年代末，崇仁医院的义诊患者绝大部分是菲律宾土著人。80年代中后期，为了解决贫苦菲人医治病痛的实际情况，各种华侨华人组织在大马尼拉地区的加洛干市、马尼拉市和巴西市，相继成立了三个义诊中心。通过定点和巡回医疗等方式，免费为百余万人菲律宾贫困人民施诊和赠药。[②]

1. 加洛干市菲华义诊中心。该中心创立于1985年5月，由加洛干市菲华商会、北黎刹工商联合会、洪门进步党大马尼拉北区支部、竹林协

---

① 朱东芹：《菲华商联总会“捐建农村校舍运动”述评》，载《南洋问题研究》2005年第2期。

② 《菲华公益数十年惠及百万人》，载《南方日报》2013年5月14日第A13版。

义团大马尼拉北区分团、洪门致公党第一支部、北大马尼拉地区菲华联谊会和加洛干市菲华防火会 7 个华人团体组成。义诊中心设有中医和西医诊室，有 30 名医生和 22 名牙医志愿者轮流执医，是菲律宾最大的华人义诊中心。该中心成立后 10 年间，共举行了 516 次义诊，即平均每周约 1 次，接受患者 30 万人次，其中 98% 以上是贫穷的菲律宾人。据估计，每年的义诊费用支出约 120 万比索。① 为使更多的菲律宾贫苦病人方便治疗，该中心的服务形式由定点改为按期巡诊，而且服务范畴扩大至马尼拉各市、吕宋岛的 14 个省。同时，还将义诊与赈灾结合起来，为灾区送去大批衣服和食物。

2. 马尼拉市华人区义诊中心。该中心创立于 1986 年 8 月，由马尼拉市洪门进步党总部、洪门竹林协义总团、河源张颜同宗总会、仙尼龟拉示南区防火会、钞坑颜氏同乡会、马尼拉厦苏莱曼扶轮会、菲华推拿学会、马尼拉市幼狮会 8 个华人团体组成。该中心设儿科、内科、外科、牙科和中医科，由 10 几名获得博士学位的医生和近 10 名牙医志愿执医，为菲律宾第二大华人义诊中心。该中心定期为患者举行义诊。据统计，成立近 10 年为 13 万患者义诊赠药，其中 90% 为菲律宾贫民。此外，也为菲律宾遭受地震、台风和水灾地区捐钱捐物，受到当地社会的好评。

3. 巴西市菲华义诊中心。该中心创办于 1996 年 6 月，由巴西市华人社会倡议，艾丽斯·内尼迪克多博士担任义诊中心执行主任。中心有 13 名西医内科医生和 11 名牙科医生志愿执医，定期为菲律宾贫民义诊和赠药。每次诊治患者 450—600 人，每年诊治 1 万名左右病人。该中心还为每名患者建立了档案，积极响应政府卫生部门提出的“通过帮助和教育人民使用安全可靠、自然或人工避孕的方法，控制人口增长”的计划，定期举办“家庭计划生育法演讲会”，介绍和指导使用各种节育方式，免费发放节育药具。义诊中心还为做结扎手术的妇女，赠送为期 6 个月的优质奶粉，提升菲律宾妇女计划生育的意识。

---

① 沈红芳:《菲律宾华人义诊中心的兴起背景及其影响》，载《南洋问题研究》1996 年第 4 期。

三　华侨公益慈善事业的影响

第二次世界大战后，随着华人社会的成长进步，他们更加关注当地社会的发展。华社作为华人族群意志的反映，把自身的未来与菲社会结合起来，主动承担社会责任和义务，特别是华社积极投身于社会公益事业。除了善举公所专门从事公益事业外，其他的菲华社团也参与社会福祉和利益。如菲华商联总会、业缘性社团、地缘性社团和血源性社团，都普遍加入到公益和慈善事业中来。华人社团参与当地公益事业，对于华侨与原住民增加理解起到积极的作用。

（一）建立民间“外交”渠道

从长远来看，处理好族群关系更为重要。以往菲律宾社会对华人形象的一般结论是：经济上，华人是富有的，但在社会地位上，华人与南部的穆斯林一样是卑微的。[①] 商总成立以后，为达到菲华友好的目的，更多地采取主动民间“外交”的方式，通过坚持不懈地为主流社会提供服务，促进菲华民族的相互理解和接纳。从此，并借此消除主流社会对华人族群的偏见和排斥。无论是开展针对菲律宾贫困者近百万次的义诊，还是捐建5000多座农村校舍，以及设立60余个防火会，都得到了官方和民间的正面评价。尤其是，直接受益者是大量的底层民众，容易自下而上形成信任、理解、同情与合作的族群关系。

（二）搭建官方交流平台

2002年5月，鉴于商总在捐建农村校舍运动中的突出贡献，参议长德里隆与商总理事长黄呈辉签署一项备忘录，将其掌管的1亿比索农村发展基金，委托商总代其在全国建造285座校舍。这是阿基诺夫人政府委托商总代建校舍后，菲律宾官方第二次委托商总做此事。建设校舍原本由政府公共工程部负责，但德里隆认为政府部门和商总的建校造价与质量都存在较大差距，不仅使他对政府部门的低效率不满，而且贪污腐败让他更是忍无可忍。此前，政府公关部和商总同时在一所学校建设的校

① Teresita Ang See, *The Chinese in Philippines: Problems and Perspectives*, Kaisa Para Sa Kaunlaran Inc., Manila, 1990, p. 25.

舍，经查前者是后者的两倍。[①] 于是，他请求阿罗约总统支持，将教育经费交由商总代建农村校舍。[②] 商总成立以后，一直与菲政府保持较密切的关系。每届新总统上任，商总均派代表前往晋见，表示对新一届政府的支持。如支持麦格赛赛政府和平基金运动，捐款 11 万余元；支持加西亚政府发展农村经济政策，向总统递交了决议书。尤其是马科斯政府时期，商总与政府的关系更为密切。马科斯总统都承认，每当政府有什么社会公益方案要商总支持，商总总是尽力而为。[③]

（三）发挥中菲交流的纽带作用

2013 年，阿基诺三世执政以来，由于菲政府改变一贯奉行的“搁置争议、共同开发”的原则，黄岩岛等岛屿争端风云再起，导致两国一度恶化。为此，商总作为中菲两国关系的润滑剂，多次组团前往中国访问和磋商。2014 年，阿基诺总统出席菲华商联总会活动时，公开向中国政府表态，称他深信中菲两国关系能保持“基本正面”。[④] 2016 年，菲律宾总统杜特尔特应中国国家主席习近平邀请，对中国进行为期 4 天的国事访问。菲华商联总会商业代表团一行 86 人，在永远名誉理事长陈永栽及理事长张昭和的率领下随行。[⑤] 可以看出，商总不仅是菲律宾华人的最高社团机构，也成为中菲两国友好的桥梁。

坚持长期不懈的社会公益服务，是华侨华人社会的资本源泉，有了这样的基础，华社遇到难题也能迎刃而解。如 1986 年，李逢梧担任商总福利主任时，处理一场排华“风波”就很能说明问题。当时在克拉克附近红溪礼示，有个华人家具店与当地同行发生冲突，有人趁机煽动对华人的不满。甚至有人上街游行，并在电视台指责、报刊上谩骂，情形有愈演愈烈之势。为了防治事态的扩大，商总经商议后紧急行动，派李逢梧前去处理此事。他到当地后先派人了解消息，并利用自己唱片公司的业务关系，与合作伙伴的当地电视台“疏通”。随后，李逢梧来到市政府与市长交涉。市长毫不掩饰自己的不满情绪，称中国人来菲律宾赚钱，

---

① 《商总捐建校舍方案获高度肯定》，载《联合日报》（菲律宾）2002 年 5 月 8 日。

② 《华人社团推动菲律宾社会进步》，载《参考消息》2002 年 9 月 10 日。

③ ［菲］邓英达：《我在商总三十年》，马尼拉：菲华商联总会，1988 年，第 118—175 页。

④ http：//shizheng. xilu. com/20140110/1000150000551567. html.

⑤ http：//www. qu580. com/ph/forum. php？ mod = viewthread&tid = 5220.

对菲律宾不公平，也没有同情心。李逢梧有礼有节地回答道："您说中国人没有同情心是不符合事实的，我们常常为菲律宾人义诊送药，这种表现难道不是爱心吗？每遇风灾、水灾、旱灾、地震、火山……总是我们华人第一个站出来，捐款捐物帮助菲律宾难民，这是对菲律宾不公平吗？我们是爱这个国家才来这里的，我们的心和菲律宾人站在一起。今天我为华人解释，是希望两个种族友好相处。这里为生意所发生的事情，是个非常小的问题，不能因此而破坏两个种族多年来的友好关系……"一番语重心长的话语，不仅说服了市长，也打动了电视机前的千万市民，一场排华"风波"悄然平息。李逢梧回忆起这件事时，将其归功于华人社团对主流社会的奉献，而助推了菲华两族的融洽关系，把排华苗头扑灭在萌芽之中。在他看来，公益慈善不仅是华人社团的事业，也是华人融入菲律宾社会的最佳"公关方式"。[①] 这则事例，足见华人社团投身公益慈善行业，对于华人与菲之间的相互了解，促进华人融入当地社会的作用。

第三节　凝聚力量：华人社团的护侨作用

马尼拉中华商会成立后，不仅代表和维护各自的利益，而且彼此还凝聚为一体，以整个华侨社会的力量，反抗外来的压迫，维护整体的权益。这其中，菲律宾华商联合总会的成立，标志着华侨力量得到有力的整合，华社迈进了新的阶段，华人社团呈现出团结和谐的局面。特别是，由于菲政府实施顽固的民族主义政策，作为全菲最高华人社团机构的华商联合总会在带领广大华侨抗击菲化案。

一　中华商会对"排华案"的抵制

美国占领菲律宾后，把本国的政治、教育和经济体制移植到菲岛。华侨甲必丹制被取消，为适应菲岛政治、经济状况的改变，华侨也不能像以前"各人自扫门前雪，莫管他家瓦上霜"那样单打独斗，意识到必

---

① 张新华：《菲律宾华裔慈善家李逢梧》，载《中华儿女（海外版）》1998 年第 11 期，第 6 页。

须有强有力的团体，才能谋求自身的权益。

（一）中华商会的创立

华侨远至异域，一遇乡故倍感亲切，而中国数千年的传统文化，“唯家族为重，本亲亲之义，行互动之实，则社团之设，亦势所使然。”① 因此，华人社团组织的创立，是客观环境需要及主观意向所促成。华侨商业如不能适应时代潮流，就会走向消亡的境地，有远见的华侨深知必须建立商业团体组织。如果经济衰落，华人族群的其他权益就会遭到践踏，在菲岛的生存也会受到严重威胁。因而组建以商会为中心的社团组织，成为那时华侨族群的共同愿望。于是，马尼拉中华商会便在这样的环境中酝酿产生。

1904 年年初，菲律宾侨领邱允卫提倡建立一个商业团体，“以华侨福利为当然的努力，至于内外的感情联络，那更是不能须臾而忽视，以应付环境的需求。”② 这一提议得到菲律宾华侨名商陈清源、叶其蓁等 20 人的赞同和响应，并开始积极进行筹备。③ 8 月，“小吕宋中华商务局”在马尼拉仙彬难洛街尾旧华人甲必丹衙门楼下成立。商会成立以后，华侨团结一致，改变了华侨社会四分五裂的状态，“不断遵奉商会的宗旨和目的，不断地为华侨社会谋协调与福利，不断地联络华菲感情与抗争一切对于华侨不公的苛政。”④ 从此，各地的华侨商业和事务有了组织指导和协作平台。

（二）中华商会抗击“排华案”

华侨背井离乡，寄人篱下以求蝇头微利，不免有受外人欺压或被栽赃嫁祸的冤情。也经常会有与异族间的摩擦和冲突，严重者武力相见以致对簿公堂，有些华侨甚至倾家荡产拼死抗争。商会成立后，凡有会员发生此类事件，商会派人出面为之调解。华侨商业的维护与推进自然是

① 林惠阳：《菲律宾华侨社会之研究》，台湾中国文化学院民族与华侨研究所硕士论文，1977 年，第 33 页。

② 《菲律宾岷里拉中华商会三十周年纪念刊》，马尼拉：菲律宾马尼拉中华商会，1933 年，第 7 页。

③ 此外，还有林文质、施光铭、林杰生、杨嘉种、杨尊亲、林安邦、许孝鸣、杨汇溪、薛清埃、黄呈标、庄天来、郑焕彩、邱奕经、郑汉淇、吴克诚、林为亨、洪明炭、孙高升。

④ 《菲律宾岷里拉中华商会三十周年纪念刊》，马尼拉：菲律宾马尼拉中华商会，1933 年，第 40 页。

商会分内的事务。同时，商会也为涉及刁难、虐待或损害华侨利益的其他事端出面调解。如遇涉及华侨利益的重大事件不能通过协调解决的，商会便诉诸法律抗争。如：

1. 移民律的抗争。1898 年 9 月，美国占领军司令官奥蒂斯下令，把 1882 年美国实施的排华法案移植到菲岛。为此，乘船来菲的华侨经常被阻止上岸，不是以“目沙”“头疮”做口实，就是以“不良分子”混入为借口，故意刁难并拒绝华侨入境。美国移民法律严格限制的是工人，而殖民者却任意扩大华侨工人的范围，比如一商店有五个股东，最大的股东才算商人，其余四人都算是工人。这项法案实施后，华侨中有许多人作为工人而被驱逐。1905 年 8 月，商会会长邱允卫致信美国驻菲首任总督威廉 · H. 塔夫脱，陈述华侨为菲律宾社会，尤其经济发展所做的贡献。呼吁华侨应获得同其他外国人一样的权利，排华法是明显的歧视法案，严重限制和妨碍了农业生产的发展，以及工业的改善和对贸易的推动。① 华侨领袖陈三多不顾自己的利害，毅然作为原告，聘请律师首先在地方法院控告税务司，胜诉后又继续上诉菲律宾大理院获胜，移民律得以废除，侨商的权利始得恢复。②

2. 米荒案的抗争。菲律宾的米业多是华侨经营，每逢年成不好，稻米产量下降的时候，别有用心的政客和菲人即指责华侨操纵米业，使华侨成为替罪羔羊，遭受攻击。1919 年 9 月，东南亚国家遭遇灾害，菲律宾粮食主要进口国安南又禁止粮食出口，造成菲律宾社会稻米紧缺的境况。菲报借机大肆指责华侨米商囤积粮食，菲政府标封华侨米店，所有存米由政府低价收购并以平价格卖给市民。在菲政府为市民立场考虑似乎是有理的，但华侨米商却遭受重大损失。为此，商会代表广大华侨据理力争，最终获得法院公正的判决。

3. 西文簿记案的抗争。1913 年，有菲议员在议会提出西文簿记案，但当时经商会极力调解下，此案没有施行。西文簿记案就是凡在菲经商

① 《菲华历史的一份重要文件》，载［菲］吴文焕、王培元：《纪念排华一百周年》，马尼拉：菲律宾华裔青年联合会，2002 年，第 18 页。

② 1909 年 7 月，撤销《移民律案载在菲大理院报告书》第十五卷第 592 页。这次的抗争，历时 8 个月，耗费 7000 余元。

所用的账簿，必须用英、西或土文来记账目，否则被认为违法而被罚款万元或被判以两年的有期徒刑。① 此后每逢议会期间，都有人提出此案。1921 年 2 月，总督夏里逊再次把这一案件提交议会讨论，并在临退任之时，迅速通过此法案。为阻止该法案的实施，华侨杨孔莺、许敛仍用中文记账被罚，于是他们诉于法律，由地方法院直诉至大理院。结果，杨、许两人败诉，他们又诉诸美国大理院，最终在美国总统的干预下获得胜诉，该案亦随之被撤销。②

（三）中华商会的核心作用

“小吕宋中华商务局”还为华侨公共事业筹集资金，尤其是在教育、医院和义山等方面也做出了重大贡献。商会特别重视华侨教育文化事业，如华侨新闻事业的发展，不但商会最初的会章载有报纸创建的条文，而且创刊了《华侨商报》《新闽日报》报纸，也为“救乡会”从事宣传活动。商会常倡导华侨应该团结和睦，使华侨免遭外人的贬低，进而会对中国更加蔑视。因此，对于华侨之间发生纠纷，商会极力调解，以免诉诸法律给外人留下取笑的把柄。即便不是会员而愿做调解的华侨，商会也无不尽力为之和解，使华侨社会成为和谐的社会。

正如菲律宾著名华人问题学者施振民认为，菲律宾华侨社会最初形成于 19 世纪中期。其主要理由是，这一时期菲律宾华侨的各种社团开始大量涌现，如各种宗亲会、同乡会及商会，尤其是后者。一个以中华文化为基础的华侨社会逐渐形成。③ 华侨社会改变了过去一盘散沙的被动局面，而是像蜘蛛网一样紧密凝聚着华人的力量。总之，作为菲律宾华侨中心组织的马尼拉中华商会，不论是在团结侨众方面，还是在促进近代菲律宾华侨社会形成方面，都扮演了核心角色。④

---

① 《菲律宾岷里拉中华商会三十周年纪念刊》，马尼拉：菲律宾马尼拉中华商会，1933 年，第 51 页。

② 西文簿记案自 1921 年 2 月起开始抗争，直至 1926 年 7 月才结束。费时 5 年多，耗费 167690 元。还消耗了华侨许多的精力，尤其是代表赴美起诉的薛敏老、吴克诚两人。此案前后抗争的详细情形，载《菲律宾群岛华侨各团体联合大会报告书》。

③ ［菲］施振民：《菲律宾华人文化的持续——宗亲与同乡组织在海外的演变》，载李亦园等编《东南亚华人社会研究》（上册），台北：正中书局 1985 年版，第 110—111 页。

④ 黄滋生：《论近代菲律宾华侨社会的形成》，载黄滋生《菲华问题论辩》，马尼拉：菲律宾华裔青年联合会，1999 年，第 57 页。

二　菲华商联总会的引领作用

第二次世界大战后，华侨社会内部的矛盾和冲突加剧，凝聚力也随之下降，最终导致了马尼拉中华商会的分裂。造成这种结果的根本原因就是，菲律宾政府追随美国为首的西方阵营，在国民党驻菲总支部的配合下，对华侨社会“亲共”人士进行打击，从而引发华社内部国、共两种力量的冲突和激化。华社“亲共”人士或从马尼拉转移到外省，或返回到祖国大陆。华侨社会在内部事务和利益方面发生矛盾，表现在马尼拉中华商会高层之间，由于名利之争和政治取向不同而出现分裂。

（一）华侨社会的内部纷争

马尼拉中华商会对凝聚华社的力量，维护华侨利益，促进华侨经济的发展做出过重大贡献。[①] 特别是中华商会带领华社抗争“排华案”，受到华侨社会的拥戴，被视为华侨社会的领袖机构。在各种“菲化案”和“禁侨案”层出不穷，华社急需团结起来一致对外之际，时任马尼拉中华商会理事长的施性水，与亲国民党的前任理事长杨启泰政治意见产生分歧，杨启泰遂脱离商会而另行组建“华侨福利促进会”，马尼拉中华商会为此分裂。面对错综复杂的内外部压力，一些华侨提出开放门户的主张，在全菲范围内吸收更多的华侨会员，来整合华社力量并出面维护华侨利益。马尼拉中华商会成立之初，它是全菲性的华侨组织。第二次世界大战后，其会员只是马尼拉的华侨商店，华社内部的分歧使商会影响力下降。因此，中华商会便逐渐成了一个区域性的华侨团体。

华侨社会有人提出：“立即组织华侨社会最高机构，交涉不利法案，以应对华社复杂情形。”[②] 而马尼拉中华商会不能代表全菲华侨社会，也就不能担当为华社争取权益的重任。因此，华社必须成立一个全菲华侨的最高机构取而代之。[③] 华侨社会与外部的冲突触发了内部矛盾，加快了华社力量的整合。如施振民先生所言：“如果没有禁侨案和菲化案造成整

---

① 马尼拉中华商会，前身是1904年成立的小吕宋中华商务局1927年更名为菲律宾中华总商会，1931年再次更名为马尼拉中华商会。

② 《菲律宾岷尼拉中华商会五十周年纪念特刊》，马尼拉：菲律宾岷尼拉中华商会，1955年，第甲—12页。

③ ［菲］邓英达：《我在商总三十年》，马尼拉：菲华商联总会，1988年，第8页。

个华人社会的不安，大概没有人对马尼拉中华商会的领袖地位产生疑问。”①

1947年10月，由马尼拉中华商会主持的“全菲中华商会代表大会”在马尼拉召开。会议期间，有商会团体提出组织一个全侨最高机构“菲律宾中华总商会”的构想，但在这次大会上反响并不强烈。1951年1月，马尼拉中华商会召集华侨商会，举行了“第一次全菲中华商会理事长会议”。在会议中有关组织总商会的议案再次被提出，但会议审查小组拒绝审议该议案。② 1952年，菲律宾政府的菲化浪潮更加激烈，对华侨而言的“黄金时代”彻底结束，华侨处境也倍加艰难。11月29日，马尼拉中华商会主持召开了“第二次全菲中华商会理事长会议”，在会议中成立全侨最高机构的议案第三次被提出，这次提案者除了马尼拉商会外，还有外省的17家商会，但此次提案仍无功而返。③ 马尼拉中华商会成立以来，为维护华侨利益做出很多贡献，深受广大华侨的拥护，已成为没有名分的华社最高机构，将其抛开另组其他最高机构，自然非其所愿。因此，马尼拉中华商会极力反对这个提案，设法阻碍其被列入议事日程。由于马尼拉中华商会的抵制，组建华社最高机构的设想，经侨领多次磋商都未取得实质性进展。随着“菲化运动”的不断蔓延，华侨社会处于风雨飘摇之中，成立华侨领导机构已经势在必行。

（二）华商联合总会成立

1953年3月，华侨社会百货商会理事长王国来提出组织华社中心机构的主张。在许多资深侨领的呼吁和推动下，赞成中心机构的会员日渐增多。经过半年多的努力，此建议已得到了许多商业团体的支持，大家原则上同意设立华商联合会，继而组织全菲最高机构的设立。1954年1月12日，菲律宾华侨各行业商会在马尼拉湾召开会议，讨论组织设立“商联”事宜。《大中华日报》连续发表社论指出：“为适应菲律宾新政

---

① ［菲］施振民：《菲律宾华人文化的持续——宗亲与同乡组织在海外的演变》，载李亦园等编：《东南亚华人社会研究》（上册），台北：正中书局1985年版，第156页。

② 《菲律宾岷尼拉中华商会五十周年纪念特刊》，马尼拉：菲律宾岷尼拉中华商会，1955年，第甲—15页。

③ 王国璋：《菲华商联总会之兴衰与演变：1954—1998》，台北：“中央研究院”近代史研究所，2002年，第33页。

府的政策，为应对未来可能的困厄，我们认为是全侨开始行动的时候了，当务之急就是筹组代表全菲的华侨总机构，领导有中心有研究，权力才可能集中，行动有步骤有目标，规划才能达成预期的效果。我们衡量今日侨胞的处境与艰厄，认为要争取生存，必须组织，必须行动，必须有组织的行动，我们要求筹组统一领导的全侨最高机构，以破除内在的隔阂，以加强对外的一致。”① 可见，此时的华侨社会对组建全菲华侨最高机构已趋向共识。

1954年1月15日，“菲律宾各商业团体联谊会”正式成立。随着菲律宾麦格赛赛政府百日国会的临近，要求组建最高机构的呼声也更加强烈。在这种情况下，马尼拉中华商会顺应华侨社会主流意见，表示为维护华社团结，接受组建最高机构的建议。马尼拉中华商会在顾全大局的形势下做出了让步，同意参与筹建最高华侨机构。至此，菲律宾华侨社会各种力量空前团结，来应对和抗争“菲化运动”对华侨的冲击和影响。1954年3月26日，全菲中华商会理事长大会第一次会议在马尼拉皇后戏院召开，来自全菲的216个商会的521名代表参加了此次大会。② 代表们讨论并通过了组织最高机构的提案，一致同意成立“菲律宾华商联合总会”。作为全菲华商之最高机构，商总是一个非营利组织，旨在协调菲华社会各工、商、贸易及金融界活动，维持彼此间的和谐关系，仲裁调解会员间的纠纷，促进彼此间的合作。③

菲律宾华商联合总会的成立，宣告华侨社会进入了一个新的历史阶段，华社内部矛盾趋于缓和，实现了华社各方力量的整合，华社呈现出团结和协调的良好态势，华社凝聚力大大增强。作为全侨最高社团机构，华商联合总会拥有遍布全菲各地的55个商会和85个分会，形成庞大的网络，而且具有明显的政治功能，即对外保证华侨社会权益，对内维护华

① ［菲］蔡光曼、黄世耀：《菲华商联总会成立经过》，载《菲华年鉴（1964—1965）》，马尼拉：菲华商联总会，1965年，第A—15页。

② ［菲］邓英达：《我在商总三十年》，马尼拉：菲华商联总会，1988年，第3页。

③ 《菲华商联总会简介》，载《第十届世界华商大会特刊》，马尼拉：菲华商联总会，2009年，第32页。

侨社会秩序。[①] 因此华商联合总会就像华侨的“自治政府”。这样，菲律宾华商联合总会因其强大的实力，而具备了较大的影响力和号召力，责无旁贷地担负起了保护华侨和发展华侨社会的重任。

（三）商总与“菲化案”的抗争

1954 年 5 月，在商总成立后的两个月，菲国会通过了零售商菲化案，华侨社会一片哗然。其实，在菲律宾国会举行会议期间，商总和台湾驻菲“大使馆”已经开始做“工作”，他们为此感觉良好。所以，也乐观估计此次国会不会通过零售商菲化案。然而，菲律宾此次国会却出乎意料，在国会闭幕的前两天，以“闪电”之势迅速将零售商菲化案列为“紧急要案”，经参众两院异常快速地表决通过。按照菲律宾的立法程序，参众两院通过的议案，最后还要经过总统的签署才能成为法律，商总带领华社只能把希望寄托在麦格赛赛总统对该法案行使否决权上。于是，商总立即联络各国驻马尼拉商会，台湾“驻菲大使”陈质平也向麦格赛赛总统陈情，但菲总统最终还是签署通过此法令，即“菲律宾共和国第 1180 号管制零售商业法令”，标志着此次抗争阶段性失败。[②]

至此，零售商菲化案已完成立法程序，给华侨社会唯一补救机会就是通过司法程序向菲最高法院起诉，请求其宣布菲化案违宪，达到阻止该法律实施的目的。为此，商总聘请了最高法院法官奥塞沓为律师，并以薛育立、计顺敏和商总律师斯宾诺莎（Sepidoza）配合辩护，为零售商菲化案做最后的抗争。[③] 1954 年 7 月 26 日，刘维强代表华商以零售商菲化案对其产生影响为由，对菲财政部提起控诉，提出零售菲化案的不合法性。马尼拉市检察官代表财政部长出面答复，辩称该项法律并不违宪，并请求菲律宾最高法院撤销该项诉讼。零售商菲化案涉及大量华侨的生计，在这种情况下，华侨社会处在不安和惶恐之中。商总提出再次使用抗争西簿文案的方法，华商杨卯和许可蚶“故意”以身试法，同时商总

---

① 宋平：《继承与嬗变：当代菲律宾华人社团比较研究》，厦门大学出版社 1995 年版，第 9 页。

② 朱东芹：《冲突与融合：菲华商联总会与战后菲华社会的发展》，厦门大学出版社 2005 年版，第 66 页。

③ 张存武、王国漳：《菲华商联总会之兴衰与演变：1954—1998》，台湾“中央研究院”，2002 年，第 55 页。

律师团则紧急请求最高法院颁发禁令，然而华商此次没能如愿以偿。菲律宾最高法院没有受理此案。结果，杨、许二人还因违反法律而身陷囹圄。1957 年 5 月 31 日，菲律宾最高法院判决零售菲化律合宪。这个曾经历过奎松、奥斯敏纳、罗哈斯、季里诺等四任总统先后否决的零售商菲化案，虽历经广大华侨 20 余年的奋力抗争，终于还是在菲政府行政干预下通过。可以说，商总抗争零售商菲化案的彻底失败，对整个华社是沉重的打击。

三　华侨社会文化素养的提升

菲律宾华商联合总会凝结华侨力量，确定以“团结全菲华侨配合中菲两国国策，谋求全侨福利，努力发展工商业，增进当地繁荣，加强友好关系”作为发展宗旨。① 针对菲律宾社会的排华和歧视华侨的“涌流”，菲华社会根据华侨大多来自福建闽南、主要从事商业经营，以及主要寓居马尼拉及附近地区的情况，着力强化华社内部自身建设，以提升整体的文化素养和对外形象。主要有以下几个方面：

（一）开展禁赌活动

在马尼拉及近郊等华侨居住集中的地区，盛行“花会”之类形式的赌博，许多华侨沉迷于此而不能自拔。受赌博之毒害，有些华侨无暇顾及自己的生意，致使多年积攒下的殷实家业败落，甚至生意破产倒闭。此外，有时还会发生一些赌红眼的赌徒为翻本去骗取他人钱财或图财害命的悲剧，为菲人所耻笑。广大华侨对赌博之风深恶痛绝，有些华侨强烈呼吁，华社要想发展，则必须禁赌。于是，菲律宾华商联合总会把禁止华侨参与赌博，作为其主要工作之一。为此，商总还专门召开会议商讨具体措施，并通过禁止“花会”有关决议，严格杜绝一切形式的“花会”；敦促“花会”经营者，停止开办“花会”行为；请各侨团维护正义，共同取缔“花会”赌博。

经过商总的大力宣传和引导下，马尼拉及其近郊经营的“花会”，大多自动停止开办这种赌博活动。有的“花会”经营者是菲籍华人，对商

---

① 朱东芹：《冲突与融合：菲华商联总会与战后菲华社会的发展》，厦门大学出版社 2005 年版，第 62 页。

总的劝告并未理睬。为此，商总即与当地治安机关配合采取行动，迫使这些“花会”限期停止活动。从此，危害华社的赌博恶习终于销声匿迹了。禁赌活动说明，华侨社会开始注意提高华侨素质，加强内部建设，并得到广大华侨的支持。

（二）倡导移风易俗

在菲律宾社会中，华侨社会因经济条件较好，历来被菲人认为是富有群体，而华侨社会的浪费之风，尤其是一些华侨的过分奢侈行为，也往往成为菲人嫉妒与仇视的口实。[①] 商总成立之后，为了消除华社的不良风气，即在华社倡导节俭朴素的风尚，把节余的钱用于慈善和公共事业。为此，商总决定首先举办大型的华侨集体婚礼，作为提倡勤俭节约活动的开端。1954 年 8 月，商总为鼓励青年男女参加其主办的集体婚礼，发布了具体的细则和办法。这项活动对于华侨青年十分有吸引力，愿意参加者只需持身份证和照片前来报名即可，婚礼的具体事宜都由商总负责办理，并承担举办婚礼的全部费用。在 1954—1956 年间，商总举办过 7 次集体婚礼，共有 40 对新人参加。倡导移风易俗，提升了华侨对外形象，此举对改善侨社奢侈之风起到了导向作用，也逐步改变当地社会眼中的华侨印象。

（三）重视家庭教育

对于儿童青年的培养学校教育固然重要，但学校教育只是教育的一部分，完整的教育体系还应包括家庭教育和社会教育。也就是说，学校教育不是唯一的评价标准，家庭和学校对于儿童的教育应该是相辅相成的。[②] 第二次世界大战前，作为商业社会的菲律宾华侨社会，一般华侨家庭大多从事工商事业，父母终日为生计操劳，很少能够匀出时间来指导儿女的学习，甚至许多家长文化程度不高，没有能力来辅导儿女学习。一般家庭多把儿女的教育责任付诸学校，在华侨生活中，除了道德传统

---

① Lily T. Chua, “On austerity and extravagance” in Teresita Ang See and Lily T. Chua, eds., *Crossroads: Short Essays on the Chinese Filipinos*, Manila: Kaisa Para Sa Kaunlaran, Inc., 1988, pp. 79 - 80.

② Rosita Tan, “The other side of education—The parents” in Teresita Ang See and Lily T. Chua, eds., *Crossroads: Short Essays on the Chinese Filipinos*, Manila: Kaisa Para Sa Kaunlaran, Inc., 1988, p. 67.

的影响以外，家庭教育还没有完善起来。[①] 第二次世界大战后，菲律宾华侨社会有一种好的风气，就是愿意花钱让子女受教育。[②] 一般华侨家庭都能使子女受大学教育，其中多数入本地大学，少数赴台湾或大陆升学。至于较为富裕的家庭，送子女赴美国留学较为时尚。华侨能使子女接受较高程度的教育，一方面是认识到时代的进步，没有较完整层次的教育，以后在社会立足比较困难；另一方面，华侨受菲律宾教育普及的影响，看到菲人在知识方面的长进，认识到今后的华侨决不能像过去那样，只凭勤俭就可以建家立业，这种认识上的转变为华文教育开拓了广阔的空间。

有些华侨虽重视子女的教育，在主动发挥家庭教育的功能方面还远不够。华侨教育界往往感慨家庭不能与学校配合施教，许多家长把子女送到学校就认为尽到责任。他们还是把教育子女的责任归结为学校，如果子女性格不驯，他们就归咎学校教育与监管不严，这是大多数漠视家庭教育作用的通病。随着华侨社会的进步，年青一代的家长多数曾受过良好的教育，与老一辈华侨相比，教育子女是不成问题的。另外，一些在商业上成功的华侨，每天忙于照顾生意，没有时间和精力管教子女。特别是经营小零售业和菜籽店的华侨，他们店铺的销售对象是贫苦菲人，这种小店一天要工作 16 个小时以上，等店铺关门后家长已筋疲力尽，无力再帮教孩子。这一类家长确实是希望学校能够负起他们子女教育的全部职责，但尽管如此，家庭教育仍然是绝对不可缺少的。

华侨自古有勤学的优良传统，虽然自己没有更多时间照顾教育子女，但他们还是极为重视家庭教育，通过传教儒家思想和中国伦理道德，来维系中国化的传宗接代。家长的修养和品格直接影响到孩子，以言传身教来辅助学校教育。[③] 负有责任心的家长常常把教育子女的任务交给母亲完成，因为在家庭教育的环节上母亲可能比父亲更为重要。菲律宾华侨

---

① 梁兆康：《华侨教育导论》，台北：海外出版社 1959 年版，第 66 页。

② ［菲］陈烈甫：《菲律宾华侨教育》，台北：海外出版社 1958 年版，第 203 页。

③ Rosita Tan, "The other side of education—The parents" in Teresita Ang See and Lily T. Chua, eds., *Crossroads: Short Essays on the Chinese Filipinos*, Manila: Kaisa Para Sa Kaunlaran, Inc., 1988, p. 68.

家庭一般较为富裕，作为华侨母亲是无须操劳工作的。[①] 因此，能给子女以较为完善的家庭教育，有些殷富人家还聘请家庭教师教育子女，他们知道学校、教师和家长三方面密切配合，才能获得教育的最佳效果。

第四节 华社动荡与认同转向

菲律宾独立后，广大华侨试图积极参与国家建设。然而，主流社会并不接纳已为当地做出贡献的华侨。马卡帕加尔就任总统后，实行利用华侨推动国家经济的政策，菲华两族矛盾得到缓和。为了适应在菲律宾社会生存的要求，华人族群积极承担社会责任，华社不断调整功能和宗旨，由服务于华社转为服务于全菲社会。随着菲政府对华侨政策的改善，华侨社会逐渐向华人社会转变，标志着华人的政治认同开始倾向于当地。

一 华人社团的融合之路

第二次世界大战后，东南亚许多国家相继出台华侨政策，旨在使华侨加速融入当地社会。可是，菲律宾却逆其道而行，制定“菲化政策”排斥华侨。然而，华人族群忍辱负重默默地承担起责任，力所能及地奉献社会。在族群关系缓和的情况下，华人社团带领华侨主动参与国家建设，华社的组织目标、社团功能和开展的活动等，都突破华人社会圈子，转而以当地大社会为取向。

（一）社会功能的扩大化

最初海外传统型社团主要是以“敦亲睦族、联络乡情、团结互助、共谋发展”为宗旨，如宗亲会、同乡会、商会和行业公会等，其功能完全是囿于华人族群。第二次世界大战后，许多传统社团组织目标扩展为“乐助当地公益福利事业”。如善举公所提出以全社会的慈善、救济、教育等公益事业为目标。[②] 公所建立的护士学校也开始招收菲律宾人，而且

① ［菲］陈巧琦：《华文教育的另一面——家长》，载［菲］洪玉华、蔡丽丽：《十字街头——菲华社会文集》，马尼拉：菲律宾华裔青年联合会，1988 年，第 72 页。

② 《菲律宾华侨善举公所九十年纪念特刊》，马尼拉：菲律宾华侨善举公所，1968 年，丙，第 25 页。

捐助菲律宾的福利机构和红十字会。菲华商联总会更是在其组织宗旨中明确指出："协助促进菲律宾工商事业之发展，鼓励对农村之投资以加速农村之发展。"① 马卡帕加尔就任总统后，华侨处境大为好转，商总的社会功能已不仅囿于华侨社会，意味着菲华社会逐步融合当地，华侨社会的认同发生了根本性的转化。有学者指出，华人应树立对菲律宾社会的责任感，作为一个少数民族社会，既要以正当手段力争合法权益，也要为菲律宾社会多做贡献。②

（二）经济功能的当地化

菲律宾的华人行业公会和商会，是以商贸为主的传统华人社团。这些社团均以谋求华商的联合、团结、提携和共存共荣为目标。其功能仅限于华侨社会，甚或行业内部。第二次世界大战后，华人社团不断参与社会活动，商会还确立"谋求菲国经济发展""繁荣菲国经济建设"和"促进地方经济建设发展"等新内容。③ 商总作为商会的领头羊，"衷诚与菲律宾政府合作，支持政府的经济及其他发展计划，以增进国家的繁荣"的目标。④ 因此，华人商会纷纷与工商界加强联络，谋求在菲律宾经济建设中发挥更大的作用。随着华人商会和行业公会等华人社团经济功能取向的当地化，有些社团为适应环境变化的需要，开始吸收菲律宾商人加入社团中。如 1952 年组建的马尼拉"新市场华商联合会"，就是马尼拉利未索惹区纺织品零售商的联合组合。60 年代，该会吸纳了社区内的菲律宾商人入会。1963 年社团更名为"菲律宾新市场联合会"。至 80 年代初，该会已拥有菲华两族会员 130 余家。⑤ 总而言之，华人经济在菲律宾社会环境的影响下，从单一商业部门向多元经济转化，从而与菲律宾社会发展关系更加紧密，形成休戚与共、唇齿相依的态势，成为当地

---

① 《菲华商联总会简介》，马尼拉：菲华商联总会，1993 年，第 1 页。

② Teresita Ang See, "A cultural and not an alien minority," in Teresita Ang See and Lily T. Chua, eds., *Crossroads: Short Essays on the Chinese Filipinos*, Manila: Kaisa Para Sa Kaunlaran, Inc., 1988, p. 96.

③ 宋平：《论战后菲律宾华人社团的当地化》，载《厦门大学学报》（哲学社会版）1995 年第 3 期。

④ 《菲华商联总会简介》，载《第十届世界华商大会特刊》，马尼拉：菲华商联总会，2009 年，第 32 页。

⑤ ［菲］邓英达：《我在商总三十年》，马尼拉：菲华商联总会，1988 年，第 202 页。

经济不可分割的部分。①

（三）政治功能的主流化

第二次世界大战后，菲华社会逐渐向定居社会转化，华侨加入菲国籍后成为当地华人，在法律上已成为菲律宾国民。当地出生的新一代华人所占比例越来越大。这一群体在思想意识、价值观念和心态上，大多已经取向菲律宾大社会，希望通过自身的努力争取华人合法的地位与权利。1970年，菲律宾一些以知识分子为骨干的华裔青年，组织成立了一个名曰“合一协进会”的社团。其宗旨是为华人争取合法权利，以促进华人融入菲律宾大社会。② 应该说，“合一协进会”的产生并不是个案，它有深厚的华人社会的土壤，代表了广大华人族群的心声。1979—1980年，该会主要成员在《东方日报》上开辟了“十字街头”专栏，就菲华社会问题连续发表了100多篇文章。其中有文章指出，华侨加入菲律宾国籍后，其政治认同自然应以当地为取向。还有文章指出，华人应是菲律宾多民族的组成部分，应该使自己成为当地的少数民族。③ 商总更名后，其政治功能已趋向于整个菲律宾社会。需要指出的是，华人族群要谋求正当权益，就必须以菲律宾为自己国家，以华族在内的各民族为最高利益，将自己融合进当地大社会；另一方面，菲华之间要真正实现融合，又必须确保华人在大社会中的正当权益。

二 华侨社会的纷争与分裂

菲律宾华商联合总会成立后，一方面商总积极为会员服务；另一方面始终为全民谋福祉，服务并不局限于工商业，以增进相互理解和友谊为准则。④ 其首要职责还是与“菲化运动”进行斗争，缓和菲华矛盾，解

---

① ［菲］吴文焕：《经济利益的日趋一致：从生产方式看战后菲律宾华人经济的变化》，载《战后海外华人变化感觉下史研讨会论文集》，中国华侨出版社1990年版，第100页。

② ［菲］洪玉华、蔡丽丽：《十字街头——菲华社会文集》，马尼拉：菲律宾华裔青年联合会，1988年，前言。

③ Teresita Ang See, “A cultural and not an alien minority,” in Teresita Ang See and Lily T. Chua, eds., *Crossroads: Short Essays on the Chinese Filipinos*, Manila: Kaisa Para Sa Kaunlaran, Inc., 1988, p. 18.

④ 《菲华商联总会简介》，载《第十届世界华商大会》，马尼拉：菲华商联总会，2009年，第32页。

决华侨社会发展的困境。商总带领华社抗击“菲化运动”过程中，未能取得十分明显的成效。马尼拉中华商会便借机对商总大加指责，导致华侨社会内部冲突再度激化。同时，菲国会在赢得零售商菲化案后，菲化提案的数量逐年递增，几乎达到“无案不菲化”的地步，华侨社会与菲政府不断产生新的冲突。

（一）华社的内部矛盾

零售商菲化案的最终通过，使许多华侨对商总感到失望。1960 年 6 月，商总第 3 次代表大会上，有奎松省的华侨米麦商人发表意见说：“我们再不能只依靠商总了，各地的商会应该自发自觉地起来，展开抗争工作！”达沃中华商会在提案中也指出：“商总外交工作未能使人满意……”怡朗中华商会负责人则表示：“靠金钱说话不是办法，搞好国民外交才是正确手段。”《华侨商报》则公开表明了对商总的不满：“零售商菲化案的惨痛经验，使我们无法安心，当时零售商菲化案被国会通过后，等待总统采取行动时，因为相信有关抗争当局的否决保证，结果在他们的要求下，我们始终保持了沉默。然而，零售商菲化案却在我们的沉默中被批准施行了。”针对《华侨商报》的指责，商总在议程中列入谴责《华侨商报》的提案，反击它“滥用新闻自由，刊发谬论，歪曲事实，分化侨社，阴谋推翻商总。”对此，《华侨商报》发表了《谁在阴谋分化侨社?》的文章对商总进行反驳，并呼吁：“用我们唯一的武器——笔杆，来激发、发动全侨的力量，跟当局配合，积极加强和推动我们的抗争工作。”① 商总大会随后又通过了一个名为“严正声明、以正视听”的议案。《华侨商报》则随即对商总大会通过的针对该报的提案斥为“不合议事程序，非法通过。”② 对于双方的纷争，《侨报》发表了题为《由商总商报不愉快事件论批评与自我批评》的社论，阐明新闻自由的准则和侨社领袖应有的雅量，只有这样社会才能进步。

1960 年 7 月，菲国会通过米黍业菲化案。1961 年 1 月又通过劳工菲化案。《华侨商报》总编辑于长庚以“超森”为笔名发表了《束手待毙》《争取修改不是办法》和《再谈劳工菲化》等文章攻击商总。商总秘书长

---

① 《谁在阴谋分化侨社?》，载［菲］《华侨商报》1960 年 6 月 26 日。

② 《侨报》1960 年第 3 卷第 5 期，第 5 页。

邓英达则撰文反驳，双方展开激烈笔战。后来，于长庚又发表了《修改是自取灭亡》和《我不做邓英达的帮凶》，邓英达便反唇相讥，指责其“试问良心何在?”商总和商报的争论使华社的分歧不断升级，成为华侨社会轰动一时的新闻。菲律宾华文报刊曾对此进行过详细报道。后来《侨报》全文发表另一篇题为《论商总秘书长与商报主笔之笔战》，署名为“严重”的文章，指出商总和商报的争论已经不再属于正常的讨论，而沦为了谩骂和相互攻讦。①

由于商总在维护华人社会权益中不断失败，很多人发出了“商总是否有必要存在下去”的声音，而始作俑者就是马尼拉中华商会。在商总酝酿成立之初，马尼拉中华商会便从中作梗，直到最后才不得不同意组建商总，但对商总要其成为会员的要求始终未予正面答复，这表明马尼拉中华商会不甘心落败于商总的心态。于是，在商总抗争菲化案频频失利的状况下，马尼拉中华商会借机煽风点火，不断制造事端。同时，菲律宾工商部严厉执行零售商菲化案，“新例初行难免疑问繁多，相关条文更不乏不明确的地方，惟举凡公司改组、迁移店址、转业经营及店东死亡的清理店务等问题欲又皆受此律规范，不少华商无所适从，只好纷纷求助商总。”② 而此时商总正陷于内外交困的境地，面对众多纷繁复杂的事务，难免出现一些纰漏。因此，许多未能从商总得到帮助的华侨便怨声载道，整个华社也处于分崩离析的危险之中。面对华社指责的声音，面对抗争菲化案一再受挫的事实，甚至有人提议，要求商总向台湾驻菲“大使”段茂澜集体辞职，将护侨的责任转交“大使馆”。

（二）华社的外部冲突

1960年，菲律宾的百日国会刚刚开始，包括木材、食品、渔业、劳工和教育等在内的各种菲化案纷至沓来。尤其是当时适逢菲律宾遇到天灾，造成粮食歉收而导致米价上涨，米黍业菲化案成为瞩目的焦点。菲国会议员对于米黍业菲化案的意见也并不尽相同，19名众议院议员联名提出米黍业菲化案后，就有许多议员表示质疑。这其中包括当时身为参

---

① 《侨报》1961年第4卷第2期，第4页。

② 张存武、王国漳：《菲华商联总会之兴衰与演变：1954—1998》，台湾“中央研究院”，2002年，第55页。

议员的马科斯，他就质问“政府当局是否有经济政策，不要胡乱菲化，以免吓走外资。”① 针对菲国会内部对此案存在的分歧，商总遂决定采取因势利导和主动出击的策略，加强与反对菲化的议员进行沟通交流。而对倡导菲化的议员进行说服，尽量使其改变主意。经过商总的积极运作，华社侨领的不懈努力，米黍业菲化案有了缓和的迹象。就在此时，台湾当局邀请菲律宾政府组团访问，菲方也积极回应。1960 年 5 月 2 日，加西亚总统赴台湾访问，临行前他还公开表示不赞成米黍业菲化，华社也认为短时间不会通过此案。

但出乎人们的意料，加西亚总统回国后不久，参议院就迅速通过了该菲化案，没有给华社以喘息的时间。② 使商总措手不及，只能设法阻止众议院立案。为了通过此次米黍业菲化案，主张菲化的议员们做了精心的策划。他们知道商总会利用“国民外交”做工作，就事前放出风声，称华侨正企图以巨资收买议员。结果“受贿”的罪名无形中钳制了部分议员的正义，使米黍业菲化案在众议院通过。由于参议院与众议院的此项法案内容不同，也就不能进入立法程序，而此时本届国会即将结束。所以，华社侥幸地认为这项菲化案不会通过。然而，与零售菲化案如出一辙，加西亚总统迫于各方的压力，在国会闭会前两天将该案再次列为“紧急要案”，咨请国会通过。但是商总并没有放弃努力，联合米业商会继续上书总统，陈述利弊关系以获得否决。6 月 21 日，加西亚总统终在这一法案中行使否决权。而在随后的国会特别会议上，参议员小奥斯敏纳发言暗指加西亚总统，行使否决权是因为接受了华商的贿赂。③ 于是，国会重新对该提案进行讨论，经此“一劫”的加西亚总统为免遭非议，在 8 月 2 日签署了米黍业菲化案。零售商菲化案和米黍业菲化案的通过，使许多经营此行业的华侨被推上贫困线痛苦挣扎。

随后，菲律宾政府颁布了外侨一旦入籍成为菲律宾公民，就不得再参加外侨活动的禁令，此项法令主要是针对华侨来颁布的。按此禁令，

---

① ［菲］邓英达：《我在商总三十年》，马尼拉：菲华商联总会，1988 年，第 22 页。

② 张存武、王国漳：《菲华商联总会之兴衰与演变：1954—1998》，台湾“中央研究院”，2002 年，第 57 页。

③ 《待变前夕的菲律宾华侨社会》，载［马来亚亚］《星洲日报》1960 年 11 月 28 日。

华人如果继续参加华侨社团的活动，将可能被取消菲国公民权，其外汇配额也会被全部取消。① 此令一出，华人社会顿时陷入一片惶恐之中。无论商总还是各地商会的理事中，已有很多人加入菲律宾国籍。此后各地中华商会的理事长和理事迫于生存的危机，有很多人不得不辞去华社职务，商总理事和监事也人人自危。这项禁令对商总影响颇大，当时商总召开会议往往召集不到法定人数。商总被推上了风口浪尖，而华侨社会也处在不知命运将何去何从的困顿之中。

三 华社政治认同的转向

商总作为菲华全侨最高领导机构，对内凝聚华人力量，团结、协调和解决华侨事务，维护华人在主流社会的合法权益，谋求华社的进步与发展。商总是在战后菲律宾民族主义思想高涨，政府奉行“菲人第一”政策，菲华社会人心惶惶的历史背景下产生的，因而在成立后相当长时间内，商总的主要政治活动就集中在抗争不合理的菲化法案，消弭菲华矛盾上。② 然而，随着“菲化运动”的不断升级，商总在抗击菲化案失利时，引起华社的强烈不满，导致华社内部分裂。在菲政府改善华侨政策后，商总毅然带领华社走向主流社会。

（一）华社的艰难处境

菲律宾华侨社会把化解菲化案的希望寄予商总，如果菲化案立法成功并付诸实施，大部分华侨将被迫离开赖以生计的行业，丢掉养家糊口的饭碗，这将会给众多华侨带来毁灭性的打击。零售商菲化案和米黍业菲化案施行，甚至使经营这些行业的华侨陷入绝境，引起华社的极度恐慌。菲政府一面推行菲化政策，一面严格限制华侨加入菲籍，使华侨陷入无路可走的地步。在这样双重夹击之下，华侨为了继续生存下去，选择了不同的发展道路：有财力的华侨，大多走上了归化之路；还有一些人与有菲籍且有资本的华人合作经营，由菲籍华人出面投资，原来的经营者则变成雇员，而实际上负经营之责；与菲律宾人有亲属关系的华人

---

① ［菲］邓英达：《我在商总三十年》，台北：菲华商联总会，1988 年，第 116 页。

② 宋平：《继承与嬗变：当代菲律宾华人社团比较研究》，厦门大学出版社 1995 年版，第 137 页。

则邀请亲戚与之合作，由其出面经营；许多小本经营的华侨，则采用雇菲律宾人为傀儡的方式，让他们充作店东，自己则暗中掌控生意，以至于菲律宾制定了反傀儡律来对付这种做法；还有不少华侨与菲律宾女子通婚或同居，由妻子一方出面领取执照经营。[①] 华侨运用以上办法虽可以渡过难关，但有些毕竟是权宜之计，不能改变华侨社会不安定状况。

在冷战的背景下，中国与菲律宾没有建立外交关系，使持有中国护照的侨民无法得到应有的保护，而大多数持有台湾护照的华侨，也得不到强有力的外交保护，毕竟台湾当局不是华侨的“官方代表”。禁侨案发生时，这些所谓的“逾期旅客”，时刻有被遣配和驱逐的危险。由于菲律宾政府减少乃至停止中国移民配额，不少华侨家眷便以短期旅游的身份来菲，并一再延期，成为合法入境的违法居留者。当时“逾期旅客”的人数曾多达2745 人。[②] 因为菲律宾一贯坚持反华立场，双方在没有建交的前提下，按照惯例菲律宾不能向大陆遣送华侨。而菲律宾把华侨遣送到香港的要求，又遭到港英政府的断然拒绝。至于遣配台湾的要求，也被台湾当局婉言拒绝。于是，菲律宾不得不对华侨进行重新登记，让华侨以按时缴纳保证金的方式，一次又一次延期。菲律宾政府的这种做法，对华社的心理造成了严重的负面影响。

菲华著名学者施振民认为：“禁侨案可说是百年来菲华社会最严重的一次灾难”。[③] 菲化案的陆续实施，禁侨案的悬而未决，致使旅菲华侨成为无根无叶的边际族群和无法扎根的漂泊群体。“菲化运动”滥觞之时，华侨整天提心吊胆，惶恐不安，因为他们毕竟已经适应菲律宾的生活，害怕有朝一日被赶出菲岛。正如菲华诗人云鹤在诗《野生植物》中写道：[④]

有叶/却没有茎/有茎/却没有根/有根/却没有泥土/那是一种野

① 郭梁：《试论战后菲律宾政府的华侨政策》，载《华侨华人历史研究》1986 年第 3 期。

② ［菲］陈烈甫：《菲律宾的历史与中菲关系的过去与现在》，台北：正中书局 1968 年版，第 326 页。

③ ［菲］洪玉华：《华人移民——施振民教授纪念文集》，马尼拉：菲律宾华裔青年联合会、拉刹大学，1992 年，第 187 页。

④ 庄钟庆：《东南亚华文新文学史》，人民文学出版社 2007 年版，第 545 页。

生植物/名字叫华侨

1954年3月，商总成立大会邀请麦格赛赛总统参加理事长就职典礼，当时麦格赛赛对商总及侨社给予了鼓励，敦促其支持当局的政策。此后商总召开第一次（1956年）、第二次（1958年）、第三次（1960年）代表大会时，由于“菲化运动”处于激化时期，商总就没有邀请总统出席。[①] 商总带领华社抗争菲化案和禁侨案遭遇的挫折，使华侨社会处在最不稳定的时期，就连商总理事长也无人愿意担任。杨启泰才不得不勉为其难，违反商总章程一再连任。1960年杨启泰第三届任期结束，但仍无人愿意接任，杨启泰只好再做一任。受菲化浪潮的影响，华社的处境更为艰难。当时菲政府禁止入籍外侨继续参加侨团活动，而商总理监事中有很多人已经加入了菲籍，平时开会总有人以各种理由缺席，理事长职位自然也成了“烫手的山芋”。1962年7月，原定召开商总第四次代表大会，杨启泰对外界声称拒绝出席会议。理由是，由于章程和制度问题，其本人不愿违背；如果再度出任理事长对商总以及华侨社会是害多于利。[②] 由此可见，当时菲华社会的处境是多么凶险。

（二）商总更名与认同转向

1962年，马卡帕加尔就任总统后，采取利用外资推动本国的经济发展，并放弃极端民族主义的经济政策。在出席商总的第4次代表大会上，马卡帕加尔面对150多名官方人士，在演讲中强调“菲律宾将永远保持那些守法商人的权益，使其可获得宽容大量的待遇”，并敦促商总“以其领导地位，积极与菲人合作，特别是提出建设性的发展意见”。菲律宾众议长维拉诺在演讲中也指出，商总是“领导商人的有力组织”，对“菲国的全面稳定与繁荣负有很重要的工作”。[③] 菲律宾新政府的态度转变，无疑给华侨社会以巨大鼓舞。对于菲政府华侨态度的转变，商总也做出了积极的反应。为表达配合菲政策的经济发展政策，商总将“菲律宾华商联合总会”更名为“菲华商联总会”，充分显示了华社促进菲华融合的态

① ［菲］邓英达：《我在商总三十年》，马尼拉：菲华商联总会，1988年，第118页。

② 《今后菲华资金去路的探讨》，载［马来西亚］《星洲日报》1962年10月17日。

③ 《商总第五次大会召开》，载［菲］《华侨商报》1962年9月19日。

度，并“忠诚于全菲人民最大利益的精神”。[①] 随后新任理事长顺利产生，由前任副理事长蔡孝固担任。

1966 年，已担任两届理事长的蔡孝固卸任，新人选又成了问题。虽然马卡帕加尔总统时期，“菲化运动”已逐渐降温，但华社的处境并未根本改变。当时理事长人选有两个，即蔡文华和高祖儒。鉴于高祖儒与马科斯总统关系甚笃，商总力推高祖儒担当此任，但高祖儒表示不感兴趣。台湾当局驻菲“大使”杭立武出面，力劝高祖儒遭到拒绝。无奈之下，采取“抽签”方式决定理事长，结果高祖儒被抽中，他心情非常沮丧和沉重。[②] 可见，当时商总理事长真是个烫手的山芋，也反映了华社处在多事之秋。不过，高祖儒上任之后，随着马科斯政府华侨政策缓和，华社和商总境况日益好转。有意思的是，商总理事长又逐渐变成你争我夺的“香饽饽”。“抽签”门事件，也成了后人眼中匪夷所思的一段历史。[③]

（三）华社前进的新路向

菲华商联总会理事长由“冷”变“热”，是华社发展历程的分水岭。高祖儒上任以后，积极加强与政府的沟通与合作。一方面，为使菲政府更多了解华社的立场，增强与华侨合作的信心，高祖儒率商总理事会向马科斯递交决议书，表明华侨对新政府承担应尽责任和义务的诚意。在诸多华社活动的场合中，高祖儒经常呼吁：“菲律宾的华侨华人绝大部分从事各种工商业，希望努力配合菲律宾的各种经济发展战略，来促进国家经济发展。只有整个国家取得经济的进步和发展，华侨才能获得工商业上的利益……”华侨与菲律宾政府“均应推诚相与，共同力行，只有菲律宾经济繁荣，社会安定，华侨的事业才能获得保障与发展。”[④] 与此同时，商总也努力推进华侨与主流社会关系的发展，在繁荣菲律宾经济的环境下，增进菲华民族的理解与友谊。如 1967 年 3 月，菲律宾遭受农

---

① ［菲］知心：《今后菲华资金去路的探讨（上）》，载［马来西亚］《星洲日报》1962 年 10 月 16 日。

② 高庆生：《商总的诞生与壮大》，载［菲］《菲华年鉴》，马尼拉：菲华商联总会，1965 年，第 95 页。

③ 朱东芹：《冲突与融合：菲华商联总会与战后菲华社会的发展》，厦门大学出版社 2005 年版，第 75 页。

④ 庄炎林：《世界华人精英传略·菲律宾卷》，百花洲文艺出版社 1997 年版，第 203 页。

业自然灾害，粮食减产造成米价上涨。高祖儒召集华侨米业经营者商议，决定舍弃自己的利润来平抑米价，帮助政府维护社会稳定，此举得到马科斯总统的赞许。①

1970 年，菲律宾银行实行浮动汇率制，致使许多商品的生产成本增加，引起物价快速上涨。商总再次出面协调，建议华商尽其所能帮助政府平抑物价，并得到华商的响应。商总还积极支持总统的增税政策和节约运动等，这些积极的行动都受到马科斯的赞扬和嘉奖。②

在商总的促进下，华社与主流社会之间的互动得到加强，菲政府官员更加关注华人社会，族群关系进一步融洽。在这些有利因素的影响下，商总的护侨工作十分顺利。如经过商总出面与政府协商，废除了蔬菜、报业和银行等领域的菲化案，也取消了禁止菲律宾公民参加外侨团体活动案等。总的来说，在马科斯担任菲总统和高祖儒担任商总理事长期间，华社发展十分顺利，华侨的处境和地位得到前所未有的改善，华人族群声誉日益提高。

1999 年 3 月，商总第 22 次代表大会上，与会者对商总的发展各抒己见，显示出对商总和华社的关心。③ 商总自董尚真就任理事长重新定位，杨海章承袭其方针路线，商总发挥着前所未有的作用。舆论的关注既反映了华社对商总改革的肯定，也体现了他们对商总所寄予的厚望。大会通过了 16 项提案，其中包括：加强文宣工作，促进华菲两族相互了解案；开发农业，培养接班人，鼓励华裔参政案；鼓励华裔青年攻读农科，为国家培养应用人才案；鼓励华裔参军、参政及培养各类人才案；商总加强与菲律宾大社会融合，争取主流社会的认同，消除不必要的误解案；敦促菲华团体悬挂菲律宾国旗案等。提案体现了华人族群立足菲律宾，立足于菲华关系的精神，强调与菲律宾大社会融合，争取主流社会认同的重要性。

这次代表大会，商总还通过了与华社有关的提案：肃清华社害群之马，杜绝毒品，提高华社声誉案；设立人才交流机构，协助失业人士就

---

① Daily Exoress, February 26, 1974, p. 4.

② "Traders to Stabilize Prices", in *Daily Express*, February 26, 1974, p. 1.

③ ［菲］立菲：《商总应发挥更大的领导作用》，［菲］《世界日报》1999 年 3 月 14 日。

业案；创立菲华青年活动中心案；配合各宗亲会继续举办集体婚礼案；兴校富民乐育英才案等。可以看出，华社提升自身文化素养，促进华人融入主流社会的路向。

第九章

华人的文化调和与适应

“戒严政府”期间，马科斯政府对华侨政策改弦易辙，采取了公平接纳华侨的态度，使他们成为菲律宾社会的公民，化解了“菲化运动”给华侨带来的生存危机。应该说，“戒严政府”是菲律宾华侨史上的分水岭，华侨社会开始向华人社会过渡。从此，菲律宾华人地位不断提升，华人社会的处境日益改善，华人族群主动融入大社会中。需要指出的是，命运多舛的华人社会，逐渐演变成为一个异质群体，归化入籍后的华人，已经由侨居客转变为当地华人，他们的国家认同发生了转变。与此同时，菲政府“坚定”地实施教育菲化，试图极力抹去华人的民族特性，使他们彻底融入当地社会中。族群文化是一个民族的重要特质和标识，既使华人社会政治属性明显趋向当地化，华人社会的文化属性却十分复杂，传统的文化习俗、宗教信仰和民族心理，特别是悠久灿烂的中华文化，无疑对他们的文化认同起到守护作用。在华文教育菲化之后，华文教育走入艰难境地，教育体制和目标发生了根本变化。华人社会为了适应生存发展，作为保持华人文化特质的重要阵地，华文学校的教育内容在不断调和。华人族群在融入主流社会进程中，必然导致文化碰撞，不可避免地产生彷徨与焦虑。然而，必须承认融合是历史的必然，华人社会已正视和接受这个事实。特别是，华校把华裔青年培养成为具有中华文化气质的菲律宾公民，已成为华人社会的普遍共识。幸运的是，“戒严政府”之后，马科斯逐步放宽少数民族教育，推行多元文化共存的政策，虽有教育菲化案的“阴影”，华文教育还是“有条件”存在下来，华人文化仍在“风雨”中得以延续。在现代与传统中的互动中，华人文化不断经历着演化与重塑，并展现了富有特色的菲律宾华人文化。

第一节　“戒严政府”时期华侨社会演化

1972 年 9 月 21 日深夜，菲律宾总统马科斯以应对“虎克党”和新人民军的颠覆政府行动等为由，签署“108 号公告”，宣布全国实施临时紧急戒严，并集各种权力于一身，将国家置于军事管理之下。[①] 随后，马科斯施行了一系列措施，以平息社会秩序混乱、遏制不断频发的恶性犯罪、解决严重的贫富经济问题等。同时，马科斯一再声明，戒严是为了挽救共和国的命运，最终建立一个合理公平的新社会。然而，直到 1981 年 1 月，“戒严政府”才得以解除，遗憾的是“戒严政府”未能有效促进菲律宾社会的繁荣与稳定，反而践踏了自由、民主和政治，从而引发了社会的极度动荡。但这期间，马科斯为了利用华人推动菲律宾经济发展，改变此前限制华侨的菲化政策，而是接纳华侨加入菲律宾国籍成为当地公民。广大华侨终于走出被排斥的“阴霾”，生存处境明显改善，华侨社会向华人社会转化并融入主流社会。与此同时，马科斯对华文教育实行“彻底”的菲化政策，也极大阻碍了华人族群文化的传承与发展。

一　马科斯“戒严政府”的形成

1946 年菲律宾独立后，罗哈斯（Manuel Roxas）政府即把振兴经济摆在“强国战略”的首要位置。但由于长期遭受西班牙和美国的殖民统治，菲律宾原住民对发展经济缺乏信心，尤其是对于外侨在商业上的优势如鲠在喉。为此，大批民族主义者要求执政者清除“殖民经济的残余”，保护原住民建立“自己的”商业体系。为排斥菲律宾外侨尤其是华侨，菲政府推行了“菲化运动”，旨在获得所谓的经济上的“独立”。

（一）“菲人第一”理论

基于美国与菲律宾间存在的特殊关系，菲律宾政客们对“在国家经

---

① 姜兴山：《试析菲律宾“戒严政府”时期华侨社会的演化》，载《世界民族》2016 年第 2 期。

济利润中，占有远远大得多份额的美国人却总是三缄其口。"① 反过来却大肆渲染所谓的"海登神话"，极端民族主义者进而也歪曲称：殖民时期华侨已"控制"了诸如商品零售等基础经济行业，他们既有经验和资金，又会投机取巧，根本无法与之竞争，而这些商业完全可以由菲律宾人取代。因此，菲律宾政府没有在国家经济规划上下功夫，却错误地在华侨身上大做"文章"，认为排挤掉华侨就能实现他们经济崛起的目的。相比之下，菲律宾的土著人懒散而又不守信用。由此，造成他们只知占据天时经营农业，而不知从事商业经济的缘故。②

罗哈斯总统执政不久，就迫不及待地通过立法手段，利用国家机器对土著人提供商业"保护"，试图以此来实现"经济民族化"的目标。许多政客也哗众取宠，大捞所谓爱国的政治资本，菲律宾社会处在民族主义的"膨胀"之中。第二次世界大战后初期，一些东南亚国家相继取得独立，对华侨采取限制、排斥虽不能说步调一致，但彼此相互效仿。此时中国处在内战，国民政府自顾不暇，外交护侨能力有限，华侨是名副其实的海外孤儿。在政客和民族主义者的鼓动下，攻击华侨的舆论甚嚣尘上，排斥华侨商业的菲化法案层出不穷，华侨社会受到严重冲击。菲政府一面施行经济菲化政策，极力遏制华侨经济的发展；另一面又严格限制华侨加入菲律宾国籍，使华侨成为游走于菲律宾社会的"边缘人"。③在第三任总统加西亚在位时，还变本加厉地提出"菲人第一"理论④，即菲律宾一切权利原住民都有优先权，只有如此，才能保持菲国的独立和尊严。⑤ 出台的法案几乎达到"无不菲化"的程度，致使广大华侨面临严重的生存危机。然而，"菲化运动"并未收到预期的效果，反而打乱了社会的经济秩序。在政府部门，有些官员贪赃枉法，滥用职权，甚至还明

---

① ［英］维克多·帕塞尔：《东南亚华人》，牛津大学出版社1980年版，第549页。

② ［菲］陈烈甫：《菲律宾与中菲关系》，香港：南洋研究出版社1955年版，第14页。

③ "经济菲化政策"就是只允许菲籍的公民经营某些行业，而限制外侨涉足，特别是国计民生密切相关的行业。载刘家驹《菲律宾菲化运动之研究》，香港：学津书店1983年版，第67页。

④ "菲人第一"理论的基本内容是：菲律宾是菲律宾人的菲律宾，不是美国人、西班牙人、中国人、日本人的菲律宾，菲律宾应该为菲律宾人所有。超森：《"菲人第一"的滥用》，载［菲］《华侨周报》1960年3月13日。

⑤ 《加西亚总统在菲工商协会餐会上演讲辞》，［菲］《华侨商报》1959年12月1日。

目张胆的敲诈勒索。日常生活中，食品及常用品短缺，物价不断上涨，民众失业严重，经济一直处于萧条状况，进一步加深了社会贫富的两极分化。

（二）华侨社会境况的好转

1962 年马卡帕加尔就任总统后，他明确表示当务之急不是排斥外侨推行菲化政策，而是加快发展社会生产力，解决农村土地问题，制止市场混乱现象，提高人民的生活水平。可是，经济体制上的诸多弊病，加上土地改革的失败，无法使经济发展迅速走入正轨，经济状况持续萎靡，人民群众普遍处于贫困状态，也未能实现社会公正和根除腐败的任务。[①]随着社会暴力犯罪的不断增多，官员贪腐的日益严重，磨灭了对美好生活的憧憬，人民大众怨声载道。

1965 年马科斯出任第六届总统。他在竞选时就曾许下诺言，国家要优先发展经济、抑制贪污、澄清吏治、打击走私，实现社会的稳定和经济的崛起。马科斯勾勒的蓝图，使菲律宾人民似乎又燃起希望之火。他在就职演说和给国会的国情咨文中都明确指出，菲律宾的经济处在危机之中，他的首要任务就是要拯救经济免于崩溃。[②] 马科斯着手进行一系列改革，在发展农业方面，改变以出口经济为主的结构，着力实现粮食自给自足。在振兴工业方面，优先扶植基础工业，推动国家工业化改革。同时，重点发展交通运输事业，推广小学义务教育，努力提高人民福祉等。然而，菲律宾独立后经济一直没有多大起色，而实现这些宏伟计划需要大量资金。为此，马科斯政府出台了“投资奖励法”，鼓励外国企业来菲投资生产，支援国家经济建设。还否决了一些排斥华侨的经济菲化案，积极吸纳华侨资金推动国家经济的发展。遗憾的是，多年来的“菲化运动”使经济动荡，大多数外侨产业“伤了”“元气”，也造成了许多外国投资者仍持怀疑的心态，犹豫观望不敢出手。这种情况下，政府吸引的外资是极其有限的。由于受到了资金严重短缺的困扰，菲律宾经济仍徘徊在缓速运行的轨道上。

---

① Richard Butwell, “The Philippines: Changing of the Guard”, in *Asian Survey*, Vol. vi, No. 1, Jan. 1966, p. 43.

② 胡才：《当代菲律宾》，四川人民出版社 1994 年版，第 85 页。

（三）“戒严政府”的实施

1969年马科斯成功连任总统，为这次竞选政府共耗费了1.68亿美元资金，随之菲律宾社会急剧通货膨胀，反对党也强烈指责马科斯竞选舞弊，国内政治、经济和社会矛盾进一步激化。随后，中吕宋“虎克党”和新人民军发动推翻政府运动；马尼拉工人发动罢工斗争；南部穆斯林发动“分离主义”活动；左派群众发起包围总统府；国会大厦和美国驻菲大使馆抗议；知识分子和青年学生举行游行示威，强烈马科斯做出不再竞选第三任总统的承诺。这些一浪高过一浪的活动，严重危及了马科斯政权。鉴于形势的复杂性和严峻性，马科斯及其幕僚想到一个“两全其美”的办法，那就是成立临时“戒严政府”，这样既可以用军管手段化解这场危机，又可以保住自己的总统宝座。因为按照宪法的规定，总统不能第三次连任，如果紧急状态时实施戒严法，就可以取消选举，总统继续无限期执政。为此，马科斯精心筹划和缜密部署，借助戒严法的特殊手段来实现自己的“良苦用心”。①

1972年9月21日深夜，马科斯突然在国家电台向全国人民发表演说称，“当前敌人”已经阴谋发动政变，菲律宾共和国已处在十分危险时刻，作为总统只有实施戒严法，才能维护国家的安全与稳定。马科斯下令宣布取消选举、解散国会、停止宪政，由总统行使一切军政权力，并立即对“反叛分子”和“反动人士”进行抓捕。随后，马科斯颁布一系列具体措施，管控新闻媒体、接管政府公共事业、禁止党派开展政治活动、收缴非法持有武器、停止任何游行、集会和罢工等。② 同时，马科斯提出“经济复兴、发展工业、土地改革、改善民生”等计划，并宣称要将菲律宾建立一个公正合理的新社会，实现人民生活的幸福安康。然而，“戒严政府”未能实现既定的目标，却撇开了民主和法制，马科斯独揽大权为所欲为，绝对的权威必然导致绝对的腐败，社会乱象丛生。虽国家经济有所好转，而受益者是皇亲国戚及其朋党，广大菲律宾民众饱尝社

---

① 1989年，马科斯时期国防部长恩里莱向公众忏悔称：1972年前发生的一些爆炸事件，有的是马科斯故意策划的，旨在造成社会混乱为他实施军管寻找借口。载朱幸福《风云诡谲的菲岛政坛》，中国社会科学出版社2002年版，第102页。

② 朱幸福：《风云诡谲的菲岛政坛》，中国社会科学出版社2002年版，第98页。

会分化之苦，社会处于动荡之中。“戒严政府”条款宪法创设的初始目的是，菲律宾民主面临“危机”时，采取的即时补救措施或最后保障。而马科斯本人利用戒严法实行独裁统治，直到1981年1月在人民的强烈抗争下才得以解除。

二　“戒严政府”期间的华侨政策

如果说战前菲律宾民族运动是争取政治独立，那么摆脱美国殖民统治后民族情绪不断高涨，在很大程度上是为获得经济“自理”。然而，可悲的是菲政府把外侨视为经济道路上的障碍，尤其是肆意践踏华侨的商业权利，这种“过河拆桥”的狭隘行为，必然要付出惨重的代价。马科斯深刻意识到这一问题的危害，决定对华侨政策改弦易张，采取重视华侨的作用，促进华侨融入菲律宾社会之中。执政后不久，马科斯就在菲华商联总会第6次代表大会上，充分肯定了华侨对菲国家建设所做的贡献，并希望在实施社会新经济计划中，“要重视华侨扮演的重要角色”。[①]为此，菲政府华侨政策由原来的限制、排斥转变为接纳和利用，特别是“戒严政府”期间，马科斯对华侨政策进行了大规模调整，对华侨社会产生了重大而深远的影响。

（一）放宽华侨的入籍条件

20世纪70年代初，菲律宾提出脱离长期遵循美国外交政策的传统轨道，并在美、日、苏和中国之间建立“多极平衡”的外交战略。中美关系解冻后，菲政府即着手实现中菲建交问题，并提上议事日程。但一个不可忽视的问题就是中菲建立外交关系，意味着菲律宾华侨与故土疏离多年后，可能重新恢复对祖国的血脉情感，他们毕竟还是中国公民。为此，菲政府必须改变过去限制华侨入籍的“离心”政策，而加速华侨同化融入于菲律宾社会，并使华人诚心为国家建设贡献力量。同时，入籍后的华人可以担当对华政治、经济和文化交流的桥梁纽带，也是实现菲律宾“回归亚洲”新战略的重要举措。然而，华侨加入菲国籍的条件十分苛刻，或者说是可望而不可即的。从根本上说，归化道路费时、费钱、费事，具有明显的反归化性质。因此，通过修改入籍法条款，给予华侨

---

① 《南洋文摘》第7卷第12期，香港：新加坡出版社1966年版，第813页。

以菲律宾公民身份才是当务之急。① 1975 年 4 月 11 日，马科斯颁布了 270 号总统令，简化外侨入籍程序和放宽条件，并成立特别归化委员会来加快华侨加入菲国籍。② 6 月 9 日，菲律宾与中国正式建立了外交关系。6 月 23 日，马科斯下令，一举解决了自 1950 年以来拖延了 25 年的“逾期游客”问题，使 2100 多名华侨获得了永久居留权，为华侨入籍创造了更加便利的环境。12 月 3 日，马科斯再次颁布了总统第 836 号政令，进一步放宽申请入籍者的条件，一并解决入籍华人的妻子和子女的国籍问题。1976 年 12 月 29 日，菲政府颁布了第 491 号总统令（主要是修正第 270 号令），为华侨加入菲国籍打开方便之门。相比之下，1969—1974 年间，只有 330 户华侨获准入籍，而 1976—1979 年入籍华侨近 3 万户。③ 1980 年，华侨入籍人数就达到 38912 人。④

（二）鼓励华人开辟新领域

20 世纪 50 年代至 60 年代，菲律宾工业以制造“代替进口”的消费品为主，而没有发展基础工业和面向出口工业，致使菲律宾工业经济十分薄弱。1973—1980 年间，马科斯实施经济改革计划，推行“新经济政策”，加大力度发展制造和出口工业，经济建设规模有了发展，所需资金较前一时期大为增加。作为发展中国家，菲律宾要解决这一问题，除了争取外援和引进外资外，国内复苏的华人经济是必须倚靠的力量。利用入籍后华人的资本，在经济建设中发挥作用，是非常重要的措施。另一方面也通过华人加强与中国大陆、台湾和香港的经济联系，引入资金改善菲律宾的经济状况。为此，马科斯积极鼓励华人进驻亟待开发的工业领域，广大华人带着入籍后的强烈归属感和责任感，纳入国家经济建设的洪流之中。由于他们在入籍前的“菲化运动”已丧失了商品零售业“领地”，正所谓“失之东隅，收之桑榆”。工业企业无论在资金还是规模

① Theresa C. Carino, “State Ideology, Policies and Ethnic Identity: the Case of the Chinese in the Philippines,” in Teresita Ang See and Go Bon Juan, eds., *The Ethnic Chinese*, Proceedings of the International Conference on: Changing Identities and Relations in Southeast Asia, Manila: Kaisa Para Sa Kaunlaran, Inc., 1994, p. 153.

② ［菲］《联合日报》1975 年 4 月 22、23 日。

③ ［菲］陈烈甫：《东南亚洲的华侨华人与华裔》，台北：正中书局 1983 年版，第 248 页。

④ 郭梁：《东南亚华侨华人经济简史》，经济科学出版社 1998 年版，第 159 页。

上，都比以往的商品经营大得多，这给予华人充分施展的空间，也改变了华人经济以“小本经营”为支柱的格局。同时，华人工业企业打破以血缘和地缘为基础的传统组织方式，大量雇用当地土著人参与生产，带领他们致富也和他们打成一片，摆脱华人社会以前那种自我孤立的状态。

（三）给予华人平等的公民权利

菲律宾独立后实施菲化政策，就意味着国籍等于经济权益，不少华侨谋生必须选择加入菲国籍的道路。而华侨一经转变国籍成为菲律宾公民，就享有与原住民同样的权利，置业经营不再受菲化法案的约束，且归化后的华人资金一般较雄厚，又有广泛的经营网络，因而在竞争方面优于原住民。华人在经济事业上的成就，引起持有国家主义情绪者的反感，以至有人提出将土著人列为一等公民，入籍后的华人列为二等公民，两者在政治、经济和地位上保持差别，像印尼那样即使入籍成为其公民，仍然受到各种职业和政治制约，这种“声音”也曾盛极一时。前车可鉴，智者知避覆辙，排斥华侨的菲化政策“后遗症”还未消尽，再来歧视入籍后的华人，无疑还会使菲律宾经济“雪上加霜”。为此，马科斯明确驳斥这种主张，严厉指出华人不是外侨，而是菲律宾的少数民族。华人经济的发展有利于国家经济建设，可为原住民创造更多的就业机会，并表示：“菲律宾只能有一种公民，将我们的公民分成两等，不符合天主教的精神。”① 至此，华人从根本上走出倍受歧视的梦魇，成为菲律宾国家经济发展的“主力军”。

（四）对华文教育实施“菲化”

“戒严政府”之前，取缔华侨学校一直是菲社会争论的焦点，舆论不断指责侨校灌输民族主义思想，导致华侨学生认同中国而不认同菲律宾，这也是马科斯总统的一块“心病”。1973 年 4 月 16 日，马科斯颁布了 176 号总统令，规定从 1976 学年开始，华侨学校必须执行新宪法的教育条款，华校的董事会、校长和各部主任都要求是菲籍公民，给予三年的调整转型期。② 教育菲化后，教育内容则是本土的文化和风俗习惯。华校

① ［菲］陈烈甫：《马可仕治下的菲律宾》，台湾商务印书馆 1983 年版，第 305 页。

② Gregorio C. Evangelista, *Filipinization of Alien Schools: Its Implications to National Goals*, Official Document of Philippine Bureau of Private Schools, 1973, p. 4.

必须向菲政府教育部注册备案，并严格接受指导、监督和管理。此外，“戒严政府”施行军事管制，封杀所有民间媒体，禁止民众言论自由，菲律宾的华文报纸也在劫难逃，中文报刊均被查封。后经广大华侨华人的诉求，菲律宾政府批准《公理报》和《大中华日报》合并取名为《联合日报》发行，加上《东方日报》创刊，菲律宾仅有这两家中文报刊。①同时，这期间限制华语电台节目的播出时间，规定每周不超过4小时。②另外，正在茁壮成长的菲华新文学也遭到禁锢，所有华文文学作品被停止出版。这是华文报刊、华语广播和华文文学发展的最为暗淡时期。

三　“戒严政府”对华侨社会的影响

纵观“戒严政府”形成的起因和发展，马科斯试图维护政权稳定，保障国家秩序，推进经济改革，构建繁荣社会的目标是明确的。对于华侨社会来说，马科斯清醒地认识到，华侨远离故土在菲谋生，主要是怀揣致富梦想，并无有损国家的政治野心。如果整个社会能消除偏见，真诚对待入籍后的华人，可以使他们在经济建设中担当重任。所以，“戒严政府”对华侨政策进行了调整，为其生存发展提供了有利条件。但是，为使华人彻底“融化”在当地社会，菲政府推行了教育菲化政策，对中华文化的传承也产生了消极作用。

（一）华人经济跨越发展

“戒严政府”初始，政府收缴私藏武器，镇压反对派，社会治安大为好转。政府提出富民强国的奋斗目标，为经济发展提供了良好的环境。1973—1979年，菲律宾经济平均年增长率为6.6%。③ 政府再没有提出经济菲化案，也没用发生排华事件，政风较为清明，并且解决了长期遗留的“逾期游客”的悬案，华侨可以安心在当地居留和生活。同时，军事管制下的社会秩序明显改善，针对华侨的勒索和绑架事件也受到遏制，华侨尤为兢兢业业、奉公守法，对华侨商业发展来说却成了有利因素。④

① 赵振祥：《菲律宾华文报史稿》，世界知识出版社2006年版，第276页。

② 萧曦清：《中菲外交关系史》，台北：正中书局1995年版，第424页。

③ 梁英明：《东南亚史》，人民教育出版社2010年版，第236页。

④ 《中央日报》，台北，1972年9月25日。

马科斯与华侨有深厚情结，始终对待华侨华人都比较友善，当然这是华侨华人社会的福分。[①] 在政府的合理引导下，华侨逐渐融入当地社会，与原住民关系日趋和睦，因“菲化运动”而使华侨社会陷入困境得到根本缓解。[②] 大批华侨加入菲律宾国籍后，不再受到菲化法案的制约，华侨否极泰来更加增强了责任意识，扛起推进国家经济建设的大旗。马科斯大规模利用华人资本开辟新工业，也为华侨社会提供了难得的机遇。华人新经济异军突起，终于摆脱由于菲化走投无路的境地。在此基础上，华人积极响应政府开辟薄弱产业的号召，向金融、保险、地产和旅游等国际化领域“大举进军”，华人经济迎来了发展的“黄金时期”。

（二）菲华族群日趋和睦

华人入籍后感念之余也投桃报李，积极回馈社会。菲华商联总会作为华人社会的“领头羊”，带领华社积极加强与原住民的良性互动，竭力推动与主流社会友好关系，如在粮食歉收之年，粮商放弃利润来抑制米价上涨，帮助政府维护社会稳定。[③] 同时，商总带动华侨华人社会，响应政府的增税政策和节约运动，这些行为都受到马科斯的赞扬和嘉奖。[④] 政府官员也更加重视华人社会，关注华人的现实生活处境。在这些有利因素下，“商总”出面与政府协商，废除了蔬菜、报业和银行等行业的菲化案。华社也积极参与慈善事业，诸如捐建校舍、捐助教育资金，还对防治传染病、消防救灾、火山喷发、风灾水灾等灾害救助。[⑤] 菲律宾独立后，由于国家经济不景气，政府投入教育的资金十分有限，尤其是在农村仍缺少大量校舍。从1972年10月到1974年3月底，在商总的倡导下，

---

① 据说，马科斯在菲律宾北部组织地方武装抗击日本侵略时，受重伤后在华侨家里养伤，得到悉心照料直到痊愈。另外，马科斯有华人血统，在竞选总统时，也得到众多华侨的支持和资助。载王萍、官曼莉：《杭立武先生访谈纪录》，台北：“中央研究院”近代史研究所，1990年，第55页。

② 《联合报》，台北，1972年10月9日。

③ Daily Exoress，February 26，1974，p. 4.

④ “Traders to Stabilize Prices”，in *Daily Express*，February 26，1974，p. 1.

⑤ 马卡帕加尔就任总统后，对华侨态度的转变，商总也做出了积极的反应。为表达配合菲政策的经济发展政策，商总将“菲律宾华商联合总会”更名为“菲华商联总会”，充分显示了华社促进菲华融合的态度，并“忠诚于全菲人民最大利益的精神”。

华人捐建的校舍就达 88 座，缓解了基础教育的燃眉之急。[①] 菲律宾社会无论是平民百姓，还是国会议员，对华人捐建校舍的义举都是赞赏有加。应该说，华社团结一致心系全社会的行为，树立了极佳的族群形象，增进了华人与原住民之间的理解和情谊。可见，族群关系的和谐，不但取决于政策的保障，也取决于族群之间善意的沟通、交流与奉献。

（三）华人加速融入当地社会

马科斯推行公正接纳华侨的政策，对处于华人来说，阻碍他们进入主流社会的绊脚石被搬开了，对新“祖国”的忠诚誓言是发自心底的。[②] 西班牙、美国殖民统治菲律宾时期，奉行歧视和排斥华侨的政策，华侨被污蔑成邪恶的异教徒、贪得无厌的剥削者。马科斯通过立法手段接纳华侨，并给予华人充分的信任，华人满怀归宿感投身到新家园建设之中。试想，假如华人经济上取得了“出色”的成就，而政治地位却是“卑微”的，那是极度被动和危险的，这种局面一旦被政治利用，华人就会成为任人宰割的羔羊。相比 20 世纪后叶，“许多印尼人始终认为，华人在政治上、文化上和社会上是外来的人，尽管他们也许已经有印尼的身份证。”[③] 甚至印尼极端民族主义者指责是华人妨碍了掌握国家经济的领导权、阻碍了当地民族的复兴，华人族群被打入“另册”，华人命运可想而知。东南亚华人在漫长、艰难而曲折的融合过程中，遭遇了许多灾难和痛苦，虽然有深刻的历史、政治和经济原因，主要还是源于“非我族类，其心必异”种族主义意识。“戒严政府”正是具备了平等的民族政策，而且植根于社会土壤之中，华人族群才能真正融入主流社会。“戒严政府”之后，在政治、经济、社会等方面，虽有限制华侨的记录，却未发生过歧视和排斥华人的事件。

（四）华文教育受到严重抑制

马科斯利用“戒严政府”的特殊时期，在经济上希望华人为国家建设服务，文化上却实行了“坚定”的教育菲化政策，期望削弱华人文化

① ［菲］邓英达：《我在商总三十年》，马尼拉：菲华商联总会，1988 年，第 58—59 页。

② Teresita Ang See, “Changing Views and Perceptions of the Chinese in the Philippines: Some Observations,” in Teresita Ang See, *Chinese in the Philippines: Problems and Perspectives*, Vol. 1, Manila: Kaisa Para Sa Kaunlaran, Inc., 1997, p. 112.

③ A. J. Muaja, *The Chinese Problem in Indonesia*, (Djakarta, 1958), p. 10.

符号，使其变成“地地道道”的菲律宾人。实行教育菲化就是从本源上改造华校的性质，成为教授本土文化的菲律宾私立学校。为了达到这一目的，马科斯一边放宽入籍条件，使华侨学生变成菲籍华人学生；一边严格实施教育菲化，使华校无异于其他私立学校。这套“一宽”“一严”的组合拳，政府既满足了华侨加入菲籍的愿望，又顺势改变了华侨学校的“属性”，同时化解了华校长期面临被关闭的危机。至此，菲政府20余年苦心孤诣，菲化华侨学校如愿以偿。① 华侨学校菲化后，成为菲教育部管辖下的华文学校，中文课程变为选修课，课时量大幅度减少，学生中文程度不断滑坡。② 菲律宾华侨学校被迫转制，中华文化的“生态”遭到破坏，客观上造成了华文教育日渐式微的局面。另外，为弱化华文社会环境，“戒严政府”期间限制华语电台节目的播出时间，控制中文报刊数量，封杀菲华新文学作品。意在华裔学生在中华传统方面失去了“母体文化”的补充，逐渐使华人族群对民族文化的淡化，不断割裂对民族文化的依恋之情。这种情况，无疑伤害了华人薪传民族文化，也无益于营造菲律宾多元文化社会。

总而言之，在“戒严政府”的推动下，菲律宾原住民真诚、友善接纳华人，给予华人正当的社会公民权益；而华人不断提高凝聚力，塑造良好的族群形象，并在社会角色中有所作为。原住民和华人的“两厢情愿”，才使菲华融合问题真正得以实现。但是，文化是一个民族的重要标识，菲华融合并不意味着华人文化的消失，华人在继承中华文化衣钵后，积极与本土文化理性融合，形成菲华融合的新型文化。这样，才能使菲律宾文化更加绚丽多彩。如今，菲律宾社会，华人已成为当地重要的少数民族。华人在政治上是菲律宾人，文化上是菲律宾华人。华人也一改过去不关心、不介入当地政治的传统，参与政治热情不持续高涨，造就了许多有名的华裔政治家。同时，在工业、金融、食品、航空和房地产等行业翘楚许多都是华人，他们在当地社会生活中扮演着重要的角色。

---

① 姜兴山：《教育“菲化运动”对菲律宾华文教育的影响》，载《南洋问题研究》2013年第1期。

② 张存武、朱浤源、潘露莉：《菲律宾华侨华人访问记录》，台北：“中央研究院”近代史研究所，1996年，第196页。

形成鲜明反差的是，被视为中华文化堡垒的华文学校，却处于生存艰难的尴尬境地。[①] 令人遗憾的是，尽管华文教育并不缺乏慈善家和企业家的支持，但事实证明菲律宾华文教育仍在逐年萎靡。

第二节　华人族群的当地化之路

20 世纪 70 年代中期，菲政府改变华侨政策，使大批华侨加入菲律宾国籍并成为当地公民，为此华人的生存环境大为改善。由于马科斯推行平等的民族政策，华人族群的政治地位较之过去也迅速上升。面对民族主义者立法的压力，也出于他们自身有意与现实进行妥协，华侨意识到菲律宾才是他们的“家园”。同时，他们还受到新中国华侨政策的影响，主动加入菲律宾国籍成为当地公民。随着华人融入的不断深入，他们的国家认同发生了改变。

一　华人社会地位的提升

在华社进步和商总带领下，华社与主流社会的良性互动加强，菲政府官员更加关注和了解华侨社会。在华文教育的推动下，华侨社会竞争力和自身形象有了很大的提高，加快当地社会对其接受和接纳的过程。受此影响，菲律宾华侨与土著民族关系日趋友善，华社外部冲突和矛盾逐步缓解，为华人族群融入当地社会奠定了基础。

（一）菲律宾社会对华人的接纳

马科斯的同化政策既不同于印尼，也有别于泰国，是介乎两者之间的同化政策。华侨入籍成为菲律宾公民后，就与其他民族享有平等的待遇，不再受到种歧视，使华人产生强烈的归属感。不像印尼华侨那样，即使入籍成为其公民，也是二等公民，受到各种政治和职业限制。华人问题学者廖建裕先生曾说过，“同印尼有别，菲律宾人是以文化而不是种族来决定一个人是否是菲律宾民族。中菲混血儿以及纯中国血统的华人，

---

① Teresita and See, “The Chinese in the Philippines: Continuity and Change,” in Teresita and See, *Chinese in the Philippines: Problems & Perspectives*, Vol. 2, Manila: Kaisa Para Sa Kaunlaran, Inc., 1997, p. 114.

如果在文化上已经与菲律宾人认同，那么他或她就被当成是菲律宾人……”[①]菲律宾的极端主义者曾鼓吹要把菲公民分成两等，即原住民为一等民族，享有政治经济等方面的特权；华人等非原住民为二等，限制他们的各种权利，使他们无法与原住民公平竞争，以此来保护土著民族。这种主张曾经有一段时间在菲律宾甚嚣尘上。[②] 这是因为，自西班牙人占领菲律宾开始，殖民者就把居住在菲律宾的居民分为三类：西班牙人、土著和华人。在纳税问题上将当地居民分为四类：免于纳税的西班牙人和西班牙混血儿、土著、华人混血儿、华人。[③] 可见，华人曾一度是居于菲律宾社会的最底层族群。美国殖民统治期间，殖民当局虽没有正式把居民分类，但是却把美国本土排华法延伸至菲岛。同时，为了扶助当地人经济，支持菲化法政策，华侨华人的地位仍是相当低下的。这种极端的民族主义受到马科斯总统的反对，而未能成为菲律宾的国家政策，这是菲律宾华人的最大幸事。至此，华人已经走出受歧视的历史阴霾，成为真正的菲律宾主人，他们享有与土著居民同等的权利和自由，族群关系呈现和睦发展的趋势，华人社会的地位也显著提升。

为了加快菲华社会融入菲律宾社会，华人社团积极主动地以实际行动得到菲律宾社会认可。有识之士也积极倡导华裔青年对菲律宾社会尽义务、做贡献，努力得到菲律宾社会的承认。正如菲律宾华人著名作曲家曾焕福诠释的那样：“我们应该积极参与公民和社会工作，发挥有力的作用。抓住我们能帮助穷人和迫切需要帮助的人的机会。不是给予施舍或慈善捐款，而是协助他们，使他们能给帮助自己。我们应该参与社会事务，帮助政府方案，特别是如果受惠者是社会本身。我们应该尽我们的责任向政府纳税，纳更多的税而较少抱怨这个政府为什么没有这样做

---

① Leo Suryadinata, “Government Policies Towards the Ethinc Chinese in Asean States: Comparative Analysis,” in Teresita Ang See and Yo Bon Juan ed., *The Ethnic Chinese*, Proceedings of the International Conference on: Changing Identities and Relations in Southeast Asia, Manila: Kaisa Para Sa Kaunlaran, Inc., 1994, p. 73.

② 薛君度、曹云华：《战后东南亚华人社会变迁》，中国华侨出版社1999年版，第212页。

③ ［菲］陈守国：《华人混血儿与菲律宾民族的形成》，马尼拉：菲律宾华裔青年联合会，1988年，第6页。

或那样做。"[①] 如果华侨被接纳为菲律宾社会的一部分，菲律宾人就不会对华人的成就心存妒忌，因为这也是菲律宾的成就，华人经济的发展会促进菲律宾社会的发展，菲律宾社会的发展反过来又会对华人经济有利。只有菲律宾真正接纳了华人，华人的形象才会在菲律宾人心目中变好。华人对菲律宾的归属感增强，使他们在分担菲律宾国家建设时具备了更多的责任感。华侨融入主流社会无疑是有进步意义且符合历史发展潮流的选择。

（二）华人社会国家认同的转变

"戒严政府"之前，华侨学校有理由反对菲化措施，在当地华侨学生根本没有菲律宾的公民身份时，培养他们对菲律宾忠诚被认为是不公平的，一旦此项公民法律被颁布，大部分学生和他们的父母就获得了菲公民身份，华侨学校应该改变他们原来的态度。[②] 马科斯推行外侨归化政策，这在菲律宾华人社会发展史上具有里程碑的意义，使菲律宾的"华人问题"可以得到缓解。在此之前，由于华侨入籍条件苛刻和手续繁琐，能够顺利加入菲律宾国籍的华侨很少。1969—1974 年，申请归化的 579 户华侨，只有 330 户获准入籍。[③] 华侨的身份使他们在经济、政治、文化和社会各方面都受到歧视，被看作当地的二等公民，地位的卑微使得他们很难产生认同。当时的菲律宾又尚未与中国建立外交关系，这个时期菲律宾华侨的地位，也得不到政府合法的承认和保护，他们处在被"边缘化"的境地。每当菲律宾政府出台针对外侨的不利法案，华侨就首当其冲地成为被打击的目标。马科斯政府华侨政策的转变，也是争取华人对菲律宾的国家认同。战后绝大多数华侨都是在当地土生土长的，他们当中许多人就读于菲律宾的学校，他们的第一语言是英语或者菲律宾语，他们对中国知之甚少，他们认为菲律宾是他们唯一的家园。获取菲律宾

---

① ［菲］曾焕福：《华裔青年的社会责任》，载《融合：菲律宾华人》，马尼拉：菲律宾华裔青年联合会，1990 年 8 月，第 23 页。

② Teresita Ang See, "The Chinese in the Philippines: Assets or Liabilities?" in Teresita Ang See, *Chinese in the Philippines: Problems and Perspectives*, Vol. 1, Manila: Kaisa Para Sa Kaunlaran, Inc., 1997, p. 124.

③ ［日］松本国义：《从菲律宾华侨看同化》，载厦门大学南洋研究所《资料选编》1971 年第 2 期。

公民权的障碍扫除后，他们都不约而同融入菲律宾的社会，并从政治上认定他们自己是菲律宾人。① 可以说，菲律宾社会之所以能在以后快速发展，马科斯的入籍政策功不可没。②

20 世纪 70 年代中期，菲律宾许多华侨持有台湾护照。如果中国与菲律宾建交后，菲政府势必坚持“一个中国”的政策，那么持有台湾护照的华侨在菲岛便会成为无国籍居民，这给他们造成了极大的心理压力。中菲改善国家关系后，中国政府采取谨慎和不卷入、不干预当地华人事务的立场。由此华人意识到其生存并不能只依靠中国，而是依赖于菲律宾的未来，他们的利益同菲律宾社会的利益是密不可分的。③ 或者说，所谓的华人问题只能在菲律宾社会内部加以解决，只有同菲律宾人一道为全菲的民族利益而不是为狭隘的本民族利益工作，华人的未来才有保障。④ 于是，就出现了华侨积极融入菲律宾大社会的倾向，许多华侨在获得了国籍的权利所带来的安全感之后，便迅速选择了归化的道路。转化后的华人对菲律宾产生了亲近感，也即把其作为自己的祖国，而遥远的中国只是自己的祖籍国。命运多舛的华侨在成为菲律宾公民之后，理所当然地要以主人翁的姿态为菲律宾服务，尽管这种新的国家认同某种程度背离中华文化的传统道义，经历了痛苦的转变过程，甚至发生了认同困惑和危机。在这种情况下，大部分的华人获得了菲律宾社会的接受，成为公民的华人不再成为受歧视的对象，也有许多菲人政要宣称有中国血统。华人开始以菲律宾利益为最高利益，站在菲律宾民族的立场行事。⑤ 那些限制性法规常常被宽松的法律所取代，有些菲律宾的政治精英

① Teresita Ang See, “Integration and Identity: Social Changes in the Post WWII Philippine-Chinese Community,” in Teresita Ang See, *The Chinese in the Philippines: Problems & Perspectives*, Vol. 1, Manila: Kaisa Para Sa Kaunlaran, Inc., 1997, p. 6.

② 张存武、朱浤源、潘露莉：《菲律宾华侨华人访问记录》，台北：“中央研究院”近代史研究所，1996 年，第 199 页。

③ Teresita Ang See, “Integration and Identity: Social Changes in the Post WWII Philippine-Chinese Community,” in Teresita Ang See, *The Chinese in the Philippines: Problems & Perspectives*, Vol. 1, Manila: Kaisa Para Sa Kaunlaran, Inc., 1997, pp. 2 – 3.

④ ［菲］德里西塔·昂·西：《融合和认同：二次大战后菲律宾华人社会的社会变化》，载《南洋资料译丛》1989 年第 3 期。

⑤ ［菲］立菲：《菲民族主义与华人》，载《融合：菲律宾华人》，第二集，马尼拉：菲律宾华裔青年联合会，1997 年，第 13 页。

也考虑从华人那里获得竞选的支持，华人处境得到改善，国家认同发生了改变。①

二 华人在当地社会的角色

21世纪以后，菲律宾华人社会进入发展的黄金期。中菲两国经济、政治和文化关系交流合作越来越密切。华人在中菲贸易中扮演重要角色，同时也成为促进中菲友好的使者，菲华社会迎来前所未有的良好局面。另外，大批中国新移民进入菲律宾，为菲华社会注入新鲜血液，并焕发出生机活力，极大促进了华社的进步和发展。

（一）参与当地政治事务

在印尼万隆召开的亚非会议上，中印（尼）两国政府签订了《关于"双重国籍"问题的条约》，其中规定：凡属同时具有中国和印尼国籍的人，根据本人意愿只能选择一种国籍，也就是选择了一个国籍就自动丧失另一个国籍。此后，在与东南亚国家建交中，涉及"双重国籍"问题，中国政府均主张遵循上述原则。中国政府通过调整华侨政策，展现出积极发展与周边国家友好关系的姿态，争取东南亚国家善待入籍的华侨，并希望当地政府制定与土著居民同等的政策。同时，积极鼓励华侨归化和融入当地社会，为所在国家的社会和经济发展继续做出贡献。

大多数华人完成归化后，主人翁的意识逐渐增强，已经不满足于经济境况的好转，开始致力于社会政治活动。主动表达政治诉求，与当地人分享政治权利。身为居住国菲律宾的公民，华人主动介入政治事务，已不是单纯为维护华人社会的权益，而是与土著人同呼吸、共患难，共同肩负起菲律宾国家兴衰的责任和义务。华人参与政治，破除了菲华社会"在商言商、不问政治"的传统，华人社会逐渐增强政治取向的表达。虽然华人的政治力量还有限，但有识之士已经深刻意识到，参政是融入当地社会和提高影响力的必由之路。

---

① Theresa C. Carino, "State Ideology, Policies and Ethnic Identity: the Case of the Chinese in the Philippines," in Teresita Ang See and Go Bon Juan, eds., *The Ethnic Chinese*, Proceedings of the International Conference on: Changing Identities and Relations in Southeast Asia, Manila: Kaisa Para Sa Kaunlaran, Inc., 1994, p. 154.

马科斯实施同化政策之后，对华人政治认同的转变起到了决定性作用，华人参政意识得以形成，并以积极的姿态融入政治生活，进而推动菲华族群的融合。融合反过来又催生华人对菲律宾国家的政治认同感、责任感和归属感，华人政治归化于当地社会是不可逆的新趋势。

（二）在经济建设中担当重任

从科拉松·阿基诺总统执政开始（1986 年 2 月），菲律宾政府推行自由化经济政策，鼓励国内外私人资本投资，以促进菲律宾国民经济的发展，这无疑给华人经济提供了难得的机会。1987 年 7 月，菲政府颁布的《综合投资法案》中，对国内外投资者提供新的奖励措施，包括减免税收、简化手续和解除外籍员工限制等，该法案得到追求自由经营环境华人的拥护。1992 年 8 月，拉莫斯总统在阿基诺经济改革的基础上加快了步伐，取消了长达 40 年的外汇管制，陆续把限制外来投资的银行、保险、建筑和商品零售业完全开放，并鼓励私人资本参与经济建设。此外，菲政府推动国有企业私有化运动，鼓励私营部门投资能源、电讯等产业。一些华人企业取得了部分国企股份、政府工程经营权，如许寰戈和陈永栽集团，取得了原国营菲律宾航空公司 67% 的股权；吴奕辉集团与洛佩斯家族合作投资发电厂。①

必须指出的是，菲律宾华人与东南亚其他国家相比，经济实力基础相对薄弱。这是因为，战后“菲化运动”使华侨经济长期受到排斥，资本积累较为困难；政府重点扶持原住民企业，华人企业虽名义上有平等权，但要得到批准却要麻烦得多；菲律宾政局动荡，错失了国际市场快速发展的良机。根据香港《Forbes 资本家》（1992 年）所提供的资料，郑周敏财产估计最少有 15 亿美元，陈永栽财产超过 4 亿美元，吴奕辉财产超过 3 亿美元，杨应琳有 3 亿美元，郑少坚约为 3 亿美元，施至成约为 3 亿美元等。应该说，这些菲律宾华人的资本并不高。另据印度尼西亚《经济新闻》（1992 年 2 月）发表的东盟国家华人财富排行榜，郑周敏居第 7 位，郑少坚居 29 位，陈永栽居 31 位，吴奕辉居 36 位。虽然这只是估算，但还是可以反映菲律宾华人企业集团比不上东盟其他国家华人企业集团的实力。

---

① 庄国土、陈华岳：《菲律宾华人通史》，厦门大学出版社 2012 年版，第 575 页。

东南亚金融危机爆发后，华人企业集团经过调整，采取多元化经营方式，摆脱前所未有的经济困境。吴奕辉把阿波水泥公司出售给墨西哥公司，陈永栽收购亏损的菲律宾国家航空公司，吴天恩出售地产公司5亿股份给新加坡政府，以此渡过难关或寻找新的机遇。金融危机之后，面对菲币贬值和利率飙升的情况，华人企业出现一股兼并收购浪潮，成为在危机中谋求生存与发展的重要手段。陈觉中兄弟合创的最大西式快餐集团快乐蜂（Jollybee）与最大中式快餐店超群面家（Chowking Food Corp）兼并。据估计，每年合并后的快餐营业收入增加10亿比索以上。郑少坚的首都银行与西班牙裔亚那拉家族控制的菲岛银行，展开争夺全菲第一大银行的收购和兼并。自1999年7月至2000年5月，首都银行收购了3家中型银行，动用了160亿比索（约合4亿美元），成为菲律宾银行的龙头老大。华人地产商新秀吴聪满以房地产为基业——其美佳世界地产控股公司，瞄准了都市住宅和办公地产的发展潜力，在短短的8年时间内，不但在菲律宾房地产站稳脚跟，而且成为东南亚都备受瞩目的行业龙头。1999年，美佳房是菲律宾唯一赢利的地产公司，资产也增加到228亿比索。2001年，美佳世界集团又进军赌博业和餐饮休闲中心。到2000以后，施至成企业集团投入建设10家SM购物广场。其中，包括投资50亿比索在马尼拉湾填海兴建的“亚洲商场”。此外，他还在巴兰玉计、达沃和宿务增建3座购物广场，同时SM集团也扩展酒店和24小时便利店行业。吴奕辉集团在掌控菲律宾石化产品生产外，安排200亿比索投资电讯、房地产和航空等业务。其中，房地产投入40亿比索，兴建7座购物商场，发展移动电话业务，为宿务太平洋航空公司新购波音飞机。①

2010年，据统计菲律宾的十大富豪中有7位是华商，其中施至成、陈永栽、吴奕辉排前三名。施至成财富高达50亿美元，继续蝉联菲律宾富豪榜榜首位置。陈永栽以21亿美元位列次席，他拥有菲律宾最大的烟草公司、第二大啤酒公司、菲律宾国家银行和国家航空公司等大型企业。吴奕辉以15亿美元名列第三，名下企业包括高峰控股、宿务太平洋航空和罗宾森商场等。进入前十名的富豪华人还有吴聪满（12亿美元）、陈觉

① 庄国土、陈华岳：《菲律宾华人通史》，厦门大学出版社2012年版，第589页。

中（9.8 亿美元）、姚祖烈遗孀（8.4 亿美元）、郑少坚（8.05 亿美元）、叶应禄（6.65 亿美元）和吴天恩（5 亿美元）。[①]

（三）新移民的文化适应

20 世纪 80 年代，来到菲律宾的新移民适逢华人社会快速发展时期，在亲友的协助下逐渐融入当地社会。而 90 年代中后期到菲律宾的新移民，仍然存在诸多问题和挑战。18 岁至 35 岁的中青年占半数以上，且来源地扩大到全国各地，但仍以闽南和广东潮汕地区为主。由于家乡文化和移民渠道的不同，新移民的职业已冲破传统因素，呈现出多样化的境况，包括商人、教师、记者和技术的人员等。对于新移民来说，文化适应是不可回避的问题。移民效应体现在先迁移者对后来者的帮助，还表现在后来者达到一定数量后，家乡的宗亲格局和文化不同程度得以“再现”。主要表现就是方言在侨居地的使用，闽南地区新移民普遍使用闽南语，这与闽南籍老华人是相同的。尽管新移民的教育程度较高，但为了生活和工作的便利，他们在遇到老乡的交流中，还是使用本地的方言，尤其是闽南地区的新老移民。

新移民群体仍然以经商为主，也有从事建筑工程承包和技术的人员。经商的新移民大部分在商场经营，少部分在远离马尼拉的地区开小店铺。应该说，大部分新移民的资金很有限，主要是以“短平快”的形式批发和零售商品。在大商场中，经济能力较弱者，开设一个柜台就可以立足。经济能力一般者可以承租“店口”，经济能力较好者可以把几个“店口”打通经营。大规模新移民的到来，给老华人和菲人的商业造成不小的竞争。新移民求富的愿望强烈，善于随机应变，可谓什么挣钱就做什么。他们也继承了老一辈华人吃苦耐劳精神，除了重大节日休息几天外，其余时间都在刻苦工作，而菲律宾华裔虽有雄厚的资本，但他们习惯安逸的生活，经营方式保守和墨守成规，有的只好把自己的店铺租给新移民，渐渐地失去了原有的优势地位。[②]

新移民到菲律宾都是为谋求更好的发展机会，他们把主要精力都放

---

① 根据“福布斯 2010 年菲律宾 40 大富豪”，转引自庄国土、陈华岳《菲律宾华人通史》，厦门大学出版社 2012 年版，第 620 页。

② 庄国土、陈华岳：《菲律宾华人通史》，厦门大学出版社 2012 年版，第 665 页。

在事业上，社会圈子和人际关系相当简单。近年来，以新移民为主的社团、同乡会、同学会纷纷成立，代表性有中国商会、华侨工商联合会等。前者成员是经济实力较好的新移民，后者成员是中等经济实力的新移民。许多新移民在道德规范、社会价值观等方面不能与菲华社会融洽，就更难说融入当地社会文化中了。新移民仍保持着原有的生活习惯，喜欢高谈阔论、讲究排场，大部分新移民抱着不赚大钱，就无颜见“江东父老”的心态。他们当中有些除了与新移民同乡接触外，极少与菲人进一步交往。在他们看来，不同的人生观、价值观和消费观是很难走到一条道路上的。菲人知足常乐、不善节俭，缺乏长远规划，经常消费得身无分文。新移民也普遍认为，菲律宾治安不好，晚上工作结束后很少出门活动。新老移民除了商业竞争和不同生活方式外，老华人普遍较成功和安定。新移民基于国内的经验，大多相信“金钱万能”，对于法律知识不熟悉，认为凡事都可以“破财免灾”。当他们被查出逾期逗留或不正当经营时，通常用更多“潜规则”的钱摆平事情，这一点让很多老华人十分不满，认为他们到此破坏了行规，提高了他们处理同类事务的成本。

在华人文化方面，大量的中国新移民进入菲律宾社会后，极大地增加了汉语的载体，由此也延缓了华人文化式微的趋势。由于新移民绝大部分是富有知识的年轻人，文化传播能力较强。他们的政治、经济地位与土生华裔仍有区别，但在华语使用、文化认同方面较有优势，而且他们与中国的联系密切。20 世纪 90 年代以来，华文教育和华文报纸的复兴，很大程度上得益于新移民的涌入。他们保有中华文化的衣钵，在推动菲律宾华人文化活动方面，发挥了不可替代的作用。华人文化源于中华文化，但在不断融入当地文化的过程中，与母体文化渐行渐远。新移民的到来，或多或少地拉近华人文化与中华文化的距离。新移民还增强了“工具性”汉语的影响力，由于中国综合国力的提升，新移民从事工作必然与菲人接触，一定程度上会激发他们学习汉语的兴趣。现如今，菲律宾华人仍保持较强的地方中华文化传统，在闽粤地区已经消失的一些民俗，在菲律宾华社还有存留。

三　华人社会与中国的关系

在中菲两国外交关系发展过程中，当地华人充当了桥梁作用。他们跟随菲律宾领导人出访中国，为增进两国友好往来献言献策，组建菲律宾对华友好团体，开展民间渠道的公共外交，还在当地媒体宣扬中菲传统友好关系。他们还以个人或社团的名义，接待中国访菲的官员和团体，发起宗亲会和同乡会等华人社团，赴中国侨乡考察投资，加强中国大陆与菲律宾的联系。

（一）支持中国的经济建设

中国实行改革开放国策以后，菲律宾华人逐渐成为东南沿海，尤其是福建省各级政府“招商”的对象。菲律宾华人有85%来自福建，他们非常愿意在祖籍地投资。中国吸引外资主要依靠外国政府贷款，国际金融组织和跨国公司的直接投资。外国贷款主要用于重点建设和基础设施项目，外商投资主要与政府部门合作，开发能源、酒店和旅游行业。[①] 引进海外华人资金，有效促进了中国经济的高速发展，外资企业成为中国出口创汇的主力军之一，并为大陆创造了数以万计的就业机会。同时，以海外华资为主的外资，在中国发展高科技产业、推行现代化管理制度、改造传统产业等方面都做出了重大贡献。需要强调的是，中国改革开放为海外华资创造了良好环境，平等的合作是双方互利双赢的典范。

1979年12月，中菲两国就海运合作问题进行了会谈，签订了两国海运协定。[②] 1980年，中国开放深圳、珠海、汕头和厦门4个经济特区。1985年，又开放长三角、珠三角和福建厦漳泉经济开发区，给予外商投资者较为优惠的条件。中国大陆深化经济体制改革，开放国内市场，经济自由化、政治环境的稳定及投资带来的高额回报，极大吸引了大批菲律宾华商投资。他们利用与中国侨乡的血缘关系、文化联系，开始投资中国大陆且呈现迅猛增长态势。1984年，菲律宾华人在华投资的项目只有4项，到1988年增长到22项。1989年降为12项，1990年又增为18项，1992年则达到153项。投资额从1984年的200万美元增加到1988年

---

① Constance Lever-Tracy, David Ip and Noel Tracy, *The Chinese Diaspora and Mainland China*, MacMilean Press, London 1996, p. 62.

② 新华社国际资料组编：《中国对外关系大事记》（1979年1—12月），新华社通讯社1980年版，第81页。

的1553万美元，在1992年达到了27611万美元。①

中国实行的改革开放，其无限商机令海外华人瞩目，香港重新扮演祖国门户的角色，重新树立起海外华人金融中心的地位。东南亚华人较大的企业集团，通常在香港设立子公司专门对大陆投资，避免引起华人所在国对他们效忠当地社会的疑虑。1995年，菲律宾陈永栽集团在香港设立福川公司、施至成SM集团在香港的至成投资公司、郑周敏的香港亚世集团（Asia World）等，都以港资名义对中国进行大规模投资。② 此后，郑周敏在厦门投资亚世集团有中亚城建设、翔鹭涤纶有限公司、翔鹭建设公司市中心改造工程，建设五星级酒店；商业大厦等。陈永栽集团在厦门投资商业银行、开发工业园地、集装箱码头，他在中国大陆的投资达到400亿元。③ 施至成在厦门兴建商场，在广州投资土地开发项目。黄明顶的光华集团在厦门兴建住宅大楼、成立厦门木材总公司、在大连开发金石滩度假休闲区，总投资2.2亿人民币。④ 至2014年，陈觉中兄弟的快乐蜂集团旗下在中国建有500家分店。⑤

早期菲律宾华侨出于爱国的热忱，在“落叶归根”意识下支援祖国。归化后的菲律宾华商，对中国的投资固然有血缘和文化因素，但动机乃是商人对资本利润的追求，是以自身发展和菲律宾经济利益为原则，不再是以“报效祖国”为前提，也非菲律宾一些政客所渲染的——华人对中国的政治效忠或政治认同。⑥

（二）积极促进中菲关系的发展

1974年9月，马科斯夫人伊梅尔达第一次访华后，在菲律宾侨界、菲华联合会、菲中了解协会、东方体育会、洪门进步党和洪门联合会等侨团纷纷成立。这些组织积极开展活动，向菲律宾公众传达菲中关系和解的信号，消融菲律宾国内弥漫着的反华政治气候。1975年7月6日，

---

① Aileen S. P. Baviera，Strategic Issues in Philippines-China Relations，Comprehensive and Engagement：Philippine-China Development Resource Center，2000，p. 104.

② 郭梁：《东南亚华侨华人经济简史》，经济科学出版社1998年版，第255页。

③ 御景地产集团官方网站。http：//www. etonhold. com.

④ 《亚洲周刊》1996年6月9日，第57页。

⑤ 《快乐蜂食品积极寻求扩张》，《菲律宾商报》2013年7月1日。

⑥ 庄国土、陈华岳：《菲律宾华人通史》，厦门大学出版社2012年版，第543页。

马科斯总统与周恩来总理签署《菲中联合公报》，菲律宾华社悬挂起中国国旗和毛泽东画像，庆祝菲中两国建立外交关系。支持国民党的华人不得不正视菲政府外交的转变，许多华人公开支持马科斯访华。商总还决定，由理事长率全体常务理事前往机场，欢迎马科斯总统访华圆满归来。1975 年 7 月 12 日，菲中了解协会在马尼拉举办中国民间剪纸艺术展览，向菲律宾人民展示中国文化。[①]

菲律宾碧瑶侨领稀南在中菲建交前，成立菲中了解协会碧瑶分会。1977 年和 1979 年，分别接待中国驻菲大使柯华和陈辛仁。稀南在《世界时报》《商报》和《菲华时报》撰写了有关碧瑶市与菲中友好的百余篇文章。1975 年 12 月，菲律宾宿务联合会主席吴敬声，在宿务市迎接中国驻菲大使柯华，组织菲华联合会在机场、街道、商店等地分发五星红旗。[②] 华人随菲律宾领导人出访中国，发挥了沟通双边关系的纽带作用。马科斯聘请华人姚祖烈为经济顾问，参与研究国家经济工作。从 1982 年至 1986 年，在菲律宾华人的促进下，碧瑶与杭州、宿务与厦门、马尼拉与广州、大岷区与上海等缔结为中菲友好城市。

自科拉松·阿基诺之后，菲律宾历任总统访问中国，都有许多华商随行。在阿基诺总统访华前夕，以萧美玉女士为首的菲律宾商人代表团 15 人，先行由马尼拉飞抵厦门，作为菲律宾总统访华团的先遣“部队”，就农业、贸易和技术转让等方面的合作，同中国有关企业和单位进行协商。1993 年，菲律宾拉莫斯总统访问中国，有 6 名华人富商巨贾随行。拉莫斯总统认为，华商在与中国促进经济合作可以发挥积极作用。拉莫斯的态度解除了菲律宾华商投资中国的政治约束，就连当时的菲律宾华人首富郑周敏，也把中国大陆作为重点投资区。

1994 年 3 月，菲华商联总会代表团首次前往中国，在北京受到时任国家主席江泽民和全国人大常委会委员长乔石的接见。中国两位领导人都鼓励商总为推动中菲两国经贸合作继续发挥作用。商总代表团还走访了泉州、晋江、石狮和厦门，此后，商总成员频繁访华洽谈经贸合作。

① 《中菲两国举办民间剪纸艺术展览》，载《人民日报》1975 年 8 月 6 日。

② 杨静林：《中菲关系的华人因素及菲华人社会的转型》，载《暨南学报（哲学社会科学版）》2014 年第 5 期。

2006年10月，中国全国工商联副主席孙晓华与时任菲华商联总会理事长蔡聪妙，在厦门签署了《友好合作协议备忘录》，协议包括为对方会员到本国从事商贸合作，提供便利和帮助，促进经贸关系的发展。之后，许多菲律宾华人纷纷抢滩中国市场，除了郑周敏、陈永栽、施至成外，郑少坚、吴奕辉也加大了对中国的投资力度。同年，阿罗约总统访问中国，随行的184人中大部分是华商，其中包括陈永栽和商总理事长蔡聪妙。①

2011年8月，菲律宾总统阿基诺三世访华，在5天中国之行中阿基诺访问了北京、上海和厦门三地。菲律宾贸易工业部方面透露，中菲签署包括汽车、矿业、造船、铁路和农业等多个领域的协议，金额在20亿—70亿美元之间。此次随同阿基诺三世一起来到中国的，还有一个由200多名商业领袖组成的代表团，访问的重点是突出两国贸易和投资活动的前景，菲律宾工商总会理事长蔡聪妙也在其列。② 2016年10月，菲律宾总统杜特尔特对中国进行国事访问。随行人员有菲律宾外交部、财政部、农业部等部长级官员，以及数百名企业界人士和媒体记者。据随行菲华商联总会理事长张昭和透露，此次随同菲律宾总统访华的商业代表团有250名菲律宾商界人士，当中95%是闽籍，最著名的有菲华商联总会永远名誉理事长、菲律宾航空大王陈永栽。③

（三）踊跃在祖籍地捐资助学

海外华人在家乡捐资助学是一个优良传统，许多侨胞把办教育看作富国兴邦的根本大计，以在家乡捐资助学为荣，尤其是对基础教育慷慨解囊、不遗余力。旅菲华人陈守仁先生，1998年向中国侨联捐资120万元，设立“孙中山文教福利专项基金”，用于资助侨界文教事业。2000年，陈守仁先生向华侨大学捐资500万元；2001年，他又向北京大学捐资500万元，分别修建教学和研究大楼。他还响应西部大开发号召，为捐资修建“侨心小学”做贡献。多年来，陈守仁先生及家族成员在奖教襄学、敬老助残、兴医利民等方面，捐助已达6000多万元。④

---

① http：//bbs. gtgnews. com/gyzmx/5959. html.

② http：//stock. jrj. com. cn/2011/08/31073510900093. shtml.

③ http：//news. takungpao. com/world/exclusive/2016 – 10/3382321. html.

④ 杨辉：《福建华侨华人捐资办学史》，福建教育出版社2007年版，第338—349页。

1932 年，许天荣先生出生在菲律宾，系当地第三代华人，曾任菲律宾出口总商会会长。在故乡的热土上，他目睹了乡亲的热忱与真诚，祖籍国欣欣向荣的新气象，大大激发了他的宗亲情愫。他先后捐建两座教学楼和教师宿舍楼，改善了英墩中小学环境，成为当地的标志性建筑。蔡清洁先生是旅菲著名实业家，他先后投资600 多万元，为母校石光中学捐建教师宿舍楼、学生宿舍楼、体育馆等；还捐资500 多万元，为厦门大学修建留学生宿舍楼。旅菲华人邵建寅先生对蔡清洁先生的义举高度评价，称他乐于奉献的精神，无疑成为一种典范、一种楷模。邵建寅先生本人也捐资厦门大学修建体育馆，同时向福建师范大学捐资500 万元，冠名"又玄图书馆"。此种例子不胜枚举，所捐金额数以亿计。2008 年 2 月，菲华商联总会、中国商会以及菲华各界联合会等华人社团，向中国遭受冰雪灾害的地区赈灾款项 3000 多万比索。5 月，菲律宾华人华侨向四川地震灾区捐款总额超过 1300 万元人民币。①

第三节　他乡·故乡：华人文化心理的彷徨

文化认同是人类对文化的倾向性共识与认可，但由于人类存在于不同的教育体系中，文化认同也必然存在差异。可以说，文化认同是一个与人类文化发展相伴随的动态概念，它是族际关系中一种难以量化的心理学与精神层面的影响因素。② 受菲律宾政治、经济及其他因素的约束，华人族群的文化属性在潜移默化中改变着。随着时间的推移，身处异邦的华人所处的社会和生存环境，对华人文化认同产生了很大的影响。

一　传统文化对华人融合的制约

长期漂泊海外的中国移民，虽经历了几代人的繁衍变迁，但在许多华人的身上，中华文化的传统基因依然清晰可辨。有人说，中华民族悠久历史和传统的文化，是其他民族所无法比拟的。所以，华人族群是文化传统、宗亲意识和种族观念最强的民族。

---

① http：//www. fmprc. gov. cn/ce/ceph/chn/sgdt/t453393. htm.

② 郑晓云：《文化认同论》，中国社会科学出版社 1992 年版，第 8 页。

（一）中华传统文化特征

中国传统文化中在铸造中华民族的优秀品格、崇高的民族精神，培养高尚的民族感情和良好的民族礼仪等方面发挥了积极的作用。长期以来，中华民族良好的道德修养、和谐的人际关系、爱国爱家的责任感，以及勤劳、善良、质朴、宽容、温和、谦恭的民族性格，都被视为传统美德而广为流传。然而，中国传统文化是以小农经济、封建家族制度和专制主义为依托产生和发展起来的，对现代社会而言，它既有民主性精华，也有封建性糟粕。因而，具有一定的局限性，尤其是对于从封建小农社会跨入商业社会的菲岛华人来说，某些传统的文化因素在一定程度上，已经制约了菲华社会的进步与发展。

中国是传统的农业社会，中国民众的主体是以农业耕种为主，他们世代对土地的深深眷恋之情，造就了几千年的中华文明。所谓“血浓于水”“故土难离”“落叶归根”成为中国人的心理定势。[①] 这使中国人对家乡的依恋之情尤为浓烈，特别是那些背井离乡的中国移民，在异乡拥有富足的物质生活，也难以改变他们对故土的眷恋和对传统的认同。一些华侨社会的领袖对融合问题十分忧虑，担心有一天华人的民族特性会完全丧失。出于对传统的“极端尊重”，他们通过建立中国式的社团组织，来继承和保留民族的传统文化。随着菲律宾新一代华人青年的成长，老一辈华人极力主张建立更多的同乡会。一方面，为了阻止菲华青年被当地文化进一步同化的趋势；另一方面，也是出于对远隔千里，似乎可望而不可即的中国故乡的怀旧心情。[②] 因此，直到第二次世界大战前，华人移居菲律宾虽已数百年，仍无法做到落地生根，除了殖民地政策和当时对华人不公平的社会结构因素外，华人传统中的“生是中国人，死是中国鬼”的认同观也起了很大的作用，无论是在思想观念上，还是在日常生活和行为中，华人常常保持着自身的中国特性。这使早期的菲华社会，成为独立于菲律宾主流社会之外的一个小群体，虽然保留了传统，但阻碍了华人的融合进程。

---

① 钟名善、朱正威：《中国传统文化精仪》，西安交通大学出版社 2001 年版，第 112 页。

② ［加］埃德加·威克伯格：《战后菲律宾城市的华人社团》，载《南洋资料译丛》1994 年第 3、4 期。

（二）儒家思想的阻碍

有学者指出，“中国传统农业文明与封建社会文化环境，构成了中华民族人格的思想铸造系统。从这个系统中脱胎出来、发育生长的是一种求生型人格。以生存为目的，即为了生存一切事物都可以做，一切事物都可以不做，只要是能活着就好，这是中国传统人格中最突出、最本质的特征。具体表现为：恋生、重物、本分、能忍、求同、守旧、实用、重人情面子、善精神自慰等九种基本倾向。”① 这种中国传统人格的基本倾向，在移居菲律宾的华人身上有着不同程度的体现。华侨初到菲律宾时，由于当地的生产力水平低下，加上西班牙殖民者的残酷政策，致使华侨的生存环境异常恶劣。西班牙当局对华侨进行了五次大屠杀，又采取限制和排斥华侨的政策，但这一切都没有让华侨社会消失和萎靡。对华侨而言，只要有一线希望，他们都会想尽办法坚强地活下来。然而，求生型的人格特征，决定了华侨具有极强的适应能力。华侨努力地去适应环境的目的很简单，那就是为了能够在异地他乡平安地生存下去。这种被动的生存之道，体现在华人的参政意识和参政活动中，早期菲律宾华人很少为自身的政治权益去主动争取什么，除非生存环境受到极大威胁，直到忍无可忍之时他们才会奋起抗争。另外，传统的实用主义观念也对菲律宾华人的政治意识与行为产生了消极影响。

中国人一直生活在以儒家道德思想为核心的传统文化氛围中，并接受了中国封建正统思想的教化，这对广大民众的思想意识、行为准则和模式、价值观念，也产生了重大影响。例如：“持中贵和”的思想就是中国传统文化中极为重要的概念，它培育了中华民族的群体心态。中国传统文化根植于农耕文明，注重和谐统一是其主要特征，这与儒家思想中的“天人合一”“以和为贵”的观念是一致的。经过长期的历史积淀，和谐的精神逐渐泛化为中华民族普遍的社会心理习惯。② 它所产生的影响也是双重的，一方面中国传统文化所崇尚的人与社会、人与人之间的和谐统一，有利于整个国家和社会的稳定发展；另一方面，它对中国民众竞

---

① 曹云华、许梅、邓仕超：《东南亚华人的政治参与》，中国华侨出版社 2004 年版，第 175 页。

② 钟名善、朱正威：《中国传统文化精仪》，西安交通大学出版社 2001 年版，第 6 页。

争意识和进取精神的建立，则产生了消极影响和反作用，这显然不利于中国社会民主政治的发展。梁漱溟曾指出，中国人缺乏积极争取权利的精神，尚礼让而难以做选举竞争。他们宽容而理性，但却对斗争缺乏勇气。“持中贵和”的传统观念常常使中国人为了求稳，而忽略甚至压抑自己的想法和欲望。遇到问题不去努力解决，反而抱着多一事不如少一事的心态随遇而安。中华民族这种特有的群体心态，也延续影响到海外华人的身上。在菲律宾，华人遇到不公平和不合理的事情时，常常逆来顺受而少有去理论，他们中的大多数人都不会通过据理力争，来保护自己的合法权益。因此，他们常常是被欺辱的对象，成为种族问题的牺牲品以及政客们的替罪羊。

在中国传统政治文化中，王权主义始终处于核心地位。王权主义的主题就是宣扬“君权神授”、君权至上的观念。所谓君主即天子，《礼记》中说：“君天下曰天子”，从而把君主提高到超人的地位，借上天的意志令百姓无条件地服从君主的统治，君主的最高权威是不可动摇的。总之，中国传统政治文化把一切权力都奉献给了君主，百姓所要做的就是顺应天意、服从君主，除此之外没有任何权力而言。他们从小就被灌输“认命”“知足”以及高尊低卑的等级观念。政治与权力是君主的专利，百姓参政是越权干预，属大逆不道之举，百姓的义务就是按照自己的身份和地位，去做属于自己分内的事情。在以王权为核心的封建专制主义威严下，广大民众的社会责任感和义务感受到压抑。长期以来，形成了中国人民逆来顺受的软弱性格，以及对政治的超然和冷漠的态度，奉行“事不关己，高高挂起”的处世哲学。

（三）地域文化的局限

菲律宾华人绝大部分来自闽南地区。闽文化的形成具有其独特的历史背景，因而表现出与中原文化不同的特点。有学者将其概括为五大特点，即多样性、双向性、不平衡性、延伸性和易移性。[①] 自远古时期开始，外来各种文化就相继进入福建，形成了闽地区方言种类复杂繁多，民俗各异，风气向左，文化良莠共存的局面，这也决定了闽文化缺少凝聚力，具有难融性的特点。由于“闽文化缺乏一种征服力极强的正宗文

① 何绵山：《闽文化概论》，北京大学出版社1996年版，第11—14页。

化，谁也征服不了谁，谁也代表不了谁，由此形成一种碎状割据的文化形态。”① 这种文化形态直接反映在菲律宾华人社团组织的形成与发展中，并直接影响了华人的政治活动。与东南亚其他国家的华人地缘组织不同的是，菲律宾华人社团不是以县或地区为单位划分的，它主要是由从县级社团分裂出来的乡级社团组成的，后来一些乡级社团又分裂成清一色的宗族成员组成的小社团组织。其分裂的原因部分是由于早期菲华社会小农意识的影响，划地为王、各自为政的传统陋习，造成了华人之间门户之见严重，彼此缺乏信任，相互排斥的现象十分严重，最终导致菲华社会分裂成一个个团体。这类小团体给整个菲华社会的团结带来许多负面影响。各国华人的参政经验表明，华人群体内部是否团结一致，是否具有较强的凝聚力，是决定华人参政能否获得成功的重要因素之一，在这方面，菲华社会显然存在着不少问题。

对于海外华人而言，若能扬长避短充分发挥中华文化之优良传统，同时注意对其他民族优秀文化的兼收并蓄，不仅有利于中华文化在海外的立足与发展，而且也会推动居住国多元文化的健康成长。诚然，移居海外的华人，他们本身就是中华民族在海外的延伸，他们保持本民族传统文化、生活方式、风俗习惯、价值观念本是无可厚非的事情。然而，如果仅出于对本民族文化的优越感而不顾客观条件的变化，一味地强调对传统文化的继承，反对文化的变异与融合，不仅有悖于客观发展规律和时代发展潮流，也不利于华人自身文化的更新与进步。早期移居菲律宾的华人，自我意识是菲律宾反华的种族、社会和文化歧视所导致的，但它阻碍了华人与当地的政治认同与融合。华人对传统的过度尊崇，并未对菲华社会的融合与发展产生积极的影响。看来，就如有学者指出的那样，如何在传统文化和当地文化之间保持平衡，走出传统文化所面临的现代困境，是当代华人必须面对的主要问题。②

二　文学中的文化寻根情怀

20 世纪 90 年代，中国与菲律宾两国关系进一步改善，菲华文学发展

① 何绵山：《闽文化概论》，北京大学出版社 1996 年版，第 11 页。

② 曹云华、许梅、邓仕超：《东南亚华人的政治参与》，中国华侨出版社 2004 年版，第 173—179 页。

也进入蓬勃发展时期，无论在小说、诗歌、散文还是戏剧方面都取得了很大的进步。文学作品的基本特点是形象反映社会生活，表达作者对人生、社会的认识和情感。文学作品渗透了作家社会生活的思想感情，菲华文学就是体现了华人对中国的感情以及对中华文化的依恋。

（一）对中国的颂扬

1984年1月，《菲华文学》在“发刊词”中就开宗明义宣称：“在现阶段的新环境中，我们深深地认识到华人大多数来自华夏故土，拥有优良的文化和高尚的传统美德。文化源远流长，根基深厚，历久弥新。”①菲华诗人蜀客在《建国四十五周年感赋》中，热情地抒发了自己对中华故国所取得的伟大成就欢欣鼓舞。诗曰：“神舟开放卜丰年，百姓欢腾志益坚。四化宏图兴国运，万商骏业富民先。国分两制和为贵，经改多元竞执鞭。盛世遍闻欢乐曲，中华一统赋新篇。”另有一位著名菲华老诗人李淡，一直关注中华故国的荣辱兴衰。抒写了大量咏怀亲人和家乡的诗词，如“华夏文明古国，千秋物博繁荣”“百年耻辱蒙青史……权衡只望祖国强”“家国欣逢奋发时……狮声一吼振雄雌”等。菲华作家莎士在《我登上了长城》中写道：“长城，伟大的长城！这长年累月盘踞在我心头，接受我虔诚膜拜的伟大形象，宛如巨龙从天而降。她雄峙万里，蜿蜒在崇山峻岭之上；他气势磅礴，沉默而庄严地守护着子孙万代！这就是长城，我们祖先留给我们蕴含着民族气魄的遗产！如今，当她气势宏伟地展现在我眼前时，顿使我感到心灵无比的富足。”他在《雪泥鸿爪篇——记故国文学之旅》中写道：“犹记得十年前，大陆开放不久，我参加旅游团回国观光。那时候的上海，印象中是灰蒙蒙的一片，除了街道两旁碧绿的梧桐树透露着生机外，一切的一切，只能以破旧、贫瘠、颓败、落伍来形容。当时我的心情沉重万分，为故国的文明落后西方国家二十余载而悲。想不到短短的十年后，上海又恢复了她以往的光芒，再一次成为中国大陆文化、经济、金融、交通及对外贸易的中心，在国际间居于举足轻重的地位。这是多么值得国人骄傲的奇迹！”② 这些诗人的

① 李小平：《“茉莉花种（Jasmine）来自中国”——论80年代菲华文学中的寻根文学》，载《华文文学》2002年第5期。

② 张旭东：《东南亚的中国形象》，人民出版社2010年版，第217—218页。

作品，深刻反映了菲律宾华人对祖籍国的赞颂。

（二）对中华文化的依恋

马华诗人吴天才在题为《根》的短诗中吟道：“一个悠久的民族，千万年地繁衍，文化的根不断在历史中延续。”“一个民族，有朝一日失去文化的根，便切断了历史的脐带。”海外华人生活在异域他乡，满目皆是异族的东西，与故土和亲人之间唯一的感情纽带，就是游子心中无法一日或释的“中华情结”。正如林泥水所言：“菲华侨胞不论入籍与否，对故国文化的恋念是天生的民族感情，其自然性有如子女对父母。菲华社会潜存着温柔敦厚的中华古老的根，就是因为这份不能即时切断的脉搏在延续，华文教育、中文报刊、中国式的社会组织相继保存，足可证明其存在的价值。中华传统美德虽旧，仍然不失为人与人之间相处的良方。”[①] 菲华著名作家施颖洲在《伟大中国诗》一文中，极力推崇中国古代的唐诗、宋词和元曲，他认为欧美文学的极致，也无法企及中国的古典诗词，如“英国文学皇帝”莎士比亚，他创作的154首商籁体诗，被称为欧洲文坛皇冠上的宝石。然而，相比中华文化宝库明珠的唐诗，却至少晚了一千年的历史。而著名的波斯人盖俨作品《鲁拜集》，被认为是“模仿比他早二三百年前中国诗人”。菲华作家霁在《家在千岛》中写道，华人一方面承认自己的“家”，散落在菲律宾的千岛上，也就是自己已经以菲国为家了，是菲律宾公民。但是，当亲友相会时。却“用最亲密的母语讲盘古开天、女娲补天”等，中国传统文化的神话故事。[②] 陈一匡的散文《黉宫梦断》中，“我”自幼接受中菲两国文化的熏陶，尤其是热爱中华文化。可是迫于父命难违，不得不进入一所工专就读，更多的是接受西方的科技文化。五年后完成了父亲所嘱的“任务”，他再读中文大学，“神游于优美的中华文化里，无比饥渴的吮吸着祖宗遗留下的遗泽宝藏”，感到“生命从来没有如此丰盛过，人生从来没有如此美好过”。[③] 女作家小四的散文《掌中汉字》，写一个十三岁的少年在一次地震中不幸

---

① 钦鸿：《菲华文学中的“中华情结”》，载《世纪华人论坛》1998年第2期。

② ［菲］云鹤：《莎士文集》，鹭江出版社2000年版，第75—97页。

③ ［菲］陈一匡：《黉宫梦断》，载［菲］庄维民《菲华散文集》，马尼拉：菲华文献出版社1994年版，第136页。

遇难，而当人们从倒塌的残垣中将他挖出来时，发现他左手上写着“戴文全一九九□年七月十八日”一行汉字震撼了多少人的心，也让多少华人潸然泪下。在国学日渐式微，汉字不被重视和华裔学子不喜欢阅读的风气下，“你是一声小小的春雷。可怜的孩子，我可以告诉你，咱们的仓颉不老，美丽的方块字不会死。”①

（三）对故乡的眷念

秋笛在她的散文《中国心》中深情地抒写道：“洋装虽然穿在身，但祖先已把中国的印记，牢牢烙在他们身上，任你如何染发、整容、易姓，也除不掉身上的印记，更改变不了中国心。”“这一次回到马尼拉，心中最大的目的是，让孩子在众多亲人中间悟出自己是中国人，让他们多听听自己的乡音，有朝一日回到祖国时，才不会把自己的家乡当成异邦。可惜，在马尼拉年轻的一辈，他们也迷失了方向，变成不中不菲的一群人，这是值得担忧，值得悲叹的！”② 发出同样感慨的施颖洲，他在散文《义山》里写道：“我们身上流淌的是华人的血，心里永远是华人的精神。无论在什么地方落脚，经过多少年代，我们永远是华人。”③

海外华人对“根”的认同情愫，不仅表现在老一代华人身上，也展现在年青一代的行为中。秋笛的散文《我们儿子哭了》中记述，“因中国青年篮球队在亚洲锦标赛输球，儿子好伤心地哭了的时候，做母亲的为有一个土生土长，却懂得为祖国流泪的儿子感到骄傲和自豪”。从这里，我们看到菲律宾华人“根”的意识在下一代身上的延续。正是有了老一代华人对中国的认同，中华文化才能代代相传、延绵不断。庄子明的小说《卖身契》的主人公阿丁，是一个早年漂泊到海外的华人，一向视申请所在地国籍“如同卖身去投靠人家”。他忘不了“出洋前夕母亲的谆谆叮咛：‘儿呀，你要牢牢记住，落叶归根，地球上没有一国地方比得上咱的家园温暖。你出外谋生，千万不要留恋异域，忘掉了摇篮血迹的老家……’”④ 柯清淡的诗歌短诗《灵药》和《归心组曲》，是反映华人对

① 钦鸿：《菲华文学中的“中华情结”》，载《世纪华人论坛》1998 年第 2 期。

② ［菲］云鹤：《秋笛文集》，鹭江出版社 2000 年版，第 126 页。

③ 李小平：《“茉莉花种（Jasmine）来自中国”——论 80 年代菲华文学中的寻根文学》，载《华文文学》2002 年第 5 期。

④ 张旭东：《东南亚的中国形象》，人民出版社 2010 年版，第 217—218 页。

祖籍国眷恋之情的力作。《灵药》写道："双手搂抱住——/城头的苍石/鼻孔嗅吸着——石苔的涩味/我自幼身罹的相思痼疾/竟霍然而愈"。他的《归心组曲》开篇之作为《归心》："当飞机降落在神州大地/我喜得泪水盈眶！/当客车驶进福建境地/我怯得脉搏加速！/当汽车碾到晋江地区/芳香的乡泥味扑鼻！/当三轮车驶入故里/我的话从何说起?"第二篇为《抵乡》中抒发："老乡啊/别为我惊动四邻/叔婶啊/别为我杀鸡烹鸭/我这少小离乡的'番客'/只想吃一顿/用咱们田间收成来的米粮/煮成的一锅番薯粥/若是祖父用过的——/那块粗花碗还在/就用它来盛放吧！/免再烫痛我童年的掌心。"第三篇为《寻找》中描述："我要在家山的小径上/找出童年的小脚印/我要在村前的硒谷场/找来断线的小风筝。"①

三　"文化情结"的心理困惑

菲华文学中的"地域乡愁"贯穿了作家的创作心理，影响着华文文学内在特质和发展维度，而"中华情结"是菲律宾华人与中华故国之间的血缘和文化联系所致。因此，对于菲华文学而言，文化是与生俱来的，是任何时空或其他外力因素所无法解开的。它既是菲华人民内心深处一种精神意蕴的深刻表现，也彰显了华人族群生活与文化的变迁。

（一）"地域乡愁"华文文学

直到第二次世界大战前，菲律宾华文文学反映的是华侨所经历的坎坷与苦楚，作品里充满"放逐者"的伤痕和愁思，道出了千百万华侨浪迹天涯，寄人篱下的凄苦和危机感。这种强烈的异域流寓边缘感，是菲律宾华文作家在作品中普遍流露和承载的低落情绪。在诗歌中，诗人往往通过以下几种方式抒写：

一是怀乡诗，诗人借物抒情，通过对具体景物的描述，表达华侨的惆怅和迷惘。和权在《桨》中写道："被弃于/外海/我乃一根无用的浮木"；在《死后》中写道："冰冷的身体/将火化于华侨义山/一颗赤热的/心/将回归/我的家乡。"

二是游子诗，诗人直抒胸臆，直接道出游子孤寂、落寞的心情。云

① 王宗法：《海外赤子的情与思——读可清淡的乡愁诗》，载《世界华文论坛》2001年第3期。

鹤的《乡愁》是典型的诗作，其中写道："如果必须写一首诗/就是乡愁/切不要忘记/用羊毫大京水/用墨，研得浓浓的/因为/写不成诗时/也好举笔一挥/用笔墨色浓的乡愁/写一个字——家!"①

三是踌躇感，描述华侨不被认同和接纳的孤独。如林立在《憔悴，我们的心》中写道："我们无数的祖宗淌过汗珠，血滴/繁荣了你这荒凉的岛屿"，如今，"椰子肥圆"，"海水"也"绿波"荡漾，而付出辛勤劳动的"我们"，却"没有得到什么多情美意"，得到的只是"阻碍"和"排挤"。

四是困惑感，描述华侨对双重身份的艰难选择。林泉在《王彬北桥》中感叹："时光在前/阴影在后/而对南桥/不知道该向南或向北走？不管向南或向北/何处没有先祖斑斑的足迹？而无言的道路/像一段不知所驱的命运……"

（二）"中华情结"与"菲华情结"

我们不难看到，菲律宾华人文学中的"中华情结"，不是孤立和一成不变的东西。在不同的历史时期和背景下，它有着相应的变化。在早期华侨漂洋过海来到菲岛的时候，他们没有加入当地国籍是寄居客，人们怀念自己的祖国和家乡的感情十分强烈，而当他们落地生根成为菲律宾公民后，对于所在国必然产生亲近感。尽管不同的个体情况不尽相同，如有过在中国生活经历的华人，对中国自然颇有感情，而在菲律宾土生土长的华裔，则往往对菲律宾更有感情。因此，在菲律宾华人文学中，"祖国"的概念往往因人而异，或指中国，或指菲律宾，或二者兼而有之。但对大多数菲籍华人来说，爱国的内涵不像过去那样纯粹，而出现了相对复杂的现象。他们依然关注和热爱中华故国，同时也热爱自己的居住国菲律宾，并且主动融入菲律宾大社会。

林泥水在《由读"水叔"再谈侨民文学》一文中指出："数百年前，我们的祖先就漂泊到这里谋生，中菲血统及文化早已有深厚的关系。我们虽然是泱泱大国的子民，毕竟生活的根还是扎在人家的土地上，安全保障都得依赖主人的宽量。要获得礼待，必先敬人，所以教导侨胞与菲

① 陈丙先、姚春美：《20世纪以来菲律宾华人文化认同的嬗变——以菲律宾华文文学为视角》，载《华侨华人历史研究》2015年第1期。

人和睦相处，树立风范、争取印象是当前的急务。”平凡在小说《活鱼的难题》，描写了一个华裔子弟大卫与菲女露丝的爱情故事。起初他们的婚姻遭到家长的反对，但他们真心相爱、毫不动摇，最后获得了双方父母的支持。后来的事实证明，这对异族青年男女的生活十分幸福。作者刻画了这样圆满的结局，不只是基于不同民族男女可以真挚相爱，更在于当今时代菲华民族认识到相互融合的重要性。当然，融合的形式有多种多样，倒不一定非要通婚，但对菲华人民来说，落地生根毕竟是一种不可阻遏的趋势。①

由此可见，“中华情结”与“菲华情结”不是对立的，而是随着时间的演进，华人族群的“中华情结”必然会发展为融入当地社会的“菲华情结”，这也是菲律宾华人社会和文化变迁的写照。

（三）“落地生根”的华族文学

20 世纪 70 年代以来，随着华人与土著居民的关系日益密切，华文文学表现融合本土、落地生根主题的作品大量涌现。据统计，从 20 世纪 60 年代以前的 1%—2%，逐渐上升至 90 年代以来的 50%。② 在菲律宾华文诗人谢馨的笔下，混血儿的风姿成为多民族精神和谐的融汇。“混血儿的风姿，便如是/闪过我脑际——融合着西班牙的/美利坚的/飘扬吕宋岛的……而混血儿/他们说，都是/美丽的”。蒲公英的《我是蒲公英》道出：“我是蒲公英/随风吹/去/落土/生了/根”，“落叶归根”的思想已转变为“落地生根”。

林泥水的短篇小说《墙》，展现了菲华两族文化交流与融合的意义，作品取材于菲华两族杂居地区的社会生活，描写了老一代人之间的情谊。华人陈老先生和菲人民间领袖帛洛，长期生活在一起，和睦相处、平等相待，最终成为莫逆之交，并以凝结起来的情谊，冲破现代利己主义在两族人民筑起的“墙”。诗人柯清淡在菲律宾逾半个世纪，他在《五月花节》抒发了对中国与菲律宾文化的理解。“在人类生存与延续的过程中，一群又一群的人各自在不同的地方聚居，形成不同的民族和国家。由于某一人群中有人基于某种原因，走离到另一人群中。遇到不同肤色、语

① 钦鸿：《菲华文学中的“中华情结”》，载《世纪华人论坛》1998 年第 2 期。

② ［菲］蔡沧江：《菲律宾华人文化与华文文学概说》，载《华文文学》2001 年第 3 期。

言、观念的陌生人，而被他们视为外来者，产生了敌意、相持、隔膜，但长期相处而相互了解融洽，遂成为这一群人中的一员。”①

华人族群在当地化的生活过程中，感受到文化与习俗与本土融合的必要。华人社会这一变化，折射在菲律宾华文文学方面，便是对“融合与承担”的强调，即华人在保留中华文化特质的同时，要尊重和接纳当地的文化习俗。人类文化认同的构建是一个渐进的过程，它伴随着社会文化发展从来没有停止过。正如文化批评家斯图亚特·霍尔在《加勒比认同的对话》中所阐述的，“在族裔散居空间，各种异质文化之间的关系，不可能一成不变、自我封闭，总是交织着综合、同化、交叉、适应、抵制、选择等转换环节，由此形成一个持续、开放的过程。”② 自从华侨社会转化为华人社会后，华人的文化认同就经历了一个动态的嬗变过程。

进入21世纪以后，在菲华文学作品中，华人眼中的菲人形象发生了明显的变化。他们不再是欺压华人的强势者，不再是家庭淡薄的“制造”者，而是生活中的朋友、助手甚至是家人的形象。华人文学作品的这一变化，反映了菲华族群关系的改善，华人与主流社会融合进一步加深。菲华作家以融合的视角描绘菲人，使异族“他者”形象具有友善的色彩。这种有意无意地过滤掉异族特性，反而体现了“他者”与“自我”的一致性。

第四节　华人文化的传承与改造

第二次世界大战后，华侨社会可谓进入多事之秋，经历了“菲化运动”的动荡和洗礼，但他们仍然坚守自身的民族文化之根。在教育菲化案顺利实施之后，华人文化进入了一个不断与主流文化进行调和的过程。在菲律宾出生的华人，其文化的营养更多取自当地社会，而

---

① 陈丙先、姚春美：《20世纪以来菲律宾华人文化认同的嬗变——以菲律宾华文文学为视角》，载《华侨华人历史研究》2015年第1期。

② 陶家俊：《文化转化与文化认同——兼论中国文化现代化的认知重构》，载《解放军外国语学院学报》2009年第6期。

非中国故土。华人生活在菲律宾的社会大家庭中，共同的地域以及共同的环境、共同的政治认同都潜移默化改变着华人社会的文化属性。

一　华人文化的“多维”表征

菲律宾华人移民带来的祖籍地文化，可视为闽粤文化在当地的延续和发展。华人移民为适应移居地的生态和社会环境，对原有文化也会进行调整和适应，再加上族群互动等因素，促使不同文化接触和融合，这就使得华人移民原有的文化发生变异。这主要体现在以下几个方面：

（一）语言生态环境的变迁

在充当文化载体的诸多媒介中，最重要的是语言。东南亚国家大多限制对华语的使用，除了马来西亚华人族群仍将华语作为一种文化载体外，其他国家的华人主要把华语作为一种语言工具。族群的互动势必造成语言的相互影响，使用华语的范围和机会日益减少，华人的华语运用能力也越来越低。从民族学的观点来看，体现民族心理状态的民族文化具有相当的稳定性，而语言是文化的重要基础。[①] 海外华人社会遇到不同文化冲突和碰撞是不可回避的问题，广大华人为适应当地的生活，就必须首先适应本土文化。在文化适应中，语言是其他适应的前提条件。一般意义上说，语言的适应程度与文化适应和融合程度呈正比关系，对其他族群语言掌握能力的提高，会推进融入这个群体的速度。1969 年，研究菲律宾华人问题的学者杰拉尔德·麦克贝斯（Gerald Mcbeath）就指出，菲律宾的华人青年已经日益被同化了，表现在语言和文化方面尤为突出。为了解这些华人学生和他们父母使用语言的情况，麦克贝斯对马尼拉和外省华文学校的 3100 名学生进行问卷调查。结果表明，大部分华人学生已经不能流利说华语，更不能使用华文读写。[②]

---

① 庄国土：《二战以后东南亚华族社会地位的变化》，厦门大学出版社 2003 年版，第 42 页。

② Charles J. McCarthy, S. J, ed., "The Chinese in the Philippines," in *Philippine-Chinese Profile: Essays & Studies*, Manila: Pagkakaisa Sa Pag-unlad Inc., 1974, p. 5.

分析数据表明，华人学生使用菲律宾语（他加禄语）和英语的能力，比父母使用这些语言强得多。毫无疑问，这种现象与他们在当地的生活环境和受到的教育有直接的关系。此外，据杰拉尔德·麦克贝斯的调查，有47%的华人主要阅读英文报纸或菲律宾报纸，有33%的华人是英文、菲文和华文报纸都阅读，仅有11%的人只阅读华文报纸。相比之下，对于年青一代的华人来说，接受当地文化教育和交菲人朋友，在语言上自然会趋同于当地。可见，菲律宾华文教育的式微，可以从华人文化，特别是语言方面彰显出来。语言是民族文化的守护者和保护神，如果身处异邦族群使用的语言发生了变化，其族群文化结构必然产生松动，文化内涵也会随之变迁。

2016年，学者沈玲对502名菲律宾华裔青少年，且平均年龄不到15岁展开调查。[①] 这其中，新生代华裔中94%的人为菲律宾籍，中菲混血儿占30%以上。从学习汉语动机来看，有34.31%是家中长辈的要求，21.41%出于工具性动机，12.2%的新生代是“自己想学”，还有9.21%的人对中国文化很感兴趣，0.97%的人想到中国旅行，11.14%的人想到中国定居。结果表明，菲律宾新生代华裔中的不少人，仍然保持着本民族文化认同和族群认同。但目前新生代华裔中文程度不高，但半数以上受访者表示愿意学习中文。

调查显示，第一代华人与亲朋好友交谈用闽南语的最多，其次为汉语普通话，再次为“混合语言，但以汉语方言为主”。若将包括闽南话、潮州话、客家话、粤语、普通话在内的汉语一起统计，则第一代中有66.67%的人在日常交际时使用汉语。第二代华人交流时存在着语言混杂使用现象，但汉语方言所占的比例最高有22.87%。若将闽南话、潮州话、客家话和普通话在内的几种语言使用比例相加，则占了54.77%。在菲律宾华人家庭内部，父母之间更倾向于用祖籍方言进行交流。华人家庭第二代和第一代交谈时也是语言混杂，但菲律宾语所占的比例最高有23.04%，不过“混杂语言，以汉语方言为主”的比例也有22.15%，而若统计包括汉语普通话在内的各种汉语

① 沈玲：《认同转向之下菲律宾华人家庭民族语言文字使用研究——基于500多名新生代华裔的调查分析》，载《华侨华人历史研究》2016年第4期。

使用情况，有53.42%的人在用汉语进行交流，高于菲律宾语的使用比例。

调查表明，第三代华人在家庭内部主要使用“混合语言，但以汉语方言为主”，而在对外交流时，如对华人同学、朋友、亲戚和公共场所时则是“混合语言，但以菲律宾语为主”。第三代华人普遍掌握多种语言，公共场合的语言多数以菲律宾语为主，英语的使用情况不如菲律宾语、汉语方言和汉语普通话，这表明新时期菲律宾华人家庭中仍有意识地保留使用汉语的习惯。

结果还表明，随着各族群相互交流的不断深入，各民族语言间常发生融合、替换和分化，尤其是菲律宾三代华人的语言出现了差别。从本调查来看，菲律宾华裔青少年说普通话和祖籍方言流利者，与说英语流利者的比例相差并不太大，与说菲律宾语流利者比例相差略大。同一家庭三代人之间，第一代与第二代对祖籍语言掌握情况好于第三代，而第三代则更好地掌握菲律宾语。可见，20世纪90年代后出生的华裔青少年，虽有一定的民族文化认同，但从实际语言使用来看，他们对民族语言的情感并没有表现出特别的一面。相反，不少人因菲律宾语的掌握程度较好，倾向于更多地运用菲律宾语。

（二）族际婚姻的提高

海外华人社会中，族际通婚被认为是衡量文化适应程度的另一个重要指标。族际之间通婚者越多，表明异族互信度提高，彼此能够相互接受。在菲律宾社会中，华菲通婚的情况早在西班牙殖民时期就已存在。当时移民菲岛的华人多为男性，出于商业的便利和身处异域的孤独，华菲通婚随之发生，并发展成为极为普遍的现象。到了20世纪30年代，随着来到菲岛的华侨女性移民的增加，华侨社会内部成婚率提高。同时，在汉族主义的影响下，菲华通婚大幅下降，受儒家思想的影响，异族通婚还被认为是不光彩的事。此后，随着融合进程的加快，这种情况已很大改变。

根据调查显示，1960年至1970年间，菲律宾华菲两族通婚比例急剧上升。华人男子娶菲律宾女子由最初的120人，增加到1745人；华人女子嫁给菲律宾男子由76人上升至1474人；新婚夫妇均为华人的由225对仅增加为432对。① 这种情况出现的原因是多方面的，但在“菲化运动”的冲击下，华侨为了生存的便利是主要原因。20世纪60年代，华侨入籍还非常困难，而层出不穷的菲化案禁止华侨从事许多行业和职业，已经涉足这些行业的华侨面临破产的危险。华侨如果与菲律宾人结婚，便可以继续经营他们的生意，也有利于子女取得菲律宾国籍。当然，菲华通婚也有非商业目的的。大批华裔青年在菲律宾出生，他们接受菲律宾文化的教育，与菲律宾青年一起生活、学习和工作，已经大大减少了他们父辈的那种对土著人的隔阂和成见。由于诸多因素的推动，华裔青年与菲律宾青年拥有了共同语言、文化、价值观和宗教信仰，在同一空间和领域共同生活，在这种情况下不同族群的年轻男女之间，产生爱情是很自然的事情。至70年代，华裔青年女子嫁给菲律宾男子的现象已屡见不鲜。②

据菲华学者蔡丽丽讲述：“我所认识的一名24岁华裔年轻女人，在一个华人家庭长大，小学毕业于华文中学，大学毕业于天主教女子学院。她聪明美丽，气质尤佳，但她嫁给了一个菲律宾人。她的家长没有很多理由反对，男的是来自一个受人尊重的家庭，在一所美国大学获得博士学位。以前对与菲人结婚所怀的恐惧，如你将会饿死、他们将会把你放弃、他的贫穷亲戚会来依赖你等等，并未成为事实。相反，她的结合使她的文化得到了增益。由于她是在菲律宾出生并终生住在这里，她对菲人的生活方式与习俗有较多的了解。而她的丈夫对许多中国习俗要从头学起，并须应付许多华人亲戚与朋友。”③ 如果男女双方都能够相互尊重，异族通婚实际上可以融合两个不同文化。她学会了使用醋、鱼汁与椰汁烹饪，也学会了欣赏虾酱与咸鱼。她也懂得享受番薯叶与辣椒叶。她的

---

① “Republic of Philippine of Census and Statistics, Department of Commerce and Industry, Vital Stastics Annual Report,” in *Phlippine Statistics*; A July 1972 Special Release of the same Bureau: 1970 Marriage in the Philippines.

② Lily T. Chua and Nancy C. Herrin, “Filipino-Chinese marriages,” in Teresita Ang See and Lily T. Chua, eds., *Crossroads: Short Essays on the Chinese Filipinos*, Manila: Kaisa Para Sa Kaunlaran, Inc., 1988, p. 90.

③ Lily T. Chua and Nancy C. Herrin, “Filipino-Chinese marriages,” in Teresita Ang See and Lily T. Chua, eds., *Crossroads: Short Essays on the Chinese Filipinos*, Manila: Kaisa Para Sa Kaunlaran, Inc., 1988, pp. 90 – 92.

丈夫从此可以品尝更多的食物，包括炖猪脚与烤鸽，也学会了喝中国的茶叶与人参酒。这种文化的相互渗透并不限于食物，也包含生活的各方面。

进入21世纪，菲律宾的华人女性移民逐渐增多，1970年国际移民中47.2%是女性，到了2005年已增加到48.6%。[①] 但随着中国大陆，特别是沿海地区的发展，人民生活水平得到很大的提高，民族自信心和优越感有所提升，认为自身条件和社会地位较好，菲华族际通婚现象有所减少。笔者认识一位菲律宾的陈太太，她家没有男孩只有5个女儿，最大的女儿28岁。据她讲，她们家族希望女儿找中国男孩或当地华裔，不希望女儿找菲律宾土著人。

（三）教育的当地化倾向

根据菲律宾教育部的统计，1974年的菲律宾华文学校共有154所，其中菲人和华人合办的有147所，占95%，另外7所是由华人独立创办。华校共有教师4077人，学生68505人，而学生中55%为菲律宾籍，中国籍学生占45%。[②] 由此可见，菲律宾华文教育已经从过去的面向华侨学生，向菲律宾籍学生转变。为了适应华侨、华人在菲岛生存发展的需要，华校教育目标和内容也进行了适当调整，华文教育朝着“多元文化并存、促进民族融合”的方向发展。自古中华民族就有重视教育的传统，菲律宾华侨华人同样把子女的教育问题摆在家庭生活中的首位。他们哪怕节衣缩食或者减少商业投资，也要创造条件供孩子读书。菲律宾华侨华人社会还有这样的风气，那就是尽可能让子女接受高等教育，否则会被外人看作父母没有尽到责任。因此，30岁以下的华裔青年，有80%以上的都是大学毕业。[③] 而华侨学校的毕业生中，越来越多的华裔青年选择在当地继续深造。如在1962年，仅有32人进入台湾高校深造，1966年减少至19人，1968年减少至16人，1969年减少至12人，1970年减少至11人，而这一数字在菲律宾华侨学校毕业生总人数中所占的百分比更是微

---

① International Organization for Migration, World Migration 2005: Costs and Benefits of International Migration, p. 394.

② 《菲律宾新一代华人动向》，载日本《海外市场》，见《南洋资料译丛》1978年第4期。

③ 薛君度、曹云华：《战后东南亚华人社会变迁》，中国华侨出版社1999年版，第204页。

乎其微，绝大多数华侨学校毕业生都进入菲律宾大学深造。[①] 1970 年，在菲律宾的东方大学、国立菲律宾大学、远东大学、马尼拉大学、拉萨大学、圣伯达大学及菲律宾女子大学等深造的华侨华人学生达 15000 人之多。[②]

现如今，菲律宾中正学院是全球唯一一所涵盖幼儿园、小学、中学至大学之完整教育体系，并以招收华裔子女就学为主的高等学府。该校不仅为传承文化做出巨大贡献，也为菲律宾华社和主流社会培养了大批人才。中正学院现有在校学生 5000 名左右，也只是把汉语作为外语来教授。显而易见，菲律宾 100 多万华人中绝大部分的子女在主流社会大学就读，而且他们接受华文教育的机会并不多。

（四）职业范围的扩大

现在华人社会的大多数人，实际上都是在菲岛生长，在菲律宾大学受教育的第二代、第三代和第四代华裔。土生土长的华人虽然说闽南话，保持中国人的习俗，但也吸收不少菲律宾文化。在这里，他们并不感到“陌生”而觉得是“外人”。事实上，菲律宾才是他们的家乡。相反，菲律宾生长的华人到中国时，才感到是一个“外国人”。第一代的移民要回中国老家，访问久别的亲友，或重建家园。本地生长的华人子弟当然也有去看看祖先家园的兴趣，但是大部分出于自然的好奇，而不像第一代移民那样感情冲动。由此，我们可以看出两代华人之间的差别，上一代还可称为“外侨”，下一代绝对不是“外侨”。不但大部分菲律宾人对这种分别不清楚，很多华人自己也忽略这个事实。[③]

菲律宾华人社会原本是一个特征明显的商业社会，但是如今，华人的职业范围不断扩大，已经从单纯的商业领域扩展到各行各业。年轻一代华人在大学毕业后即以主人翁的姿态进入社会参加工作，他们已不再

① Charles J. McCarthy S. J.， “Chinese Schools in the Philippines”, in *Examiner*, April 7, 1972, p. 9.

② Charles J. McCarthy, S. J., *Philippine-Chinese Integration*, Manila, Pagkakaisa Sa Pagunlad, Inc., 1971. Quoted in Hsiao Shi-Ching, *Chinese-Philippine Diplomatic Relations*, *1946 – 1975*, Quezon City: Bookman Printing House, 1975, p. 300.

③ Teresita Ang See, “A cultural and not an alien minority,” in Teresita Ang See and Lily T. Chua, eds., *Crossroads*: *Short Essays on the Chinese Filipinos*, Manila: Kaisa Para Sa Kaunlaran, Inc., 1988, p. 17.

愿意子承父业，继续从事狭窄的商业活动，而是根据自身的兴趣，发挥他们的聪明才智，积极成为菲律宾经济、政治、社会和文化发展，以及国家建设的一支重要力量。一位菲律宾华裔学者写道："现在，我们不但已有了大批的华人医生、华人牙医、华人护士、华人公共会计师、华人建筑师、华人电脑工程师、华人电工、机械和化学工程师，而且有了不少华人律师、华人美术、音乐、雕塑的艺术家、华人英菲文作家、华人新闻工作者，以至华人社会工作者、华人军官及华人神学修道士。我们年青一代，已经不对生活感到单调呆板，他们充满活力，有广泛兴趣，勇于接受挑战，不再像我们先辈那样，只满足于赚钱及物质生活的富裕。他们对收钱、记账这样的事不再有强烈的事业心以及社会责任感，希望生活多姿多彩，能以自己的一技之长表现一番，为社会作出一点有益的贡献。"①

（五）风俗习惯的趋同

在名字方面，许多菲律宾华人，尤其是年青一代，都有用菲律宾文起的名字或用西班牙文起的名字，但往往在这些名字后面还加上其中国的姓氏，如 Yap、Lim 等。在着装方面，华人一般都不穿中国式的服装，如女性的旗袍或男性的长袍马褂。大多数华人都喜欢穿菲律宾式的服装，如巴隆他加禄或西装等。在家具方面，王彬街以外的华人家庭与菲律宾家庭已经没有多大差别，很多华人家庭就地购买菲律宾的木制家具，只是在买回家之后的摆放布局上略有差异。在饮食方面，菲律宾越来越多的华人家庭喜欢使用刀叉和汤勺，尤其是在有菲人参加的正式场合也不会使用筷子。华人家庭也逐渐开始食用菲律宾食品。1969 年，麦克贝斯曾描述道："菲律宾华人多数家庭都雇菲律宾女佣做饭，因此大多吃菲律宾菜。除了华人家庭主妇做中国菜以外，中国餐馆就算是这部分中国文化的唯一陈列室了。"② 洪玉华女士也认为："制作中式点心的华人饭店已放弃原来的经营品种而出售快餐包、松软馅饼之类的食

① ［菲］洪玉华：《融合：菲律宾华人》，马尼拉：菲律宾华裔青年联合会，1990 年，第 28 页。

② ［美］杰拉尔德·麦克贝斯：《菲律宾华人的政治融合》，加利福尼亚伯克利：南亚及东南亚研究中心，1973 年，第 108 页。

品。以唐人街为中心半径一公里的范围内，人们至少可以找到5家汉堡和快餐连锁店，现在年轻人喜欢汉堡包和可口可乐胜于包子和中国菜。"① 而好莱坞的电影、摇滚乐和麦当劳等快餐食品等，带来更大的文化冲击，同时也给人们带来更多的文化困惑。在日常礼仪方面，华人家庭接待客人时不再用中国式的传统礼节，而是用菲律宾当地的礼仪和习惯。总之，菲律宾华人的风俗习惯逐渐"菲律宾化"了，尤其在生日、婚姻和丧事礼仪方面，菲律宾习俗已占上风。此外，还有华人宗教信仰的融合，华人社团的当地化倾向，华文报刊接"地气"的特征，已在前文有所阐述。

菲律宾华人融入主流社会，文化的交流和碰撞随之日益频繁，文化适应和文化涵化问题也突显出来。所谓文化适应，是指具有不同文化的群体因长期接触和交流，而使其中的一个或多个群体的文化模式和特征发生改变的现象。当文化适应发展到一定程度时，就出现了文化涵化。所谓文化涵化，就是指两种或两种以上的文化相互接触、影响而发生的文化过程。具体来说，就是因不同文化传统的社会互相接触而导致诸如语言、习俗、信仰、手工制品等方面的改变。文化涵化是文化适应的高级阶段或必然结果。可见，在文化适应中发生变化的元素，在涵化中已转化成新的成分。菲律宾华文教育的发展说明，战后菲律宾华人文化对主流社会文化的态度，经历了从文化适应到涵化的过程，即一个从接受文化到改造文化的过程。

二 华文教育的重新定位

华人社会与主流社会的融合过程中，文化碰撞与融合也在进行，特别是在华文教育菲化之后，华校体制和教育目标发生了根本变化，对于华人社会维系文化特质是严峻的挑战。华文教育也根据现实需要，不断调整华文教育内容，保持华人文化的同时，也适应华人社会自身的发展。菲律宾政府制定的"教育菲化案"，只是加速华文教育蜕化的进程，而不是华文教育日渐式微的根本原因。以至于后来有人说，"即使没有教育菲

① ［菲］德里西塔·昂·西：《融合和认同：二次大战之后菲律宾华人社会的社会变化》，载《南洋问题研究》1989年第3期。

化案，我们迟早也是会自己菲化的”。①

（一）华文教育去政治化

1948年，学者陈继修发表的《华侨与寄土教育》一文中，对于华侨教育的目标提出前所未有的新观点，即建议华侨接受居留地的教育。他指出，教育的意义就是为适应生活。华侨现实的生活受居留地所拘束，向来关心华侨教育的人士都只注意让华侨不忘祖国，保持中华文化，而忽略了适应侨居地生活的需要。当欧美华侨接受英语教育时，国人多予认可，而南洋华侨若接受当地教育，则遭非议，这种见解实际上含有轻视南洋土著的心理，并不符合民族主义中视一切民族一律平等的真意。过去，华侨从未深入研究侨居地的文化、语言和民族，一旦忽逢土著民族独立，即遭排华厄运，流离失所，这是不重视寄土教育的结果。因此，他主张应有新的政策，使华侨都“落地生根”，在当地发展共存共荣的经济基础，达成大同世界。他特别强调，这并非要废除华侨的祖国教育，而是要使祖国教育与寄土教育并存。②

这是有远见卓识的华文教育本土化的观点，华侨生活在异国他乡，为生活方便就要学习当地本土文化，如果要长久居住更应知晓当地文化，只有这样才能适应生活和社会环境，才能融入主流社会。历史发展证明，了解和热爱寄居文化，是民族融合的前提条件，是与当地土著居民和平相处的重要因素。保留中华文化和学习当地文化并不矛盾，通过文化交流来增进理解和友谊，甚至用悠久灿烂的中华文化来丰富寄居文化的内涵，是华人除经济之外对当地的更大贡献。

1960年，菲律宾政府规定，华侨在取得菲律宾国籍之前，必须放弃中国国籍，并出示退籍证明。③ 马科斯总统放宽入籍条件前，菲华社会除了50岁以上并出生在中国的第一代华侨外，华侨华人大多精通菲语和英语，许多较年轻的华人愿意就读于主流社会大学，他们的文化倾向、生活习俗和政治意识，逐渐趋近菲律宾化，为融入当地社会奠定了基础。60年代末，

① 范启华、章石芳：《王宏忠先生访谈录》，马尼拉：菲律宾商总中国语言文化学院，2008年8月5日。

② 陈继修：《华侨与寄土教育》，载《华侨月刊》1948年第1卷第3期。

③ 黄明滢：《从侨民到公民：战后菲律宾华人社会地位的提升》，载《东南学术》2003年第2期。

菲律宾人的政治敏感性不断增强，并开始指责台湾当局利用华文教育对当地华侨国家效忠和认同的掌控，认为台湾是造成菲华社会难以融入菲律宾主流社会中去的“始作俑者”。因此，菲律宾的民族主义者感到，一个“同盟政党”在本国的存在越来越令其难以忍受。[①] 根据私立学校局长杰西·佩皮尼安（Jesus Perpinan）的描述，华校的历史、地理、公民以及写知识作用中文进行传授，以便培养中国民族主义。换句话说，菲律宾教育机构并不是反对学习华文，而是反对培养对菲律宾国家的不忠诚人。[②]

由此可见，战后初期菲律宾华文教育的发展，其中夹杂了过多的政治因素，不仅使海外华侨深感痛苦，也导致了菲政府疑虑和不安，并成为教育菲化案和华校危机的主要原因。虽然最终菲政府没有关闭华校，但华校的体制和性质被改变，也使华文教育元气大伤，这极大削弱了华文教育的发展原动力，也失去生存的文化环境，成为华文教育日渐式微的主要根源。因此说，菲律宾华侨社会必须以华侨的共同利益为准则，摒弃受两岸的政治影响，自己掌握命运，做到华侨社会权力结构的合理化。[③] 海外华文教育的持续和发展，必须去政治化才符合华侨社会的现实，否则就会失去菲政府的支持，甚至还成为排华的借口。华文教育只有在无政治背景的境况下，营造良好的文化环境和浓厚的文化氛围，并培植宽松和自由的无国界文化土壤才有其发展的前途。

（二）与华人的生存结合

第二次世界大战前，菲律宾华文教育是华侨教育，其教育宗旨是培养华侨具有中华文化特质和中华民族意识，并拥有祖国观念的中国公民。菲律宾华侨学校是按照国内模式创办的，无论教学内容，还是教学方法都与国内相同，甚至教科书都使用国内的教材。总之，华侨教育是中国教育的海外延伸。菲律宾独立后，“菲化运动”最终涉及华文教育，华文

---

① Antonio S. Tan, *Changing Identity among the Philippine Chinese, 1946 – 1984*, Paper Presented at the Symposium: “Changing Identities of the Southeast Asian Chinese since World War II,” The Australian National University, Canberra, Australia, June 14 – 16, 1985, p. 13.

② Santos G. Mena, SJ., *Luceat Lux: The Story of Xavier School*, Vol. I, The Desautels Years (1956 – 1967), Manila: Kadena Press Foundation, Inc., 2005, p. 238.

③ Victor Go, “Resolve our own destiny,” in Teresita Ang See and Lily T. Chua, eds., *Crossroads: Short Essays on the Chinese Filipinos*, Manila: Kaisa Para Sa Kaunlaran, Inc., 1988, pp. 150 – 151.

教育的目标、课时和内容都发生变化，导致了华文教育质量逐步滑落。伴随入籍政策的放宽，华侨教育转变为华人教育，华文教育也成为多元文化的民族教育。这种变化体现了华文教育，已经是菲律宾教育的组成部分，而不能脱离社会实际情况独立存在。一位华裔学者认为，华文教育旨在帮助青年学生成为恪守法律，对社会国家有用之才。[①] 诚然，我们鼓励华人融入菲律宾主流社会，希望他们视居住国为自己的祖国，与当地人民友好相处并融入菲律宾大家庭当中。“就像我们所住的房子，改善它，使这个国家强大是我们的责任。使他强大不仅使我们自己更富裕，而且给予我们的兄弟们受教育的机会，以及分享这个国家的果实。”[②] 因此，华人的利益和这个国家紧紧联系在一起，华文教育必须兼顾菲律宾的国情、社情、政情和侨情，也就是说，必须切合菲律宾的实际，作为菲律宾民族语文和文化的一部分，才能在菲律宾存在和发展。[③] 教育菲化后，华文教育要适应外部环境的变化，及时调整教育结构和内容，传授华人学生现代知识和培养实践技能，提高他们的生存能力和竞争力，促进其在当地的发展，华文教育具有了创造力和生命力，也由此带来华文学校的授课内容呈现多样化，既教授中文课程，也教授当地教育课程。提升华人族群的文化素质，也有利于提高学生的谋生本领。但是，菲化后的华文教育如何继承中国的传统文化和用何内容教育华人子弟，以及怎样接受西方文化的问题，这些都是华人在文化上必须加以解决的问题。[④]

战后华文教育发展表明，华文教育为形势所迫，也调整了教育内容，但课程结构不尽合理，以至中文课程被人为弱化的倾向，甚至有些华文学校把中文课程作为选修课。这样就造成了华人学生主观上轻视华文教育，并逐渐丧失了对华文教育的吸引力。即使是缩减的华文课程教学内

① Bi Chin Y. Uy，“Chinese Education in Philippine Society：An Analysis of its Structure and Implications”，Unpublished doctor's Dissertation，The Philippine Wonen's University，1969，p. 21.

② ［菲］曾焕福：《华裔青年的社会责任》，载《融合：菲律宾华人》，马尼拉：菲律宾华裔青年联合会，1990 年，第 24 页。

③ ［菲］投石：《中华文化与菲律宾人》，载《融合：菲律宾华人》，马尼拉：菲律宾华裔青年联合会，1990 年，第 177 页。

④ ［菲］立菲：《菲律宾华人文化初探》，载《融合：菲律宾华人》，马尼拉：菲律宾华裔青年联合会，1990 年，第 174 页。

容上，只局限于语言教育，枯燥乏味难以让学生产生兴趣，这种状况直接导致许多华裔子弟中华文化特质逐渐淡化。中华文化是海外华侨华人成功的关键因素，是华人得以存续和发展的精神支柱和智慧源泉。华文教育不仅要薪传语言衣钵，还要传承五千年中华文化的精髓，用灿烂的中华文化来提高华侨华人的生存能力，并以此来丰富菲律宾文化的内涵。另外，菲律宾华人社会是商业特征明显的社会，对华文教育问题不够重视。从某种程度上说，商业气息掩盖了文化氛围，这也是制约华文教育发展的另一因素。应该承认，第三代华人势将融合进菲律宾大社会，成为菲律宾民族的一员是历史潮流，增进菲华之间的相互了解，促进菲华融合，以中国文化中符合本地实际情况和需要的东西来启发他们，让他们保持中国文化的优良传统。①

笔者认为，菲华文教育应以融合主流社会为主线，把华人的生存作为前提，走本土化教育的道路的同时，继续传承和发扬中华文化的精华。本土化不意味着全盘菲化，传承也不是排斥菲律宾文化。使华文教育成为民族特色与时代精神相结合的文化，推动华人族群为菲律宾社会更好地服务。同时，华文教育不单纯是学校教育，也包括报刊、图书、传媒等社会教育。在调整华校华文教育的定位之后，社会教育要也要与之辅助进行，呈现多样性的教育手段，协调配合达到相得益彰的效果，来共同推动华文教育的发展和前进。事实上，20 世纪 70 年代中期，菲律宾的华文报刊都具有浓厚的政治和商业色彩，除了政派争斗就是商业信息，也由此与文化教育拉开了距离。华人在菲律宾如果永远扮演仅是商人的角色，对我们华人的处境，对我们在菲律宾的长期生存和发展，并不是有利的，有时甚至是有害的。② 华人社会对华文教育并没有长远的规划，对华文教育的“有心人”无财力，而有财力者未必用心于教育。华人社会所谓的重视华文教育只是“呼吁”而已，华文教育在广大华人的叹息中逐步衰弱，甚至许多人把原因归咎于菲化运动，这是极其片面的和不

---

① ［菲］怀青：《彷徨的第二代》，载《融合：菲律宾华人》，马尼拉：菲律宾华裔青年联合会，1990 年，第 16 页。

② ［菲］曾焕福：《济济人才 新生的力量》，载《融合：菲律宾华人》，马尼拉：菲律宾华裔青年联合会，1990 年，第 28 页。

客观的。华人社会要正视华文教育对华人族群的价值，中华文化蕴含的优良传统和伦理道德对华人的生存和发展，提供了有利的因素。菲律宾社会发展已趋于多元化，华文教育应顺应潮流更趋开放，毋庸置疑这将成为新时期海外华文教育的一个重要方面，并且要坚持以中华文化为主的人文教育与科学教育相结合。① 因此，菲律宾华人社会是在融合中发展，在发展中优化，才是理性和实际的抉择。

（三）华文教育要面向社会

一个民族的文化要具有强大的国际影响力，不仅要展示其重要的历史价值或文明遗产价值，而且要显示其适应现代社会生活、培育创新成果的能力。② 在华校菲化前，菲律宾民众曾指责华校："他们是真正的华校，这些学校都属中国，大部分学生都是中国人，而不是菲律宾公民。作为外国人学校，他们是在马尼拉中国大使馆的管辖下运作，他们遵循的是中国大陆正规学校的规章、思想及标准。由于大部分学生都属中国国民，因此他们被教导如何成为中国国民，通常是如何成为一个中国好公民。"③ 为此，华校一直成为菲律宾社会的众矢之的，不断遭受干扰和争议。在菲华融合进程中，华文教育不仅仅是面对华人社会，而且还应面对当地、面向其他民族。华文学校的大门不只是向华裔子弟开放，还应向菲律宾社会各族子女开放。④ 华文教育不单具有民族性，更要有社会性，要跳出华人族群的圈子，扩展到主流社会，把民族性和社会性有机地结合在一起，使多元文化相互交流，这样可以为菲律宾社会服务，也让其他民族了解中华文化。这有助于增进友好，减少文化差异带来的冲突和偏见，也有助于华人在当地社会争取平等地位，促进民族融合和多元文化的发展。

虽然菲律宾人对华侨的偏见不断严重，在学生和新闻界中，对华

① ［菲］蔡聪妙：《未来社会发展与华教使命》，载《春华秋实——计顺菲华中学创校四十周年纪念特刊》，计顺：菲华中学，2004年，第21页。

② 童世骏：《文化软实力》，重庆出版社2008年版，第91页。

③ Santos G. Mena, SJ., *Luceat Lux*: *The Story of Xavier School*, Vol. I, The Desautels Years (1956—1967), Manila: Kadena Press Foundation, Inc., 2005, p. 57.

④ 赵和曼：《略论海外华文教育的多样性》，载张存武、汤熙勇《海外华族研究论集》，台北：华侨协会总会，2002年，第120页。

侨存在着较大的抵触情绪，造成接二连三的绑架华侨事件，并且成为一个暴利行业，但是没有发生抢劫华侨的商铺和骚乱事件，也没有对华侨华人市民采取死刑。菲律宾不是印尼，在那儿排斥华人演变成屠杀，那种局势将威胁和清除任何长得像、听起来像、闻起来像、感觉像华侨华人的人。[①] 事实上，在菲律宾人对待华侨华人态度的问题上，华校起了很重要的作用。由于华文学校教育质量比公立学校好些，有些菲律宾人喜欢将子女送到华校学习。[②] 他们在华校学习，自然对华侨华人亲近和友好，中华文化的和为贵理念，深深影响他们。所以，华校应办成有中华文化特色的菲律宾私立学校，用优良的教育来服务全菲社会。为此，华文学校要不断优化教育结构，提高师资质量，完善教育设备，来提升教育水平，顺应社会的需要，华校在新的时代是应该发挥新的作用。[③]

自1976年菲政府实施教育全面菲化后，华校已是教授华文的菲校了，菲籍学生大幅度上升，已经超过半数，尤其是个别山顶州府的华校，纯菲人血统的学生已占三分之二或五分之四，已是名副其实的菲校。如果说华校同华人有关的话，那就是经费由华人支付，校舍由华人捐建，还有教华文的是华人老师。难怪有人感慨地说："有的华校已成为华人出钱，聘请华人教师教菲人华文的学校了。"[④] 在菲律宾很容易看到，华人使用的汉语教材里，赞美着菲律宾的民主制度，菲律宾旖旎的自然风光，以及菲律宾人的生活方式等内容，还告诫学生们要热爱和切实履行对国家的责任和义务。从教育的质量来看，那些从华校毕业后继续在菲律宾公立和私立大学读书的学生并不落后于——甚至还优秀于——那些从非华校毕业的学生。因此，华校已经成为菲律宾教育系统中不可缺少的重

---

① Santos G. Mena, SJ., *Luceat Lux*: *The Story of Xavier school*, Vol. I, The Desautels Years (1956—1967), Manila: Kadena Press Foundation, Inc., 2005, p. 57.

② 张存武：《东南亚华文教育的省思》，载《东南亚华人教育论文集》，屏东：国立屏东师范学院，1995年，第109页。

③ ［菲］沈时：《华校的新情况和新作用》，载《融合：菲律宾华人》，马尼拉：菲律宾华裔青年联合会，1990年，第180页。

④ ［菲］小禹：《华校的改革有待大胆的突破》，载《融合：菲律宾华人》，马尼拉：菲律宾华裔青年联合会，1990年，第181页。

要一环。[①] 由此可见，华校打破华人社会的圈子，面向菲律宾社会服务，利用自己的教育资源优势，为菲律宾培养人才，并促进菲华融合意义是深远的。

既然华校的学生主要是菲人，那么菲政府是否给予华校与菲人私立学校平等的法律地位，就显得尤为重要。也就是说，争取菲政府把华文教育纳入法律体系范畴内保护，即便没有得到财政上的支持也是十分必要的。在法律上，华校还是每天可以教授 2 小时的中文，华校的实际法律地位还是受限制的。华人族群有传承自己语言和文化的正当权益，如果政府能放开这种限制，华校的特色更加明显，对华校的发展更有益处。此外，华校还要解决好董事会组织和学校行政之间的关系。菲律宾华校大体上分为开放型和闭锁型两种，“山顶州府”的华校属于开放型，马尼拉的华校多数闭锁型。开放型华校是由当地所有华人所拥有，董事会来聘请校长。它的优点是全体华人都热心支持学校，获得的捐助较多，缺点是董事会过多干预学校行政。闭锁型的华校是由少数华人所拥有，董事会不是由选举产生，校长则是由董事长推荐。由于这种华校没有向社会公开，也得不到广泛支持和援助，学校就有图利的商业化倾向，教员的质量会受到影响，最终教育水平就会弱化。[②] 因此说，走开放型的道路，面向全社会并处理好董事会和学校行政的关系，是菲律宾华校发展的较好途径。

三　菲华人文化变迁的思考

在通常情况下，华人族群移居海外异域，出于语言文化、风俗习惯、宗亲观念和守护相助的需要，往往倾向于聚集居住和生活。这种现象在世界各地都非常普遍，如国外的唐人街，就是华人在海外的小社会。而华侨的宗亲意识相对较浓，建立的社区具有一定的排他性和纯粹性的特

---

① Jaime Batnag, “To Close or Not Close the Sino Schools Problem?”, *The Philippines Herald Magazine*, May 23, 1964, pp. 24 – 25. in Shubert S. C. Liao, Ed. , *Chinese Participation in Philippine Culture and Economy*, Manila: University of the East, 1964, p. 355.

② Victor Go, “A Second look at the Chinese Language education in the Philippines,” in Teresita Ang See and Lily T. Chua, eds. , *Crossroads: Short Essays on the Chinese Filipinos*, Manila: Kaisa Para Sa Kaunlaran, Inc. , 1988, pp. 50 – 52.

点，华文教育成为他们的文化堡垒，并增加了他们的凝聚力。如果没有接受中华文化的教育，就会逐渐菲律宾化，我们从混血儿“米斯蒂佐”可窥见一斑。

（一）米斯蒂佐的文化嬗变的启示

“米斯蒂佐”（Chinese Mestizo）是菲律宾的华人与当地民族通婚之后繁衍的后代。[①] 早期菲律宾的中国移民多以商人为主，后来由于经商的需要和贸易的繁荣，有些华人渐渐在本地定居下来。受到中国传统观念的影响和迁移条件的限制，华人商旅极少携带女性来到菲岛定居。有些华人来菲久居不归，便有与当地人通婚现象。《明史》中就记载，“闽人以其地近且富饶，商贩至数万人，往往久居不返，至长孙。”[②] 可见，“米斯蒂佐”的产生有着悠久的历史。

西班牙统治菲律宾时期，试图通过传播宗教的办法改变华人的宗教信仰，极力劝诱华人皈依天主教成为虔诚的教徒，甚至鼓励华人与土著天主教徒通婚，以逐渐感染和影响华人，用宗教的手段达到彻底同化华人的目的。由于商贸和宗教的作用，华人与菲人通婚的现象已越来越普遍。1574 年，林凤远征队攻打马尼拉失败后逃到凌牙鄢湾，残余人员则同当地的依戈律人和丁义安人通婚。1603 年，马尼拉西班牙殖民者屠杀华人，致使许多华人避难到邦邦牙，并同当地妇女结婚。1738 年，约有 5000 华人混血儿住在岷伦洛。1787 年，凌牙鄢地的居民共有 6498 人，其中 2793 人是混血儿。1810 年，在 239.567 万的人口中，有 12.162 万人是华人混血儿。1850 年，华人混血儿增至 24 万。19 世纪末，菲律宾的华人混血儿有 500 万人，有 4.6 万人居住在马尼拉。[③] 许多华人同土著妇女的继续通婚，导致华人混血儿的增多，类似的华人混血儿社区在各地发展起来。

19 世纪 60 年代后期，一些“米斯蒂佐”把子女送到黎德兰·仙扶西和圣托马斯等大学接受高等教育。到 70 年代，更多家庭有能力送孩子到

① ［菲］陈守国：《华人混血儿与菲律宾民族的形成》，吴文焕译，马尼拉：菲律宾华裔青年联合会，1989 年，第 6 页。

② 《明史》卷 323《吕宋传》。

③ ［菲］陈守国：《华人混血儿与菲律宾民族的形成》，吴文焕译，马尼拉：菲律宾华裔青年联合会，1989 年，第 5—6 页。

外地读书，不只是去马尼拉，还有西班牙、法国、英国、奥地利和德国等地。“米斯蒂佐”所穿的服装是西班牙、菲律宾和中国式的混合服装，男性混血儿戴高帽子，妇女的服饰是西班牙和土著服装的结合体。不过从服饰的外貌可以辨别出，他们的服装在很大程度上受到了中国服装的影响。多数混血儿讲的是菲律宾方言，信仰天主教。20 世纪初，随着华人混血儿政治地位的提高，以及经济实力的不断壮大，他们在国家认同上毫无疑问地倾向于当地。因为他们在菲岛出生和成长，并接受当地的文化教育，其宗教信仰、文化背景、政治倾向以及社会行为等方面都与纯正的华裔青年迥然不同。有些“米斯蒂佐”已经历几代的繁衍，对“祖籍国”这一概念非常模糊。也有些“米斯蒂佐”对祖国没有实质的感情，缺乏接受中华文化的教育，甚至有的会因为中国的贫弱，而羞于承认自己具有中国血统，还会和华侨作对并成为排斥华人的“精英”。他们关心菲律宾国家的命运，与菲人一起反抗殖民者的统治，争取国家独立和自由。菲国父何塞·黎刹就是一个华人混血儿，是一位纯粹华人的子孙，并有系列华人混血儿和华人混血女的家谱，但其以马来族的骄傲著称，至死不承认自己有华人血统。①

如果“米斯蒂佐”接受中国教育，受中国文化的熏陶，那么将来长大便会成为名副其实的中国人。反之，他们将来说的是菲语，过的是菲人的生活，一切思想和观点都将菲化，虽有华族血统，却不会成为中国人。陈衍德先生曾采访一位“米斯蒂佐”钟武变先生，1907 年他出生在菲律宾，是父亲与番婆所生。7 岁时他随父亲返回厦门，13 岁再回到菲律宾生活。钟武变 28 岁时也娶了番婆。他第一次受访时说：“我娶的番婆和我生活在一起，并且常与我周围的堂亲、乡亲接触，也学会了闽南话，她甚至还会打麻将。还在世的 5 个子女也都会讲闽南话，但他们只会用英文读写，而不会用中文读写，5 个子女也都曾经回到过中国。”相隔 20 年第二次采访他时，他又说：“我在菲娶的番婆会讲闽南话，她还要求子女在家也讲闽南话。有一次她对孩子们说，你们要是不会讲闽南

---

① 1896 年，当扶西·黎刹被西班牙殖民者宣判死刑时宣称：“我不同意。这是不公正的。有人说我是一个混血儿，这是不对的。我是一个纯粹的土著。”载洪玉华、吴文焕《华人与菲律宾革命》，马尼拉：菲律宾华裔青年联合会，1996 年，第 5 页。

话，你们的父亲就会赶你们出门！我和番婆一共生了10个孩子，有5个还在世，而他本人还经常返回中国。”① 这则事例说明，如果“米斯蒂佐”经常接触中国文化，受到中华习俗的熏陶，还是能表现出对中国相当程度的认同。争取菲律宾华人后代在政治上和文化上倾向于中国，用政治或外交的手段是起不到作用的，最重要也最有效的方法就是教育。前任菲律宾国立大学校长陈柏拉博士是一位民族思想炽烈的菲人，他有一次对一位中国朋友说：“我的哥哥生的时候是一位中国人，以后回厦门受中国的教育，所以他成为一个中国人。我生的时候是一个中国人，但受的是菲律宾的教育，所以我现在是一个菲律宾人。”② 缺少中华文化的熏陶，最终丧失了中华文化的实质部分。甚至说他们带有殖民文化的烙印，且对中国的传统文化和教育产生藐视之心。应该说，“米斯蒂佐”不是特殊的菲律宾华人，而是一种特殊类型的菲人。或者说，混血儿是一种“新菲律宾人”。③

族群文化是一个民族经过几千年的传承发展演变而来，是这个民族得以维系和生存的基础。而教育是保留文化领地最重要的武器，无论他们的政治倾向如何，当地许多华人还是不计代价地捍卫对子女进行华文教育的权利。他们的希望只有一个，那就是他们的子孙后代能够保留他们的华人特性并牢记他们是中华帝国的后裔。④ 作为海外的中国人来说，他们既有保存传统的中国化的一面，又有为适应生存环境而“非中国化”的二重性。这种移民的意识和感情，以及他们同祖国所保持的血缘和地缘关系，使早期寓居菲岛的华人彰显出中国化的特征。但是，许多菲律宾出生的华裔年轻人接受了当地教育，当他们在习俗和文化上更适应菲律宾之时，便开始逐渐脱离了中国式的社团。因为他们出生在菲律宾，并没有到过中国，也不太适应中国文化、习俗、礼仪。从狭隘的民族主

---

① 陈衍德：《菲律宾华人在中华文化传播中扮演的角色》，载《海交史研究》2012年第2期。

② ［菲］陈烈甫：《菲岛混血华侨的教育问题》，载《华侨教育》1958年第2卷第1期。

③ 施雪琴：《中菲混血儿认同观的形成：历史与文化的思考》，载《南洋问题研究》2000年第1期。

④ Teresita Ang See, “Integration and Identity: Social Changes in the Post WWII Philippine-Chinese Community,” in Teresita Ang See, *The Chinese in the Philippines: Problems& Perspectives*, Vol. 1, Manila: Kaisa Para Sa Kaunlaran, Inc., 1997, p. 5.

义观念来看，这似乎是对祖国的“背叛”。第二代华人对祖国社会事务的关注已然逊色于他们的长者，而这些年轻的第三代华人更不会宣称他们是中国人。

尽管在文化上和社会上他们可能有菲律宾人的心理，但是在法律上，他们仍然是“菲律宾土地上的陌生人”。与之相应的是，那些保守的、来自中国的华人第一代老人们也认为，第二代华人既不是纯粹的中国人，也不是纯粹的菲律宾人，第三代华人则更酷似菲人，第四代俨然是菲人了。这些年轻的华人悬浮在两种文化中间，哪一种都不是他们的归宿，因为他们无法同时满足两个族群的要求，双元文化的个体经常在两者之间迷失自我。① 他们是什么人？他们将何去何从？这是长期困扰第二、三代华人族群的两个重要问题。随着华侨加入菲国籍成为当地公民，年轻一代的华人虽然由华侨转变为菲公民，但老一代华人想要在时代潮流推动下改变固有观念依然是十分痛苦的。凡此种种，都彰显出华文教育的重要性，如果华侨接受中华文化的熏陶就能保持强烈的华人意识，反之则逐渐淡化中华文化的特质，丧失华人的传统优秀品质。在华文教育的推动下，华侨社会不断发展和进步，儒家文化造就了华侨斐然的经济成就，乐善好施赢得了菲律宾人的接纳，顽强砥砺成就了华人的未来。同时，华文教育也促进了中菲文化的交流，没有华文教育华人将沉浸在菲律宾社会的海洋中，成为找不到方向的民族。因此说，华文教育是菲律宾华侨成功的关键所在，也是长久生存和发展不可或缺的重要因素。

（二）华人文化的理性选择

菲律宾华人为了维护自己的生计和未来，他们把归化和适应当地文化视为一种解脱，以摆脱那场旷日已久“身份”问题带来的危机。然而，那些为谋生而菲化的第一、第二代华人，仍然保留着中国传统文化和习俗。因此，他们很容易卷入两种文化之间的冲突。他们成为法律上的菲律宾人，主要为了确保他们经济上的“安全”。任何人的心中都存有经济动机，这是生存的基本前提条件。但他们在认同感的问题上，有时会产

---

① Antonio S. Tan, *Changing Identity among the Philippine Chinese*, *1946 – 1984*, Paper Presented at the Symposium: “Changing Identities of the Southeast Asian Chinese since World War II,” The Australian National University, Canberra, Australia, June 14 – 16, 1985, p. 15.

生一种既不是菲人，也不是华人的烦恼和彷徨。在日常生活上，他们往往同菲人打成一片，对生于斯的菲律宾产生了一定的感情，在一定程度上视其为自己的国家。但是他们的外貌、他们的父母、他们的中国姓氏却告诉他们，他们毕竟与菲律宾人不同，而他们的菲律宾朋友也是这样认为。他们虽然知道他们的“中国根”，但对他们来说，中国的一切又是那样遥远和陌生。要他们认同自己为华人，他们会感到有些别扭，自己对华人的习俗不但说不出个所以然来，而且有时甚至会感到“厌烦”。可以说，他们生活在华菲之间的夹缝之中。①

华人族群政治认同的变化，是华人社会发展过程中最根本的变化，同时还是推动其他认同变化的主要动力。菲律宾政府准许华侨集体转籍，最大的目的亦即争取这份认同。② 在这个过程中，文化认同也发生着变迁，正如罗马帝国强化了罗马文明，阿拉伯帝国塑造了阿拉伯文化一样。因为作为族群成员无法回避政治认同，这种政治认同也必在文化倾向上一定程度地表现出来。③ 一般说来，菲律宾华人文化是由华侨文化转化而来的，而华侨文化是中国文化的海外延伸。在“物竞天择、适者生存”的法则下，移居菲律宾的华人为了生存和繁衍，就必须顺应社会现实的潮流，走与当地主流文化融合发展的道路。在菲律宾这样一个多民族国家里，族群之间的政治环境基本平等，不同民族的相互交往与合作逐渐增强，民族意识渐渐淡化，共同促进了社会经济和文化发展，最后在“多元”的基础上逐步形成“一体”的框架。华人族群与土著民族的关系朝着日益和睦与融洽的方向发展，文化的融合也与之同步前行。但文化融合并不是全盘抛弃华人固有的中华文化，正如菲律宾华文教育家邵建寅先生所讲：“我们主张应在政治上认同地主国，遵守菲律宾国家政策，享有同等权利和义务，以地主国利益为重。在文化上仍可认同祖籍国，保留中华传统伦理，并将勤劳俭朴、勇敢进取的美德融入菲律宾文化，

---

① ［菲］怀青：《彷徨的第二代》，载《融合：菲律宾华人》，马尼拉：菲律宾华裔青年联合会，1990 年，第 15 页。

② ［菲］施振民：《文化与政治认同》，载洪玉华、蔡丽丽《十字街头》，马尼拉：菲律宾华裔青年联合会，1988 年，第 25 页。

③ 庄国土：《二战以后东南亚华族社会地位的变化》，厦门大学出版社 2003 年版，第 30 页。

以期彻底改造人性，作为菲律宾国家建设的动力，二者可以并行但并不相悖。”[①] 文化融合需要一个和平、友好、善意、和谐的环境与氛围，而马科斯政府改善华侨政策，为他们生存发展提供了这样的有利条件，加速了华侨融入当地的进程。

第二次世界大战后，在菲律宾出生的华人逐渐成为华社的中流砥柱。由于历史原因，这些华裔青年几乎都是在菲律宾长大的，与上一代华侨相比，他们有特殊的经历。在当地接受文化教育时，他们的第一语言不是他加禄语便是英语。对于中国和中国社会他们很少或根本没有直观的印象，他们认为菲律宾才是自己的故乡。在充当“边际人”和饱受失落感造成了他们巨大的心理创伤后，又允许加入菲国籍为他们认同当地扫清了道路。如果是第二代华裔还有身居异域的艰难困苦，以及成为菲律宾公民后的彷徨和困惑，那么第三代、第四代华裔则完全适应了菲律宾的生活，他们在这里土生土长，真正融入于菲律宾社会之中。族群认同是文化认同的基石，而文化认同又是族群认同的表征；没有族群认同就无法产生文化认同，但文化认同乏力，也无法强化族群认同。[②]

中菲建交以后，菲律宾华人族群最深刻的变化，就是社会和文化方面的演变。尤其是本地出生的华裔青年，在社会和文化方面已经适应当地生活。他们在语言、文化、教育、生活方式、价值观念和宗教信仰等方面都趋向于当地社会。如果单纯从生活方式、宗教信仰和日常的风俗习惯等方面来看，已经很难区分谁是华人，谁是菲律宾土著。越来越多的华人已经跳出华人社会的圈子，积极参与当地的非民族性社团组织。据塞西莉亚（Ma. Cecilia Gastardo-Conaco）和皮拉尔（Pilar Ramos-Jimenez）等人的调查，只有15%的华人的亲密朋友仅限于在本民族内部。有80%以上的华人既有本民族的亲密朋友，也有其他民族的亲密朋友。此外，还有许多华人参加诸如青年会、扶轮社、明星俱乐部等以菲律宾人为主的社会组织，许多专业团体也有大批华人知识分子，如菲律宾作家

---

① ［菲］邵建寅：《鲑鱼情结与茉莉花情结》，载《世纪华文教育》2007年第1期。

② 何懿：《菲律宾华教透视和思考》，马尼拉：菲律宾华教中心出版部，2006年，第278页。

协会、菲律宾医学协会、大学生联合会、菲律宾商会等。① 换句话说，能够与菲人站在同等地位，被菲团体接受是非常令人羡慕的。②

笔者认为，中华文化作为华人族群的主要标识，在海外华人社会的传承过程中，在政治认同变迁的影响下，其他元素也在潜移默化地发生改变，其中最重要的是教育的分化和演变，导致华人文化认同出现复杂性和多样性，华人文化逐渐演变成为适应当地的混合文化。但是，这种变化并不可怕，可怕的是华人文化彻底失去原有属性，消失在当地文化的海洋中。文化可以感染和振奋一个民族的精神，正如英国前首相丘吉尔说过，我宁可失去一个印度，也不愿失去一个莎士比亚。③ 华人应当保持自己的民族特性，决不能一概全盘的否定和抛弃之，否则华人就会失去民族根基，而成为找不到方向的民族。保留中华文化特质就是捍卫中华民族的魂魄，这对于华人移民来说是十分重要的。

融合文化和存留固有文化并不矛盾，如果说融合是为了发展，那么保持是为了进一步丰富多元文化的内涵。华人文化应立足当地，在继承中华文化的同时，又积极与菲律宾本土文化相融合。为此，菲律宾中正学院原院长邵建寅先生提出，华人社会中华文教育的目标是培养具有中华文化气质的菲律宾公民，这一观点颇引起有识之士的认同。菲律宾前总统马科斯曾经强调说："国际政治、经济和社会之间发展应兼顾少数民族。以前的政策是少数民族应同化于国家主流，但如今是鼓励少数民族保留其古老文化及生活方式。一个不为自己的文化传统感到骄傲的民族是没有精神的力量，没有根和前途的民族。"④ 这为菲律宾华文教育发展和华人文化走向提供了难得的土壤和有利的条件。因此，菲律宾华人为了适应社会环境而逐渐融入主流社会，华人自身的语言、信仰、习俗、价值观和生活方式等文化要素都在发生变迁，这是客观生存的需要，文

---

① 薛君度、曹云华：《战后东南亚华人社会变迁》，中国华侨出版社 1999 年版，第 222 页。

② Lily T. Chua, "The Chinese-Filipino Culture," in Teresita Ang See and Lily T. Chua, eds., *Crossroads*: *Short Essays on the Chinese Filipinos*, Manila: Kaisa Para Sa Kaunlaran, Inc., 1988, p. 4.

③ http://wenda.so.com/q/1365704566068118.

④ Teresita Ang See, "A cultural and not an alien minority", in Teresita Ang See and Lily T. Chua, eds., *Crossroads*: *Short Essays on the Chinese Filipinos*, Manila: Kaisa Para Sa Kaunlaran, Inc., 1988, p. 18.

化融合也是历史发展的必然产物。华人应带着文明和美德，作为他们对丰富菲律宾人民的文化的持久贡献。[①] 华人在政治上和法律上认同和效忠于所在国，在文化上保持本民族传统和特性的同时，力图促进华人与所在国原住民之间的相互接近、理解、交流、提高和发展，以达到和谐相处与共同繁荣的目的。[②] 可见，菲律宾选择多元文化道路，华人保持民族文化都是重要的。

（三）民族文化不可丢失

早期西班牙殖民者视华人文化为"异端"，认为华人遵循的传统和祖宗观念根深蒂固，是不可同化甚至是"潜在的威胁"。于是，设法对华人文化加以遏制和打击。华人族群在异域的生活过程中，因遭到殖民统治者的歧视和排斥，也曾对本民族的文化进行深刻思考，不可避免产生过犹豫和困惑。但是，华人族群还是把中华文化的衣钵存续下来，他们依然保有中华民族的特性。语言是文化最重要的载体，是植根于民族灵魂的文化符号，保留着自己的语言，就有了民族文化的守护神。由于语言使用环境的变化，在与新文化的接触中不可避免受到冲击，甚至新的环境导致传统语言没有能力表达新的思想和文化。语言的陌生逐渐导致对文字、文化的疏远，以致对文化认同的淡化和丧失。如先前新几内亚的许多小部落群体一般只有几百人，在现代文明的影响下，一些部落的青年离开了领地，走向城市或其他居民中心。到达新的领地后，为了尽快适应生活，有些青年改变使用当地语言。随着留在部落的年长者逐渐谢世，这种语言在部落小社团中也不常使用，只有嫁到其他语言社团的妇女的若干后代还部分记得，但随着她们离开人世，这种语言也就寿终正寝了。[③] 华族作为菲律宾的少数民族，其语言和文化无疑受到尊重，而华人保持自己的语言和文化的权利，是得到菲律宾宪法保障的。在融合问

① Jesus E. Perpinan, "New controversy over Chinese Schools", in Shubert S. C. Liao, ed., *Chinese Participation in Philippine Culture and Economy*, Manila: Printed in the Philippines, 1964, p. 337.

② 周南京：《文化融合是历史的选择》，载［菲］吴文焕《华人的文化适应和文化改造》，马尼拉：菲律宾华裔青年联合会，2000 年，第 6 页。

③ ［澳］斯蒂芬·A. 温棣帆：《语言消亡的原因和环境》，载《文化认同的变形》，商务印书馆 2008 年版，第 213 页。

题上，必须学会和讲好菲语，同保持华人自己的语言没有矛盾。会讲菲语不等于要求华人放弃自己的语言，作为菲律宾公民的华人，如果连菲律宾的国语都不会讲，无论如何是说不过去的。事实上，华人学会和讲好菲语，不仅是融合的需要和标志，而且是华人在菲律宾生息，长期生存和发展的需要，是华人自己谋生技能的需要。① 但如今，菲律宾华人往往是讲菲语十分流利，而华语的能力却“相形见绌”了。

华文在海外传承的一个艰巨性困难，即缺乏华文语言环境问题。② 战后，菲律宾华侨社会无论在经济上，还是文化上都具有优势地位。但是，在菲化浪潮的政治影响下，菲律宾华侨社会文化与当地多元文化的融合过程中，在某种程度上破坏了华侨传统文化圈的氛围，华文教育也与菲律宾社会发展现状脱节，甚至一些养尊处优的华侨子弟，因读中文艰苦不肯刻苦，反而以负担课业重为借口，要求减轻中文课程，有些华侨对侨校失去信心。③ 华文使用的局限也会影响到对语言的态度，华侨为了在菲岛生存和经济利益，以及获得职业的便利和地位的提升，激发了华侨华人学习菲律宾语言的欲望，这种意识促使他们忽视了本民族的语言，这一点尤其在新生代年轻人身上表现得更加明显。

2000 年 1 月 2 日，《泉州晚报》发表了赵海燕的一篇文章，题为《华侨华人将为世界文明做出贡献》。文章主要谈到华侨华人在新世纪发展的趋势，作者指出在未来的百年中，很多人将成为世界人，其中包括移居海外的中国人。华侨华人将在新的世纪中，成为世界多元文化的重要组成部分。文章列举了华侨华人为世界文明做出五项贡献，即将继续发挥文化交流的桥梁作用；将在促进居住国与中国之间和平友好方面显示特有的能力；将在经济全球化中扮演重要角色；将成为居住国多元文化的重要组成部分，成为居住国的一笔财富，并有助于保持世界的多样性；

---

① ［菲］吴文焕：《语言与融合》，载《卧薪集》，马尼拉：菲律宾华裔青年联合会，2001 年，第 30 页。

② ［菲］吴文焕：《华文在海外的实际使用价值》，载《融合：菲律宾华人》（第二集），马尼拉：菲律宾华裔青年联合会，1997 年，第 168 页。

③ 鲍事天：《菲律宾华侨教育概况》，载《菲华年鉴（1964—1965）》，马尼拉：菲华商联总会，1965 年，第 0—46 页。

将在科技、经济、文化等多个领域为世界和人类做出杰出的贡献。[①] 以上观点得到许多学者的认同，但需要强调的是，中国人一旦加入外籍成为当地华人后，他们的文化底蕴应秉持和传承，这样才能有“存在感”并得到尊重。

笔者认为，菲律宾华人融入主流社会是自然的演化，任何力量都无法阻止它的行进，菲华融合是历史发展的必然规律。华裔菲律宾人跨越了种族的界限，并把自己更多界定为菲律宾人，他们的文化传统更大程度上也变为了菲律宾国家的传统。每一位炎黄子孙应把传承中华文化为己任，尤其是身在海外华人更应摒弃党派成见，团结一致，共谋华人社会和主流社会的长远利益，真正融入菲律宾社会，同当地人民共建美好家园。同时，菲律宾华人应该丢掉民族沙文主义和文化优越感，共同繁荣当地本土文化。融合并不是要放弃华人文化的优良传统，相反地，优良的华人传统还可以增进发展中的菲律宾文化。[②] 也就说，华菲融合也并不意味着华人要放弃自己固有的民族文化，而是要汲取菲律宾的民族文化营养，并用优秀的中华文化丰富菲律宾民族文化的内涵，达到互通共赢的结果。华文教育不能成为阻碍华裔青年同化的消极措施，而应携带优秀的“文化包裹”，融入菲律宾多元文化之中。

（四）加强中菲间的文化交流

菲律宾文化融合了中国的儒家思想和家族政治元素，语言中也有闽南语成分，只要能够有明确的政治认同，争取华人民族地位且保持文化传统。这既符合菲律宾少数民族政策，也有利于华人族群的发展。华文教育的社会功能是推动和促进菲华族群的融合，融合与对中华文化的认同并不矛盾，华文教育应致力于培养菲律宾华人族群的中华文化特质，这种文化特质也正是菲华融合，即中华文化与菲律宾本土文化相融合的产物。华文教育的目标应该是培养出具有谋生技能，在本地能生存，又对本地有所贡献的人才，而这些人才必须具备中华文化特质。客观形势

---

① ［菲］吴文焕：《21世纪的华侨华人》，载《卧薪集》，马尼拉：菲律宾华裔青年联合会，2001年，第14页。

② Teresita Ang See, “Integration Is Not Extinction,” in Teresita Ang See and Lily T. Chua, eds., *Crossroads: Short Essays on the Chinese Filipinos*, Manila: Kaisa Para Sa Kaunlaran, Inc., 1988, p. 9.

的发展和华菲的共同利益必将促进华菲进一步融合，华文教育也应该适应社会发展的需要，通过文化交流来增进两国的了解，拉近人民之间的距离，成为国家友好的纽带与桥梁。

中国和菲律宾是友好邻邦，都是有影响的发展中国家，发展两国关系符合两国的共同利益，有利于地区和平、稳定和繁荣，也有利于促进亚太地区的团结与合作。当前，随着中国综合国力的不断增强，有力推动了中华文化传播的持续升温。但是中华民族的伟大复兴，不仅要提高物质文明建设，还要提升国家软实力，软实力是人类进步的精神财富。中华传统文化作为软实力的核心内容，在国际政治、经济、文化和外交等领域的作用日益突出。中华文化不仅是民族凝聚力和创造力的重要源泉，也是政治价值和外交政策的重要元素。通过传播中华文化让世人了解中国，并提升国家的形象和亲和力。但是，无论是汉语国际推广，还是海外华文教育，要使其持久的发展，必须深入系统研究其发展规律。我们不仅掌握所在国的外在发展环境，还要了解文化传承存续的内在因素，这样才能行之有效地推动这项事业的发展。尤其是海外华人社会已经演变成为异质群体，其族群和文化认同不尽相同，甚至许多华人已完全认同和归化当地社会。邓小平曾指出："对外籍华人的政策和讲话要十分慎重，这是一个非常敏感的问题，特别是东南亚。"[①] 因此，在从事这项工作时我们不应"越俎代庖"，也就是不能把华人当作华侨来对待，这样做会造成有些华人的反感，甚至使所在国政府以此为借口散布"大中华圈"的谬论。正如有些海外华人所讲，居住国是婆家，中国是娘家，他们时刻惦记娘家，也期盼娘家发展更好，但他们毕竟是婆家人，并已写入婆家的家谱。[②] 其实在海外还是有许多华人，他们对中国的发展富强感受更加强烈，祖籍国的文明与强盛某种程度上也是他们受人尊重的因素之一。

如今，中国的国际地位日益提升，要求了解中国和学习中国文化的

---

① 邓小平：《在外交部一同志来信上的批语》，1982 年 12 月 19 日，载国务院侨务办公室、中共中央文献研究室编：《邓小平论侨务》，中央文献出版社 2000 年版，第 23 页。

② Chinben See, "Be a good Chinese mother-in-law," in Teresita Ang See and Lily T. Chua, eds., *Crossroads: Short Essays on the Chinese Filipinos*, Manila: Kaisa Para Sa Kaunlaran, Inc., 1988, pp. 145 – 146.

外国人越来越多，这是中华文化传播过程中的良好的外在推动力。在菲律宾的华校里，许多土著人对学习华文也越来越感兴趣。特别是农村地区，菲律宾学生的人数甚至超过华人。有些菲律宾人有一种错觉，认为中国的强大归因于某些神秘的力量或者神秘的文化。因此，他们把孩子送到华文学校，希望通过与华人的交往吸收一些行善的准则。[①] 在提升国家软实力和汉语国际推广的文化战略中，中华文化在传播的过程中要去“政治化”，避免“大轰大嗡，搞运动，宣传意味太浓，容易引起对方的怀疑和反感。这样做又恰恰违背软实力的基本特点。”[②] 掌握华文教育演变历程，深入研究多元文化架构下华文教育发展的趋势。绝不能不顾所在国的教育政策和华文教育的现实状况推广汉语，避免令所在国产生“中国欲借推广汉语之机搞文化扩张战略”这样的疑虑。“春风化雨、润物无声”，用悠久优秀的中华文化来感染对方，才是中华文化的深邃所在。同时，在中外文化的交流与碰撞中，也要不断丰富中华文化的内涵，汲取世界各国文化的成就，更加主动地推进中华文化的发展和繁荣，让中华文化继续为人类文明进步做出贡献。

---

① Teresita Ang See, “Integration and Identity: Social Changes in the Post WWII Philippine-Chinese Community,” in Teresita Ang See, *The Chinese in the Philippines: Problems & Perspectives*, Vol. 1, Manila: Kaisa Para Sa Kaunlaran, Inc., 1997, p. 6.

② 吴建民：《文化外交　润物无声》，载《人民日报》（海外版）2007 年 7 月 27 日第 1 版。

参考文献

一　英文部分

（一）论著

1. Aileen S. P. Baviera & Teresita Ang See, *China*, *Across the Seas. The Chinese as Filipinos*, Quezon City: Philippines Association for Chinese Studies, 1992.

2. Alejandro M. Fernandez, *The Spanish Governor General in the Philippines*, Queon City: University of The Philippines Law Center, 1971.

3. Alfonso Felix, Jr. *The Chinese in the Philippines 1570 – 1770*, Manila: Solidaridad Publishing House, 1966.

4. Alfonso Felix, Jr. *The Chinese in the Philippines 1770 – 1890*, Manila: Solidaridad Publishing House, 1969.

5. Alfred W. McCoy and Ed. C de Jesus, *Philippine Social History*: *Global Trade and Local Transformations*, Manila: Ateneo de Manila University Press, 1982.

6. Antonio Isidro, *Trend and Issues in Philippine Education*, Quezon City, Philippines: Alemar Publishers, 1968.

7. Antonio S. Tan, *The Chinese in the Philippine*, *1898 – 1935*: *A Study of Their National Awakening*, Quezon City: R. P. Garcia Publishing Co. , 1972.

8. Antonio S. Tan, *The Chinese in the Philippines during the Japanese Occupation*, *1942 – 1945*, Manila: University of the Philippines Press, Q. c. , 1981.

9. Antonio Martel de Gayangos, *The Island Mindanao*, *Studies in Moro History and the Island of Mindanao*, Manila: Filipiniana Book Guild Inc. , 1976.

10. ——, *Report of the Mission to the Philippines 28 July 1949*, Published by United Nations Educational, Scientific and Cultural Organization, Printed in France by copyright 1950 by Unesco Publication 669.

11. B. Eames, *The English in China*, London: Curzon Press Reprint, 1974.

12. Benigno Aldana, *The Educational System of the Philippines*, Manila: University Publishing Co., Inc., 1949.

13. Bernardita Reyes Churchill, ed., *An Assessment Philippine China Relations 1975 – 1988*, Manila: De La Salle University Press, 1983.

14. Bruce Leonard Fenner, *Cebu under the Spanish Flag, 1521—1896: A Economic-Social History*, Cebu City: San Carlos Publications, University of San Carlos, 1985.

15. C. F. Simkin, *The Traditional Trade of Asia*, Oxford: Oxford U. P., 1968.

16. C. R. Boxer, *The Great Ship from Amacon*, Lisbon, 1959.

17. C. Valera Quisumbing, *Beijing-Manila Detente*, Manila: University of the Philippines Law Center & Foreign Service Institute, 1983.

18. Charles Henry Cunningham, *the Audiencia in the Spanish Colonies as Illustrated by the Audiencia of Manila, 1583—1800*, Berkeley: University of California Press, 1919.

19. Charles R. Boxer, *South China in the Sixteenth Century*, London: Hakluyt Society.

20. Clark L. Alejandrino, *A History of the 1902 Chinese Exclusion Act*, Manila: Kaisa Para Sa Kaunlaran, 2003.

21. Charles J. McCarthy, S. J. (翟光华), *Philippines-Chinese Profile: Essays & Studies*, Manila: Pagkakaisa Sa Pag-un-lad, Inc., 1974.

22. Chiong Tan Chang, *Essays on Overseas Chinese Problems*, Taipei: Yung Shin Press, 1954.

23. David C. Cole, *The growth and financing of manufacturing in the philippines 1948 – 1958*, Quezon City: Institute of Economic Development and Research University of the Philippines, 1962.

24. D Corpus, *The Bureaucracy in the Philippines*, Manila: Institute of Public Administration, University of the Philippines, 1957.

25. D. K. Basset, *British Trade and Policy in Indonesia and Malaysia in the Late Eighteenth Century*, Zug: Inter Documentation Company, 1971.

26. De la Costa Horacio, *The Jesuits in the Philippines, 1571 - 1768*, Cambridge: Harvard University Press, 1965.

27. Edgar Wickberg, *The Chinese in Philippine Life, 1850 - 1898*, New Haven &London: Yale University Press, 1965.

28. Eufronio M. Alip, *Political and Cultural History of the Philippines*, Manila: Alip & Brion Publications, 1954.

29. Eufronio M. Alip, *Ten Centuries of Philippine - Chinese Relations*, Manila: Alip &Sons, Inc. , 1959.

30. Francisco Benitez, *Educational Progress in the Philippines*, Prepared for the Institute of Pacific Relations, Manila, 1931.

31. Fortunato A. Battad, eds. , *CLSU Heros of the Century*, Nueva Ecija: Central Luzon State University, 2007.

32. Gerald A. McBeath, *Political Integration of the Philippine Chinese*, Research Monograph No. 8, Center for South and Southeast Asia Studies, University of California, Berkeley, 1973.

33. Hsiao Shi-Ching, *Chinese-Philippine Diplomatic Relations, 1946 - 1975*, Quezon City: Bookman Printing House, 1975.

34. Jay Taylor, *China and Southeast Asia: Peking's Relations with Revolutionary Movements*, New York: Praeger, 1975.

35. Jennifer Cushman & Wang Gungwued. , *Changing Identities of the Southeast Asian Chinese since World War II*, Hong Kong: Hong Kong University Press, 1988.

36. John H. Romani and M. Ladd Thomas, *A Survey of Local Government in the Philippines*, Manila: Institute of Public Administration University of the Philippines, 1954.

37. John Leddy Phelan, *The Hispanization of the Philippines: Spanish Aims and Filipino Responses 1565 - 1700*, Manila, The Univeristy of Wisconsin Press, 1959.

38. Joseph Ralston Hayden, Ph. D. , *The Philippines A Study in National De-*

velopment, New York: The Macmillan Company, 1945.

39. Lennox A. Mills, *Southeast Asia*, Minneapolis: University of Minnesota Press, 1964.

40. Leo Suryadinata (ed.), *Ethnic Chinese as Southeast Asians*, Singapore: Institute of Southeast Asian Studies, 1997.

41. Leo Suryakinata, *Pribumi Indonsians, the Chinese Minority and China*, Singapore: Heinemann, 1978.

42. Leo Suryadinataed., *The Ethnic Chinese in the Asain States*, Singapore: Institute of Southeast Asian Studies, 1989.

43. McCarthy, *Philippine-Chinese Integration*, Manila: Pagkakaisa sa Pagunlad, Inc., 1971.

44. Patrick Pichi Sun, *Recollections of a Floating Life*, *First Edition*, Manila, for Private Circulation, 1972.

45. Santos G. Mena, SJ., *Luceat Lux: the Story of Xavier School (Kuang Chi), Vol. I The Desautels Years (1956 - 1967)*, Manila: Kadena Press Foundation, Inc., 2005.

46. See Stephen Fitzgerald, *China and the Overseas Chinese : A Study of Peking's Changing Policy, 1949 - 1970*, London: Cambridge University Press, 1972.

47. Shubert S. C. Liao, *Chinese Participation in Philippine Culture and Economy*, Manila: Bookman Inc., 1964.

48. Somers, Mary F., *Southeast Asia's Chinese Minorities*, *Hawthorn*, Vic.: Longman, 1974.

49. T. Ruanni F. Tupas, Bourdieu, *Historical Forgetting and the Problem of English in the Philippine*s, Philippine Studies, 2008.

50. The Board of Educational Survey, ed., *A Survey of the Educational System of the Philippine Islands*, Manila: Bureau of Printing, 1925.

51. Teresita Ang See and Lily T. Chua, ed., *Crossroads: Short Essays on the Chinese Filipinos*, Manila: Kaisa Para Sa Kaunlaran, Inc., 1988.

52. Teresita Ang See (洪玉华), *The Chinese in the Philippines: Problems & Perspectives* (Vol. Ⅰ & Ⅱ), Manila: Kaisa Para Sa Kaunlaran, 1997.

53. Teresita Ang See and Go Bon Juan, *The Ethnic Chinese in the Philippine Revolution*, *Manila*: *Kaisa Para Sa Kaunlaran*, *Inc.*, 1996.

54. The Board of Education Survey ed., *A Survey of the Educational System of the Philippine Islands*, Manila: Bureau of Printing, 1925.

55. Theresa Chong Carino, *Chinese in the Philippines*, De La Salle University Research Center, 1985.

56. Theresa Chong Carino（张素玉）, *Chinese Big Business in the Philippines*: *Political Leadership and Change*, Singapore: Times Academic Press, 1998.

57. Victor Purcell, *The Chinese in Southeast Asia*, London: Oxford University Press, 1966.

58. Victor Simpao Limlingan, *The Overseas Chinese in* Asian: *Business Strategies and Management Practices*, Manila: Vita Development Corporation, 1986.

59. Yolanda V. Javier, *The Filipinos*: *Their Education Yesterday and Today*, Manila: Ernest Printing, 2005.

（二）论文

1. Alieen S. P. Baviera, "Contemporary Political Attitudes and Behavior among Metro Manila-Based Chinese Filipinos", *China Currents*, Vol. 4, No. 4, Oct-Dec, 1993 and Vol. 5, No. 1, Jan-Mar, 1994.

2. Albert Chan, S. J., "A Note on the Shih-lu of Juan Cob", in *Philippine Studies*（37）, Manila, 1989.

3. Antonio S. Tan, "The Status of Overseas Chinese Studies", in Chinese Historical Society of America, ed., *Chinese America*: *History and Perspectives*, San Francisco, 1994.

4. Benito Lim, "The Political Economy of Philippines-Chinese Relations", *Philippine APEC Study Center Network Discussion Paper*, No. 99 – 16.

5. Cesar A. Majul, "Chinese Relationship with the Sultanate of Sulu", in Afonso Felix, Jr., ed., *the Chinese in the Philippines*, *1550 – 1770*, Vol. 1, Manila: Solidaridad Pub. House, 1966.

6. Charles Wilson, "Trade, Socity and the State", in E. E. Rich and C. H. Wilson, eds., *the Economy of Expanding Europe in the Sixteenth and Seventeenth Centuries*, Cambridge University Press.

7. D. A. Branding, "Mexican Silver-Ming in the Eighteenth Century: The Revival of Zacatecas", Latin American Series, No. 277, University of California, Berkeley, Reprinted from *The American History Review*, No. 4, 1970.

8. Dejia A. Jurado, "Cebu's Old Chinese Families", *Feature*, Cebu, 24, Feb., 1998.

9. Edgar Wickberg, "Some Comparative Perspectives on Contemporary Chinese Ethnicity in the Philippines," *Asian Culture*, No. 14, 1990.

10. Emma L. Chua, "Hong Kong-Taiwan Relations after 1997: Implications for the Philippines," *China Currents*, Vol. 5, No. 1, Jan-Mar, 1994.

11. F. M. Reyes, "A Glimpse of the Life of the Late Justo Cabo Chan", in *Filipino-Chinese Journal*, Vol. Ⅱ, No. 16, 1960.

12. George H. Weightman, "The Philippine-Chinese Image of the Filipino," *Pacific Affairs*, Vol. 40, 1968.

13. Jonathan Friedland, "Lucio's King-size Luck," *Far Eastern Economic Review*, No. 142, 1988.

14. J. Cayce Morrison, "Public Education in the Philippines—Footnote to the Future," *The Scientific Monthly*, Vol. 76, 1953.

15. Justus M. van der Kroef, "Philippine Communism and the Chinese," *The China Quaterly*, No. 30, 1967.

16. Patricia G. Barnett, "The Chinese in Southeastern Asia and the Philippines," *Annals of the American Academy of Political and Social Science*, Vol. 226, Southeastern Asia and the Philippines.

17. Pauline Crumb Smith, "A Basic Problem in Philippine Education," *The Far Eastern Quarterly*, Vol. 4, No. 2, 1945.

18. Pedro T. Orata, "Philippine Education Today," *International Review of Education*, Vol. 2, No. 2, 1956.

19. Rigobert Tiglao, "Chinese-Filipinos Create an Economic Power Base," *Far Eastern Economic Review*, No. 147, 1990.

20. Russell M'Culloch Story, "The Promblem of the Chinese in the Philippines," *The American Political Science Review*, Vol. 3, No. 1.

21. Sheldon Appleton, "Communism and the Chinese in the Philippines," *Pa-*

cific Affairs, Vol. 32, No. 4.

22. Sheldon Appleton, "Overseas Chinese and Economic Nationalization in the Philippines," *The Journal of Asian Studies*, Vol. 19, No. 2.
23. Stuart A. Anderson, "The Community School in the Philippines," *The Elementary School Journal*, Vol. 58, No. 6, 1956.
24. Theresa Chong Carino, "Harnessing Philippine-Chinese Capital for Development," *China Currents*, Vol. 5, No. 2, Apr-Jun, 1994.
25. Theresa Chong Carino, "Visiting China Officially: A First for the Federation," *China Currents*, Vol. 5, No. 3, Jul-Sep, 1994.
26. Willy Lim Laohao, "The Overseas Chinese and China's Economic Modernization," *China Currents*, Vol. 3, No. 4, Oct-Dec, 1992.
27. Willy Lim Laohoo, "Filipinos Reactions to Philippine Chinese Investments," *China Currents*, Vol. 4, No. 4, Oct-Dec, 1993.
28. William R. Wood, "Rebuilding the Philippine Schools," *The English Journal*, Vol. 37, No. 1, 1948, pp. 42 -44.

二 中文部分

（一）会刊、华校纪念刊

1. 《春风化雨——密三密斯光华中学七十周年校庆纪念刊》，密三密斯：光华中学，2006 年。
2. 《春华秋实——计顺菲华中学创校四十周年纪念特刊》，计顺：菲华中学，2004 年。
3. 《菲华联谊会第四次全菲代表工作会议特刊》，马尼拉：菲华联谊会，1996 年。
4. 《菲华年鉴》（商总成立十周年纪念特刊），马尼拉：菲华商联总会，1965 年。
5. 《菲华商联总会红宝石银禧纪念特刊》，马尼拉：菲华商联总会，1994 年。
6. 《菲华商联总会银禧纪念特刊》，马尼拉：菲华商联总会，1980 年。
7. 《菲华一代教育家——纪念庄校长材保先生》，马尼拉：华侨中学，1988 年。

8. 《菲律宾华侨善举公所百年大庆纪念刊》，马尼拉：菲律宾华侨善举公所，1978 年。
9. 《菲律宾华侨善举公所九十周年纪念刊》，马尼拉：菲律宾华侨善举公所，1968 年。
10. 《菲律宾华人——〈菲华时报〉创刊五周年特刊》，马尼拉：菲华时报，1988 年版。
11. 《菲律宾华文教育综合年鉴》，马尼拉：菲律宾华教中心，2008 年版。
12. 《菲律宾岷里拉中华商会七十周年纪念刊》，马尼拉：菲华岷里拉中华商会，1975 年。
13. 《菲律宾岷里拉中华商会三十周年纪念刊》，马尼拉：菲华岷里拉中华商会，1935 年。
14. 《菲律宾岷里拉中华商会五十周年纪念刊》，马尼拉：菲华岷里拉中华商会，1955 年。
15. 《菲律宾中西学院百年纪念暨迈进新世纪纪念刊》，马尼拉：菲律宾中西学院，2009 年。
16. 《拉允隆中华初级中学暨附小复校二十周年纪念特刊》，拉允隆：拉允隆文化书院，1967 年。
17. 《马尼拉中西学校七十周年纪念刊》，马尼拉：菲律宾中西学校，1969 年。
18. 《荣神益人——嘉南中学创校六十周年纪念特刊》，马尼拉：嘉南中学，2006 年。
19. 《三宝颜中华中学庆祝创校七十周年纪念特刊》，三宝颜：三宝颜中华中学，1989 年。
20. 《商总廿年》（商总成立二十周年纪念特刊），马尼拉：菲华商联总会，1975 年。
21. 《王故校长泉笙先生逝世五十周年纪念特辑》，马尼拉：王故校长泉笙纪念基金会，2006 年。
22. 《小吕宋华侨中西学校三十周年纪念刊》，马尼拉：中西学校，1929 年。

（二）论著

1. 安海志修编小组：《安海志》（新编），安海，1983 年。

2. 鲍事天:《诗田言论选集》,马尼拉:菲律宾中正学院诗田文教基金会,1991 年。
3. 鲍事天:《养浩集》,马尼拉:菲律宾中正学院诗田文教基金会,1996 年。
4. 别必亮:《承传与创新:近代华侨教育研究》,河北教育出版社 2001 年版。
5. 蔡景福:《中非问题论丛》,台北:展望杂志出版社 1983 年版。
6. 曹云华:《变异与保持——东南亚华人的文化适应》,中国华侨出版社 2001 年版。
7. 曹云华、许梅、邓仕超:《东南亚华人的政治参与》,中国华侨出版社 2004 年版。
8. 常大群:《对外汉语教学与中国文化》,厦门大学出版社 2003 年版。
9. 陈碧笙:《南洋华侨史》,江西人民出版社 1989 年版。
10. 陈传仁:《海外华人的力量——移民的历史和现状》,世界知识出版社 2007 年版。
11. 陈达:《南洋华侨与闽粤社会》,商务印书馆 1994 年版。
12. 陈鸿瑜:《菲律宾史——东西文明交会的岛国》,台北:三民书局 2003 年版。
13. 陈鸿瑜:《菲律宾的政治发展》,台湾商务印书馆 1980 年版。
14. 陈怀东:《海外华人经济概论》,台北:黎明文化事业公司,1986 年。
15. 陈嘉庚:《南侨回忆录》,香港草原出版社 1979 年版。
16. 陈剑秋:《菲律宾华侨概况》,台北:正中书局 1988 年版。
17. 陈荆和:《十六世纪之菲律宾华侨》,香港:新亚研究所东南亚研究室,1963 年。
18. [菲] 陈烈甫:《菲律宾的历史与中菲关系的过去与现在》,台北:正中书局 1968 年版。
19. [菲] 陈烈甫:《菲律宾民治制度的理论与实际》,台北:正中书局 1969 年版。
20. [菲] 陈烈甫:《菲律宾华侨教育》,台北:海外出版社 1958 年版。
21. [菲] 陈烈甫:《菲律宾的民族文化与华侨同化问题》,台北:正中书局 1986 年版。

22. ［菲］陈烈甫：《东南亚洲的华侨华人与华裔》，台北：正中书局1983年版。
23. ［菲］陈烈甫：《华侨学与华人学总论》，台湾商务印书馆1987年版。
24. ［菲］陈烈甫：《菲律宾与中菲关系》，香港：南洋研究出版社1955年版。
25. ［菲］陈烈甫：《菲律宾对外关系》，台北：正中书局1974年版。
26. ［菲］陈烈甫：《马可仕治下的菲律宾》，台湾商务印书馆1983年版。
27. ［菲］陈烈甫：《菲律宾的资源经济与菲化政策》，台北：正中书局1969年版。
28. 陈荣岚：《全球化与本土化：东南亚华文教育发展策略研究》，厦门大学出版社2007年版。
29. 陈台民：《菲律宾华侨史话》，香港：益群出版社1961年版。
30. 陈台民：《中菲关系与菲律宾华侨》，香港：朝阳出版社1985年版。
31. 陈文寿：《华侨华人新论》，中国华侨出版社1997年版。
32. 陈衍德：《对抗、适应与融合》，岳麓书社2004年版。
33. 陈衍德：《现代中的传统：菲律宾华人社会研究》，厦门大学出版社1998年版。
34. 陈正良：《中国“软实力”发展战略研究》，人民教育出版社2008年版。
35. 程希：《侨务与外交关系研究——中国放弃“双重国籍”的回顾与反思》，中国华侨出版社2005年版。
36. 崔贵强：《新马华人国家认同的转向（1945—1959）》，厦门大学出版社1989年版。
37. ［菲］邓英达：《我在商总三十年》，马尼拉：菲华商联总会，1988年。
38. 杜乃济：《增进中菲实质关系之研究》，台湾商务印书馆1984年版。
39. 范玉春：《移民与中国文化》，广西师范大学出版社2005年版。
40. 方金英：《东南亚“华人问题”的形成与发展》，时事出版社2001年版。
41. ［菲］陈守国：《华人混血儿与菲律宾民族的形成》，［菲］吴文焕译，马尼拉：菲律宾华裔青年联合会，1989年。

42. ［菲］陈守国：《菲律宾五百年的反华歧视》，施华谨译，马尼拉：菲律宾华裔青年联合会，1989 年。
43. ［菲］格雷戈里奥 · F. 赛义德：《菲律宾共和国历史、政府与文明（上、下）》，吴世昌译，商务印书馆 1979 年版。
44. ［菲］洪玉华、蔡丽丽：《十字街头——菲华社会文集》，马尼拉：菲律宾华裔青年联合会，1988 年。
45. ［菲］洪玉华：《华人——东南亚变化中的认同和关系国际会议论文集》，马尼拉：菲律宾华裔青年联合会，1994 年。
46. ［菲］洪玉华：《华人移民——施振民教授纪念文集》，马尼拉：菲律宾华裔青年联合会、拉刹大学，1992 年。
47. ［菲］洪玉华：《融合：菲律宾华人》（第一集），马尼拉：菲律宾华裔青年联合会，1990 年。
48. ［菲］洪玉华：《融合：菲律宾华人》（第二集），马尼拉：菲律宾华裔青年联合会，1997 年。
49.《菲律宾的过去、现在和将来》，美国新闻处，1945 年。
50. 菲律宾华教中心编：《2004—2005 年度华语督导看华校华语教学》，马尼拉：菲律宾华教中心出版部，2005 年。
51.《菲律宾华人问题文集》，马尼拉：《世界日报》“华人天地”编辑部，1985 年。
52. ［菲］吴文焕：《菲律宾华人社会经济实况（1948）》，马尼拉：菲律宾华裔青年联合会，2002 年。
53. ［菲］吴文焕：《华人的文化适应和文化改造》，马尼拉：菲律宾华裔青年联合会，2000 年。
54. ［菲］吴文焕、王培元：《纪念排华法一百周年》，马尼拉：菲律宾华裔青年联合会，2002 年。
55. ［菲］吴文焕：《血的教训——纪念一六〇三年大屠杀四百周年》，马尼拉：菲律宾华裔青年联合会，2003 年。
56. ［菲］赵多洛 · 阿银丝溜：《菲律宾简史》，［菲］吴文焕译，马尼拉：菲律宾华裔青年联合会，1996 年。
57. ［菲］高祖儒：《华商拓殖菲岛史略》，马尼拉：泛亚出版印务公司，1969 年。

58. 葛剑雄、安介生:《四海同根——移民与中国传统文化》，山西人民出版社 2004 年版。
59. 龚陶怡:《菲律宾华侨归侨爱国丹心录》，华文出版社 2002 年版。
60. 国家广播电影电视总局培训中心:《东盟广播电视发展概况》，中国广播电视出版社 2008 年版。
61. 郭梁:《东南亚华侨华人经济简史》，经济科学出版社 1998 年版。
62. 郭梁:《战后海外华人变化——国际学术会议论文集》，中国华侨出版社 1990 年版。
63. 何若庸:《菲化十二年与华侨》，香港：东南亚研究所，1966 年。
64. 何晓东:《菲律宾古代史》，台北：三民书局 1976 年版。
65. 何懿:《菲律宾华教透视和思考》，马尼拉：菲律宾华教中心出版部，2006 年。
66. 贺圣达:《东南亚文化发展史》，云南人民出版社 1996 年版。
67. 洪霞:《和平之路——当代世界移民问题与种族关系》，南京出版社 2006 年版。
68. 胡才:《当代菲律宾》，四川人民出版社 1994 年版。
69. 黄栋星: 《菲华大班——陈永栽》，香港：明窗出版社有限公司，1999 年。
70. 黄昆章: 《印度尼西亚华文教育发展史》，外语教学与研究出版社 2007 年版。
71. 黄明德:《菲律宾华侨经济》，台北：海外出版社 1956 年版。
72. 黄滋生:《菲华问题论辩》，马尼拉：菲律宾华裔青年联合会，1999 年。
73. 黄滋生、何思兵:《菲律宾华侨史》，广东高等教育出版社 2009 年版。
74. 暨南大学东南研究所、广州华侨研究会编著:《战后东南亚国家的华侨华人政策》，暨南大学出版社 1989 年版。
75. 暨南大学东南亚研究所编:《战后东南亚国家的华侨华人政策》，暨南大学出版社 1989 年版。
76. ［加］魏安国:《菲律宾生活中的华人：1850—1898》，吴文焕译，马尼拉：世界日报社、菲律宾华裔青年联合会，1989 年。
77. 贾莉:《美国华人移民子女语言社会化研究》，河南大学出版社 2008

年版。
78.《教育大辞典——民族教育、华侨华文教育、港澳教育》，上海教育出版社 1992 年版。
79. 金应熙主编：《菲律宾史》，河南大学出版社 1990 年版。
80. 姜兴山：《战后菲律宾华文教育研究（1945—1976）》，暨南大学出版社 2013 年版。
81. 赖舶疆：《东南亚华文戏剧概观》，中国戏剧出版社 1993 年版。
82. 李长傅：《中国殖民史》，商务印书馆 1998 年版。
83. 李道湘、于铭松：《中华文化与民族凝聚力》，中央编译出版社 2007 年版。
84. 李国春：《本土与母土——东南亚华文诗歌研究》，香港：银河出版社 2008 年版。
85. 李明欢：《当代海外华人社团研究》，厦门大学出版社 1995 年版。
86. 李朴生：《我可佩的华侨朋友》，台北：正中书局 1958 年版。
87. 李如龙：《东南亚华人语言研究》，北京语言文化大学出版社 1999 年版。
88. 李天锡：《华侨华人民间信仰研究》，中国文联出版社 2001 年版。
89. 李未醉：《中外文化交流与华侨华人研究》，华龄出版社 2006 年版。
90. 李亦园、郭振羽：《东南亚华人社会研究（上、下）》，台北：正中书局 1985 年版。
91. 李盈慧：《华侨政策与海外民族主义（1912—1949）》，台北："国史馆"印行，1997 年。
92. 梁英明：《东南亚史》，人民出版社 2010 年版。
93. 梁英明、梁志明：《东南亚近代史（上册、下册）》，昆仑出版社 2007 年版。
94. 梁英明：《战后东南亚华人社会变化研究》，昆仑出版社 2001 年版。
95. 梁志明：《殖民主义史》（东南亚卷），北京大学出版社 1999 年版。
96. 廖小健：《战后各国华侨华人政策》，暨南大学出版社 1995 年版。
97. 林金枝等：《华侨与中国革命和建设》，福建人民出版社 1993 年版。
98. 林蒲田：《华侨教育与华文教育的史和论》，华侨大学，（泉）新出（2008）内书第 011 号。

99. 林蒲田：《华侨教育与华文教育概论》，厦门大学出版社 1995 年版。
100. 林懋义：《菲华集》，马尼拉：菲律宾华文教育研究中心，1998 年。
101. 刘浩然：《中菲关系史初探》，泉州市菲律宾归侨联谊会，1991 年。
102. 刘家驹：《菲律宾菲化运动之研究》，香港：学津书店 1983 年版。
103. 刘芝田：《菲律宾华侨史》，台北：海外文库 1958 年版。
104. 刘芝田：《菲律宾民族的渊源》，香港：东南亚研究所，1970 年。
105. 刘芝田：《中菲关系史》，台北：正中书局 1956 年版。
106. 刘芝田：《华侨与菲律宾》，马尼拉：菲律宾公理报社，1955 年。
107. 卢增绪：《菲华教育论丛》，台北：文哲出版社 2003 年版。
108. 马燕冰、黄莺：《菲律宾》，中国社会科学出版社 2007 年版。
109. ［美］贝丝・戴・罗慕洛：《菲律宾政坛回忆》，广西人民出版社 1992 年版。
110. ［美］克莱德・M. 伍兹：《文化变迁》，何瑞福译，河北人民出版社 1989 年版。
111. ［美］塞缪尔・亨廷顿：《文明的冲突与世界秩序的重建》，新华出版社 2002 年版。
112. ［美］沈已尧：《海外排华百年史》，中国社会科学出版社 1985 年版。
113. ［美］徐国琦：《中国与大战——寻求新的国家认同与国际化》，马建标译，上海三联书店 2008 年版。
114. ［美］詹森：《美统时期的菲律宾华人：1898—1946》，［菲］吴文焕译，马尼拉：菲律宾华裔青年联合会、《世界日报》社，1991 年。
115. ［美］本尼迪克・特安德森：《比较的幽灵：民族主义、东南亚与世界》，译林出版社 2012 年版。
116. 彭伟步：《东南亚华文报纸研究》，社会科学文献出版社 2005 年版。
117. 侨务委员会编：《十年侨务特刊》，侨务会编印。
118. 邱荣章等：《菲律宾华侨与抗日战争》，香港：荣誉出版有限公司，1999 年。
119. 任娜：《菲律宾社会生活中的华人——从族际关系的角度所作的探索（1935—1965）》，贵州人民出版社 2004 年版。
120. ［菲］邵建寅：《中正五年》，马尼拉：菲律宾中正学院校友会，2008 年。

121. 施良：《菲律宾研究》，正中书局 1947 年版。
122. 宋平：《承继与嬗变：当代菲律宾华人社团比较研究》，厦门大学出版社 1995 年版。
123. 孙浩良：《海外华文教育》，上海人民出版社 2007 年版。
124. 孙晶：《文化霸权理论研究》，中国社会科学出版社 2004 年版。
125. 王澄讴：《中菲关系纪实》，马尼拉：《世界日报》、菲律宾华裔青年联合会，2008 年。
126. 王海伦：《华文教育在东南亚之展望》，台北：中央日报社出版部，2000 年。
127. 王宏志：《菲律宾师范教育制度之研究》，台北：正中书局 1965 年版。
128. 王列耀：《隔海之望——东南亚华人文学中的“望”与“乡”》，中国社会科学出版社 2005 年版。
129. 王萍、官曼莉：《杭立武先生访问纪录》，台北：“中央研究院”近代史研究所，1990 年。
130. 王寿南、陈水逢：《菲律宾外交政策》，台湾商务印书馆 1987 年版。
131. 王望波：《改革开放以来东南亚华商对中国大陆的投资研究》，厦门大学出版社 2004 年版。
132. 王晓德：《美国文化与外交》，天津教育出版社 2008 年版。
133. 温广益主编：《二战后东南亚华侨华人史》，中山大学出版社 2000 年版。
134. 巫乐华：《南洋华侨史话》，商务印书馆 2004 年版。
135. 吴景宏：《菲律宾纵横谈》，台北：荣泰印书馆 1966 年版。
136. 吴景宏：《中菲关系论丛》，新加坡：青年书局 2006 年版。
137. 吴前进：《国际关系中的华侨华人和华族》，新华出版社 2003 年版。
138. ［新加坡］王赓武：《东南亚与华人——王赓武教授论文选集》，中国友谊出版社 1986 年版。
139. ［新加坡］王赓武：《南海贸易与南洋华人》，中华书局香港分局 1988 年版。
140. ［新加坡］王赓武：《中国与海外华人》，商务印书馆 1994 年版。
141. ［新加坡］颜清湟：《东南亚华人之研究》，香港社会科学出版社有限公司，2008 年。
142. 夏诚华：《民国以来的侨务与侨教研究（1912—2004）》，台北：玄奘大学海外华人研究中心，2005 年。
143. 萧曦清：《中菲外交关系史》，台北：正中书局 1995 年版。
144. 许永璋：《菲律宾独立战争》，商务出版社 1987 年版。
145. 薛君度、曹云华：《战后东南亚华人社会变迁》，中国华侨出版社 1999 年版。
146. 杨建成：《菲律宾的华侨》，台北：中华学术院南洋研究所，1984 年。
147. 杨建成：《三十年代菲律宾华侨商人》，台北：中华学术院南洋研究所，1986 年。
148. 杨万秀、罗晃潮：《中华文化与海外华侨华人》，广州出版社 1998 年版。
149. 虞宝竹：《华人世界》第二辑，中国言实出版社 2000 年版。
150. 郁汉良：《华侨教育发展史（上、下）》，台北："国立"编译馆 2001 年版。
151. 曾少聪：《东洋航路移民——明清海洋移民台湾与菲律宾的比较研究》，江西高校出版社 1998 年版。
152. 曾少聪：《漂泊与根植：当代东南亚华人族群关系研究》，中国社会科学出版社 2004 年版。
153. 张存武、王国璋：《菲华商联总会之兴衰与演变：1954—1998》，台北："中研院"近代史所，2002 年。
154. 张存武、朱浤源、潘露莉：《菲律宾华侨华人访问记录》，台北："中央研究院"近代史研究所，1996 年。
155. 张西平、柳若梅：《世界主要国家语言推广政策概览》，外语教学与研究出版社 2008 年版。
156. 赵江林、孟东梅：《菲律宾 = 奇丽的岛国》，香港城市大学出版社 2005 年版。
157. 赵康太、李英华：《中国传统思想道德与东南亚伦理》，中国社会科学出版社 2007 年版。
158. 赵振祥：《东南亚华文传媒研究》，世界知识出版社 2007 年版。

159. 赵振祥：《菲律宾华文报史稿》，世界知识出版社 2006 年版。
160. 郑良树：《马来西亚华文教育史》（第一分册），吉隆坡：马来西亚华校教师总会，1998 年。
161. 郑良树：《马来西亚华文教育发展简史》，外语教学与研究出版社 2007 年版。
162. 郑一省：《多重网络的渗透与扩张》，世界知识出版社 2006 年版。
163. 中国人民政治协商会议德州市委员会编：《苏禄王在中国》，社会科学文献出版社 1994 年版。
164. 中山大学东南亚历史研究所编：《中国古籍有关菲律宾资料汇编》，中华书局 1980 年版。
165. 周南京：《菲律宾与华人》，马尼拉：菲律宾华裔青年联合会，1993 年。
166. 周南京：《菲律宾与菲华社会》，香港社会科学出版社 2007 年版。
167. 周南京：《华侨华人问题概论》，香港社会出版社有限公司，2003 年。
168. 周南京：《世界华侨华人词典》，北京大学出版社 1993 年版。
169. 周南京、凌彰、吴文焕：《黎萨尔与中国》，香港：南岛出版社 2001 年版。
170. 周南京主编：《华侨华人百科全书》，中国华侨出版社 2000 年版。
171. 周胜皋：《海外华文学校教育》，台北：侨务委员会侨务研究所，1969 年。
172. 周小兵、谭铭章主编：《东西方文教的桥梁》，广东人民出版社 1997 年版。
173. 周聿峨：《东南亚华文教育》，暨南大学出版社 1995 年版。
174. 朱东芹：《冲突与融合：菲华商联总会与战后菲华社会的发展》，厦门大学出版社 2005 年版。
175. 庄国土：《华侨华人与中国的关系》，广东高等教育出版社 2001 年版。
176. 庄国土：《中国封建政府的华侨政策》，厦门大学出版社 1989 年版。
177. 庄国土等：《二战以后东南亚华族社会地位的变化》，厦门大学出版社 2003 年版。

178. 庄国土、刘文正：《东亚华人社会的形成和发展》，厦门大学出版社2009年版。

179. 庄炎林：《世界华人精英传略·菲律宾卷》，百花洲文艺出版社1997年版。

（三）博士、硕士论文

1. 曹云华：《从文化适应的角度看东南亚华人与当地的关系》，暨南大学博士论文，2001年。

2. 邓国宏：《东南亚华族和主体民族的融合》，北京大学博士论文，2006年。

3. 范启华：《教育菲化案及其对菲律宾华文教育的影响》，福建师范大学硕士论文，2008年。

4. 韩瑞凤：《冷战后菲律宾与泰国华文教育比较》，暨南大学硕士论文，2006年。

5. 林惠阳：《菲律宾华人社会之研究》，台北：中国文化院民族与华侨研究所硕士论文，1977年。

6. 林若蒂：《菲律宾华侨地位转变之研究》，台北：中国文化院民族与华侨研究所硕士论文，1979年。

7. 卢飞斌：《菲律宾华族中学生族群认同特点及其相关因素研究》，福建师范大学硕士论文，2010年。

8. 陆建胜：《菲律宾华校的华文教育》，台湾暨南国际大学硕士论文，2001年。

9. 彭俊：《华文教育》，上海师范大学博士论文，2004年。

10. 杨英武：《战后菲律宾华侨地位与处境之研究》，台北："国立"政治大学研究所硕士论文，1972年。

11. 王国璋：《菲华商联总会之兴衰与演变：1954—1998》，台北："中央研究院"近代史研究所硕士论文，2002年。

12. 周东华：《1972年菲律宾"戒严法政府"的起源》，北京大学博士论文，2006年。

（四）期刊论文

1. 包爱芹：《南京国民政府的华侨教育政策与措施》，载《华侨华人历史研究》2006年第4期。

2. 鲍事天撰、邓宜正译：《菲律宾关闭侨校问题》，载《侨务月报》1964. 06. 142. 5 – 10。
3. 别必亮：《近代国内华侨教育的政策与措施》，载《史学月刊》2001 年第 5 期。
4. 蔡雅琳：《菲律宾的华侨与侨教》，载《华侨问题论文集》1978. 10. 25. 155 – 161。
5. 蔡奕俊：《风雨四十年：在大陆与台湾间的东南亚华人》，载《东南亚研究》1995 年第 1 期。
6. 曹云华：《试论菲律宾华人与当地民族的关系》，载《东南亚研究》2001 年第 5 期。
7. 曹云华：《转型期的菲律宾华人社会》，载《八桂侨史》1999 年第 3 期。
8. 陈超逯：《战后中外学者菲律宾华人社会研究简介》，载《东南亚研究》1987 年第 1—2 期。
9. ［菲］陈烈甫：《菲岛混血华侨的教育问题》，载《华侨教育》1957. 10. 2：1. 3 – 5。
10. ［菲］陈烈甫：《菲律宾的华侨教育》，载《教育与文化》1956 年 11 月。
11. ［菲］陈烈甫：《菲律宾华侨教育的双重学制问题》，载《华侨教育》1958. 2：2. 3 – 8。
12. 陈明：《菲岛侨教再遇风暴》，载《新闻天地》1960. 11. 666. 15。
13. 陈明远：《菲戒严一年来的华侨》，载《新闻天地》1973. 10. 1340. 14 – 15。
14. 陈尚文：《菲律宾华侨学校第三次代表大会的成就》，载《侨务月报》1961. 107. 16 – 18。
15. 陈衍德：《试论菲华社会的宗教融合》，载《世界宗教研究》1995 年第 1 期。
16. 陈衍德：《变迁中的文化 现代中的传统——从个人、家庭、家族看菲律宾华人》，载《南洋问题研究》1997 年第 4 期。
17. 陈衍德：《战后菲律宾华人经济的发展与变迁（1945—1955）》，载《华侨华人历史研究》1997 年第 3 期。

18. 崔运武、胡恒富：《论菲律宾政党政治的特点及其与政治文化的关系》，载《南洋问题研究》1998 年第 2 期。
19. 代帆、张秀三：《论海外华侨华人的文化认同》，载《东南亚》2002 年第 1 期。
20. 方玉芬：《试析清末民初华侨教育考察的历史及影响》，载《八桂侨刊》2008 年第 3 期。
21. ［菲］艾伦·帕兰卡：《菲华的经济地位》，载《南洋资料译丛》1988 年第 1 期。
22. ［菲］蔡沧江：《菲律宾华人文化与华文文学概说》，载《华文文学》2001 年第 3 期。
23. ［菲］德里西塔·昂西（洪玉华）：《华人在菲律宾的政治地位》，载《海外华人国际研讨会》，美国加州，1992 年 11 月。
24. ［菲］德里西塔·昂西（洪玉华）：《融合与认同：战后菲华社会的变化》，载《南洋资料译丛》1989 年第 3 期。
25. 《菲华侨校问题》，载《侨联》1964. 07. 55. 1 – 30。
26. ［菲］卡利托·S. 布诺、艾石译：《菲律宾的华文教育》，载《世界民族》1992 年第 4 期。
27. ［菲］罗伯特·蔡：《国籍问题与国民经济》，载《华侨华人历史研究》1988 年第 3 期。
28. 《菲律宾华侨学校现况》，载《侨讯》1967. 02. 339. 3。
29. ［菲］潘露莉：《菲律宾华人的属性认同与菲律宾华人教育》，载《华侨华人历史研究》1996 年第 2 期。
30. ［菲］特里萨·钟·卡里诺：《菲律宾华人的领导和组织：延续和变化》，载《南洋资料译丛》1989 年第 3 期。
31. ［菲］吴文焕：《从生产方式看菲华经济的变化》，载《华侨华人历史研究》1989 年第 3 期。
32. 郭梁：《试论战后菲律宾政府的华侨政策》，载《华侨华人历史研究》1986 年第 3 期。
33. 郭梁：《战后菲律宾华侨政策和华侨同化》，载《南洋问题研究》1986 年第 3 期。
34. 何安举：《战后菲律宾华人参政的发展》，载《东南亚学刊》1989 年第 6 期。

35. 洪玉华著、黄滋生译：《菲律宾华人的形象》，载《东南亚研究》1994 年第 1 期。

36. 黄明滢：《从侨民到公民：战后菲律宾华人社会地位的提升》，载《东南学术》2003 年第 2 期。

37. 黄猷：《菲律宾经济、政治和华侨华人社会》，载《南洋问题》1984 年第 1 期。

38. 黄滋生：《菲律宾华人的同化和融合过程》，载《东南亚研究》1998 年第 5、6 期。

39. 黄滋生：《菲律宾华人社会的若干情况》，载《华侨与华人》1989 年第 2 期。

40. 黄滋生：《浅析战后东南亚国家的排华及其趋势》，载《华侨华人历史研究》1993 年第 3 期。

41. 黄滋生：《试论菲化运动对华人社会的客观正面影响》，载《华侨华人历史研究》1993 年第 4 期。

42. 黄滋生：《战后菲律宾华侨政策演变剖析》，载《华侨华人历史研究》1989 年第 3 期。

43. 冀满红：《论晚清政府对东南亚华侨的保护政策》，载《东南亚研究》2006 年第 2 期。

44. 加里 · 霍斯：《马科斯、其密友和菲律宾经济发展的失败》，载《南洋资料译丛》1995 年第 3—4 期。

45. 姜兴山：《传承与融合：菲律宾华文教育的变迁（1945—1975）》，载《历史教学（下半月刊）》2011 年第 2 期。

46. 姜兴山、李凌晨：《教育“菲化运动”对菲律宾华文教育的影响》，载《南洋问题研究》2013 年第 1 期。

47. 姜兴山：《台湾当局对菲律宾华文教育的影响（1949—1975）》，载《台湾研究集刊》2011 年第 1 期。

48. 姜兴山：《试析菲律宾“甲必丹制”对华侨社会的影响》，载《东南亚研究》2014 年第 3 期。

49. 姜兴山：《美国殖民统治菲律宾时期的华文教育》，载《世界历史》2014 年第 3 期。

50. 姜兴山：《试论融合进程中的菲律宾华文教育》，载《福建师范大学学报》（哲学社会科学版）2014 年第 1 期。

51. 姜兴山：《试析菲律宾“戒严政府”时期华侨社会的演化》，载《世界民族》2016 年第 2 期。

52. 林羽、姜兴山：《战后菲律宾华文教育研究综述》，载《东南亚纵横》2011 年第 12 期。

53. 李定国：《中菲建交和菲律宾华人的整合问题》，载《华侨华人历史研究》1992 年第 2 期。

54. 李国梁：《试论战后菲律宾政府的华侨政策》，载《华侨历史》1986 年第 3 期。

55. 李国卿：《菲律宾华侨资本及其面临的问题》，载《东南亚研究资料》1984 年第 3 期。

56. 李嘉郁：《近 20 年华文教育形势浅析》，载《八桂侨刊》2005 年第 4 期。

57. 李建敏：《菲律宾华人经济发展剖析》，载《亚太经济》1994 年第 6 期。

58. 李天锡：《华文功能的扩大与海外华文教育的前景》，载《八桂侨刊》2004 年第 4 期。

59. 李兴、刘权：《东南亚华人社团的复兴与重新定位》，载《东南亚纵横》2002 年第 5 期。

60. 林金枝：《战后海外华侨华人社会的变化及其特点》，载《华侨大学学报》1993 年第 3 期。

61. 林云、曾少聪：《族群认同：菲律宾华人认同的变迁》，载《当代亚太》2006 年第 6 期。

62. 刘利：《论晚清时期的华侨教育》，载《暨南大学华文学院学报》2007 年第 4 期。

63. 卢增绪：《菲律宾华文学校之困境及其突破》，载《东南亚华人教育论文集》1995. 07. 13 - 38。

64. 卢作新：《菲律宾政党及其对华侨政策》，载《华侨问题论文集》1973. 20. 103 - 112。

65. 骆莉：《二战后东南亚华人的身份认同问题》，载《东南亚研究》

2000 年第 5/6 期。
66. ［美］加思·亚历山大：《轰动一时的〈华侨商报〉案——记菲华报人于长城》，载《南洋资料译丛》1987 年第 1 期。
67. 莫尚福：《菲律宾华人与中菲关系》，载《东南亚纵横》1999 年第5—6 期。
68. ［菲］潘肇英：《菲律宾的华文学校（上）》，载《华文世界》1977. 08. 10. 2 – 8。
69. ［菲］潘肇英：《菲律宾的华文学校（下）》，载《华文世界》1977. 12. 11. 28 – 41。
70. 彭调鼎：《东南亚华文教育的概况及发展前景》，载《云南教育学院学报》1997 年第 4 期。
71. 彭震球：《菲华侨中学校之改制问题》，载《华侨问题论文集》1962. 9. 49 – 57。
72. 邱建章：《论晚清政府的华侨教育政策》，载《河南大学学报》（社会科学版）2002 年第 4 期。
73. 瞿述祖：《菲律宾华侨教育》，载《台湾教育辅导月刊》，1961. 11. 11：11。
74. S. 阿普列顿：《菲律宾华侨与菲律宾经济民族化》，载《南洋资料译丛》1965 年第 3—4 期。
75. 孙俊华：《周恩来总理解决华侨双重国籍问题》，载《文史精华》2007 年第 2 期。
76. 孙天成：《菲律宾侨教近况》，载《台湾教育辅导月刊》1958. 09. 8：9. 21
77. ［菲］邵建寅：《菲律宾华文学校之过去、现在及未来》，载《华文世界》1994 年第 72 期。
78. 沈红芳：《菲律宾华校的嬗变及其诱因探析》，载《华侨华人历史研究》2004 年第 2 期。
79. 沈红芳：《中国与菲律宾经济关系研究》，载《南洋问题研究》1997 年第 3 期。
80. ［菲］施洪玉华：《菲律宾政治过程中的华人：从零售商菲化到放宽零售业》，载《海外华人研究》1995 年 12 月 3 日。

81. 施雪琴：《论菲律宾华文教育的发展阶段及其特征》，载《南洋问题研究》1996 年第 1 期。

82. 宋平：《论战后菲律宾华人社团的当地化》，载《厦门大学学报》（哲学社会科学版）1995 年第 3 期。

83. 宋平：《试论菲华商联总会》，载《福建论坛》1996 年第 1 期。

84. 特蕾莎・卡里诺：《菲律宾华人与政治融合初探》，黄滋生译，载《华侨华人历史研究》1990 年第 3 期。

85. 王殿卿：《菲律宾华人社会与华文教育》，载《思想、理论、教育》2003 年第 9 期。

86. 王觉源：《菲化法案下的今日华侨》，载《革命思想》1965. 07. 19：1. 25 –27。

87. 王慕恒：《战后菲律宾的经济发展战略》，载《南洋问题》1984 年第 2 期。

88. 王日根：《菲律宾华人社会对民间教育的投入》，载《教育评论》2000 年第 1 期。

89. 王日根：《菲华商联总会的发展轨迹探析》，载《世界经济与政治论坛》2000 年第 5 期。

90. 王日根：《菲律宾华人社会文化脉动浅识》，载《华侨华人历史研究》1998 年第 4 期。

91. 王燕燕：《台湾在菲律宾发展华文教育述论》，载《台湾研究集刊》1998 年第 3 期。

92. 温北炎：《东南亚各国的对华侨华人政策与侨务工作》，载《华侨与华人》1989 年第 1 期。

93. 温广益：《菲律宾的华侨政策与华侨华人问题》，载《东南亚学刊》1989 年第 6 期。

94. 温广益：《菲律宾华人重振华文教育》，载《华侨华人历史研究》，创刊十周年增刊。

95. 吴端阳：《菲律宾华文教育的历史演变及其振兴对策初探》，载《教育研究》1996 年第 2 期。

96. 吴前进：《中国与东南亚国家睦邻友好关系开辟的前提——华侨“双重国籍”问题的解决》，载《华侨华人历史研究》2000 年第 4 期。

97. 徐淑华：《二战后影响菲律宾华人同化和融合的因素》，载《八桂侨刊》2002 年第 3 期。
98. 曾少聪：《菲律宾华人社会组织的建构及其功能》，载《世界民族》2001 年第 4 期。
99. 张成霞：《菲律宾多元文化与教育发展探析》，载《教育文化论坛》2009 年第 2 期。
100. 张国才：《菲律宾华文学校的历史和现状》，载《南洋问题研究》1992 年第 1 期。
101. 张素玉：《菲华资金与菲律宾经济》，载《东南亚研究》1995 年第 3 期。
102. 张素玉著、黄滋生译：《菲华资金与菲律宾经济》，载《东南亚研究》1995 年第 3 期。
103. 郑甫弘：《文革时期中国的海外华侨政策》，《南洋问题研究》1996 年第 2 期。
104. 周虎林：《菲律宾华语文教学的过去与未来》，载《东南亚华人教育论文集》1995. 07. 39 – 74。
105. 周南京：《关于菲律宾华人同化问题》，载《东南亚华人》1988 年第 2 期。
106. 周南京：《施振民与华菲融合论》，载《华侨与华人》1989 年第 2 期。
107. 周胜皋：《菲律宾侨校师资概观》，载《华侨教育》1956. 12. 1：2. 38 – 39。
108. 周啸东：《菲律宾侨校工作近况》，载《侨务月报》1958. 03. 69. 15 – 17。
109. 周聿娥：《战后菲律宾的华文教育》，载《东南亚研究》1993 年第 1—2 期。
110. 朱东芹：《论菲华商联总会政治取向的变迁》，载《八桂侨刊》2008 年第 1 期。
111. 朱东芹：《战后初期菲华社会内部冲突研究》，载《华侨大学学报（哲学社会科学版）》2006 年第 1 期。
112. 朱桃香、代凡：《融合与冲突——论海外华侨华人的认同》，载《东南亚研究》2002 年第 3 期。

113. 庄国土：《多元文化或同化：亨廷顿的族群文化观与东南亚华族》，载《南洋问题研究》2003 年第 2 期。

114. 庄国土：《二战以后东南亚华族社会地位的变化》，载《东南学术》2003 年第 2 期。

115. 庄国土：《菲律宾华人政治地位的变化》，载《当代亚太》2004 年第 2 期。

116. 庄国土：《关于华人文化的内涵及与族群认同的关系》，载《南洋问题研究》1999 年第 3 期。

117. 庄国土：《论东南亚的华族》，载《世界民族》2002 年第 3 期。

118. 庄国土：《论台湾当局的华侨教育政策》，载《台湾研究》1994 年第 2 期。

119. 庄国土：《新中国政府对海外华侨政策的变化（1949—1965）》，载《南洋问题研究》1992 年第 2 期。

120. 庄国土：《晚清政府的兴学措施与海外华文教育的发展》，载《华侨华人历史研究》1990 年第 3 期。

121. 庄礼伟：《国际关系中的东南亚华人》，载《东南亚研究》1999 年第 2 期。

后　　记

本书是国家社科基金项目“东南亚三国（印度尼西亚、菲律宾、泰国）华人文化重构研究”的阶段性成果。

在本书即将付梓之际，掩卷沉思，感慨万千、一声叹息。回想起这段时间的“煎熬”，一边白天上班处理那些繁杂的工作，一边晚上还要继续“创作”到深夜。虽有无尽的艰辛劳苦，还是有满满的收获。我要感谢年迈的父母，每次与他们视频，看到我疲惫的脸颊，妈妈不知道我在忙什么，总是提醒我别太辛苦、年龄不小了之类的话语，让我感到母爱的伟大和温暖。我要感谢我的爱人陈建新教授，她承担了大量的科研和教学任务，还是为我整理书稿鼎力支持，承担了许多家务劳动。我的女儿丽薇在加拿大 UBC 留学，也经常劝慰我工作虽苦也要劳逸结合。当看到我的书稿完成之时，也感到无比的欣慰。

我要特别感谢我的导师王晓德教授，无论在南开大学攻读博士的时候，还是平常的工作上，王老师都给予了许多的关怀，还有师母侯旭辉老师，也是给予方方面面无微不至的关心，这也是我一生中的莫大幸事。我要感谢师兄弟孙建党教授、李巨轸博士、赵万武博士，在我出版专著过程中给予的帮助。我也要感谢我的同事王绍祥副处长、施伟科长及国际合作与交流处全体同仁的帮助和鼓励。我要感谢海外教育学院的林羽、汪敏锋、赖林冬老师，还有厦门大学的蔡武博士生，都给予我提出的宝贵意见。

此外，我还要感谢许多帮助过我的人，我将永远铭记这份情谊，在此表示深深的谢意！由于本人能力有限，本书还有许多缺点和不足，恳请各位同仁批评指正！

姜兴山于福州寓所

2017 年 7 月 20 日